汉法翻译教程

罗顺江　马彦华　编著

北京大学出版社
PEKING UNIVERSITY PRESS

图书在版编目(CIP)数据

汉法翻译教程/罗顺江,马彦华编著. —北京:北京大学出版社,2006.10
(21世纪法语系列教材)
ISBN 978-7-301-09601-7

Ⅰ.汉… Ⅱ.①罗… ②马… Ⅲ.法语—翻译—教材 Ⅳ.H325.9

中国版本图书馆CIP数据核字(2006)第098575号

书　　　名:汉法翻译教程
著作责任者:罗顺江　马彦华 编著
责 任 编 辑:初艳红
标 准 书 号:ISBN 978-7-301-09601-7/H·1549
出 版 发 行:北京大学出版社
地　　　址:北京市海淀区成府路205号　100871
网　　　址:http://www.pup.cn　新浪微博:@北京大学出版社
电 子 信 箱:alicechu2008@126.com
电　　　话:邮购部 62752015　发行部 62750672　编辑部 62759634　出版部 62756370
印　刷　者:涿州市星河印刷有限公司
经　销　者:新华书店
787毫米×1092毫米　16开本　18印张　412千字
2006年10月第1版　2019年12月第5次印刷
定　　　价:39.00元

前言

嘻，苦煞矣！展胸舒臂，长吁一口浊气，揉搓充血的脸容。呀，书稿终于完成，好不快哉！完成了一项工程，了却一桩心事，这份释然的确难以笔描。几多辛劳、几多苦涩、几多夜熬、几多踌躇，终于化作眼前点点星星、星星点点之字符，跃然于书稿之上，碰撞着心底。欣然之余，又滋生几分不安。欣然于自己斗胆，敢班门弄斧写出《汉法翻译教程》。不安则因将示丑于天下，招致何言何语姑且再论，更怕力有未逮，误人误己。这毕竟是摸着石头过河，未知深浅亦不知脚下轻重，好坏美丑浑然不知。然丑就丑吧，既然给书稿赋予了"生命"，就该让它问世。批也好，骂也罢，只求能抛砖引玉，促进法语专业教学建设即可。

坦率地讲，自我们毕业于四川外语学院后，就想好好干一番专业。然而现实始终不以个人意志为转移。漫漫人生路，莘莘学子情。执教于讲台，笔耕于书案；二十余年，写过小说，译过作品，亦应景写过论文。虽然译著颇丰，然夙愿萦绕，盼能写出专业著述。人生好似总爱开玩笑，经过一路绕行，断了的念想竟然死灰复燃。

一生忙碌，奔忙于滚滚尘世之间。尤其近日，时常梦萦重病的老父，因不能尽孝于床前常感愧疚于心。本书最终能够付梓，一得于老父的理解，二获中国海洋大学的支持，加之北京大学出版社的垂青，我终在课后之余，将自己研究心得与经验书写出来，权作探路之举，亦盼着为法语专业教学的建设添一块砖、加一片瓦。

要写《汉法翻译教程》以前还是奢望，遥不可及。即使要做，亦应由高手操刀，自己夸夸海口尚可。然而当任务果真压下来时，我的"不安分"顿时化成不安。漫漫征途，荆棘丛生，加之我在这方面的积累并不多，确有力不从心之感。应该承认，这是桩苦差事。前年写《法汉翻译理论与实践》就够我领教了，这次又要做《汉法翻译教程》，的确有些战战兢兢。筹备不短的日子后，正式下笔时，时常令我踌躇。果真动笔了，如何做才能写好？当然，既然应承下来，只好鼓足勇气，只好多看些书，法语中找不到借鉴，便去英语中找。好在英语同仁们在这方面的研究搞得不错，我因此获益不少。的确，过程是不易的。我们在黑暗中几乎摸索了一年都找不出头绪，然而不知不觉地坚持两年后，忽然发现手中的稿件渐显轮廓，方悟见到"出口"处透来的亮光。此时，我们好似才有时间来回味，酸甜苦辣的瓶瓶罐罐好似忽然打翻了一般……

就翻译本质而言，翻译的方向始终呈水流式由高向低：强势文化不断地渗透，西学东渐成为一种趋势。但是随着我们国力与影响的不断增强，汉学西译亦渐有所为。学习汉语译作法语，亦是为此目标做些铺垫。本教程有两个重点、三个层面：重点是指宏观与微观，宏观涉及翻译理论：翻译与语言、翻译与文化、翻译与修辞、译者与作者、译者与读者等；微观涉及具体的操作，譬如笔者从三个层面来讨论翻译技巧：词语层次、句子层次和语篇层次。两种语言有哪些优势与不足，如何寻找它们之间的最佳关联？总体上讲，三个层面呈递进方式，逐步深入。笔者详解这三个平台的功用与优劣，由浅入深，通过讲解语法和语义对翻译活动的影响，以及理论与技巧的指导作用，来有意识地进行梯次拔高。还是那句老话：翻译就是一种选择，不同层次、不同环境、不同平台的选择。翻译策略的选择、文体的选择、技巧的选择，以及语义的选择、结构的选择。

本教程仍以文学翻译为主，因为它的涉及面最广，要求最多，语言表达力最富弹性，实例也最有代表性。掌握了文学翻译，有如武术中扎下深厚的基础，再练其他武功套路亦不再有困难。有了文学翻译的基础，翻译科技之类的其他文本还会再难？当然，不同的文本有着不同的要求，科技翻译要求准确，旅游翻译要求生动等。总之，说一千道一万，翻译理论的学习、翻译技巧的运用却是相通的。

理论来自于实践，并反过来指导实践。在教学实践过程中，在与学生们的接触过程中，我发现学生们都与我当年的想法一样：翻译没有理论，翻译不过是经验的积累；实践多了，自然就会了。这时，我头脑中不禁再次浮现当年的场景：在我初上翻译课时，我不过花了十来分钟时间就讲完了我经过两三年才琢磨领悟出来的经验技巧。心中不禁隐隐作痛，好似轻舍了一般。当然，我从心底深处羡慕眼前的学生，他们为此少走了多少弯路。理论的功用是开拓同学的视野，他们可以站在更高的平台上探讨技巧。而技巧有如艺术家手中的画笔，洋洋洒洒，能勾勒出一幅画来。

我们拟通过译例的讲解评析，有目的地讲解翻译理论与技巧，希望对同学们有所帮助。当然，有的译例因点评需要而稍有改动。概言之，学习技巧并不是记住框框套套，而是要学以致用。或许刚开始时，他们仍旧需要摸索，但我敢肯定地说，他们不会走太长的弯路。某处需要运用某个技巧，他们或许只需三四次重复后，便能悟到这是课堂之所学，并很快地将所学变为所用。这个过程相对短暂，不像我们憨实苦干地积累经验那样漫长，因为他们已经掌握了相关技巧，只剩下如何熟悉运用罢了。

本教程共三个部分（词语、句子、语篇）、九个章节。按照现行法语专业教学大纲的要求，汉法翻译课程通常设在高年级，每周 2 学时。开设一个学年，共 36 周，即 72 学时。虽然课时量不多，但要求掌握的知识却不少。教师可按大纲的时间要求，每个章节用 8 学时，即 4 个教学时段可完成一个章节（因每个教学时段通常设为 2 学时）。教师可根据教材内容的难易进行适当的调整。显然，由于教材内容较多，练习或其他可以自学的部分可作为课后作业，要求学生自学。

在翻译的实践中，我们有过成功，也经历过失败。我们之所以愿意奉献出丁点有限的经验，就是希望同学们不再像我们那样走太多的弯路，能够尽快成材。诚然，虽然我们已经尽了全力，但毕竟水平有限，书中肯定会有疏漏或不妥之处，敬请原谅。如果同仁或读者发现书中有疏漏或失误之处，请不吝赐教。如能来函，我们将不胜感谢。E-mail 地址为：luoshunj0532@163.com。

笔　者

2006 年 5 月 12 日写于岛城

目 录

第二部分 句子层次

第三部分 语境语篇

第一章 绪 论

翻译的本质
翻译的目的
汉法语言特点
翻译的素质
中国翻译史简述
翻译的单位
汉法语义特征
理解与表达

1.1 何为翻译

翻译是运用目的语来改写源语的言语产物的语言迁徙活动,追求尽可能准确、完整、对等的效果。其过程是双向的,其结果是单向性的。除此之外,还存在着许多翻译的定义。概言之,翻译活动的目的是减小或者最小化源语文本与译语文本之间的相异性。翻译服务的对象是目的语读者。为目的语读者服务——这就是要求,这就是主旨。然而如何满足这项要求,就需讨论汉法翻译中汉语与法语的异同。汉语和法语分别属于不同的语系,在语言结构上相距甚远。从语音角度上讲,汉语是声调语言,法语是语调语言,故而语音及音位在多数情况下不可能对等。就构词法而言,汉语属表意象形文字,法语属表音字母文字,语言的形式上也存在差异。鉴于汉法在词语意义的理解与词语的构成方面的不同,多数情况下很难实现词汇对等。关于句法层面,由于汉语体现于意合,法语体现于形合,所以在翻译过程中亦不可能移植搬迁——因为译文必须要为自己的读者服务。而就语篇层面而言,汉法两种语言因语言语境不同、文化语境各异、情景认知有别,自然不可能实现语篇的对等。

虽然存在着种种不同,然而翻译的主旨在于译意,而不是求形,所以译者只需尽可能地传递出完整的信息即可。当然,如果因机缘凑巧,能在译文中做到形意兼顾,那就属上品。然而翻译中经常遇到形意的不兼容,甚至是冲突,因为从语言到文化,汉语和法语都存在着根本的差异。

应该承认,语言形态的不同算不上困难,因为有形态便可用形态予以弥补。然而文化差异带来的障碍却不易跨越,因为文化是语言承载的隐性信息,它与目的语的文化不对等。

毋庸赘言,翻译是一项跨文化交际活动。如果目的语读者不具备源语文本中的文化语境,便不可能对源语文化特有的现象产生共鸣,出现义联想,结果:译文言不达意。永远不能责备读者,因为读者没有义务去了解个中的对错及过程的艰辛。他们需要阅读的是清晰、顺畅、高质量的译文,他们需要摄取的是文章内的知识,仅此而已。所以,译者的任务不是移植语言,而是语义。翻译就其本质而言,只可能是部分的翻译,忠实地再现原文信息如果不是理想的目标,那也是不可能的。

事实上,汉语与法语在思维上存在着差异,自然影响到翻译的质量。汉民族重形象思维,在长期的社会实践中,他们形成对语言的"悟性",属于"直觉思维",而这种悟性往往易导致语言的模糊。而西方民族重抽象思维,擅长用抽象的概念表达具体的事物,比较重视抽象思维能力的运用。应该承认,思维方式、思维特征和思维风格是语言生成的哲学机制。"语言实际上是紧紧地附着在思维这个有无限纵深的基础上的结构体,语言受思维的支配,它是处在交际中的人的思维载体。"(李瑞化,1996:34)如下例:

[1] 我把眼光往四处去找,找我的瑢。男的,女的,老的,少的都有。独独没有那一对大眼睛,那两条细长的眉毛。

——巴金《春天里的秋天》

Je cherchais partout ma Rong, **mon regard errant sur chaque objet, sur chaque personne**(A). Devant moi, il y avait des hommes, des femmes, des jeunes, des vieux. Mais, je ne voyais pas les grand yeux noirs, sous les sourcils minces et arches...

—Traduit par Li Meiying

从译例中不难看出,汉民族重语言的意合。通过前后顺序以及直觉思维,便能将整个译句的语义连贯起来。而法语则不能,它因其严谨的思维方式及几何般的表达特征,不允许出现跳跃式空间。比如译句中的信息(A),在汉语中属于赘述,需要精简。因为汉语读者能够根据前后信息的辅助,靠意合便能在头脑中已经形成了一个理解链。而这个理解链中已经包含了(A)的意义,所以无须再用文字予以表达。这便是悟性弥合的语义空间。而对法语读者而言,由于没有相应的语言思维方式，便失去了联想。没有相同的联想，便无法将前后语义连接起来，语义理解链的断裂便不可避免。如果要完整地表达出例句中的语义，译者便需要在目的语中弥合裂隙，增添“联想”的内容，比如译句中的(A)。这种手段目的在于适应目的语读者理解思维。再有，译者在翻译汉语文本时需要尊重法兰西民族的表达方式，用特点鲜明的语言形式来表达汉语译本的内容，用法语形合的方式来展示汉语意合的内容。

通过简单的举例，希望说明一件事：翻译不是简单的语言移植，而是对于语言的综合性运用，其间涉及社会文化知识，即语言的背景知识。翻译是跨文化的一种活动，它涉及的内容关系到社会活动的方方面面。翻译是艺术，翻译是一门需要认真对待的学科。

1.2 中国翻译史简述

一谈到语言或者语言翻译，便常听人讲起巴比伦通天塔的故事。据《圣经·创世记》第十一章记载：上帝造人时，人类讲着同一种语言。后来，人们为了显示人类的力量，通力协作在巴比伦平原建造一座城塔。由于建造的高塔直指云霄，便被称为通天塔。上帝发现人类联合起来的力量十分可怕，于是运用法力将人类分散在世界各地，并且让他们讲不同的语言，以阻止其互相沟通。语言成为交际的障碍，这是上帝怕人类的合力而采用的一种手段，目的是希望人类掉进语言陷阱，不同民族各执一词，各执一念，从而产生出争论，出现了分歧，相互借鉴与取长补短的优势因语言而丧失殆尽。人类的思维、人类的创造力便因语言而受到极大的局限。

而翻译作为中介手段，搭建起语言沟通的桥梁，成为操不同的语言的人进行交际交流的工具。翻译也是“重建巴比伦通天塔”的工程，就是要打破语言的障碍，再现人类的合力，其重要性、实用性便可见一斑。语言艺术不像肢体艺术，自“巴比伦塔的倒塌”后便具有了一定的、独特的地域性。正是它的地域性，给人与人之间的沟通带来困难，语言成为造成彼此间误解的最大的诱因。

纵观中华历史，早期的《周礼》和《礼记》两书里就有关于周王朝的翻译官职的记载。(马祖毅，1998：2)。总体上讲，漫长的中国翻译发展史大致上可分为五大历史时期：汉隋唐宋的佛经翻译时期、明清之际的科学翻译时期、清末民初的西学翻译时期、五四以后的社会科学和文学翻译时期、新中国翻译时期。(王秉钦，2004：4)

佛经翻译起于东汉恒帝末年，发展于魏晋南北朝，盛极于唐朝，式微于北宋，销迹于元朝。翻译佛经的人物总体分为两类：一、西方来华的僧侣；二、西行求法取经的中国僧侣。他们因受到语言特点的限制和佛学发展的影响，而持不同的翻译观点。直译和意译之争便因此而起，形成流派，争执至今。自“译界开创二杰”安世高①、支谦②后，道安③提出“五失本、三不易”的翻译理论，表明译文文本要符合汉语的规范，主张对译文文本的主观介入，从而推动了翻译理论与

---

① 安世高，东汉末年僧人，于147—170年遍历西域各国后抵洛阳，将赍来的佛经译出34部。——摘自《高僧传》卷一。

② 支谦，东汉末年自月氏国人吴，是我国第一位传译和传布大乘佛教般若学理论的僧人。

③ 道安(314—385)，佛经翻译评论家。

实践。鸠摩罗什[①]讲究"以信为本"的翻译思想,强调在"信"的基础上追求"美"的意境。彦琮[②]主张直译:"宁贵朴而近理,不贵巧而背源"。换言之,他为追求"信",宁可译文不"顺",也不得靠技巧为求"顺"而少"信"。玄奘[③]一生译著颇丰,影响也更大。他主张"既须求真,又须求俗"。他力挺将直译与意译完美结合起来,在译文中既讲究道安派直译之"忠实",又兼取鸠摩罗什等人意译之"美雅",从而将翻译理论与实践推到新的高度。

科学翻译时代,始于明清之际的徐光启、李之藻。他们与西方传教士利玛窦、沙勿略合作,译出了涉及十几个自然科学学科领域的书籍。西学翻译在清末民初推向高潮。在洋务运动的推动下,办新学堂、派留学生培养了一批翻译学家,设译书局、传播西方科学、沟通中西文化,又为翻译活动提供了良好的环境。马建忠、梁启超、严复等代表人物的出现,为形成传统的翻译思想奠定了基础。其中影响最大的尤数严复,他的译著涉猎到哲学、政治学、经济学、社会学、法学、逻辑学等社会学科,其中影响力最大的有"八大名译著"。除了这些译著之外,如今仍让人念念不忘的,便是他提出的"信""达""雅"翻译三原则。他能够在二百年前就提出了这字斟句酌的三字真言,并且历久不衰,足见其见的之深远。

"五四"新文学时期不仅是传统翻译思想的转折,而且还造就出一代翻译宗师。鲁迅、瞿秋白、郭沫若、成仿吾、林语堂、朱光潜、艾思奇等,这些学贯中西的一代巨匠,他们不仅是一流的翻译家,而且更是翻译事业的捍卫者,他们一扫过去翻译界那种良莠不齐、无标准无原则的译风,培养出一代卓有成就的翻译大家,如朱生豪、傅雷、曹靖华等。新中国时期的翻译,更是人才辈出,成就斐然。

两三千年的历史、多少世纪的不懈努力,为中国的翻译理论积累了无穷宝藏,为翻译的实践沉淀了丰富的经验。翻译是一门科学,目的在于追求先进科学与文化,在于突破语言障碍、扩大交流。掌握翻译学,就掌握了开启世界门户的钥匙。戏言之,掌握了翻译学,连上帝也会害怕。否则,他为何要搞塌"巴比伦通天塔"呢?

1.3 翻译的目的

"古为今用,洋为中用",毛泽东讲出了人类发展的真理。人类都是在学习、借鉴中发展成长起来的。站在巨人的肩膀上,可以望远。洋为中用,西学东渐,中国人通过译著,了解了世界。通常来讲,翻译推动各民族文化的交流,加速目的语国对外来文化的吸入。实际上,只需稍稍分析一下翻译活动的规律,便不难发现一个现象:翻译活动盛行时期,就是两种文化强弱之势明显的阶段。一个民族需要学习外来强势文化,而外来强势文化亦需要寻求新的土壤。佛经的翻译便是一例,佛学从梵文、巴厘文到汉文,不仅仅是简单的文本转换,也为佛学的发展寻找到新的疆域。如果说法译汉是努力推进西学东渐,是汉民族学习法兰西民族优秀先进的东西,那么汉语译作法语,则是在向法兰西民族介绍汉民族优秀的内容。

---

① 鸠摩罗什(344—413),原籍天竺,生于西域龟兹国,佛经翻译大师。

② 彦琮(557—610),隋代佛经翻译家,翻译评论家。

③ 玄奘(602—664),中国佛教翻译名家。

当然，并不是因为有了汉译法的现象，就能说明汉文化强于法兰西文化，汉文化可以自由地流向低处，为法兰西民族主动地接受。诚然，随着我国国际地位不断提高，越来越多的法国人希望，并且已经开始了解中华民族，愿意主动地接触汉文化。但是，与法兰西文化的流向相比，汉文化仍旧不算强势，因为我国的文化还不能像法兰西文化那样，吸引着同样多的法国学者。他们也不像中国学者那样主动地、自发地学习并介绍汉文化。对汉文化的推广，责任更多的落在我们中国学者肩上。近两百年来，我国因自身的发展滞后，而比较重视外语译成汉语的活动，即重视大量“输入”西方成果，而极少考虑“输出”。究其原因，亦不难理解：主张“西学东渐”主力军是中国人，是一大批中华民族精英，因为他们明确地意识到西学东渐对中国发展的重要性。而对于汉文化“输出”，则不可能找到或吸引规模相等的外国精英。应该承认，的确有些优秀作品被介绍到西方，但无论从规模上还是影响上，都无法奢谈东学西渐。汉语虽然难学，但并不是理由，理由是汉文化的精华被人忽略……

目前，我国国际地位不断得高，中国现代主体文化已经形成；历史悠久、内容丰富的汉文化已经发挥出越来越大的影响。为此，我们需要培养一批能够向世界传递汉文化的有识之士，向世界各民族传播我们的文化，并吸引更多的外国友人加入到传播中华文化的行列之中。

1.4 翻译的单位

巴尔胡达罗夫将翻译的语言单位定义为“在译文中能够找到对应物的原文单位，但它的组成部分单独地在译文中没有对应物”(方梦之，2004：19)。换言之，翻译的语言单位就是指源语在目的语中能够找到的最小(最低值)的对应物。它是构成语义的基础，即使再小，也是不可忽略的成分。就翻译特点而言，翻译单位可分为三大类七小类：一、词语层次；二、句子层次；三、语篇层次。

笔者在此要介绍翻译单位，主旨在于解决翻译理念与翻译视点。三大类七小类的翻译的语言单位，它带给我们的不是困难和麻烦，而是局部的认知理念。笔者拟通过各个层面的分析，循序渐进、由浅入深地介绍翻译理论与实践。在翻译的活动中，不同的语言单位存在着不同的特点，而不同的特点又给翻译活动带来不同的要求。

讲解翻译语言单位的目的有二：一、分析各层次翻译单位特点，提供解决办法；二、决定翻译策略。因为不同层次的平台处理不同层次的信息、解决不同层次的问题。如果是局部内容，可以在局部的层次加以解决。比如中国人名地名的翻译，已经统一采用音译。这仅涉及音位层次的翻译。权以地名青岛为例，只需译出其声音即可：Qingdao[①]。然而翻译是对语义的翻译，而不仅仅翻译话语。语义的信息除了自身的载体语言外，还有文化内涵。如果有什么翻译平台既能处理言语又能处理文化信息，那就只可能是语篇。因为语篇包容的信息量最全、最大、最有互文性。

汉语和法语分属于不同的语系：汉藏语系和印欧语系。语言文化和文化内涵都存在着相

① 青岛的译名在以前译作 Tsingdao。自从地名改译后，除历史文献外，正式场合不再使用。然而亦有例外，比如青岛啤酒，因改名前就以 Tsingdao Beer 驰名，故予以保留。

当的不同。词是语言的最小语义单位。如果将翻译工程比喻为建造文化大厦的话，那么词就似建筑用的基础材料。它像一块块砖、一块块瓦、一块块基本的材料。这些东西，在高明的建筑师手中，则可砌出漂亮的图案。词级层次需要解决的，便是它的准确、它的规范、它的使用范围与作用。

句子能够表示一个完整的语义。它则像文化大厦的局部构件，它介于词汇与语篇之间，微观时可细究字词的选用，宏观时可以影响到段落的结构。应该讲，句子是处理基本信息的初级平台，是进入语篇翻译单位的准备阶段。语篇单位是翻译的理想单位。它被比喻成文化大厦的整体框架，是处理信息的理想平台。由于它的整体性和宽阔的视野，译者因此能更好地施展自己的才能。作为建筑师的译者，在这个平台上不仅仅可以恰到好处地处理信息，而且也能展示翻译策略的效果。译文因有了它的结构而可以变得宏伟，表现得质朴，或者显得华丽和恢弘。

笔者拟从这三个平台上介绍汉译法。在词语平台上，词汇的运用虽然不能影响译文的结构，但却能影响翻译的质量。用词不当或用词过当都会造成歧义，甚至带来严重后果。词级层次主要处理翻译中的微观问题：词的搭配、词组的运用；在什么场合下、在什么语境中、在什么时候选择什么词，这些也都需要全方位地权衡。词的翻译技巧，以及增减原则。句子层次，因为句子已经有着语义的相对完整性而成为翻译的重要环节。它具备了陈述、疑问、祈使、感叹等语气，主句从句相互映衬的结构，句与句之间的影响，这些都奠定了它不可忽略的地位。语篇翻译单位的初级阶段。许多具体的语义信息都在句子平台上得到初步处理，随后才被作为粗坯或者原料而被送到语篇的平台上。

语篇之所以被公认为翻译的理想单位，其优势是明显的。一、一览众山小，段落和段落之间形成的逻辑关系可以尽收眼底。译者可以做到全局在胸，不仅能够很好地处理好微观的信息，而且也能恰到好处地处理宏观的信息，字里行间的寓意自然也无法溜掉。二、对症下药，汉语与法语之间的异同能够被准确发现。译者既然能找到语言或语义的缺损和不对应，就能够在此平台上予以很好地处理。三、身在庐山外。译者可以跳出局部的局限，有高度有视野，自然能够建造出“漂亮宏伟的大厦”。

1.5 汉法语言特点

汉语属于汉藏语系，法语属于印欧语系中罗曼语族。两种语言不仅词汇丰富，语言特征也相当明显。两种语言之间的差距不仅仅是地域上的距离，而且还存在着思维的不同。具体到表现形式时，也能够感受到它们之间的差别：如语音、词汇、句子结构、语法等方面。法语侧重于外形变化，语法范畴中有明显的形式标记：名词的性数、动词的人称时态等。汉语则注意到意合，借助词语的组合和前后次序来表达相当的语法概念。

从语言的形态上看，汉语是分析型为主的语言，法语是以综合型向分析型发展的语言。总体上讲，分析型语言是指语言的语法关系并非通过虚词、词序来体现，而且自身也无词形的变化。汉语词的单位是词根，没有表示语法意义的形态变化。汉语以字词的手段来表示概念意义和语法意义。换句话说，汉语的字词没有性、数、形的变化，语法上也没有语态、语气的形式变化。

至于综合型语言，它实是指那种通过词本身形态变化来表达语法意义。法语的词形丰富，词形的变化可以表达语法意义，动词的词形变化尤甚。后者不仅表达出时间、语态，而且还有语气。

由此不难看出，汉语的特点在于表意，通过意合形成语言信息。意合指词语或语句之间的连接主要凭借语义或语句间的逻辑关系来实现。而法语作为形合的语言，主要通过连接词连接词语或语句，或者通过语言的形态来实现语言的组合。

[2] 水面上各事原本极其简单，一切皆为一个习惯所支配，谁个船碰了头，谁个船妨害了别一个人别一只船的利益，皆照例有习惯方法来解决。惟运用这种习惯规矩排调一切的，必需一个高年硕德的中心人物。

——沈从文《边城》

Les affaires sur le fleuve étaient très simples. Tout fonctionnait **selon**(A) la coutume. **Si**(B) un bateau se heurtait à un rocher, **si**(C) le bateau d'un tel arrivait à nuire aux intérêts de tel autre, l'affaire était toujours réglée **d'après**(D) des conventions déterminées. **Mais**(E), la coutume, dans ce cas, exigeait aussi d'avoir toujours recours au jugement d'un doyen vertueux.

—Traduit par Wu Ming etc.

从这个译例中便可以看出，汉语通过顺序来表达语义，而法语则需要通过连接词来表明分句之间的主从关系，明确地表达出潜在的是何种状语。译句中的(A)至(E)中各种连接词(有介词、连词、连接副词)作用有二：词和词组之间、主句与分句之间的连接，以及它们之间逻辑关系的表达。

[3] 我真对她不再结婚感到遗憾。她是一个很有趣味的人，如果她和一个她爱着的人**结婚**(1)，**一定会组织**(1a)起一个十分有趣味的家庭。虽然她生得并不漂亮，可是优雅、淡泊，像一幅淡墨的山水画。

——张洁《爱是不能忘记的》

Je regrette vraiment qu'elle ne se soit pas remariée. C'était quelqu'un de très intéressant; si elle **avait épousé**(A) un homme qu'elle aimait, ils **auraient sûrement construit**(A1) un foyer hors du commun. Bien qu'elle ne fût pas jolie de nature, elle était fine et élégante, comme un paysage à l'encre de Chine.

—Traduit par Caroline Martinez Stephan

法语中并没有使用任何表示语气的虚词，而是通过动词形态的变化，而实现了某种“假设”。所以译者用了(A)和(A1)的时态结合加连接词“si”来传递语义。而汉语则不然，它本身的动词没有词形变化，便无法通过“形变”来实现语气，所以需要具有“一定会”之类的虚词相助(1a)，才能表达相应的语气。

两种语言显然在用词与表达习惯上存在相当大的差距，而选词的优劣直接影响到翻译的质量。为此，我们需要认真分析词义与翻译的关系，先了解它们的差别，再讨论词义的认定。

1.6 汉法语义特征

在词语平台上探讨汉法词语的语义覆盖面，结果肯定是有些重合，有些不重合；有些不对应，有些甚至相冲突。总体上讲，对于那些日常用品或自然现象词语的第一属性，两个民族基本上有着共识，这些词语的语义是重合的，能够相互覆盖。比如：杯子、书架、马、牛、林、湖、江、河等。

词语除了这些常见的词义外，还存在许多抽象的、民族文化赋予的延伸词义。在任何词上派生或延伸出任何语义，都取决于某民族在生产或生活过程中的认知理念、思维特点。民族经历与际遇的不同，便会孕育出不同的文化，而不同的民族文化又不可避免地影响到民族的语言。语言的地域性、民族性不可避免地给翻译造成了困难，译者因此便成了“跨栏运动员”，不断地跨越一个又一个障碍，以期达到“终点”。

汉民族经历过自身独特的生产过程，因此产生出的语言与语言的理念极具民族性。就词的第一属性而言，如前所讲，词的客观义是基本相似性的。但词的延伸义则并不相同。比如：碗＝le bol；面包＝ le pain；但是“挣饭碗儿”即使等于“gagner du pain”，但是“碗”与“pain”之间也不能划等号。因为此处使用的是词的第二属性：延伸义。词义的延伸依托的土壤是民族的社会文化。甲地的土壤与乙地的土壤因为经历的“气候、地质”等外因的不同，而出现许多不同。实际上，词义的延伸，在词汇转换过程中往往会遇到四种不同情况：语义相符、语义相异、语义空缺、语义冲突。的确，这些都成为妨碍翻译正常进行的“障碍”。有时候，因为语义的不等，译者不得不采用减码的方式，以求传递语义。译文的质量亦因这种“不得已而为之”的做法，而大受损伤。这便是为什么，笔者需要深入地分析文化词义，追根溯源，将语义的丢失和缺损压缩到最小值。下面便从这四方面分别分析词或词组的深层内涵及其所受影响的原因。

1.6.1 语义相符

人类长期生产劳动的实践，感受的生态与自然环境大致相同，反映在人类面前的客观事物大都相似，人类在这些方面的认知有着相应的共性。纵然不同的地域构成不同的社会、不同的语言、不同的文化，但对客观事务的认知则有着相当的共性。最大的佐证便是词语的第一属性，尤其是描写客观事物的用词。虽然汉语与法语之间有着外形的极大差别，但是词语第一属性对某物的具体所指，在多数情况下都是相符的。

对自然的认识有“雷”(le tonnerre)、“雨”(la pluie)、“风”(le vent)、“电”(l’éclair)；对感情的理解有：“喜”(le bonheur)、“怒”(la colère, la rage)、“哀”(la tristesse)、“乐”(le plaisir)；对生活环境的表达有：“家”(la famille)、“城市”(la ville)、“国家”(le pays)、“社会”(la société)等等，总之数不胜数。

除了客观的事物外，一些名词的第二属性也存在着相似或相同性，比如“狐狸”(le renard)一词。由于它天性狡猾，所在无论在汉语中还是在法语中，均用来形容狡猾的人。(C’est un vieux renard. 这是个老滑头。)

有些名词的第二属性虽然不同，但可以找到同类名词的第二属性来替代，其效果也没丢失。比如汉语中的“丢车保帅”,“车”原指中国古时的兵车、战车。此词源自中国象棋,按字面意义则可译作:sacrifier le char pour sauver le généralissime。然而西方民族根本不会中国象棋,让他们如何去领会“车”和“帅”之间的关系? 幸运的是,这种差异在西方文化中也能找到相类词,可以用国际象棋的棋子来改译:sacrifier le fou pour sauver la reine(孙迁,1999:659)。

由此便可以看出,词语的第二属性完全取决于各民族的文化取向。汉民族与法兰西民族之间在选用词的第二属性时,有着取向相似的时候,也有着相异的时候。请看下面部分。

1.6.2 语义相异

实际上,不同民族对客观物体的认知,基本上讲是相同的。如果说词义有异的话,主要体现在不同民族在生产实践过程中,由于不同的生存环境和意识理念,对相同物体激活的联想往往存在着差异。换句话说,词的客观意义(词的第一属性)没有变化,但它的蕴涵意义(词的第二属性)则出现偏差。如:“鸳鸯”(le canard mandarin)在中国人心目中指“一往情深”的意思,法国人却无此理念。再有,如中国人讲究十二生肖,曾经在某些时代还影响过夫妻的联姻,什么“龙虎相争”啦,即龙年与虎年出生的男女不易结合。诚然,随着中华文化的影响不断扩大,世界各民族亦开始了解这方面的知识,但是要想让法国人像中国人一样接受这些知识,就如同要求中国人全盘接受西方民族的“星座”说一样,还有好长的路要走。即使在当今,有些中国人懂得星座的蕴含:含有人物性格、脾性、爱好等,但它不可能在短期内深入到生活的方方面面,更不会影响到情侣的结合。

语义相异,实际是各民族之间对名词描述的客观体的联想不同、对延伸词语第二属性的选择不同。而翻译不应是简单的词语移植,而应是在移植词语的同时,尽可能保留词语蕴涵的文化寓意。文化内涵带来的差异如果处理不好,便会成为障碍,甚至难以克服。为此,译者需要追本溯源,追踪得越深,弥合裂隙的可能性就越大,翻译造成的语义损失自然就越小。

1.6.3 语义空缺

既然在此讨论的是语义,那么语义中的文化内涵便极具地域性、民族性。一些独一无二的国粹,从形式到内容都反映出其专有性和唯一性,所以在目的语中找不到对应的词语是完全正常的。但是这种“正常现象”却造成了语义对应的空白,也就是出现了“零对应”或“对应空缺”。对于此类内容,处理方式大体上有这么几种:音译法、意译法、注释法等。

[4] 端午日,当地妇女小孩子,莫不穿了新衣,**额角上用雄黄蘸酒画了个王字**(1)。任何人家到了这天必可以吃鱼吃肉。大约上午十一点钟左右,全茶峒人就吃了午饭,把饭吃过后,在城里住家的,莫不倒锁了门,全家出城到河边看划船。

——沈从文《边城》

Le jour de la fête des Barques-Dragons, femmes et enfants mettaient des habits neufs et , avec du réalgar trempé dans du vin , **traçaient le caractère « roi » sur leur**

front[A] (**traçaient un mot chinois en forme de "王" sur leur front.**[B]). Ce jour-là, toutes les familles faisaient bonne chère. A onze heures, tout le monde ayant déjeuné, on fermait les portes à clé et on allait au bord du fleuve assister à la course de bateaux.

—Traduit par Wu Ming etc.

端午节，饮雄黄酒、在孩子额前画"王"字，这是一种民俗，浸透着汉文化中的语言内涵，因此作者在此处用"王"字并没取其意，而是取了"王"字的图形，法语中哪儿去找与"王"相对应的字母？这就是空白，法语读者无法理解的空白。即使强行硬译过去(A)，也无法引起相应的联想，无法实现对等的语义。但是如果将"roi"改作"王"字呢，比如用(B)句，或许效果就会不同。

由此看来，语义空缺是因为语义在目的语中找不到相对应的文化单位。对于这类现象，译者有着较多的处理方式，在随后的章节中都会有所介绍。

1.6.4 语义冲突

语义冲突是指二种语言所承载的各自的民族文化信息在转换过程中出现了冲突。换言之，即同一个词的第二属性在转换时，出现了语义的冲突。它们分别含有相互矛盾的语义。翻译这类词的第二属性，最好的办法莫过于替换或改写。因为翻译不仅仅要做话语的转换，而且还要做文化的转换。既然词义依附的文化环境发生了变化，新读者的文化心理也随之不同。译者的服务对象是自己的读者，语义的冲突自然要影响到译者的行文。译者需要保持文化的对等，而不再考虑用词的一致，否则必然会造成误译。

就以"个人主义"为例，"一切从个人利益出发的思想，它是私有制经济在意识形态上的反映，是资产阶级世界观的中心。"(李行健，2004:443)从词典中的字里行间，作者已经明确地表达出轻蔑的情感。但在意识形态不同的法国，他们对此词的评价却没带任何贬义，甚至还含有某种褒义。

Individualisme n. m. théorie ou tendance qui considère l'individu comme la suprême valeur dans le domaine politique, économique, moral = indépendance, non-conformisme. (Josette Rey-Debove. 1983: 733)

试想，如果翻译过程中遇到这种词语，译者必须加以留心，否则会因疏忽而导致错译。

1.6.5 小结

文化冲突更多地体现在意识形态、文化理念方面；不同的价值取向，会带不同的延伸意义。应该讲，价值观念是一种隐形的精神文化，带有不可兼容的民族性。然而如果将这类带有明显民族性的价值观念用目的语表达出来，出现不融合是再普通不过的事儿啦！对于出现意识形态方面的语义冲突，无须大惊小怪！

毋庸置疑，文化内涵对翻译过程的影响可以说是决定性的。而对于词这个最小的语义单位而言,它的影响更是不言而喻。诚然,汉语与法语的“词”无论从形态上还是结构上均存在着质的差别,它们反应的“延伸词义”也大相径庭。

对于这类带有明显差异的词,前面已经介绍过相应的处理方式:无论是改译、换用其他恰当的词,还是做注释,都需要标明源语和目的语词义之间的差别。总之,译者必须为此做出努力,方能完整准确地传递出源语的文化信息。

1.7 翻译的素质

学过外语,或者会说几句洋话就敢奢谈翻译,那是对翻译工作的一大误解。翻译并不是翻阅几本字典、堆砌大量的词藻就能够完成的。翻译是一门综合性学科,它涉及哲学、语言学、修辞学、社会学,等等。其中有理论,有技巧,更不用说相应的知识。严复那“一名之立,旬月踟蹰”之感叹便足见一斑。

要做好翻译工作,就需要经过勤奋的学习、大量的实践、不断的积累。理论来自于实践,又反过来指导实践。乍一看好似一个轮回,而正是生生不息的轮回,促进了翻译学的发展、进步、完善。汉语译作法语,从初学语言到能够胜任翻译工作,的确需要漫长的过程。在这期间需要完成三大任务:一、语言的学习。在学习外语的同时,还存在着汉语的提高。二、知识的积累。要能够胜任翻译工作,便需要不断地了解和积累百科知识,与时俱进地掌握科学、社会发展现状,作个有心人。三、治学的严谨。在准备阶段,需要养成严谨的治学态度,知之为知之,不知为不知,是知也——这话对翻译工作来说尤为重要。人非完人,孰能上知天文下谙地理,前知三百年后晓五百年?如果真有这种人,那就不是人,而是妖!除了治学严谨之外,更重要的便是责任心。译者必须对作者负责,为读者服务。这是责任,也是工作的座右铭。

1.7.1 语言要求

汉语译作法语,对从事此项翻译的人而言,除了必须具备运用法语的能力之外,汉语的理解力亦是必然的要求。对中国学生而言,汉语是母语,好似汉语并不存在理解问题,事实并非如此,因为稍不留心便可能造成理解的盲点。至于法语,中国学生可能缺乏相应的感性认知,但是可以通过理性的语言知识来弥补。汉译法,意味着用法语来表达汉语的内容。它要求学生能够用自然、纯正、合乎语法规范的法语进行表达。换言之,学生需要具备法语的写作能力,而对这种能力的训练已经开设有专门的课程。

应该讲,翻译水平的提高是个渐进的过程。任何优秀的翻译工作者都有自己的初级阶段。如何在初级阶段搞好翻译?其最简明、最有效的办法便是借助语法知识。学习法语语法并不仅仅是为了应付考试,而是为了如何理性地运用法语。语法的种种要求,就似阿里阿德涅[①]的线团一样,能够帮助同学走出病句的迷宫,写出规范正确的法语。再者,就是惯用法的积累。

---

① 阿里阿德涅(Ariadne):米诺斯和帕西法尔的女儿,将一个线团给了他的情人特修斯(Theseus),帮助他走出米诺陶洛斯的迷宫。以后,阿里阿德涅线团便喻指能够帮助别人走出困境之物。

熟悉了解惯用法的使用,时常可以达到事半功倍的效果。初级阶段还有一个需要注意的问题,便是前后句的连贯。因为汉语是意合的语言,句子的顺序排列就足以表明句际间的衔接关系,而法语则需要明显表达出来。这一点,也是中国学生在初学时最易忽略的。

总之,表达的提高是需要通过阅读来借鉴,通过写作来提高。只有大量的练笔,才能在表达上取得长足进步。

1.7.2 广博的知识

除上前面谈到的语言要求外,还需具备广博的知识面。翻译家是个杂家,他需要具备方方面面的知识,历史、地理、风土人情、文学艺术、宗教信仰等自不必说,而且需要尽可能地扩大知识范畴,因为译者不可能预测到什么题材、什么学科的翻译材料等着自己。当然,在学校里,课堂上讲得更多的是文学翻译。因为文学翻译涉及的翻译理论与技巧最多、最具有普遍意义。文学语言最具弹性,内涵最丰富。如果通过文学翻译的训练,掌握了相应的翻译技巧,便能很快将之用于其他学科的翻译。不妨权以科技翻译为例,科技翻译除了在相应的学科要求外,对质量的追求首推是准确,它不需要过多的修饰,而“信”永远是第一位的。

事实上,无论从事文学翻译还是科技翻译,都会涉及熟悉或不熟悉的知识。对于熟悉的东西,毋庸赘言。但是文本如果涉及不太熟悉、或很不熟悉的内容,解决文本的迁徙便不仅仅是外语水平的问题了。译者需要借助相关知识解决遇到的困难,而有时译者面对的知识之博杂,并不是他都能够掌握了的。为此,他不可避免地需要掌握一些有助于获取信息的资料库或辞书。

1.7.2.1 信息资料

汉译法是指译者根据汉语文本的信息,用法语将之重新写出来。然而即使是中国人,对汉语也不敢妄称不存在理解问题。仅仅是汉语的方言化、地域化、多样化的影响便足够读者费神劳心了。如果不了解作为源语的汉语,几乎不可能完成汉译法的工程。就汉语而言,纵向层面上讲,存在着古汉语与现代汉语的差别。横向层面上讲,大陆的汉语因使用的地域相当广泛,便因此派生出许多影响力不小的方言。而这些方言往往突破了地方局限,在各种文化作品中时有出现,这时的方言本身除相应的语义外,还带有其他的附加信息。诚然,大陆汉语虽然有方言之别,但遣词造句的用词在简体中文中的使用毕竟是统一的。就全球而言,还有其他地区和国家在使用汉语。其间的差别是明显的,首先是简体和繁体字的不同,其次是用词、行文风格有异。比如外来词的汉化处理:

英语	法语	大陆汉语	海外汉语
space shuttle	astronef (n. m.)	航天飞机	太空梭
Da Vinci (Leonardo)	De Vinci (Léonard)	达·芬奇	达文西
Bush	Bush	布什	布希
Digital	Numérique	数码	数位

笔者在此并非想探讨汉语的变迁与发展，也不想说英语与法语的不同，而是探求语言差异的原因，并想借这个客观事实，明确一件事：对于这些语言变化，并非是知识面所能覆盖的。译者在从事翻译活动时，往往会遇到诸多意想不到的问题。试想，如果没有相应的工具书，没有相应的资料查询点，便很难完成工作。

事实上，译者翻译的文本不仅体裁可能不同，而且内容也千奇百怪。人名、地名、事件、机构、组织、商标、行业用语、缩略语、宗教、文化等等的不同，这些已经非同寻常了，已经令译者伤神费脑了。更为难受的是，他们还可能遇到新的困难，遇到一些自己完全不懂的内容。所以他们在动笔之前，除了做业务知识准备之外，还需要具备获取信息的手段：工具书和网络系统。

1.7.2.1.1　工具书

工具书不仅仅包括汉法字典、法汉辞典等相关的字典辞书，还涉及其他方面的资料。如果涉及科技翻译，便需要具备专业辞典，没有它的帮助，便可能在译文中闹笑话。不同的词在不同的学科领域中会有不同的称谓或习惯的表达。概言之，即使处理文学、社科类的文本，也需要具备常用翻译专用工具辞书：如人名、地名、政治、哲学等文化类相应的专门辞典，以备不时之需。众所周知，翻译的内容涉及面不仅广泛，而且博杂，谁也无法预料会遇到何种学科中的何种问题。或许有些内容并不涉及水平问题，但是使用工具辞书的目的在于落实翻译的规范化、科学化。过去，由于翻译的随意性给翻译造成不能寻源的后果，读者甚至会出现误解。为此，权以汉语为例吧！现在的汉语存在着大陆、香港、台湾之分，大陆的“布什”在台湾译作了“布希”。当然，由于美国总统是名人，不易造成误解。但是如果这个“Bush”是个普通人或者说名气不大的人呢？或许便会将“Bush”误认为两个人。为此，新华通讯社译名室制定了统一的译名标准，对人名进行统一。而对于地名的统一，则由中国地名委员会负责，统一标准的宗旨便在于避免一些具有唯一性的专有名词可能出现的混淆。

再有，历史上一些著名的事件、艺术品、发明等都具有唯一性的特征，都可以通过翻译专业性强的工具书来实现统一化、标准化，但单凭这些已经成熟化的工具辞书还不够，还需要追踪最新的信息，以及掌握来不及载入辞书的新成果。汉语译作法语，就是将我们国家的发展和进步介绍给法语读者。随着我们国家迅速的崛起，许多方面的发展均需要向国外介绍，然而一些内容极具中国特色，不可能是译者拍拍脑袋就能想出来的。幸运的是，中国译协中译外委员会专门负责中国特色词汇的翻译工作。这些内容由于涉及国家大政国策，不容小视，故需在翻译时统一用词。这些内容，事实上也属于具有民族性、唯一性特征的词或表达法，属于另一种形式的专有名词。

1.7.2.1.2　网络系统

当今的时代已经进入网络化、信息化。随着电脑软硬件的不断开发，信息的传输方式早已跨越了传统的模式，极大地突破了书本的容量，提高了解决问题的速度。在过去，大部分翻译工作者都曾有过痛苦的经历，经常为落实或确认某个信息而遍查群书而不得，更不用说资料不凑手的现象。过去，一支笔几沓纸，埋头伏案，伏案躬身，即使被厚厚高高的工具书所包围，即使背后还有巨大的书架，即使挥汗如雨、孜孜不倦，但也可能会苦恼于某个问题的阻挠。一个词、一条信息，经常成为拦路虎挡在面前，如何解决某字某词，如何为某个词条作注，从何处引经据典？如此这般，这般如此，从而促成译者心生奢望：何年、何月、何时，自己能够在桌前，不用起身，不用查阅厚重的工具书，仅仅是需要便能解决问题？

现在计算机获得飞速发展，网络的普及化已经快到令人瞠目结舌的地步。以往的案头工作，现在都已转移到电脑上完成了。最简单地讲，电子辞典已经取代了不少工具书，从而极大地提高了翻译速度。当然，汉英、英汉电子辞书以及汉英专业电子辞典因市场需求大，开发与发展都能赶在浪头，不仅易得，而且质量也相当不错。凭借这些电子类辞典，通常足以应付一般的翻译活动。而对汉法、法汉类的电子辞典而言，便只可用初级阶段来形容，但并不意味着就没有发展。

然而除了辞典之外，信息的网络化已经给翻译提供了极大的方便，尤其是翻译过程中遇到的百科问题。坐在电脑前，敲上几个键便能解决需要的信息，哪怕是旮旮旯旯中的不起眼的、甚至难查的信息。细致处，不仅可以准确获得相应的译名，而且还能获得相应的背景资料。在汉译法的活动中，如果想根据汉语的译名去查询外国人的名字，的确不是一件容易的事。一是因为汉语译名不统一，二是因为语言的特征。汉语已经完全打破了西语文字的构词方式，几乎找不到词形的痕迹。仅凭发音，如果遇到的并非是著名的人名地名，的确很难。汉语的工具书中根本就不可能找到类似《外国汉译名反查辞典》。对于这类信息的空白，网络系统则予以了填补。译者可以在网络上逆溯回原名。

再有，译者的资料占有量肯定无法与单位或学校图书馆相比，而任何单位图书馆的资料库也无法超过网络。换言之，在以后的翻译活动中，不仅是电子工具书将大量地取代传统意义的工具书，而且网络的使用给译者带来的方便，几乎可以用“爽”来形容。译者无须再为某个不易查阅到的专有名词做注释发愁，亦不会为解释某个尘封多时的知识点而陷入书山之中。总之，网络将极大地改变译者的工作环境。

[5] 想象着一幢一幢的新楼，一排又一排的大玻璃窗灯火通明。传出了**让·米歇尔·雅尔**(1)的电子合成音乐**《朔望》**(2)和芭尔芭拉唱的“我没有带给你一束花……”窗帘也愈来愈讲究了。

——王蒙《临街的窗》

Je vois en pensée les nouveaux immeubles, les rangées de grandes baies illuminées. On diffuse **«Croissant de lune»**(B), la musique électronique de **Jean Michel Jarre**(A), et «Je ne t'ai pas apporté de fleurs.» de Barbara... et puis, de plus en plus aussi, on se soucie de mettre des rideaux toujours plus élégants...

—Traduit par Jean Join

译句中的专有名词(1)和(2)，译者有可能反溯出(1)的原名，因为译名的标准化可以部分地推算，加之这些法国名姓比较普及，找出(A)并不难。然而对(2)的信息则难以处理，因为这种名词属于不可译名词，因为它的唯一性而要求译者必须查阅出它的原名。如果靠工具书，可能要绕几个弯，如先查到雅尔，再找他的作品。但是网络则不需要，只需要敲进(2)的信息在中文网站中搜索，总会找到某人、某处在写译名时，附有了它的原文。显然，网络的手段更直接更直观。

1.7.2.2 知识结构

当今世界，科学发展突飞猛进。在许多新领域中，时常会遇到新的知识与理念。这些内容往往超乎于译者的知识结构与认知范围。但是译者的知识结构如果博杂，便多少会有些概念。他可以不了解某些科技的新成就、新突破，但不能不具备常见学科的基本知识。翻译工作者既然被称作杂家，就意味着他各方面知识都懂些，虽然并不精通。事实上，正是这些基础的百科知识，能够帮助译者找到方向。找到了寻找资料的方向，便能按图索骥地解决相关问题、确定专业范畴、查询答案、翻阅最新的辞书、查找有关报刊等等。再有，译者需要熟悉社会发展与变化、国内外事件、热点新闻。这些东西或许当时没用，但不知什么时候的资料会逼你去回忆某个事件、某条新闻。比如中国的神六卫星，虽说是中国的科技发展，但是航天事业是全人类的，法语读者在接受这方面的知识时，有着习惯的理念。我们应该具备这方面的语言表达能力和技巧。

有些时候，按照汉语的思维与逻辑来翻译虽然也能够完成交际，但是知识结构的匮乏可能导致用词的不准确，行文的别扭，甚至会令读者丧失阅读兴趣。常言道，画鬼易画狗难。因为鬼没有参照点，如何胡言乱语都不为过。然而狗的外貌早已深入人心，任何一处描写不当，便会被人识破，便有言不达意的可能。具备相应的知识结构，就是要求译者最起码能够画出简笔画，虽然不精，但应像一回事儿。而不应离题太远。

当然，如果遇到专业知识要求较高的译文文本时，由于其内容远远超过了自身的知识结构，对于这类文本的内容，译者别说理解法语文本，就连汉语文本都可能看不懂，如何奢谈翻译？此时如果进行生硬的翻译，只可能有一个结果：一堆文字符号的堆砌。译出来的文本不仅别人看不懂，自己也不知所云。译者可以不懂行，但必须对下笔的文字负责，必须具备逻辑的分析与理解行文的走向及表达的内容。译者可以讲自己因知识结构所限，无法解决相应的技术问题，但不能因此而拒绝工作。翻译业务是不可能固辞或拒绝的。解决的办法便是请专业人士合作，自己负责文字传递，同行解决专业知识，将文字的信息讲解给对方听，专业人员结合专业特点讲出实意，译者便可下笔了，并将译出来的译文请他再次审阅。

1.7.3 高度的责任感

翻译的素质中的治学严谨与责任感不属于语言水平的范畴，但又是翻译活动中不可缺少的内容。翻译的责任感必须从治学开始培养，从学习语言时便应该具备准确的下笔习惯。遇有不懂必须深入钻研、穷究根源，不找出答案誓不罢休的态度。要知道，“信”乃翻译的第一要求。无信则不立，失去根基的翻译如水上浮萍，何言传意？

翻译任何文字都必须有客观依据，客观地传递客观的内容。换言之，译者在用目的语再创作的过程中，必须符合语言翻译的客观规律：准备缜密，理解正确，译笔有据，内容忠实，符合逻辑。动笔前，需要认真阅读全文，全面了解将译的内容。如果超出了自身的知识结构，还须阅读相关知识书籍，准备相关工具辞书，查阅背景资料，在正式落笔前做好充分的物质及精神准备，决定翻译的策略。理解正确是翻译的根本要求，而汉语作为母语，只要稍许认真，估计并不难解决。然而有些内容可能涉及历史等知识，决不可掉以轻心。权以上海的淮海中路为例，最初的名称是西江路，1906年改名宝昌路（Route Paul Brunat），1915年6月更名霞飞路（Avenue Joffre）[①]，汪伪时期的1943年又曾叫作泰山路，1945年10月改为林森路。1950年5月25日，上海市人民政府将路名改为淮海路，以纪念淮海战役。这就是汉语，这也是历史，同一条大街，不同的时期有不同的叫法，简单地说懂汉语就能理解其中的内涵吗？它需要译者钻进去，完整地理解、把握信息，准备好表达的依据。

译必有据，要求译者不得妄加信息，不仅要求行文准确，而且任何信息都必须源自于源语文本。翻译不等于创作，不允许有添油加醋。忠实于原著，这是译者的责任。高度的责任感很大程度上体现在这个方面，译者必须对作者负责，不能曲解或更改他的意图。符合逻辑，这是译者对自己的要求。有这么一句话，合乎逻辑的译语文本并不一定正确，但是不合乎逻辑的译语文本肯定不正确。逻辑通常是检验译文文本的一种手段。

有了高度的责任感，译者的翻译过程便不会草率，往往需要数易其稿。原则上讲，第一稿处理信息，第二稿确认并通过逻辑校验，校验的过程是对文字的再处理，宏观到文体风格，微观为标点符号、词组及配合。无论任何精明的高手，都不可能一气呵成；细加追究时，定然能发现自己的毛病。这个过程是必不可少的，否则往往会出现不少疏漏或误译。文学作品的结果可能是弃用，科技翻译的后果就可想而知：造成损失或许还是小事，说不定会造成纠纷。第三稿为润色定稿，这也是翻译的最后环节。在完整把握信息后，重新整合语言，恰到好处地运用语言的冲击力或震撼力，从逻辑、审美等方面来为文本润色，提高译文的质量，使之达到可以付梓的水准。

1.8 理解与表达

前面已经谈到很多，从翻译本质、翻译目的、翻译要求等，那些都属于清谈，更多在于务虚、在于解决理念的问题。而翻译的过程，则进入到讨论实际操作阶段。正如前面介绍的那样，在阅读和把握译文的阶段便需要决定翻译策略，接着是理解阶段，除了正常理解普通信息外，侧重点还应该放在隐于字里行间的内容，而这些因为其隐性特征往往最易被忽略。表达阶段，尤其是汉译法的表达阶段，首先考虑如何在语境中择词，词的搭配、短语的选用、谓语的认定、句子结构的确定、句际间关系该是主从句还是并列句。如何运用技巧、长句短译的理念是什么、短句长译又须具备什么条件。语法知识在表达中的作用，它既是指导行文的依据也是检验对错的标准。段落与段落之间、语篇的整体信息、如何校验、如何润色，等等，其间存在着种种要求，需要我们一步步走下去，接近、解决所遇到的问题。概言之，在翻译过程中，最具操作性与要求的，莫过于理解与表达阶段。

---

① 1922年3月，法国将军霞飞还为它举行揭碑仪式。

1.8.1 理解阶段

理解旨在清晰、完整地掌握源语文本信息。理解是译者认识事物之间联系的本质与规律的一种思维活动(方梦之,2004: 15)。一旦开始下笔翻译,进入实际动作的第一步骤便是理解:译者必须站在源语读者的角度上来理解原文。然而理解的方式又有二种:直接理解与间接理解。直接理解是马上实现的,是过去理解事物的重现。间接理解是逐步实现的,存在从不理解到理解的过程。

语言作为一种符号,通过有规律的序列组合来描述客观世界。无论这种描述是抽象的还是具体的,它均需要与文化社会等非语言因素相碰撞,才能释放出相对完整的语义。换言之,理解不仅仅是通过语言的描述,而且还要借助读者的社会文化的背景与再造想象力才能实现。译者作为原著的读者,在搞懂语言符号的基础上,还需要明白话语承载的内容。

需要明确说明的是,原作者在创作作品时,只考虑到为原作的读者服务。作者与读者有着共有的文化、社会背景,他们的教育、他们的观点、他们的意识形态、他们的语言、他们的历史文化知识,总之,他们的一切一切,都处在交际的最佳环境中。他们之间的交流,至少不存在民族文化的障碍。如果说这些读者存在着对作品不同的理解,那绝对不是因为他们与作者存在着文化背景的差异,而是存在着语言水平或认知广度和厚度的不同。

对于译者而言,他首先必须是最优秀的原作读者,需要完全领会作者的创作意图,需要熟悉作品描绘的社会,如果可能,还需要了解作者的创作风格、作品的倾向等;了解一些与原著有关的信息,诸如作者的笔风、文体、语用含义等意图。原著的内容不同,理解的性质也会有异。所以,理解又可以分出好些方面:语言的理解;语义的理解;文本类别的理解。进一步讲,语言理解又包括:表层与深层的理解、语言内部与外部的理解。语义理解亦含逻辑理解、非语言因素理解。至于文本类别理解,毋庸赘述。比如,译者需要处理的是非文学类文本,那么理解的方式便需要因势而变。作者需要预设相关知识,才能有利于阅读过程中的理解。

在实际的阅读过程中,理解的效果取决于读者的水平。因为阅读中的理解也存在着不同层次:勉强理解性阅读;理解性阅读;批判性阅读;创造性阅读。不同的层次,代表着不同的认知深度,产生的效果自然不同。总之,就译者而言,理解至关重要,它涉及的不是目的语文本质量的优劣,而是文本的对错。

至于汉语译作法语,理解汉语是第一要位。表面上看,这对中国学生来讲似乎不存在困难。其实则不然,汉语由于意合的天性,稍不注意便可能出现歧义。再有,汉语往往通过语言的外在形式来表现颇深的内涵。此处权以"知之为知之,不知为不知,是知也。"为例。

如果不深入理解此汉语句的内涵,仅凭字词的堆砌,便可能译成这样:Savoir est savoir, ne pas savoir est ne pas savoir, c'est savoir.

这不是翻译,这只不过是法语词汇的堆砌。对这种句子,法语读者根本不可能理解。因为翻译人自己都没搞懂这句话的深层内涵，译出来的东西能有人恭维吗？简言之，翻译不是简单地一加一等于二，它需要译者在理解过程中破译文本中的深层信息，这是翻译必须完成的第一步。所以，阅读的目的是理解，而理解又是为了表达。

那么如何理解上述名言呢？我们在译作法语之前，先用现代汉语对这句话做过粗略的解释：自己明白的事就说明白，自己不明白的事就说不明白，这才是明白了。在这基础上，即使做文字的堆砌也远远胜出第一译句：Savoir ce qu'il sait dit oui, ne pas savoir ce qu'il ne sait pas dit non, c'est savoir.

显然，在破译原语码基础上的逐字翻译法稍益于提高翻译的质量。但是，汉语是重话题句的语言，而法语是重主谓句的语言。法语句子中如果没有主语（哪怕是省略），就不成其为法语。为此，译者需要遵照法语的表达习惯，为这个句子寻找主语。

Pour être savant, il faut dire oui lorsqu'il le sait et dire non lorsqu'il ne le sait pas. Ceux qui le savent disent oui, ceux qui ne le savent pas disent non, ce sont des savants.

再如：

［6］**于七一案**(1)，连坐被诛者，栖霞、莱阳两县最多。一日俘数百人，尽戮於演武场中。碧血满地，白骨撑天。**上官慈悲**(2)，捐给棺木，济城工肆，材木一空。以故伏刑东鬼，多葬于南郊。**甲寅间**(3)，有莱阳生至稷下，有亲友二三人，亦在诛数，因市楮帛，酹奠榛墟。就舍於下院之僧。

——蒲松龄《聊斋·公孙九娘》

就此段文字而言，特别需要提请注意的至少有三处：(1)所指的事件在当时年代肯定影响极大。而随着时间的推移，这类事件已经淡忘。如果没有相应的背景知识，便很难断定“于七”的实际所指，“于七”到底是办案官员，还是案件首犯，从语言角度上讲，都存在可能。对此，只有相关的背景知识，才可能给出准确的答案。对于(2)的理解，在于汉语译文中可能的差别。至于(3)，对年代理解更需要查证。甲寅别说是对法语读者，就是中国读者也较难确认准确的年代。为此，译者必须予以重新诠释，才可能转换信息。

以七一为首的**农民起义**(1)一案，株连被杀的，以栖霞、莱阳两县为多。每天要捉拿几百人，全都杀在演武场上，血流满地，白骨成山。官府**打着仁爱的幌子**(2)，捐给棺材，**济南城**(4)**的寿木店，一下都卖光了**。在东城被杀的，大半埋在南郊。**康熙十三年**(3)，有个莱阳县的秀才来到临淄，因为有几个亲友也在被杀之列，顺便买了些纸钱、酒菜，在乱葬丛中祭奠了一番，晚上就投宿在荒坟附近的一座寺院之中。

——羊春秋译

通过译文，不难看出汉译者在诠释这段古汉语时，带着明显的感情倾向。翻译(1)时添加有解释词“农民起义案”，对(2)诠释也用了“打着仁爱的幌子”。凭此二处，我们便不难判断出这段文字估计译于“文化大革命”前后，因为那段历史时期的行文比较讲究突出农民起义揭露官府不仁。这从另一个角度说明：不同的译者，或者相同的译者不同的时代，都可能产生不同的视角，从而出现不同的诠释。

再有,即使别人已经诠释过的信息,亦不能轻易相信,有些需要重新认定。此处译文就“济城”(4)的理解便可能存在着歧义。从信息上讲,全文提到的地名仅有三处:栖霞、莱阳和稷下(即现今的临淄),而且均与济南有相当的距离。总之,译者在领悟源语时,需要完整把握词义。以上是现代汉语翻译的处理手段与观点,随后我们再看看法语译者的视角与感情倾向,他在译文中亦体现出他自己的理解。

Les condamnés **du procès de Yu Qi**①(A) étaient, pour la plupart, issus des districts Qixia et Laiyang. Au cours de la grande rafle d'une seule journée, des centaines de victimes périrent, massacrées sur le terrain d'entraînement. La terre était souillée de sang et les morceaux d'os blancs s'entassaient sous le ciel. **Les autorisées supérieures allouèrent par pitié**(B) une subvention pour confectionner des cercueils. Dans la ville de Jinan, tous les bois de construction y passèrent. Ainsi les condamnés exécutés à l'est de ville furent-ils en grande partie enterrés dans la banlieue sud de la ville.

Durant **l'année de Jiayin**②(C), un lettré originaire de Laiyang se rendit à la ville de **Jixia**③. Il y avait quelques amis et parents au nombre des suppliciés. Il acheta du papier-monnaie et le brûla en pleine campagne, en guise d'offrandes. Après coup, il loua une chambre dans un temple, qui lui servit de logis provisoire.

—Par un traducteur anonyme④

对源语中的三点,(1)和(3)均采用做注释的方式,译者这样做显然保持了源语的风格,对于(3)的信息,亦可以像现代汉语译文的处理方式那样,换算为公元年。至于地名“稷下”,亦建议采用历史名的音译,这样可以保持源语的历史性风格。通过作注,便能够达意。当然,重新诠释为“临淄”亦无不可。这样的取舍完全取决于译者以及翻译所采取的策略。

总之,理解阶段的好坏,直接关系到译文的成败。常言道,失之毫厘,谬以千里。起步不慎,可能导致灾难性后果。理解不仅仅要解决语言问题,而且还要剔除语言历史文化背景带来的影响,把握表层与深层的内涵,才能做到胸中有数。

1.8.2　表达阶段

理解作为表达的基础,是翻译的前期活动。在表达阶段,就是要将理解的信息用目的语写出来,也就是说要用法语来承载这些信息和内容。不言而喻,翻译的标准之一便是要求译文符合目的语习惯。设想,要是连法语句子都写不好的人,如何能做好汉译法?所以可以说法语的

---

① Yu Qi fut le chef de l'insurrection paysanne sous le règne de l'Empereur Shunzhi des Qing. Il tint tête aux représailles de l'armée gouvernementale pendant quinze ans.

② La treizième année du règne de l'empereur Kangxi des Qing.

③ Jixia, nom historique d'une ville, est re-appellé à l'heure actuelle Linzi, ville de Shangdong.

④ 本书中多处注引时用了“Par un traducteur anonyme”,可能因为种种原因,书中没有标明译者的名姓,故而笔者在此佚名后,用脚注的方式写出书名及出版社名(该书详情见参考书目)。此后,凡是《聊斋志异》(汉法对照)的译文,均出自外文出版社法文部译。

写作能力是汉译法的基础，翻译是创作的再现。表达能力的强弱，取决于语言的水平。写作是命题而作，有相应发挥的空间。翻译须按阅读到的信息而写，不允许添加改动，表达即使有空间也有限。二者虽然存在着差异，但也存在着一个共性：要求用熟练的法语进行表达。

表达阶段，除了语言水平的要求之外，译者还需解决一大预设：翻译决策。列维(Levy)认为，翻译就是面对连续状态下出现的一系列问题。译者不断地想出办法并做出决定(方梦之，2004：16)。决策就是“选择”，就是在几个可能的解决办法中做出选择。开篇下笔时，译者便会遇到决策的问题，译者应如何确定，如何才能选出最适合译文的表达方式？要知道，选择一旦做出，势必要对后面的行文产生影响。随后要解决的是技巧问题。就翻译的行文而言，如何择词选句、如何翻译比喻、如何遣词造句、如何搭配句型、如何选择结构？就翻译的篇章而言，如何衔接连贯、如何把握虚实、如果调动读者的背景知识？总之，不仅要完整地表达出所获信息，而且还需尽可能好地完成交际活动。

当然，表达是综合地利用所学的知识的过程。在信息收集结束的时候，等待译者的便是如何将之表达出来，他需要运用所学知识，将所获信息见诸于纸上。词汇或句型结构属于事先积累的知识，不可能一蹴而就。但是，如果能够深层次地把握信息源，便能够在现有基础上，提高一个层次。比如：

我快要发疯了。

J'étais presque fou!

从此译例上看，并无不妥。因为这译句没有语言的环境，没有互文的映衬，是孤立的个体。任何语言，只要失去了前后句的参照，译出字面意义是无可厚非的。但是，翻译中切不可照搬原文的形式，因为字面意义即使对等，然而如果失去了非语言因素的融合，仍旧无法实现信息的完整传递。

翻译中无论是词汇的取舍还是译句的认定，均需结合多种因素，语境、语级、语体、语域等。译者在表达的时候，必须依赖言语环境、语级或其他因素，并且遵循它们的要求。篇章中每个语句均应服务于语境，包容其他因素。就翻译而言，译者应弄清每个语句与情景之间的关系，使句子间的内在逻辑关系清晰、紧密，达到目的语在形式与意义上的统一、协调、连贯。句子“我快要疯了”如果脱离了原因或过程，便不能实现语言功能的有机转换。事实上，这个译例表明了在语境的影响下译句的走向。然而，如果我们将前后内容补齐时，再看看这个译句的处理。

[7] 你，你；懦弱的男子啊！——我蒙着脸，倒在沙发上。

我记起了许的话。他曾经批评我说：“你是激情的俘虏。”

我希望这句话是真的，我梦想我能够做激情的俘虏，要是做到那样，瑢早已是我的人了。

我怎样才能够使自己做激情的俘虏啊?！那幸福的激情的俘虏啊！

我快要发狂了(1)。

——巴金《春天里的秋天》

Mais que j'étais donc lâche! Couvrant mon visage de mes mains, je me laissai tomber sur le canapé.

Je me rappelai alors ce que m'avait dit Xu: «Tu es prisonnier de ta passion.»

Ah! Si j'avais pu être prisonnier de ma passion! Comme j'aurais aimé l'être! Comme je rêvais de l'être! Si je l'avais été, Rong m'aurait appartenu depuis longtemps.

Comment parvenir à être prisonnier de sa passion? Heureux celui qui est prisonnier de sa passion!

L'amour me rendait fou. (A)

—Traduit par Li Meiying

当然,有人或许会说,"J'étais presque fou!"并没有译错。为什么非要用(A)呢? 言语的情景有助于实现翻译的等值等效,为此或许失去了外形的相似,但译者却实现了语义的连贯,(A)的优点便在于将前后语义通过"amour"一词有机地衔接起来。译者不仅仅在追求"神似",而且还要保持言语的衔接。译者如果只是追求两种语言在语法结构上的近似,那便失之于"小气",很难实现完整传递信息的追求。

翻译主要是意义的翻译。但是意义的载体是形式,所以形式的变化总会引起意义的变化,在翻译形式中讲求形式上的一致实际上也是力求意义的一致(张德禄、刘汝山,2003,236)。事实上,语言功能对等的形式就是为译文的"形神兼备"打下了合理的基础。下面结合汉译法的实例,借用分解动作的方法,在追求语言功能对等的同时,探讨翻译过程中实现信息转换的过程。在下面的译句中,为了重点讲解句子翻译的决策,而省略了择词的过程。

[8] 我与父亲不相见已二年余了,我最不能忘记的是他的背影(1)。那年冬天,祖母死了(2a),父亲的差使也交卸了(2b),正是祸不单行的日子,我从北京到徐州(2),打算跟着父亲奔丧回家。到徐州见着父亲(3a),看见满院狼藉的东西(3b),又想起祖母(3c),不禁簌簌地流下眼泪(3)。父亲说(4),"事已如此,不必难过,好在天无绝人之路!"

——朱自清《背影》

如果要翻译这段文字,首先需要对原文的信息进行完整地分析与把握。朱自清 132 个汉字中,隐含有四层含义,作者分别用(1)(2)(3)(4)标明,而带有(1a)之类的标记,作为该部分的从附信息。那么,有了这个概念,我们便可以分为四个部分来处理信息。(1)的信息是整篇文章的开篇,处于破题的位置,简明扼要,虽然没带任何枝蔓,但却需要强调语气。

第一句:对于(1)的处理,可以有多种方式:

1. Cela fait plus de deux ans que je n'ai pas revu mon père, et ce que je ne peux pas oublier de lui, c'est sa silhouette de dos.
2. Voilà plus de deux ans que je n'ai pas revu mon père, ce que je ne peux pas oublier de lui, c'est sa silhouette de dos.
3. Je n'ai pas revu mon père pour plus de deux ans, ce que je ne peux pas oublier de lui, c'est sa silhouette de dos.
4. Plus de deux ans pour lesquels je n'ai pas revu mon père se sont bien passé, ce que je ne peux pas oublier de lui, c'est sa silhouette de dos.

5. Plus de deux ans se sont écoulés que je revois pas mon père, ce que je ne peux pas oublier de lui, c'est sa silhouette de dos.

这段信息的处理主要集中在"我与父亲不见已经两年余了",因为主句信息较为准确,没更多变化。

第二句:对于(2)的处理,在把握信息后,可以得出如下译文:

1. Cet hiver-là, le temps rigoureux avait emporté ma grand-mère, et comme un malheur ne vient jamais seul, mon père avait perdu son travail. Dans ce cas-là, j'ai dû descendre de Beijing à Xuzhou où je pourrais rejoindre mon père pour que nous puissions ensemble gagner notre pays natal afin d'y participer aux funérailles de ma grand-mère.
2. Cet hiver-là où ma grand-mère avait été morte et où mon père avait perdu sa place, j'étais obligé d'aller de Beijing à Xuzhou pour rejoindre mon père avec qui je pourrais rentrer à notre pays natal et y participer aux funérailles de ma grand-mère.
3. Comme un malheur ne vient pas seul, il m'était arrivé cet hiver-là la mort de ma grand-mère, le chômage de mon père. Ça me demande d'aller de Beijing à Xuzhou pour rejoindre mon père avec qui je pourrais rentrer à notre pays natal afin d'y participer aux funérailles de ma grand-mère.
4. Cet hiver-là, il m'était arrivé non seulement la mort de ma grand-mère, mais le chômage de mon père, je suis parti de Beijing pour Xuzhou pour rejoindre mon père en ayant pour but de gagner avec lui notre pays natal et d'y participer aux funérailles de ma grand-mère.
5. Cet hiver-là, ma grand-mère avait été morte et mon père avait perdu sa place, ce double malheur m'obligeait d'aller de Beijing à Xuzhou où je rejoignais mon père pour que nous puissions ensemble gagner notre pays natal afin d'y participer aux funérailles de ma grand-mère.

这一段内容的重心则在于落实(2a)、(2b)和(2)之间的关系,它们可以是主从句,也可以变成并列句。

第三句:对于信息(3)的处理,如果不考虑互文,可以得出下列译句。

1. A l'arrivée à Xuzhou, je ne m'empêchais pas de fondre des larmes lorsque je revoyais mon père dans sa demeure en plein désordre et en pensant de nouveau au décès de ma grand-mère.
2. A Xuzhou, une fois entré dans la demeure en plein désordre, je ne m'empêchais pas de fondre des larmes à la vue de mon père et à la pensée triste au décès de ma grand-mère.
3. A Xuzhou, voyant mon père dans sa demeure en plein désordre et re-pensant au décès de ma grand-mère, je ne m'empêchais pas de fondre des larmes.

4. A Xuzhou, en trouvant mon père dans la demeure en plein désordre et en pensant au décès de ma grand-mère, je ne m'empêchais pas de fondre des larmes.
5. A Xuzhou, je trouvais mon père dans sa demeure en plein désordre. Devant cette triste scène, et à la pensée triste au décès de ma grand-mère, je ne m'empêchais pas de fondre des larmes.

这句信息的处理主要在于主从结构的搭配,引导从句的词有些是介词短语,有些是副动词,也有现在分词,或者连接词。由此可以看出,可用多种方式与主句连接。

第四句:对于(4)的处理如下:

1. Sois raisonnable, et accepte ce qu'il nous est arrivé, on aurait toujours des moyens pour en sortir.
2. Ce qui devait arriver est arrivé, ne sois pas assez affligé, heureusement, le bon Dieu ne va tout de même pas nous coincer dans une situation sans issus.
3. Sois courageux dans telle situation affligeante, car nous aurions tout de même de l'espoir.
4. Au point où l'on se trouve, s'affliger ne sert à rien! Le bon Dieu ne va tout de même pas nous barrer partout la route!
5. Ce qui devait arriver est arrivé, ça sert à rien. Le bon Dieu ne va pas tout de même nous encaisser dans une situation sans issus.

为了处理好这部分安慰话,译者也挑选了五种接近方式,其中着重点在于前后句的释义连贯。

五个分句组,使用化整为零的手段,将整个段落分开。的确,句子翻译是课堂上练习最多的,或许也是最有心得的内容。我们亦希望在发挥优势的基础上进入下一级层,合句成段,实现从局部到整体的过渡。大家可以根据字面词义或者根据语义内容,分别组合出多个段落的译文。在此,笔者权且介绍两个段落的译文,与大家一道参详。当然,在句间组合时,可以从不同视角出发,比如可以直译为主或以意译为主,也可以兼收并蓄。总之,合并的翻译决策必须适合整个篇章的行文风格,敢于取舍。当然,合句成段后必须进入到新的翻译单位——语篇。这些句子在语篇平台上经过调整和衔接后,得到如下段落:

B 段以字面意为主:

Je ne revis pas mon père pour plus de deux ans, ce que je ne pus pas oublier de lui, c'était sa silhouette de dos.

Comme un malheur ne vint pas seul, il m'était arrivé cet hiver-là la mort de ma grand-mère, le chômage de mon père, j'étais obligé d'aller de Beijing à Xuzhou pour rejoindre mon père, avec qui je pourrais rentrer à notre pays natal et y participer aux funérailles de ma grand-mère. A Xuzhou, voyant mon père dans sa demeure en plein désordre et re-pensant au décès de ma grand-mère, je ne m'empêchai pas de fondre des larmes.

—Ce qui devait arriver est arrivé, ne sois pas assez affligé, me dit mon père, heureusement, le bon Dieu ne va tout de même pas nous coincer dans une situation sans issus.

A 段以语义为主：

Voilà plus de deux ans que je ne revis pas mon père, ce que je ne pus pas oublier de lui, c'était sa silhouette de dos. Cet hiver-là, le temps rigoureux avait emporté ma grand-mère, et comme un malheur ne vint jamais seul, mon père avait perdu son travail. Dans ce cas-là, je dus descendre de Beijing à Xuzhou où je pourrais rejoindre mon père pour que nous puissions ensemble gagner notre pays natal afin d'y participer aux funérailles de ma grand-mère. A Xuzhou, devant la scène où mon père se trouvait dans sa demeure en plein désordre, et à la pensée triste au décès de ma grand-mère, je ne m'empêchai pas de fondre des larmes.

—Sois courageux même dans telle situation affligeante, me consola mon père, car nous n'avons tout de même pas perdu tout espoir.

既然每个句段都给了五个参考句子，也就是说还可以根据自己的视角或习惯进行多种组合。虽然前面二个段落可以读出直译或意译的痕迹，但并不一定是最佳的组合选择。读者如果有兴致，说不定还可组合出更好的段落。在各个分句翻译上，可从更多的方面接触信息。

总之，我们组合出 A 段和 B 段，目的不外乎希望读者们发现两个问题：一、翻译决策；二、组合衔接方式。就翻译决策而言，首先存在的便是“选择”，是以字面义为先还是以词义为主。一旦做出决策，就需要保持和统一风格。如果追求直译，便需要尽可能靠近词义，选择相应的词汇，用相应的结构。反之，一旦寻求意译，亦以达意为先。只要能够完整表达出作者的意图，便可弃形求意。当然，真正的直译与意译之分，绝非如此简单与直观，其间存在着许多理念与观点。笔者在此想表达的是，选择带来译者的主观介入，而这种主观介入正是体现译者风格的地方。

至于语篇的衔接与连贯，涉及语篇的内容。对语篇翻译的讲解，将在后面的章节中谈到。在专业法语课堂中，经常会涉及翻译，而翻译的内容多以句子为主。虽然翻译的单位并不是句子，但是句子毕竟是表达的初级阶段，它就像建筑的小框架一样，在译者手上可以堆砌成漂亮的局部结构。分解式讲解旨在促进同学充分发挥、运用自身知识，在有限的水平上，也可以获得质量更佳的译文。

诚然，我们在讲解表达时，通过以句子为翻译单位的方式来完成段落翻译，但是**翻译的单位并不等于就是句子**。我们之所以以句子为单位楔入翻译讲解，是因为句子已经成为课堂中实践最多、较易把握、较易将所学的用于实践的单位。不过，需要强调的是，句子在组合后，还存在着整合过程，而这个过程就得**在语篇的平台上进行**。

总而言之，掌握了句子层次的表达阶段，仅仅意味着完成了初步的翻译，距真正成稿付梓还有相当的距离。因为译文还未通过语篇的平台，还未进行逻辑校验，还未借助修辞对译文进行润色，还未经过冷处理等等。

1.9 小结

本章节的目的便在于向读者介绍有关翻译的一些梗概:漫长的历史、翻译的目的、语言的特点等等,解决一些概念性问题。读者在对翻译有了初步认识后,才可能在较高的平台上学习翻译理论与实践,才能更快地掌握翻译技巧,提高翻译水平。

翻译作为跨文化交际的一种言语活动,不仅仅因为会外语就能做翻译。翻译是一门科学,涉及的内容之广,上至天文地理下到市井俚语;科学文化、社会百态无所不包,无所不谈。换言之,只要有语言记载的内容,就可能涉及翻译。就翻译素质而言,要求不仅仅懂外语,有水平,更重要的还有负责的精神。至于翻译的本质,重在传神达意,用目的语尽可能完整地表达源语的内容。而翻译的目的则在于学习优势科学、强势文化,也在于向外界宣传推广中华民族优秀的成就。

关于翻译的过程,事实上可分为四个阶段:准备阶段;理解阶段;表达阶段;校验润色阶段。准备阶段除了必要的语言水平外,还需要具备相应的工具书、相应的百科知识,以及查询资料的方法与手段,如何充分利用现有的资源等。理解阶段是把握源语文本的语义,掌握深层含义,解读作者的意图,为表达打好基础。而表达阶段,便是如何运用方法,以期达到充分发挥语言水平的目的。校验润色阶段,要求译者在"语义对等"的基础上,借助逻辑校验原稿,随后便是运用多种方式提高文本质量,加强语言的表达力,比如审美、修辞等。

诚然,内容虽多,但这并不意味着翻译就相当难,并不意味着汉译法就更难。万事都有始,有了开头,便迈出了第一步。走出第一步,真正到了遇到问题、解决问题时,也就没有什么为难了,因为人类与生俱来就有迎难而上的天性。

1.10 思考与实践

一、思考题

1. 翻译的宗旨是什么?
2. 佛经翻译对中国翻译的影响?
3. 请简单谈谈科学翻译与洋务运动及其影响?
4. 翻译的单位是什么?词语与句子单位的优势与局限又是什么?
5. 汉语与法语之间的语言特点是什么?差异主要体现在哪些方面?
6. 汉法之间的语义特征体现在哪些方面?每个特征之间有何异同?
7. 在翻译中,如何处理各种语义特征带来的障碍?请分别说明。
8. 在翻译的准备阶段,译者除了语言准备之外,还需要做些什么?
9. 为什么要使用工具书,以及使用工具书的目的?工具书是万能的吗?
10. 工具书的理念是否受到挑战?网络还能给翻译活动带来什么方便?
11. 译者如果接到的任务完全超出了自己的知识范畴,而任务又必须完成,该怎么办?

12. 理解阶段应该注意哪些方面？
13. 表达阶段应该如何组织？

二、实践题

(一) 利用工具书或资料，将下列句子译成法语，尤其注意粗体字词。

1. **宣德年间**，宫中尚促织之戏，岁征民间。（蒲松龄《聊斋・促织》）
2. 一日，有**金陵客**寓其家……（蒲松龄《聊斋・黄英》）
3. 童时赴**郡试**，值春节。（蒲松龄《聊斋・偷桃》）
4. 马子才，顺天人，世好菊。（蒲松龄《聊斋・黄英》）

(二) 先将下列古汉语译作现代汉语，再译作法语，并请用汉语解释粗体词。

于公者，少任侠，喜拳勇，力能持高壶，作旋风舞。**崇祯间**，**殿试**在都，仆疫不起，患之。会市上有善卜者，能决人生死，将代问之。即至，未言。卜者曰："君莫欲问仆病乎？"公骇应之。（蒲松龄《聊斋・妖术》）

参考书目

1. 辞海编辑委员会，1979，《辞海》，上海：上海辞书出版社。
2. 方梦之，2004，《译学辞典》，上海：上海外语教育出版社。
3. 马祖毅，1998，《中国翻译简史》增订版，北京：中国对外翻译出版公司。
4. 王秉钦，2004，《中国翻译思想史》，天津：南开大学出版社。

第一部分　词语层次

对于翻译单位及其目的和作用，前一章已经做过概括的介绍。下面我们将进入到词语层次的翻译阶段。词语层次包括音位层次、词素层次、词语层次、词组层次。汉语的字和法语的词实际上源于语义单位的理念。在语言转换的工作平台上，什么平台处理什么信息。汉语最低的语言单位是字，法语最低翻译单位可以追溯到语音层。换言之，汉语可以用法语的字来处理法语语音层上的信息，比如人名地名的翻译。同样，法语在处理汉语信息时，可以使用的语言单位有语音（专有名词）、词素（汉字词组）、词和词组。

汉语的方块字单独使用可以成意，组合使用仍可成词，而且每个字的信息包含量比较大，组合后的词义也非简单的 1+1=2，至少大于 2。笔者之所以选在词语平台开始讨论翻译单位，便是打算将词语层次与词组层次放在一起分析，因为这涉及汉语的构成特点。

词语平台是翻译活动中解决基础信息的较佳平台。它虽然不是解决词义的最佳途径，但却提供了原始信息。原始信息犹如建设用砖，既普通又不可或缺。没有优质的砖石，译者焉能建成“译著的大厦”？

词语层次上的翻译，除了专有名词外，重心还是在词义的落实上。在语言转换的过程中，词义将随着相应的语境而起变化，字面词义肯定无法满足翻译的要求。这也是为什么在计算机如此发达的今天，机器仍旧无法取代人的大脑的一个很好例证。翻译因涉及面广与信息处理自由度大等因素，而造成机械思维无法发挥作用。

第二章 词语与词义

名词与词义　　词组单位
限定词及其运用　　词类及语法功能

2.1　名词与词义

词可以定义为最小的独立形式，换言之，它可以单独使用(Eugene A. Nida，1998:215)。毋庸置疑，汉语的字、法语的词都具备了完整的音、形、义，应该是翻译的最小语义单位，是语言艺术控制的语言操作的起点。为此可以这样讲，语言是个符号体系，而词则是语言中可独立使用的、最小的音义组合单位(曹德明，1994：13)。换言之，字与词就是盖建"翻译建筑"的砖石，是基本材料。如果小视它，将犯根本性错误。但凡要涉及翻译理论或实践的问题，都必不可少地要谈到字与词这个基本单位。

汉语最小语言单位是方块字不是词。汉字具有独立的音和义，既可以单独使用，也可以与其他汉字组合成词组。就语义而言，词组也是最小的单位。我们在此不妨以"人"字为例，单独使用时为"人(homme)",与其他字组合后,可以形成如下词组:"人民(peuple)"、"人参(ginseng)"、"人家(foyer)"、"人格(personnalité)"、"人体(corps)"等等。当然,也有个别汉字不能单独使用,必须以词组形式出现才具有相应的词义。如:"匍"字便不具备词义,它须组成"匍匐"才能使用。

法语是拼音文字,最小的语言单位是词素,词素通过组合才构成词。词是具有语义的最小语言单位。既然翻译是将源语文本中的语义迁徙到目的语文本中,所以在讨论翻译时,分析、使用的翻译单位至少应该是汉字法词(指法语的词或词组)。

我们通常讲的词义是字面意义与指称意义处于重合状态中的语义。然而在任何两种语言中,都不可能存在语义完全相同的词(Eugene A. Nida, 1998: 236)。词语在特定的语级或语域、场景或情绪的环境中,字面意义与指称意义在转换过程中时常出现不重合的现象,即不能在目的语中简单地按原词义进行移植。因为在翻译过程中,词语的迁徙涉及面很广,不能做简单的加减乘除。

词义通常包含两层语义:表层字面意义和深层指称意义。词语的信息也分为两部分:符号信息和文化内涵。各个民族在劳动生活过程中产生的认知,会孕育出特有的民族文化、民族语言。而文化与语言的民族性、地域性正是造成翻译不易的催化因素。讨论翻译,就不可能只考虑语言问题而不解决文化差异。应该说,语言与社会文化有如水乳交融,无论语言自身的表现力如何强大,都不可能脱离文化背景。语言交际者不管愿不愿意,都不由自主地在语言中带着民族文化的印记。

如果作者与读者具有共同的社会、文化背景,那么双方彼此理解便顺理成章。翻译活动属于跨文化交际,是在作者依据的文化背景与目的语读者生存的文化背景之间架设沟通的桥梁。如果社会文化背景差距不大,这个翻译工程或许不会太难。而汉语与法语分属两个截然不同的语言体系,无论从思维方式还是语言形式都存在着本质的差别,从事这两门语言之间的信息转换,确如建设一个庞大的文化工程,译者需要克服的困难太多太多:原料似的词语、结构似的句子、框架似的篇章。

2.1.1 字面意义

任何语言语义都处在特定语义构成环境的参照框架之下,其中包括民族、历史、文化、心理和观念形态、社会和经济形态及地缘和自然环境(刘宓庆,2003:97)。理论上讲,词义是指语言符号和它所描绘或叙述的主观世界或客观世界的实体之间的关系,主要同交际主题有关。词义是指词语、句子和篇章对客观世界的反映。比如:"法语":le français;"这套两居室的房子虽不理想,但尚可居住":Cet appartement de deux pièces, ce n'est pas idéal, mais il est habitable. "禁止停车":Défense de stationner. 在多数情况下,词义是语言符号的基本内容和它传递的主要信息。而这两层信息又分为"字面意义"与"指称意义"。

字面意义实指该词在使用中取了词义的第一属性:即该词的客观所指。在翻译过程中,词义的第一属性通常都是不变的,是对某物的客观描写。对于取用字面意义的词,译者通常考虑的是其语言因素,而不用琢磨其词的延伸词义,因为该词的使用词义与翻译的所指词义是重合、统一的，没有不同的内含。对于这类词的使用，因其字面词义已经覆盖了所指寓意，译者选用起来较为得心应手，没有更多的考虑，只需根据词的使用场合选用相应的词语即可。虽然按字面意义择词不难理解与运用，但因其使用量最大、最频繁，所以也需要予以重视。如果连不易翻译的词都能选用得很好，那么按字面意义选词就不应该有问题。倘若真在这方面出现疏忽，这类误译就可谓"小河沟翻大船"，实在不值得！

既然表层的字面意义对翻译活动不构成什么障碍，我们便希望借助这个平台，顺便研讨汉语与法语的词类以及其语法功能。汉语任何词类没有词形变化，所以使用起来相当自由，组合的方式也显得不那么严谨。而法语则不然，主要的名词、形容词、动词都有着特有的词形，而且在词形的基础上还有性数的变化。不同的词形代表着不同的词类，不同的词类用在句中不同的位置，这就是法语，这也是译者需要弥合的语言沟壑。

[1] 她像一池**平静的湖水**(1)，总是那样清静淡泊的，安恬自然，而他在这湖边就总是狼狈地照出自己颓然无力的影子。近来自己是怎么了，为什么在她面前总是**那么容易激动**(2)，容易失态？难道自己心里产生了那种不该再有的感情？

——孙力、余小惠《都市风流》

Elle ressemblait aux **eaux calmes d'un lac**(A) dans lequel il se voyait plongé, triste et comme incapable d'agir. Ces derniers temps, il était **facilement ému**(B), quand il pensait à elle. Est-ce que ce sentiment qui apparaissait confusément et qu'il refusait de reconnaître, renaissait en lui?

—Traduit par Yang Jun et Ying Hong

名词与形容词的字面词义。例句中名词(1)动词(2)的词义与词典内所给的意义完全相符，这对初学者而言，是相当惬意的。虽然在翻译过程中，词语在多数情况下均选用了其字面意义(A)和(B)，但也有很多时候，它因受内外部因素的左右而不得不有所变化。

[2] 木栅门一开，里面闪出两个人影，两张脸**电光似地**(1)在我的眼前掠过，一男一女。

——巴金《春天里的秋天》

La porte à claire-vole s'ouvrit. Deux silhouettes sortirent dans la rue. Les visages disparurent devant moi **avec la rapidité de l'éclair**(A). Un homme et une femme.

—Traduit par Li Meiying

副词的处理方式。在这个译句中，译者处理(1)的信息时，完全吻合了词义，但是却在结构上悄然出现了一点变化。汉语由于没有词形的变化，只有通过后缀性质的"地"来表明前面的词属于副词词类，并由此而在句中作了程度状语。而在法语句中，有多种方式可在句中作程度状语，其中"avec ＋ 名词"便是其一。

可以说，确定某词的词义并不等于也认定了它的语法功能。尤其需要提醒的是，法语词通过形态的变化来明确其在句子中的功能与作用，但汉语因是没有词形变化的语言而不具备这些功能。试看下面例句：

[3] 今天提笔，我心里有说不出的**奇怪感觉**(1)：我仿佛觉得高兴，因为我**解答了**(2)多年前

未能解答且久已忘怀了的一个问题……

——李广田《柳叶桃》

Aujourd'hui, c'est **avec des sentiments complexes**(A) que je prends la plume: je crois être heureux, car j'**ai trouvé la réponse à**(B) une question, qui était toujours demeurée trouble pour moi et que j'avais même fini par oublier...

—Traduit par Pan Ailian

词类的转换。按照汉语的理解,(1)应该是宾语。但是整合句子过程中,译者按照语义完整的原则,将汉语句中的宾语(1)在法语句中处理为状语(A)。当然这种词类角色转换自然少不了介词“avec”的引导。而(2)的信息无论在汉语中还是在法语中都作谓语。所不同的是,在法语中除了动词可作谓语外,动词短语也可作谓语。这便在结构的组合上多了一种选择。如果从词义上讲,在此如果确定“解答”可以用“trouver la réponse”,为什么就不能用“répondre”呢?在法语中,只要是动词,包括动词短语都可以作谓语。如果是汉语,由于没有词形的要求,满足了词义的需要或许就能被视作动词,就可以作谓语。这是二者之间的异同,在翻译过程中必须予以尊重和充分关注。

2.1.2 指称意义

深层的指称意义某种情况下讲,是出于翻译目的而衍生出来的理念。如果没有翻译,便不存在理解可能的分歧,如果没有翻译,便不存在表达阶段的择词。要知道,择词的依据是词语的深层意义。既然有了择词的需要,也就有必要认真探讨词语的深层指称意义。

在翻译系统中,指称意义的载体不是“源语词”而是“目的语词”,而目的语的这个词则要传递源语的信息。目的语的指称意义并非必然要等同于源语的字面意义,因为它们在语言结构和文化理念上便存在着不同:源语的词义要在源语读者头脑中产生直观的概念或映像,而目的语词语的指称意义要在目的语读者头脑中产生出准确的联想映像。换言之,词义都包含有外部客观体提供的所需的——语言或非语言因素造成的——信息源。然而,遗憾的是,源语和目的语的信息源分属于截然不同的两个世界。这就是差距,这就是源语的字面意义与目的语指称意义之间的差距,译者就得努力地跨越这段距离,尽可能缩小它们之间的分歧。

事实的确如此。源语词在目的语中,即使是相同词,也不能必然地覆盖目的语词的词义,因为这中间存在着难以消弭的语言特性。源语词只可能为译者提供一个信息,后者据此缩小择词的范围,在更小的圈子内寻找更准确的词,以求实现二种语言在“指称意义”上的对等,而不是两种语言在“字面意义”上的重合。

通俗地讲,在翻译过程中经常遇到词义的假对应,因为字面对应不等于词义的对应。换句话讲,即使同一个汉语词,在同一个句子中,由于它受到语言内外部因素的影响,其理解与表达就存在着不同。在大多数情况下,大家将语义更多地看作是词或符号与所指对象之间的二元关系,即符号所代表的语义。然而将语义看作是符号、所指对象和能够对符号进行解释的符号系统之间的三元关系则更为恰当(Eugene A. Nida, 1998: 224)。显然,翻译分析词义的角度应是三元的。所以,在翻译汉语词时需要从三元角度来考虑,即使面对相同的汉字,由于内涵的不同,就需要用不同的法语词来诠释。

[4] **省**(1)事不如**省**(2)官,**省**(3)官不如**省**(1a)吏,能简冗官,**诚治**(4)之本也。

——《新唐书》

Restreindre(A) l'administration vaut mieux que **simplifier**(B) les affaires d'États; **réduire**(C) le nombre des fonctionnaires vaut mieux que **restreindre**(A1) l'administration. Supprimer les postes inutiles est le véritable fondement d'**un bon gouvernement**(D).

—Par un traducteur anonyme

汉语中的"省"属于同词同义的动词,但是一词多义是汉语的普遍现象。同一个词在不同的客观环境的影响下,会派生出不同的词义,译者正是根据这些不同的词义而对"省"字分别做出了不同的诠释:"resteindre""simplifier "和"réduire"。即使对(4)"诚治"的理解,亦非用选用其字面意义,而选了"un bon gouvernement"。这也是另一种情况的指称意义:即在广义的前提下忠诚地展示原旨意。这绝非译者有意"舞文弄墨",而是广义的所指词义。

[5] 这个地方是厦门路222号。过去三位意大利人盖起这花园别墅时,**叫**(1)它利华别墅。

——孙力、余小惠《都市风流》

Voici le N° 222, rue Xiamen, **baptisé**(A) il y avait soixante-dix ans, Villa Lihua par les trois Italiens, qui les avaient fait construire. (P5)

—Traduit par Yang Jun et Ying Hong

如果按汉语字面词义,"叫"在法语中对应的词应为"s'appeler"。然而,外部提供的信息源亦有强烈的欺骗性,稍不注意便可能落入俗套。(1)的含义是为这"别墅"命名,而西方中的命名不可能用"s'appeler"。有鉴于此,译者须按"命名"的词义为源,寻找其指称意义,末了用(A)来定格意义,准确而无可挑剔。再有,由于上文已经有所指,过去实指七十年前,故译者在此将时间具体化了。

进一步讲,客观体提供的信息源成为翻译选词的基础,信息源丰富与否,直接影响到译者的抉择。为此,译者有了信息的依据,便可以从狭义或广义的方式来选用词语。下面我们将分别介绍这二方面的内容。

2.1.2.1 狭义的指称意义

狭义的指称意义是指在相对狭小的信息范围内选择相应的词。简言之,就是在翻译时尽可能在照顾源语词义的条件下择词。它可以有一定的变化,但不能离原词义太远。在信息转换过程中,涉及最多的还是词与词义的认定。即使相对等的词,也仅仅是因为该词描述的客观物体是相同的,但是其延伸意义或联想的内涵却是不同的。究其根源,还在于两个民族因为生存的环境不一样,思维方式与意识形态的理念不一样,造成了语言使用的不同、认知理念不同。要解决词的深层意义,必须深入到其文化背景中去探根溯源,否则无法认定其深层意义,也无法进行有取舍的择词。

在原信息基础上,为了忠实地传译原语文本,可以进行词义的重组。"狭义的指称意义",

通俗地讲，就是使用某词义的延伸意义，或者受限于原文信息而不得做更夸张的演变，选择了最接近原信息效果的词。在此阶段，我们除了解释词义的认定外，尽可能附带讲解词语层次上的结构变化。

[6] 我们过了江，进了车站。我买票，他忙着照看行李。行李太多了，得向脚夫行些**小费**，才可过去。他便又忙着和他们讲价钱。

——朱自清《背影》

Le fleuve traversé, nous arrivâmes à la gare. Pendant que j'allais prendre mon billet, il surveillait les bagages. Etant donné le nombre de ceux-ci - un amas de multiples paquets - il fallait payer au porteur **un supplément.** Mon père se mit alors à débattre avec lui du prix de son service.

—Par un traducteur anonyme

深层词义。特定的外部客体（上下文）已经表明，“他”事先与脚夫讲好了价格，而此处的“小费”实指在已允诺的报酬上再加上一些，而不是简单的“pourboire”。译者显然注意到这细小的差别，准确地使用了“**supplément**”一词。

[7] 有**不知**(1)则**有知**(2)，**无不知**(3)则**无知**(4)。

——王夫之《张之正蒙注》

Qui a compris que certaines **connaissances lui échappent**(A) encore **possède un savoir réel**(B). Qui croit qu'**aucune connaissance n'est hors de sa portée**(C) est **un ignorant**(D).

—Par un traducteur anonyme①

深层词义与语法功能。汉语例句中的“有知”与“无知”在法译时，便需要根据所指的信息源进行分析。首先，四个“知”的汉语词义并不完全相等，语法功能亦不尽相同。有些“知”词组可以理解为动宾结构，如汉语中(2)和法语中的(B)为动宾结构；有些汉语是动宾结构(1)，而法译时又处理为主谓结构(A)。不同的结构，遣词造句时显然会出现不同的效果。由此便可得知，在词语翻译时，不能僵化地硬套词典意，而得根据语境而选用其深层的指称意义。

[8] 他触目伤怀，自然情不能自已。情郁于中，自然要发之于外；**家庭琐屑**(1)便往往触他之怒。他**待我**(2)渐渐不同往日。

——朱自清《背影》

Tout ce qui se présentait à ses yeux était une source de désolation. Son coeur, trop plein, finissait par éclater. **Un rien**(A) l'exaspérait. Et il ne **m'aimait**(B) plus autant qu'autre-fois...

—Par un traducteur anonyme

① 标有“Par un traducteur anonyme”的名言哲语的译文均源于华语教学出版社 *Maximes chinoises*，1997。

名词与动词的理解。例句中用"rien"和"m'aimait"源于原句中(1)和(2)的信息，用词虽然没有完全对应，但源语信息得到很好地传递。因为译者把握住了一个原则，翻译词语是翻译词的指称意义，而不是字面意义。译者对"待我"(2)的理解相当到位，选用动词"aimait"(2)，其效果绝对超过了字面词"traiter"，甚至有点睛之感。至于"家庭琐屑"亦是妙译，原本就是起于"无名"的东西。总体上讲，信息的这种处理方式值得推崇。

上面的译例说明了一件事实，在汉语句中，汉字由于受到前后信息的影响，其指称意义出现了相应的变化。译者不能也不需要亦步亦趋，而应该跳出词语的局限，在更高的平台上观察用词以及该词在句中、段落中的效用。登高才能望远，有了视野就有了对信息的完整把握。

2.1.2.2　广义的指称意义

广义的指称意义是指在较为宽泛的信息范围内选择用词。这就是说译者在"忠实"于源语词义的情况下，择词的自由度相应得要大些。简言之，在翻译时，译者只要照顾了源语词义，他选择的用词可以完全不等于原词以及原词的延伸义。

正如前面多次重申过的那样，在翻译中不能僵化地移植词语，而应有机地、科学地、全面地理解和选择用词。有些信息如果完全陷入了原信息的框框套套，则很难译出源语文本的意境；即使勉强可以，也难有新意。译者在这时需要有所突破，有所创新。换言之，可以在原信息基础上，做相应的发挥，要么选用比原义更宽泛的词，要么选用比原义更确切的词。但是，这不是原词义的引申，而是原词义的再诠释。在翻译中，这种做法可以称作词义的变异。下面，我们分别介绍如何换用广义词与确义词。

2.1.2.2.1　换用广义词

换用广义词就是指译者在翻译择词的时候，所选词在词义的内涵上比原词词义要宽泛得多，即包容度更大。这种做法的目的在于让语言更有张力或想像力。

[9] 但他终于不放心，怕茶房不妥帖；颇踌躇了一会。**其实我那年已二十岁**(1)，北京已来往过**两三次**(2)，是没有甚么要紧的了。

——朱自清《背影》

Mais, loin d'être rassuré, il demeurait là, perplexe... En fait, il n'avait pas à s'inquiéter, puisque j'étais déjà **un jeune homme**(A), et que ce n'était **pas mon premier voyage**(B) à Beijing...

—Par un traducteur anonyme

广义地讲，作者此时用"二十岁"并非要指实际年龄，而是表明他已经成人，无须让父亲如此操心。译者正是把握了这个主旨，而没有对(1)采用字词套译，而选用了(A)。应该说，这种做法本身就源自于原信息，但不等于原信息。至于信息(2)，译者采用的正词反译的技巧，使用(B)的结构无可厚非。

[10] 空气倒是给女人的哀叫占据了。**一丝，一丝**(1)，**新的**(2)，**旧的**(3)，仿佛银白的月光全是这些哀叫聚合而成的，它们不住地抖动，这些撕裂人心的哀叫，就像一个活泼的生

命给毁坏了，给撕碎了，撕碎成一丝一丝，一粒一粒似的。

——巴金《月夜》

L'air, à ce moment, était rempli par les cris lamentables de la femme, **coupés**(A), **répétés**(B), **prolongés**(C)... Et c'était comme si les rayons argentés de la lune se trouvaient matérialisés par le bruit de ces lamentations. Déchirants, les cris ne cessaient de vibrer, comme si une vie avait été détruite, déchiquetée, réduite en poussière.

—Traduit par Tang Zhi'an

应该讲汉语中的(1)、(2)、(3)分别修饰着哀叫声，如果仅仅按照其字面意义来译，很可能词不达意，甚至会造成不理解。译者取用过去分词的被动义来修饰"哀叫声"颇有新意，再有，其词义的把握亦相当有创意。"一丝"原本不等于(A)，但在本译句的环境中则恰到好处。(B)、(C)的做法亦然。效果：乍一看，好似不扣词，然而细加琢磨，则明显感觉到译者的高明。他的确深深地领悟了原信息，而且妙到巅毫地选用了非字面意义的词：准确，生动，可谓入了化境。

[11] 过铁道时，他先将橘子散放在地上，自己慢慢爬下，再抱起橘子走。到这边时，我赶紧去**搀他**(1)。

——朱自清《背影》

Arrivé devant la voie, il posa les fruits par terre et se courba lentement... Puis il ramassa les oranges et continua son chemin. Dès que je le vis franchir la voie ferrée, je me précipitai vers lui pour **l'aider**(A).

—Par un traducteur anonyme

汉语中的(1)有着明确意义，指"用手臂搀扶"之意。译者在此没有狭隘地守着原意，没有刻意地在"搀"字上下功夫，而是取了这个动作的目的意义。这种广义上的忠实明显体现出作者与译者对动作的侧重点出现的偏差。这或许就是字面意义与指称意义在延伸后，出现的表达差异。事实上，(A)所包容的内容已经超过"搀扶"之意。

通过上述讲解，至少可以明白一件事：词义以及对词义的理解显然不是简单的文字迁移，而是对词义的完整把握。翻译所追求的对应并非要落实在字面意义上，而是在所指词义上。作者与译者可能出于不同的考虑——比如各自语言的特点、各自读者的思维能力——，而对同一词义采用了不同的诠释方式。总体上讲，这种现象不是源于对源语词的理解，而是因为源于对目的语的使用。这也是译者可以发挥主观介入的有限空间：他可以在有限的信息上施展自己的语言才华，用不同的词表达相同的词义。再有，这反映出译者对作者的理解，体现着译者对读者的负责。

2.1.2.2.2 换用确义词

换用确义词是指译者在翻译择词的时候，所选词在词义上比原词词义更加准确，甚至会具体到实际动作。这种做法的目的在于让语言的描写性更强，给读者的镜像更加栩栩如生。

[12] 我小心翼翼地思量了一下，**认定**(1)多回几趟家，照看孤身处于玻璃被砸的临街的房室的妻子，也许尚不能算是对抗文化革命的大罪，便自动增加了每周回家的次数。

——王蒙《临街的窗》

Je réfléchis avec grande circonspection et **me persuadai**(A) que rentrer plus souvent à la maison veiller sur une épouse solitaire ne pouvait peut-être pas représenter un grave crime d'opposition à la «révolution culturelle»; je pris donc sur moi de multiplier mes retours en semaine.

—Traduit par Jean Join

从汉语上讲,(1)的字面含义只可能用"croire"之类的词来表达。然而,结合起前后句的信息,便可以明白"我思量"的目的是打消自身的顾虑。有了"说服自己"这层含义,用(A)来诠释(1)自然再恰当、再准确不过啦。要达到此意境,首先需要深入地分析汉语词义的深层内涵。

[13] 随着**社会**(1)形势的日趋紧张,这所家属院每晚十时便从里面扣上了门。于是我与妻约定,遇到我十时以后抵家,先按一定的节奏轻敲临街的破窗,然后妻给我小心翼翼地开启大门。

——王蒙《临街的窗》

En raison des tensions **politiques**(A) qui s'accentuaient, le portail de la cour où donnait la maison était fermé à clé de l'intérieur, chaque soir à dix heures. Nous avions convenu, mon épouse et moi que si j'arrivais au-delà de dix heures, je frappais un certain rythme sur le carreau de la fenêtre sur rue et qu'elle ouvrirait le portail avec grande précaution.

—Traduit par Jean Join

从译句看得出来,(1)的字面词义为"社会",然而仔细琢磨一下该词的具体所指,如果再联想到作者在这部作品中描写的是"政治统帅一切的'文化大革命'",或许便能准确地理解译者对词义的准确把握。在此处用(A)所体现出的内涵对法语读者而言,绝对比直接字面翻译(situation sociale)要直观、深刻、贴切得多。

由此看出,指称意义可以在广义的忠实源语信息基础上,在目的语中做出更贴切的选择,虽然这种贴切没有移植原词,但译者使用的"指称意义"饱含着自己对源语词义的理解,在有限的空间进行着"再创作"。在指称意义上的择词,实际体现出译者对原著的把握,以及自身的外语水平。

2.1.2.3 小结

翻译,尤其在词语层次上的翻译,首先需要做的便是选择用词。选择用词的依据便是确认所选词语的词义。在绝大多数情况下,源语与目的语在词语层面上的语义大多是相同、近似的,当然译者也是最希望看到的。但是语言作为交际的工具,是动态的,有时即使字面意义相同,但其内涵则存在着相当的出入,不能简单地以汉语字面词义作为参照点进行套用选词。因为译者在掌握词的意义和范围的同时,既要弄清该词的概念意义,还要弄清词的附加色彩:诸如感情、语气等。笔者在此分析词语的指称意义,便是希望译者能够全盘地把握词语的信息,了解在特定的言语范畴之下,词这个独立的最小语言单位如何服从于更大的语言单位:句子、段落、篇章，并在整体结构中，发挥自己相应的作用。

2.2 限定词及其运用

语际转换是一个系统的思维过程。人类操不同的语言，不同的民族及语言群体具有不同的文化、历史、社会、政治、经济形态以及有差异的地域与自然条件。不同的民族心态及意志便因这种种差异而形成了，并且通过不同的思维方式、思维特征和思维风格，反映在各自语言中。因此，在语际转换中，人类不仅必须具有思维机制的共性，还必须具备思维的调节机制，并运用这一机制，调节由于思维方式、特征及风格的差异而产生的语言差异，为双语转换的实现提供条件（刘宓庆，1999：65）。

如果说翻译中必须解释“中心词”以及中心词的功用，那么中心词的修饰、附属的限定成分同样不可忽略。就翻译而言，中心词词义可能因为其限定或修饰词而出现语义取向的变化。限定词的存在，在给翻译带来方便的同时，也造成了困难。方便之处是因为它能提供更多的附加信息，有利于圈定信息范畴。困难是因为它能给言语结构的重组设置障碍。

就限定词而言，汉语比较广泛，而且格式比较松散，使用也比较随便。由于汉语字词没有专有的词形分类，诸如形容词、名词、动词等词形，所以限定词的构成仍旧可以是字、词或句子。汉语限定词（或称定语）的最大的特点便是它的位置始终在中心词之前，这从本质上限定了汉语的限定词的使用范围：限定词不允许或不可能太长，否则将直接冲击中心词的突出地位。然而法语则不然，法语的限定词往往由形容词、名词、动词不定式、短语或句子构成。由于法语的结构特点，法语限定词在运用中几乎没有限制：一、有词形属性，即形容词有专属的词形以及语法变化，当然分词、名词等也可以作限定词；二、只要有连接词（如介词、关系代词等），从语法上讲，限定词的结构便可以无限制地延伸下去而不影响中心词的突出地位。正是这种一难一易的矛盾现象，给翻译的转换活动带来困难。

[14] 海云，你不就是这样被压碎的吗？**你那因为爱，因为恨，因为幸福和因为失望常常颤抖的，始终像儿童一样纯真的、纤小的**(1)身躯呀！而我仍然坐在车上呢。

——王蒙《蝴蝶》

Haiyun, c'est comme cela qu'on t'a écrasée, n'est-ce pas? Qu'on a brisé ton corps **si frêle, tremblant d'amour, de haine, de joie et de désespoir**(A), **toi qui étais transparente comme une enfant**(B). Et moi, je roule encore en voiture.

—Traduit par Liu Hanyu

形容词与关系从句。这个句子便是很好的译例。抹黑的字体部分都是限定词。由于汉语的限定词(1)放在中心词之前，限定词的位置相当突出，显然有些喧宾夺主。读者在阅读过程中可能因在限定词上耗费相当大的关注力，而可能忽略中心词。如无特殊修辞需要，汉语作者通常不会这样写句子。既然作者刻意地在中心词前加了相当长的(1)，就是要强调“身躯”的修饰成分。面对如此长的信息，法语结构虽然易于处理，但译者没做简单的词语移植，而是根据语义，将先行词(1)分译为二：“ton corps”（用形容词限定）和“toi”（用关系从句修饰），是因为喻体“enfant”作为人，也要求搭配的喻体是“人”而不是“人的身体”。

[15] 小火轮甲板上行乐的人们都有点半醉了，继续二十多分钟的紧张的哗笑也使他们的舌头疲倦，现在他们都静静地仰脸看着**这神秘性的**(1) **月夜的**(1a) 大自然，他们那些酒红的脸上渐渐透出无事可为的寂寞的烦闷来。

——茅盾《子夜》

Les fêtards étaient à moitié ivres sur le pont. Plus de vingt minutes de rires et de plaisanteries avaient fatigué les langues et tous regardaient maintenant en silence la grande nature **sous le clair de lune**(A1) **de cette nuit mystérieuse**(A). Les visages rougis par l'alcool exprimaient l'ennui insurmontable qui naît de l'oisiveté.

—Par un traducteur anonyme[①]

限定词的关系。前面译例中曾经讨论过限定词的修饰关系问题。本例句中的(1)和(1a)之间的关系确定着限定成分的结构。如果是并列关系，那本译句在处理便出现问题。如果是递进关系，即(A)修饰(A1)，组合后再修饰中心词"大自然"。译者只有在分析清楚它们之间的逻辑关系后，处理起信息来才有条不紊，完整达意。如果将"神秘性的月夜"视作限定性信息块，那么"月"就是信息块的中心词，从而组合成"神秘夜的月光下"来限定"大自然"，这样的理解符合逻辑。如果将之改作并列关系，便出现二个限定性信息块："神秘性的"、"月夜的"，那么处理的方式可能不同。再有，本译句限定词的引导也颇有深意，译者想到用介词"sous"来引导限定词，足见其细心及对词义的把握深度。

当然，这种模棱两可的构词和表达方式正是汉语的特点，而在语法严谨的法语中基本上不会出现。因为法语中限定词必须与中心词保持性数的一致。或许这就是没有词形变化的汉语带来的好处与弊端，好处在于它能够给读者更多的意境，坏处则在于它始终介于两可之间，公说公有理，婆说婆有理。

通过上述例句可以看出，汉语句中限定词如非特别的修辞需要，往往不用太长的限定词，因为汉语的语言特点限定了它的长度，否则便会影响到中心词的突出地位。事实上，汉语中最常见的限定词，往往还是偏正结构中的定语，也就是法语中的形容词。

就汉法互译来讲，汉译法的限定词处理肯定比法译汉要容易些。在此，我们不妨假定中心词为A，那么法语的排序为ABCD等可以顺延下去，但中心词A始终位于"重心点"词首，而汉语则正好相反，它的排序为DCBA，如果再多，则只能用倒序的方式加在首位，从而可能变成FEDCBA……，结果：限定词越多，中心词越远，最后可能远到快找不到的地方了。正因为这种语法局限，汉语的定语不会太长，所以法译时自然不会引起太多的麻烦。反之，如果法语译作汉语，其冗长的定语处理起来，自然不妙，翻译的技巧与要求肯定要高出许多。当然就限定词而言，法语有一大优势：形容词不仅有自身的词形，而且在配合时还有性数变化，从而与所修饰的名词形成了形意交融的理想结合。

---

① 凡标有"Par un traducteur anonyme"的茅盾《子夜》译文均源自外文出版社《子夜》法译本，1979年第二版。

2.2.1 结构的转换

在翻译过程中，一种语言结构在转换成目的语时，如果找不到对等结构或者有更多的对等结构，译者便必须或者可能进行结构转换。汉语的限定词在法译时比较容易处理，因为法语在这方面的结构明显强于汉语。所以，考虑到各自的语言与文化等因素，机械地字句套译只会破坏源语的内容。有时为了目的语语义的准确、行文的简明与流畅，时常需要做出词性转换，即限定词与中心词甚至可以变换关系。记得美国语言学家戴维·格兰布斯曾说过类似的话，为了简洁或生动之目的，通过诸如将形容词限定语移至一个出人意料的位置而使语句的两个成分错位或临时组合。事实上，限定词的转换存在着多种方式，译者可能因为语言的特点而做出词类转换的决定，也可能因为其他因素而同样做出词类的转换。应该讲，翻译手段和方式应该是有生命力的，它可以根据现实需要，而做出词类的相应调整。其中的原因是多方面的，有语言认知、时空变化等。

[16] 可是等到我出差回来，火车离北京越来越近的时候，我简直承受不了**冲击**(1)**得使我头晕眼花的**心跳(2)，我是怎样急切地站在月台上张望，好像有什么人在等着我似的。

——张洁《爱是不能忘记的》

Mais à chaque fois que je revenais de ces missions, au fur et à mesure que le train se rapprochait de Beijing, je subissais un choc(A) **tel que mon cœur**(B) **tressaillait au point de m'en faire défaillir.** A l'arrivée, je me précipitais pour promener mes regards sur le quai comme s'il y avait eu quelqu'un à m'attendre.

—Traduit par Caroline Martinez Stephan

语言认知有别。句中(1)在汉语中是定语，(2)是中心词。然而在法译过程中，译者将二者的角色进行了转换。(1)对应的(A)则译作中心词(宾语)，而原来的中心词(2)对应的(B)则放在限定性从句中。事实上，作者与译者由于使用了不同的语言，便存在着不同的语言认知。汉语的中心词在法语中并非必然用作中心词。这种由语言认知带来的变化恰好说明一条翻译的原则：词类在迁移时不能拘泥于原结构，需要适应目的语的需要。

[17] 那时，父亲当然比现在年轻多了，穿着一件米黄色的羊毛坎肩，肘臂倚在壁炉上，低着头抽烟斗。**壁炉前面的**(1) **高背沙发上**(2)，坐着母亲成天诅咒的那个女人。

——张贤亮《牧马人》

Son père, encore jeune, portait un gilet doublé de fourrure, couleur de millet. Accoudé à la cheminée, la tête baissée, il fumait sa pipe... **Devant la cheminée**(A), **dans un fauteuil à haut dossier**(B), une femme demeurait assise: la femme que sa mère maudissait tous les jours.

—Traduit par Li Meiying

空间概念各异。在汉语中(1)作为定语,修饰着(2)。然而在法译时,译者将观察的视角做了变化,他的目光没有落在"高背沙发"上,而是在"那个女人"身上,那么室内的陈设就得围绕着这个"女人"的位置来描写。所以,原来两个名词组成的偏正词组,在此则分化为两个地点状语。译者在(A)和(B)上的转换处理,不是出于语言要求,而是得益于逻辑观察。这种翻译手法不仅丝毫不损词义,而且法语读起来更加流畅。此译例又说明另一个问题,翻译不仅仅是语言问题,还会因为观察的视角等其他因素,带来词形的变化。

[18] 他**上任的**(1)第一炮打响了,亮相就来了个满堂彩。大街小巷恢复了地震前的面貌。

——孙力、余小惠《都市风流》

Il avait réussi un premier coup **dès son entrée en fonction**(A); les applaudissements avaient fusé. La ville entière avait repris l'aspect d'avant le tremblement de terre.

—Traduit par Yang Jun et Ying Hong

时间理念不同。汉语中(1)是定语,而法译时将它改作了时间状语。静而思之,"时间词"的语法功能的转换并非是定语改译作状语,而是(1)修饰的对象变了,(1)在汉语中修饰的是名词,而(A)在法译句中则是修饰的动词。法译时这种结构变化体现出译者对语义的把握能力:只要能够完整的达意,为什么要亦步亦趋呢?限定词的转化虽然是小技巧,但在此说明了大问题,翻译当以译义为主。

[19] "明天就回去?这么快?我以为你永不回家了!"我**绝望地**(1)说。我倒在沙发上,我觉得要哭了。

——巴金《春天里的秋天》

«Si vite? Je croyais que tu ne repartirais plus!» **Désespéré**(A), je me laissai tomber sur le canapé... J'étais sur le point de fondre en larmes.

—Traduit par Li Meiying

语法特点有别。这是译者利用法语特有的结构处理汉语副词的又一实例。由于法语的形容词虽然不能作程度状语,但可以作主语的补语。它的位置既可以放到谓语后(见前面译句),也可以位于主语前,以形容词句的方式来修饰主语,如译句中的(A)。虽然修饰的对象不同了,但是却传递着相同的语义。当然,如若仔细分析起来,会发现细微的差别:汉语强调的是动作(我绝望地"说"),法译时强调的是人(绝望的"我"说)。然而从逻辑上讲,整个语义没有出现变化。某种情况上讲,这或许更适合法语读者的阅读习惯。

实际上,限定词的转换在忠实原文的基础上,依据只有一个:尊重法语的表达习惯,尊重法语读者的阅读习惯。在此基础上,译者可以视需要做出相应的转换。结构是传递语义的框架,只要相同的语义能够得以传递,就无须刻意要求结构必须对等。

2.2.2　后续性功能

限定词修饰与限定中心词,在交际中发挥着补充信息的作用。就表达功能而言,由于法语限定词在逻辑理解上有着相当的宽容度,可以引导好些非定语的词组或句子。在汉译法的过程中，译者出于用词简明的考虑，会利用某些成分与中心词存在着相邻或相互的关系，直接贴上去，形成新的结构。从语法上看，它们应该是限定关系，但是从逻辑语义上看，它们又是前后延续的动作，因为内容情节明确表明是前后顺序，而非绑在一起的信息块。中心词此时与限定词之间的关系不再是限定，而可能是主谓结构或动宾关系。交际者正是希望借此结构避免重复用词，这便是限定词的另一作用：后续性功能。译者在翻译汉语内容中，时常借用法语的这种表达优势。

[20] 宝玉掀帘一迈步进去，先就看见薛宝钗**坐在**(1)**炕上做针线**(2)。

——曹雪芹《红楼梦》

Il la leva (la portière de soi rouge), franchit d'un pas le seuil, et, du premier coup d'œil, aperçut Grande sœur Joyau **assise**(A) sur le lit de brique, **occupée**(B) à un ouvrage de broderie.

—Traduit par Li Tche-houa et Jacqueline Alézaïs

主谓结构。汉语在此的句子是双连动句子，有两个动词，前后顺序产生出相应的意合语义。汉语中(1)不是修饰和限定“薛宝钗”，而是与后者形成主谓结构。在法译时，译者采用了限定词的后续性用法，用过去分词(A)和(B)紧贴中心词“薛宝钗”。这样做不仅仅使语句简明，而且结构也因之更加紧凑合理。

[21] 叉港里泥草像一片生成似的，**抵抗着人力的撕扯**(1)。河泥与碎冰屑，又增加了重量。财喜是发狠地搅着绞着，他的突出的下巴用力扭着；每一次举起来，他发出胜利的一声叫，那蕰草夹子的粗毛竹弯得弓一般，吱吱地响。

——茅盾《水藻行》

La boue et les herbes semblaient former une même masse **résistant aux efforts**(A) des hommes pour les arracher. La vase mélangée aux débris de glace ajoutait encore plus de résistance. Caixi, d'un grand coup, les tournait et les retournait, et finalement les arrachait, le menton en avant. Chaque fois qu'il venait à bout d'une gerbe, il poussait un cri de victoire en arquant un bon coup ses pinces de bambou grossier.

—Traduit par Li Wenying

动宾结构。汉语中(1)旨在表达结果状语，而非定语。在法译时，译者虽然在语法上将(A)处理作限定词与中心词的结构，但是他的目的在于使用限定词的后续性功能，动宾结构在此的表现力不亚于关系从句。

简而言之，法语的后续性表达方式是借用“定语”结构，在译句中处理“非重要性动宾结构”或“主谓结构”。从结构上讲，它们属于限定词与中心词的组合，但从逻辑语义上讲，它们之间存在着前后的语序，并因语序而衍生出主谓结构或动宾结构。汉语这种限定词的延续性方式，实际是将中心词用作先行词，为避免重复而节省了“词或词组”，从而达到用词简明的效果。

2.2.3 再诠释词义

译者在理解过程中依托的社会文化背景源于使用源语的国度,而在表达过程中依赖的又是目的语国家的文化背景。背景知识的不同,不仅仅是给翻译的择词带来麻烦,而且对语义的表达也造成影响。简单地进行言语的移植有时非但不能达意,甚至会破坏语义。它们的影响甚至会波及限定词的选择。所以,即使在选择限定词过程中,译者也需要认真审读限定词的词义,如果发现硬译可能破坏读者的理解力,便需要重新诠释限定词词义,换言之,便是用其他的方式或其他的词重新翻译"有问题的限定词"。

[22] **这个吃红苕长大的**(1)女人,不仅给他带来了从来没有享受过的家庭温暖,并且使他生命的根须更深入地扎进这块土地里,根须所汲取的营养就是他们自己的劳动。她和他的结合,更加强化了他对这块土地的感情,使他更明晰地感觉到以劳动为主体的生活方式的单纯、纯洁和正当。他得到了他多年前所追求的那种愉快的满足。

——张贤亮《牧马人》

En apportant à Xu Lingjun une douce chaleur familiale—ce qu'il n'avait jamais connu—, cette femme, **grandie dans la misère**(A), lui faisait prendre aussi plus profondément pied dans la steppe. L'aliment, dont ses racines avaient besoin, c'était le travail qu'il fournissait. En vivant avec Xiuzhi, il se rendait encore mieux compte que la vie des travailleurs était incomparablement simple, pure et honnête. Il trouvait enfin la félicité et la satisfaction qu'il avait autrefois tant cherchées.

—Traduit par Li Meiying

减码译法。汉语中(1)的信息如果生硬地移植到法语中时,可能令法语读者不知所云。因为他们并没有中国人的经历,他们对中国社会了解并不深。信息(1)中透着特有的历史文化和语言风俗。从历史上讲,那些特殊的年代因为贫穷等原因,"红苕"成为某个群体的主食,"吃红苕"不再是指所描写的动作,而且代表着"贫困"。语言上讲,"红苕"是四川的方言,因为侧面表明了"这女人是四川姑娘"。译者在面对这二种信息时,显得有些无能为力,只好采用减码的方式,只求达意了,至于其他信息,只好寄托于上下文了。

[23] 有人带了**礼物**(1)到碧溪岨……老船夫慌慌张张把这个人渡过溪口,一同到家里去。**翠翠**正在屋门前剥豌豆,来了客并不如何注意。

——沈从文《边城》

En le voyant avec **un paquet de gâteau enveloppé d'un papier rouge**(A), le vieux batelier lui fit rapidement passer la rivière, puis il l'accompagna jusqu'à la maison. Là, **ils** trouvèrent Emeraude assise près de la porte, occupé à écosser des petits pois. D'abord, elle ne prêta pas attention au visiteur.

—Traduit par Wu Ming etc.

增码译法。从前后文来看，来人拎着“礼物”前来的目的在于求亲。所以信息(1)不仅仅有语言的内容，而且还有民俗的内涵。从汉语上看，(1)虽然没有限定词，但实际已经隐于字里行间，因为中国读者能够读出其中的暗含义。但对法语读者而言，他们由于没有这方面知识，不知道中国人求亲拎的礼物需要用大红纸包着，以求喜庆。译者对于隐去的文化背景不能视而不见，故在翻译时需要补足缺失的信息：隐含的限定成分。

对于限定词的再诠释，实际是源于非语言因素。翻译中如果遇到词语的第二属性不兼容，那并非是语言之“过”，而是社会文化因素之“祸”。对于这些浸透着社会、文化内含的词(无论是中心词还是限定词)，硬译的效果都会是得不偿失。译者只能通过再诠释的方式，弃形留意，力求信息完整的传递。

2.2.4 分割法

有时，因为限定成分在法译句中不宜太长，或者出于语义的要求，译者往往会对限定成分进行分割：即将一个完整的词组切分成两个或多个片段，以确保译文文本的准确流畅。虽然汉语的限定词远没有法语那么纷繁复杂，但也时常因行文的需要而进行相应的切分。既然某个部分过于冗长，势必会影响到译语的流畅。当然，分割是手段而不是目的，目的是确保行文质量。

对限定词进行语法分割后，被分割下来的成分通常用附加形式前置或后置。其语言的体现形式有多种：重复法、附加法、范畴词的作用等。总体上讲，无论使用什么语言形式，只体现一个目的，补充完善中心句未处理完的信息。

2.2.4.1 重复形式

使用重复法的目的有二：一、保持中心词在中心句中的突出位置；二、保持中心句在段落中的显要地位。为此，译者为了保证语义的流畅，将中心词与其限定成分实施分割，另行处理，从而确保中心句不要因枝蔓太多而受影响。这是译者在法译时时常采用的一种手段。但是分割下来的成分即使是次要信息，但也需要处理。译者为此使用的方法之一便是重复法，即通过重复的方式再现中心词，并将之作为“外挂点”，外挂附属的次要成分：即被分割下来的限定词。此时的重复法完全属于翻译的范畴，是一种翻译的技巧，与后面讲解的修辞性重复不是同一类属。它的作用仍旧是解释或限定中心词。

[24] 也许因为当时那种特定的历史条件，这一段的文字记载相当含糊和隐晦。我奇怪我那因**为写文章而受着那么厉害的冲击的母亲**(1)，是用什么办法把这习惯坚持下来的？

——张洁《爱是不能忘记的》

C'est seulement une hypothèse car les notes datant de cette époque aux conditions historiques si spéciales, sont vagues et obscures. Je me demande comment **ma mère**(A) a pu, durant cette période, conserver son habitude de rédiger des notes,

elle[A1] **qui** avait subi tant de terribles attaques en raison de ses écrits.

—Traduit par Caroline Martinez Stephan

利用代词重复。为了保持中心句的信息在传递时不会因限定词过长而喧宾夺主，译者采用切割方式，先将枝蔓内容切割下来，完成主句信息的传递。就如(A)在句中的作用一样，随后再用(A1)来重复(A)，随后再将限定成分附后译出。

[25] 他哭了。狭窄的马槽夹着他的身躯，正像**生活**[1]从四面八方在压迫他一样。先是被父亲遗弃，母亲死了。舅舅把母亲所有的东西都卷走，单单撇下了他。以后他搬到学校宿舍，靠人民助学金上学。共产党收留了他，共产党的学校教育了他。

——张贤亮《牧马人》

Il avait pleuré... l'auge exiguë qui l'emprisonnait, le gênait de la même façon que **la vie**[A], **la vie**[A1] **qui** l'oppressait de tous côté. D'abord, son père l'avait abandonné. Puis, après la mort de sa mère, son oncle maternel avait vidé la maison en le laissant nu comme un ver. Depuis, il logeait dans son lycée, vivant de l'aide de l'Etat. C'est le parti communiste qui l'avait reçu, qui s'était occupé de son éducation...

—Traduit par Li Meiying

重复关键词。对于信息(1)，译者采用了重复分割法将中心词一分为二，以突出中心句。被分割下来的(A)放在中心句中，以避免其可能的臃肿，突出其重要性。而对于被分割下来的限定成分，译者则利用重复的(A1)作为外挂点，引导补充信息完善语义。这么一来，结构变得简明易懂。

在翻译过程中，译者借用重复法的目的在于分割限定词，而不是用作修辞。被重复的词成为主句的外挂点，起着结构与语义连接的作用。正如前面讨论过的技巧一样，分割法必须遵循忠实、通顺的翻译主旨。译语如果能够“精炼”，那绝不多用一个赘词。然而为了突出中心词、明确词义，有时会有目的地运用重复手段，从而达到分割或拆分限定词的效果。下面，我们便通过几个方面来讨论重复法中可能出现的一些处理方式。

重复关键词是法语的一种修辞手段，译者借此来解决汉语中某个有较长限定词的句子，通过重复关键词的方式将它与中心词进行有机地分割，以保持阅读的流畅和中心词义的传递。在这种情况下，被分割下来的成分可以作为解释性结构随后译出。

2.2.4.2 附加形式

如前所讲，汉语某词的限定词如果冗长，抑或造成句子结构两头的失衡，抑或引起核心结构起不到核心的作用。分割法虽然势在必行，然而被分割下来的成分如何处理？前面介绍的重复方式，是没有打破原结构，增加一个外挂点，将剩下的信息通过外挂方式予以补充。而附加形式则是让被剥离的信息脱离核心结构，单独成句，作为附属信息，前置或后置于核心结构之前。除了结构的需要外，前置的目的便是将枝蔓信息进行预处理，为核心结构做相应的信息铺垫；后置的目的便在于补充核心结构中尚不完整的内容。

从语法上讲，被分割下来的定语往往独立成句，作为中心句的前后附加成分。

[26] **对户龚姓之妻**[1]王氏，佻脱善谑，女闺中谈友也。一日送至门，见一少年过，白服裙帽，丰采甚都。

——蒲松龄《胭脂》

En face de la maison habitait un certain Gong avec sa femme, Dame Wang[A]. Celle-ci, l'humeur badine et de nature frivole, était de bonne compagnie au gynécée. Un jour, en sortant de chez Yanzhi, les deux femme virent un jeune garçon passer devant la porte. Celui-ci, dans sa robe blanche et coiffé de blanc, paraissait d'allure si exquise, que Yanzhi, apparemment attirée, le suivit du regard.

—Traduit par Yan Hansheng

前附加。汉语中(1)原本是"王氏"的定语。译者鉴于其冗长的信息处理不便，干脆用一句话(A)将之事先处理，重选"庞某"作为第一小句的主语。译者将这个小句作为预信息提前处理后，随后整个段落的结构便迎刃而解。

众所周知，汉语通过顺序可以表达语言的环境，可以凭借先后关系便能介绍相应的关系。而译者则不能像蒲松龄那样，他需要事先交代出"王氏"与户主"庞姓"的关系，才好接着描述"王氏"其人。被分割下来的限定词译作独立句，放在核心结构前，这种形式可以称作前附加。

[27] 海云还是**一个未经事的，没有得到足够的改造的锻炼**[1]**的小资产阶级**[1a]**知识分子。**

——王蒙《蝴蝶》

Haiyun était une intellectuelle petite-bourgeoise[A] sans expérience, elle n'avait pas été rééduquée[B].

—Traduit par Liu Hanyu

后附加。汉语作者为了追求特殊的效果，有意写出这种头轻尾重的句子。而在法语中，要保持原结构丝毫不难。然而译者考虑到即使保留了原结构，也较难传递相应的语义感受。为此，译者决定重释结构：以法语句子的平衡为主，分割冗长的词组"一个未经事的，没有得到足够的改造的锻炼的小资产阶级知识分子"。他将并行的两个定语切分开来，派作两种用法。第二部分信息(1a)因其结构不长而保留了传统的功能，直接跟在中心词后，起修饰和限定作用。第一部分信息(1)放在中心句后单独成句。(B)句这种后附加形式所起的作用就是完成对中心词义的补充。

显然能够看出来，限定词如若太过冗长，被分割后可以单独处理成句，前置后置均可。诚然，汉语定语远没有法语的限定词冗长，但在特定的文本中也可能会出现这种现象。当然，汉语与法语在思维方式与表达理念上都存在不同，汉语中的定语被译作法语时可以转换结构，并不一定非要以"定语"形式出现。翻译本身就是一项仁者见仁智者见智的活动，不同的人有着不同的视角，不同的视角自然会导致处理手段的不同。但千变万化不离其宗，以"信"为本。

2.2.4.3 借用范畴词

借用范畴词实指用范畴词顶替有较长限定成分的词组在句中的位置。在翻译过程中，比较忌讳语序不当、核心语句不突出等现象。如果核心句中某个部分太过冗长，肯定会造成喧宾夺主的后果。为此，译者必须掌握轻重缓急，先就急，即解决核心句，随后再腾出手来解决枝蔓信息。

翻译中，译者在进行中心词与限定成分切分时，会发现这个词组实际上是完整的信息块，中心词可能会因为限定词被剥离而出现某种语义的缺损，显然不适用分割法。为了保持译句的语义完整，译者往往会选一个信息包容度大的范畴词放在中心词的位置上，代替其在中心句中的功能，先满足中心句的需要。随后再处理被顶替下来的部分。

[28] 这里，**不仅有风吹草低见牛羊的苍茫**(1)，而且有**青山绿水的纤丽**(2)。祖国，这样一个抽象的概念，会浓缩在这个有限的空间，显出她全部瑰丽的形体。他感到了满足：生活，毕竟是美好的！大自然和劳动，给予了他许多在课堂里得不到的东西。

——张贤亮《牧马人》

Il y avait ici non seulement **ce tableau grandiose**(A), « **Les bœufs et les moutons émergent au passage du vent qui incline les herbes**(A1) », mais encore **la beauté féerique des montagnes vertes et de l'eau bleu**(B)... La patrie, notion abstraite concentrée dans cet espace restreint, était là toute sa magnificence. Xu Lingjun était heureux: la vie, malgré tout, était belle! En travaillant de ses mains, en se plongeant ainsi dans la nature, il s'enrichissait de connaissances qu'on ne peut acquérir dans une salle de classe.

—Traduit par Li Meiying

名词作范畴词。 稍为分析一下信息(1)，便发现它是一个不易分割的信息块。译者因此也采用一分为二的办法，先在主体结构中使用范畴词(A)占住位置；随后再通过同位语的结构诠释出被顶替下来的信息(A1)。这样一来，既保持了中心结构的突出位置，又较好地体现出整个美景的冲击力。这种做法还有一种功效，可以缓解长句因某端失衡而带来的不和谐。应该说，(A1)是对范畴词的解释和补充。对于信息(2)，因其限定成分不长而用(B)便很容易处理了。

[29] **准是我那没心没肺、凡事都不大有所谓**(1)的**派头**(1a)让她感到了悬心。她忽然冒出了一句："珊珊，要是你吃不准自己究竟要的是什么，我看你就是独身生活下去，也比糊里糊涂地嫁出去要好得多！"

——张洁《爱是不能忘记的》

Cela(A1) inquiétait ma mère **que je sois tête en l'air, insouciante**(A). Soudain une phrase jaillit de ses lèvres: «Shanshan, si tu ne peux déterminer ce que tu désires, je pense que si tu restes célibataire, ce sera mieux que de te marier d'une façon stupide.»

—Traduit par Caroline Martinez Stephan

代词作范畴词。应该讲，无论是名词还是代词作范畴词，它的作用都是一样的，顶替被代替的部分，以体现出主体结构的重要性。换言之，汉语句中的主语是一个冗长的词组，为了满足中心句的要求，必须将之一分为二：(1a)放在中心句中，权且发挥该语义的语法作用，再解决被顶替下来的成分(1)，在随后译出，权作语义的传递。这种语法语义的分置，既满足了结构的要求，也完成了语义的传递，的确是翻译的一种很好的手段。

如前所讲，借用范畴词实际就是一分为二法：将一个完整的信息块一分为二。从别处借来范畴词放在中心句中令其发挥语法作用，而将被顶替下来的信息块放到后面(或者前面)译出，传递语义信息。这种语法与语义的分置处理，实际也是译者的高明之处。

2.2.4.4 弃用范畴词

如果说"借用范畴词"是出于翻译技巧的需要，那么"弃用范畴词"则是源于语言结构的原因。汉语行文时习惯使用范畴词来概括随后的文字内容，而法语没有这种表达形式，而是直接用文字写出相关内容。表面上看，范畴词与后面的成分是限定与中心词的关系，实际二者是同位语的关系。既然法语没有汉语的这种形式，那么在翻译时就可以弃用范畴词。

[30] 清晨，整个世界都是清清亮亮的，阳光透过淡淡的浅浅的雾气，温柔地喷洒在尘世万物上，别有一番令人赏心悦目**的感觉**(1)。

——孙力、余小惠《都市风流》

Au petit matin, le ciel paraissait particulièrement pur et clair; à travers la fraîcheur de la légère brume, le soleil rayonnait doucement. C'était un matin qui **réjouissait la vue et le cœur**(A).

—Traduit par Yang Jun et Ying Hong

汉语范畴词"……的感觉""……的问题""……的观点"，这类表达方式在汉语中司空见惯，然而在法语中则痕迹无存。这属于两种语言结构不对称。对此，习惯的处理方式是以目的语为重心。如果是法译汉，则以汉语习惯为主，即保留范畴词的用法。然而本书的重心在汉译法，自然要以法语结构为主：即此处必须在法语中弃用范畴词"感觉"(1)。表面上看，译者弃用了中心词，在相同位置上启用了"定语"。事实确也如此，法语的(A)的确不等于(1)，而诠释的是"感觉"的同位语。

2.2.4.5 小结

分割法，简而言之，是因为在翻译时因语言的障碍而不得不采用的翻译手段之一。无论是重复形式、附加形式还是范畴词形式，它们都在传递一个主旨：翻译应以目的语为主体。因为译文的读者群习惯阅读的是目的语。当然，分割法作为翻译技巧，需要完整地把握语义，娴熟地运用目的语，在语义与语法之间可以做到纵横捭阖；译句中既可以实现语义与语法的重合，也可以完成语法与语义的分置(见本章节中"重复形式"和"借用范畴词")。当然，如果真遇到困难，也需"尽可能忠实、通顺地传递信息"。总体上讲，分割法是一种行之有效的、较为常见的翻译技巧，掌握好可以确保语义的顺利传递。

2.3 词组单位

在翻译中，有人之所以将词组理解为一个语义单位，那是因为词组可以作为句子结构的核心单位。就翻译而言，汉字虽然可以单独成词，但是单字词如果没有前后互文的映衬，往往很难实现词义的认定。死抠汉字的字面意义肯定会钻进牛角尖，因为词义的获得取决于具体运用的语境以及相应信息的支持。对于词义的认定，前面已经介绍过许多，总结起来就是一句话，最小的语义单位词(或汉字)在语言转换中不具备作为语义单位的资格。但是，它作为原始信息，又不能忽略它的存在。

词组语言单位大于词语单位，它所包容的信息量自然要大些。在多数情况，词组应由两个或两个以上的词(名词+形容词/名词)组成。当然，词与词的组合并非等于简单的一加一等于二，它还可能带有语法信息。

就以汉语的词组为例，汉字叠加起来时，便形成词组。而词组在使用时，可以是名词、形容词、副词和动词词组。词组中的字与字之间的关系大体上可以分为动宾、主谓、偏正、并列等。请看下列介绍：

主谓结构：

- 胆战心惊(动词：un effroi qui glace le cœur)。例如：
  您竟胆战心惊到筛糠的地步。
  Vous étiez tellement intimidé que vous trembliez comme une feuille. (孙迁，1999：160)
- 鸟语花香(名词：pépiement des oiseaux et parfum des fleurs)。例如：
  鸟语花香，好一派春色撩人！
  Les fleurs se rivalisent de beauté et les oiseaux chantent par milliers, quel aspect agréable du printemps!
- 身临其境的(形容词：se trouver sur place des événements)。例如：
  她在此事件上的描述细致入微，给他以身临其境之感。
  Sur cet événement, elle lui a donné une description tellement détaillée qu'il avait l'impression de se présenter sur place.
- 眼见得(副词：devant ses propres yeux)。例如：
  眼见得一切都变了。
  Tout est changé devant ses propres yeux.

动宾结构：

- 著书立说(动词：écrire des livres en les publiant pour faire savoir sa doctrine)。例如：
  这位从事教学几十年的教授意欲著书立说，公布他的理论成就。
  Ce professeur, après avoir donné des cours pour des dizaines d'années, voudrait écrire et publier un livre pour faire savoir sa doctrine.

- 解甲归田(名词:cesser la guerre et re-mener la vie civile)。例如:
  解甲归田是和平的理想追求。
  Cesser la guerre et re-mener la vie civile devient le but idéal pour la paix.
- 以牙还牙的(形容词:œil pour œil, dent pour dent)。例如:
  他们不赞成"以牙还牙"的做法。
  Ils ne se prononcent pas pour la façon d'«œil pour œil, dent pour dent».
- 舍生忘死地(副词:être prêt à sacrifier sa vie pour... /risquer sa vie pour...)。例如:
  人们舍生忘死地投入战斗。
  On se livre à la bataille d'une façon de risquer sa vie.

偏正、并列结构:

偏正结构:手套(名词:le gant);极好的(形容词:assez bon);鼠窜(动词:fuir sans regarder derrière soi);特快地(副词:tellement vite)

并列结构:夫妻(名词:mari et femme);奔跑(动词:courir);迅捷的(形容词:rapide);赶快(副词:vite)

看得出来,法语的词类有词形的标记,而汉字则没有,此处也只有根据词义稍作分类,如若真要了解词组的类形,更多地还得通过了解其在句中的功能才能确定。

四字词是汉语中经常使用的词组。虽然词义固定,但因信息量大而时常兼偏正与并列两种结构:两个字为一组,取偏正义;二个组并列固化,取并列结构。但是其语法功能也是以语义为主来做选择:

- 冗词赘句(名词:mots et phrases surchargés)。例如:
  必须删去这篇文章中的冗词赘句。
  Il faut supprimer des mots et des phrases surchargés dans cet article.
- 千方百计地(副词:par tous les moyens)。例如:
  对手千方百计地想把事情复杂化。
  Les adversaires emploieraient le vert et le sec pour embrouiller les choses. (M. Prévost)
- 字斟句酌(动词:peser chaque mot et chaque phrase)。例如:
  作家与业内人士字斟句酌,确定词义,估量它的冲击力与范围。
  Ecrivain et gens du monde s'appliquent à peser chaque mot et chaque locution pour en fixer le sens, pour en mesurer la force et la portée. (Taine)
- 赤手空拳的(形容词:à mains vides)。例如:
  赤手空拳的斗殴不会造成严重后果。
  Il n'arrive pas à de grands choses le combat à mains vides.

在此谈到词组时,笔者选择了四字词,因为在汉语中,四字词极为常见,包括大量的成语以及种种自由组合而成的词组。它具有寓意深刻、形象生动、言简意赅、音律和谐、韵脚优美等特点。再有，四字的相关与互文，也解决了相应的理解难度。

而法语的词组，虽然与汉语不同，但也有着相应的表达形式。权以法语的名词化动词为例。动名词指“一个名词为动词(nom d'action)，第二个名词是前者所表示动作的主语或宾语(马晓宏，2000：363)。”换句话说，这种表达方式与汉语的主谓和动宾结构相对应。问题是如何确定第二个名词是宾语或是主语。当然，仅凭词组的信息是无法做出准确判断的，它需要前后的互文信息。如：“son arrestation”可以理解出两层语义：他在抓人(主谓结构)；或他被抓了(动宾结构)。到底是“他”在实施逮捕行为，还是“他”被逮捕了，仅凭这个词组是说不清的。但是如果有段落或篇章的信息，这个动名词的所指便迎刃而解了。尽管有这样或那样的不足，但词组在结构和信息量上定然要比词语大许多。当然，主谓结构和动宾结构还可以用动词不定式来表达，但从逻辑上讲，它们的语义是一致的。

[31] 他在百忙中也不会忘记注意着各种报刊，为的是看一看有没有**我母亲发表的作品**(1)。

——张洁《爱是不能忘记的》

Au milieu de ses nombreuses occupations, il n'oubliait jamais de prêter attention à toutes sortes de revues, pour voir s'il n'y aurait pas eu **quelque publication d'une œuvre de ma mère**(A).

—Traduit par Caroline Martinez Stephan

汉语词组(1)，是事实上的完整句子，可以列数出相应的主谓宾。法语的动名词“publication”后面跟了二个名词，也形成了事实上的句子。第二个名词“d'une œuvre”是宾语，第三个名词“de ma mère”是主语，而动名词本身则是谓语。译者正是借用了法语动名词的特点，充分予以利用，从而将词组的功能发挥得淋漓尽致。

[32] **看见马蹄的火花**(1)，我有无限的快乐。我的眼睛里也迸出火花，我的心血急剧地沸腾。

——李广田《马蹄》

La vue des étincelles(A) me transportait de joie. Mes yeux se mirent à pétiller, mon sang à bouillonner.

—Traduit par Pan Ailian

动宾结构(1)在译者眼里，不仅是主位而且应作主语，所以他用动名词词组(A)来实现结构转换，以其为合译句子腾出结构的空间。实际上，这个词组如若按语义将之展开，便可以有自己的主谓宾：“ma vue des étincelles”不就等于“J'ai vu des étincelles.”吗？如果用来翻译本例句，则可以用分词句的形式：“Voyant des étincelles, je...”

小结

词组结构可以根据语义而展开，译者又可以增加一种处理手段：译句成词(后面有章节介绍)。也就是说，相同信息在特殊需要时，可以进行结构调整，句子可以改为词组，词组亦可以还原为句子。这种译词成句、译句成词的方式基本上离不开词组单位。由此可以这样讲，无论从信息量上还是语言结构上讲，词组都比词承载的内容要丰富许多。

具体地讲，汉语词组在翻译过程中，并非一定要保持它的结构与语法功能，而是根据语义需要，抑或译词为词，抑或译词为句。总之一句话，译者在汉译法中处理词组时，可以根据法语的表达习惯来行文。

再有，笔者之所以在词语层次上讨论词组单位，是因词组与词一样，均是句中的一个部分。虽然它包含的信息较多，结构较大，但是没有质的变化。关注词组，亦是关注中心词与限定词的结合，从而将前面孤立的语义单位合并为组合式的语义单位。在词组层次上理解或表达信息，显然更加有利。

2.4 词类及语法功能

正如前面谈到的那样，汉语属于意合的语言，而法语则以形合为主。究其语言根源，汉语基本无词形变化。汉语字与词组都没有明确的词形记号，经常是放在句中什么位置，便发挥什么作用。所以，汉语的词类是无标记的、隐性的。譬如汉语的动词，因为它没有时态、语态等任何词形的变化，所以只得靠添加副词或助词来表达语气或时间概念。而法语，作为印欧语系的主要语言之一，在词类上有明显的区别以及词形要求，名词、动词、形容词均有着特有的词形以及词形变化，名词有名词词形，形容词有形容词词形，等等。法语显性的词类变化是语言形合的基础。

对于运用词类的理念，汉语与法语没有区别。但在具体的操作过程中，则存在着各自的特点。在词类及语法运用的形式上，汉民族的语言显然没有法兰西民族的语言那么严谨或者形态化许多。所以在这两种语言之间进行语义转换，很容易出现结构上的不对应。词类的理念虽然相似，但运用法则存在不同，这种现象势必要引起词类语法功能的转变。这便是词类与其语法功能在翻译过程中出现的矛盾。

2.4.1 词类作用

不言而喻，名词、动词、副词等在句中都有着特有的位置、发挥着独特的作用。对于词类的选用，在多数情况下，都是根据语义的需要来确定的。在具体的操作过程中，由于语言表达的习惯问题，或许会出现选译词类的差异。但是，如果不顾语义，仅以语法要求为主，那么词类的体现则相当充分。

[33] **夜**① 已**深**② 了，我**看不见**② **山路**③，只见迎面都是**高山**③，山与天连。仰面看头上的星星，乃如镶嵌在山头，并作了山的夜眼。啊，奇迹！**我**① 终于**发现**② **我意料之外的**④ **奇迹**③ 了：我的马飞快地在山上升腾，马蹄铁霍霍地击着黑色岩石，随看霍霍的蹄声，乃有无数的金星飞迸。

——李广田《马蹄》

C'était tard dans la nuit, **je**① ne **distinguais**② pas **le chemin**③, mais je voyais se dresser devant moi de hautes montagnes qui touchaient **le ciel**④. Je **levai**② **la tête**③ pour regarder les étoiles. Incrustées au sommet des montagnes, elles semblaient être leurs yeux dans la nuit. Ah! miracle! je **découvris**② soudain **un prodige**③ **inattendu**④: dans son ascension vertigineuse, mon cheval heurtait le roc noir avec ses sabots, et, à ce son, d'innombrables étoiles dorées giclaient dans toutes les directions.

—Traduit par Pan Ailian

笔者并没有对应汉法的词义，而是根据语法要求而随意选了几处的词类，并用序号权作标记。不难看出，无论是汉语还是法语，①都代表着主语，②是谓语，③是宾语，④是定语。由此可以看出，汉语词无论在什么位置，都没有词形的变化，所以它的时态与定语都只能靠意合来实现。而法语则有明显的时态、词类的变化。形合带来的语言表达规范、合乎逻辑。

再有，汉语有特有的表达方式，而法语也有独特的表达习惯。在分析词类的同时，亦需考虑习惯对用词的影响。

2.4.2 语法功能转换

遣词造句、下笔行文均需要遵循一定的语法知识，句子是由各种词类构成的，如此等等，在前面例句中已经有了明确说明。不同的位置用不同的词类，汉语虽然没有词类的标记，但却有着相同的理念与认识。而对法语而言，要求更甚，甚至连词类的词形都要有明确的标注。在翻译中如果出现了语法功能的转换，那是因为两种语言的结构不同。譬如，原句中的副词在目的语句中并非一定要用副词。

具体地讲，汉字的特点在于词类只有在运用中才能分析出来，自身没有词形的标记。对法语而言，无论词或词组的长短，均有明确的词形，语法结构清晰，衔接关联明确。语言因素要求译者在翻译过程中，需要按照目的语的方式对词的语法功能做出转换。原则：宏观上把握忠实，微观上掌握技巧，不应僵化地对待词汇的语法功能。源语中某词的语法功能在目的语中并非必须要给予保留，而应该保留的是语义。

当然，同样的词类在不同的译者笔下，均可因视野及风格的缘故而选用不同语法功能：主语可以转化为宾语，副词可变作形容词，状语甚至可以移作谓语……总之，形无定所，主旨就是保持对原文“广义的忠实”。

[34] 夜，暗得极森严，使我不能抬头，不能转动我的眼睛，然而我又**影绰绰地**(1)看见：带着旧岁的枯黄根叶，从枯黄中又吐出了鲜嫩的绿芽的春前草。

——李广田《井》

C'était une obscurité rigoureuse, qui m'empêchait de lever la tête, et de tourner les yeux. Cependant, je crus apercevoir **des ombres**(A). De tendres pousses messagères du printemps pointaient parmi elles ainsi qu'entre des racines et des feuilles jaunies de l'an passé.

—Traduit par Pan Ailian

状语译作宾词。(1)在汉语中是状语,而法译时则译作了宾语。显然,这是译者对原文本文字进行再诠释的结果。对于"我又影**绰绰地**看见了东西"的内容,译者对以"看见**绰约的东西**(A)"。词类变了,甚至语法结构也变了,但是语义却没有出现任何变化。

[35] **在寂寥的草坪和阔绰的广告牌之间**(1),**在初冬的尖刻薄情的夜风之中**(2),站立着她——范素素。她穿着杏黄色的短呢外衣,直缝如注的灰色毛涤裤子和一双小巧的半高跟黑皮鞋。脖子上围着一条雪白的纱巾,叫人想起燕子胸前的羽毛,衬托着比夜还黑的眼睛和头发。

——王蒙《风筝飘带》

C'était là, **entre la pelouse solitaire et les somptueuses panneaux de publicité**(A) que se tient Fan Susu, debout, **fouettée par le vent de la rude nuit d'hiver**(B). La jeune fille porte un vêtement de laine couleur d'ambre, un pantalon gris en polyamide au pli très droit, et des chaussures noires à mi-talons. Son châle blanc comme neige, qui évoque les plumes d'une gorge d'hirondelle, contraste avec ses yeux de jais et ses cheveux aussi noirs que la nuit.

—Traduit par Liu Hanyu

状语译作定语。原名中的(1)和(2)的语法功能是相同的,作地点状语。但是在译句中时,(A)和(B)则演化成两种不同的功能,(A)仍保留其状语的功能,但(B)则改译为定语。这或许表达了两种语言在结构上的认识差异,所以信息即使相同,但语言的结构也出现差异。

[36] 那个朋友也许是一个好人,但这跟我有什么关系呢?瑢还有许多我所不知道的秘密,她并不告诉我。从前我以为自己得到了**她的整个**(1)心,现在才知道并没有。

——巴金《春天里的秋天》

Il se pouvait que son amie fut quelqu'un de bien. Après tout, en quoi cela me regardait-il? Rong devait avoir encore beaucoup d'autres secrets! Autrefois, je croyais posséder **totalement**(A) son cœur, je me détrompai à ce moment.

—Traduit par Li Meiying

定语译作状语。(1)是形容词,修饰"心",而在法译句中则改用状语,译作程度副词(A)。此处虽然有了改动,但语义没有变化的原因则在于译者与作者使用语言时的角度虽然不同——作者"得到她的整个心",译者"整个得到她的心"——,但语义却没有任何变化。

2.4.3　小结

翻译的宗旨在于传递源语的信息，而语法的目的则是搭建承载信息的载体。用源语的语法结构承载源语文本，方便与表达效率自不必说。然而如果用目的语的语法结构来承载源语的信息，必然存在着结构的变化，因为新的读者是非汉语读者。

可以说词类改变在翻译活动中经常用到。汉语与法语纯属两种不同的语言体系，其表达习惯与语法结构自然存在差别，一味地照套原结构，结果很可能得不偿失，甚至可能破坏原信息。但是如果在忠实于原文的基础上，对词类做此变化，以适应法语读者，这种做法才应该是翻译应该坚持的“原则”。

2.5　思考与实践

一、思考题

1. 如何认定名词的词义？
2. 字面意义的特征是什么？有什么表现形式？
3. 分析指称意义的目的是什么？
4. 指称意义因何而来？狭义指称意义与广义指称意义的区别是什么？
5. 限定词在翻译时有什么优劣？
6. 法语与汉语中的限定词有何种异同？
7. 在处理限定词时需要注意些什么？
8. 限定词的后续性功能是什么？
9. 分割限定词是否属于翻译的手段？为什么？
10. 分析词组的意义在什么地方？
11. 词组与词之间的差别在什么地方？
12. 分析词类与语法功能的转换有什么目的？

二、实践题

(一) 请根据前后信息提示，选择最佳答案。

1. 他又嘱托茶房好好照应我。我心里暗笑他的**迂**(1)；他们只认得钱，托他们直是白托！而且我这样大年纪的人，难道还不能料理自己么？唉，我现在想想，那时真是**太聪明**(2)了！（朱自清《背影》）

   Et il dit au garçon de prendre soin de moi. Je me moquai en moi-même de ＿＿＿＿＿: les garçons d'hôtel étant tous cupides; il était vain de vouloir leur demander le moindre service gratuit... Et puis, à mon âge, est-ce que je n'étais pas capable de m'occuper de moi? ... Aujourd'hui, en me remémorant la scène, je me reproche __________ d'alors. (Par un traducteur anonyme)

信息(1)的选项:

A. son innocence　　B. sa naïveté　　C. son inexpérience

信息(2)的选项:

A. ma intelligence　　B. mon jugement　　C. ma suffisance

2. 而如果我们仅仅是遵从着法律和道义来承担彼此的责任和义务,那又是多么悲哀啊!那么,有没有比法律和道义更牢固、更坚实的东西把我们**联系**在一起呢?(张洁《爱是不能忘记的》)

Mais si c'est seulement pour obéir à la loi et à la morale que nous assumons les tâches et les obligations conjugales, comme c'est triste! Pourtant y a-t-il quelque chose de plus solide, de plus inébranlable que la loi pourétablir le lien qui nous __________. (Traduit par Caroline Martinez Stephan)

A. réunit　　B. lie　　C. permet d'avoir la relation

3. 朋友许在我的旁边,他很关心地帮忙我**翻译**电报。他的手微微颤动着。(巴金《春天里的秋天》)

A côté de moi, mon ami Xu m'aidait à **déchiffrer** le télégramme. II avait l'air soucieux, et ses mains tremblaient légèrement. (Traduit par Li Meiying)

A. déchiffrer　　B. traduire　　C. interpréter

4. 这些日子,家中光景很是惨淡,一半为了丧事,一半为了父亲赋闲。丧事完毕,父亲要到南京**谋事**,我也要回北京念书,我们便同行。(朱自清《背影》)

Notre famille tomba dès lors dans une gêne extrême, à cause d'une part, de l'enterrement de ma grand-mère, d'autre part, du chômage de mon père. Les funérailles terminées, celui-ci décida de se rendre à Nanjing, espérant __________. Comme je devais retourner à Beijing pour reprendre mes études, nous voilà partis ensemble!

A. conspirer　　B. y trouver un travail

C. s'occuper des affaires　　D. discuter des affaires

5. 其实高伯年在四年前,对**养生和仪表**都是从不上心的。(孙力、余小惠《都市风流》)

Quatre ans auparavant, Gao Bonian n'était pas aussi soucieux __________. (Traduit par Yang Jun et Ying Hong)

A. de sa nourriture et de son habit　　B. de sa santé ni de son apparence

C. de sa nourriture de son apparence　　D. de sa santé ni de son comportement

6. 星期天,柳若晨站在窗前远远望着街上穿梭般往来的人群,人们手提菜篮、购物袋,在为过一个星期天而忙碌。他忽然感到一阵孤寂。他没有这种忙碌,**没有**那种乐在其中的福分。(孙力、余小惠《都市风流》)

Debout devant la fenêtre, Liu Ruochen regardait la foule dans la rue. Des paniers ou des sacs à la main, on s'affairait. C'était un dimanche. Il se sentit soudain très seul. Il

__________ ce genre d'occupations, ni cette joie famille. (Traduit par Yang Jun et Ying Hong)

A. n'ont pas la chance de　　B. ne trouvent pas

C. n'y a pas　　D. ne connaissait pas

(二) 请审读下列译句,并请说出译句中限定词的功能及变化。

1. 我们进了门看见**立在两边的四个可怖的**巨人。到了正殿,我们看见几个卖春妇在那里丢卦。(巴金《春天里的秋天》)

   La porte du temple de Putuo franchie, de chaque côte, nous aperçûmes **deux statues colossales, monstrueusement laides.** En entrant dans la salle principale, nous vîmes les prostituées consulter le sort. (Traduit par Li Meiying)

2. 她知道一切都在变。她可以大胆地学阿拉伯语了,虽然**打一夜扑克的**人仍然比学一夜外语的人更容易入党和提干。她可以大胆地与佳原拉着手走路了。虽然有人一见到青年男女在一起就气得要发癫痫病。(王蒙《风筝飘带》)

   Puisque, tout, maintenant, avait changé, elle pouvait apprendre l'arabe sans inquiétude, bien que ce soient plutôt ceux qui jouaient aux cartes toute la nuit qui aient la possibilité d'adhérer au Parti ou de monter dans la hiérarchie des cadres... Elle pouvait aussi se promener courageusement, main dans la main, avec Jiayuan, quoique certains, devant la vision d'un couple ainsi uni, deviennent fous de rage. (Traduit par Liu Hanyu)

3. 经过久久的思索,我终于明白,我手里捧着的,并不是没有生命、没有血肉的文字,而是**一颗灼人的、充满了爱情和痛苦的**心,我还看见那颗心怎样在这爱情和痛苦里挣扎、熬煎。(张洁《爱是不能忘记的》)

   Après avoir longuement médité, je compris que ce que j'avais dans les mains n'était décidément pas une litterature sans vie sans chair ni os mais que, tout au contraire, c'était le cœur d'une personne ardente, un cœur plein d'amour et de détresse qui y était contenu; je découvris combien ce cœur avait lutté et souffert dans cet amour et cette détresse. (Traduit par Caroline Martinez Stephan)

(三) 请翻译下列词组,并请说明四字词之间的关系。

1. 没事找事
2. 开诚布公
3. 货真价实
4. 富国强兵
5. 冲锋陷阵

参考书目

1. Eugene A. Nida, 1998, *Language Culture and Translation*, Hohehot, Inner Monglia University Press.

2. Grambs, David, *The Random House Dictionary for Writer and Reader*, New York: Random House, 1990.

3. 刘宓庆,《翻译理论与实务丛书 当代翻译理论》,1999 年 8 月第 1 版。

4. 刘宓庆,2003,《翻译教学:实务与理论》,北京:对外翻译出版公司。

5. 王立弟,2002,张立云,《重复——在汉英翻译中的处理》,《中国翻译》第五期。

6. 马晓宏,2000,《法语》(三),北京:外语教学与研究出版社。

7. 孙迁,1999,《新编汉法成语词典》,厦门:厦门大学出版社。

第三章 词语及其翻译

词语的增减　　释义法
难译的词语　　禁译的词语

3.1 词语的增减

在译者心目中，确定词义只是迈出了第一步。在组字成词的过程中，按语法要求组合而成的词组在词义容量上不是简单地字义与字义的叠加，它可能大于或者小于原词义。既然字词在组合过程中会出现词义的差异，那么词义在转换过程中造成的信息的过量和缺损便更不足为奇了。翻译的主旨在于尽可能等值地传递源语的语义，然而如何实现语言转换中的最佳等值，则是译者需要突破的一大障碍。民族语言与语言文化的地域性和独立性，是造成翻译不易的重大因素之一。有些话语涉及的文化背景在目的语国度内不仅能够找到，而且其内涵或许还更为丰富，那么译者便可用更简洁的方式处理，将显得臃肿赘余的部分删除。有些话语涉及的文化内容在目的语国度内根本没有，或者有限，任何隐含的潜台词都不可能在阅读过程中被感知到，这部分内容便属语义的缺损或不足。译者需要补足。

对于文化的"臃肿赘余"与"缺损或不足"的语言现象，译者采取增删的方式目的只有一个：保证语义更完整、信息更准确、译文更流畅。"增加的是原文内容所有、原文形式所无的词语，删除的却是原文形式虽有、原文内容可无的词语。这种技巧并非有悖于忠实的原则，而属于扬长避短(许渊冲，1984：91)。"

事实上，用词的一增一减体现出译者对原文的理解深度。一些在源语中看似不重要的内容，但在目的语中或许就是不可或缺的语言或文化背景。反之，一些在源语中必不可少的东西，在目的语中或许已经有了铺垫或者已经被包含在前后词中。如何解决这种信息的过量与信息不足的问题，对译者而言，是亦难亦不难。难在字面没有的东西要深挖出来，难在字面已有的信息要剔除出去。说容易也容易，既然译者获得了施展才华的空间，他可以在忠实的基础上，根据自己的理解删去多余的内容，并主观地介入缺损信息的弥补。只要他充分领会了作者的意图，便可以下笔增删，当然得遵照翻译的主旨：更有效地、更清晰地传递更准确的信息。

[1] 父亲因为事忙，本已说定不送我，叫旅馆里一个熟识的茶房陪我同去。他再三嘱咐茶房，甚是仔细。

——朱自清《背影》

Mon père, trop occupé pour pouvoir m'accompagner à la gare, demanda à un garçon d'hôtel de le faire à sa place. **Au moment du départ**(A), il prodigua au jeune homme des recommandations.

—Par un traducteur anonyme①

原文中虽然没有表达"临行前"的词，但是语义中则潜藏着这层词义。阅读汉语时产生的语义连贯会自动弹出缺损的语义。法语作为表形的语言，不可能像中国读者那样，在阅读中产生出相应的联想。法语需要明确的语义衔接，否则，如果强行移植语言的话，便可能造成读者的不适，突显语义突兀与不连贯之感。这时如果增添出"Au moment du départ"，其效果不仅合理而且必要。

[2] 星期天，对于千家万户都是一个小型的节日，合家欢聚一日，**七天只有这么一次**(1)。采买、洗衣服、改善伙食……虽然劳累，甚至比上班还劳累，但这又算得什么！况且这是为自己干，为自己的家干，**只有这一天属于自己的**(2)。

——孙力、余小惠《都市风流》

Le dimanche est pour ainsi dire une petite fête pour des millions de familles; achète des provisions, lave le linge, fait des plats délicieux... mais cette journée est finalement plus éreintante qu'un jour de semaine. Mais cette fatigue ne compte pas

① 凡在此书译句中用了"Par un traducteur anonyme"，皆因原书中找不到译者的名姓。估计是以前的书中关注点都在作者身上，译者隐去了自己的姓名，而仅有出版社名。出这些译者作品的出版社大多为"外文出版社"。如果不是上述出版社，将用专注的方式说明其他出版社社名。

puisqu'on travaille pour les siens.

—Traduit par Yang Jun et Ying Hong

由于作者特别要讲星期天以及星期天要做的事，译者在此省略的信息有(1)和(2)。因为整段话已经明确、完整地表达出作者的旨意。当然，随着时代的进步，现在已经是一周休息两天了，如果现在来译，则需要译出(1)，如加个同位语"seul jour de repos"之类的在"dimanche"后。(2)实际是强调对"自己以及自己家人"，然而在阅读法语时，如果过于渲染，可能会喧宾夺主，删去这类冗词并不为过。

上述两个一增一减的译句表明，两种语言在内容表达上存在差异。总体上讲，"词语的增减"原则取决于忠实，而忠实的基础在于理解。只有深刻地理解了源语文本，才能忠实地传递原信息。增词与减词的主旨之一，便是解决语言在形合或意合之间转换时出现的冲突。

总之，增益与减益两种方式并非出于译者个人的主观臆想，凭空捏造出来的，而是以源语信息为基础，在译文中对语义做出增删。这类方式变化颇多，然而万变不离其宗：客观、完整、忠实地展示源语语义。把握住这个主旨，便不再担心增删对词义的影响了。

3.1.1　增益法

增益法，亦称为加词法或充词法。正如前面所讲的那样，源语与目的语分属两个不同的民族，不同民族孕育出独特的文化。然而，由于社会认知、思维方式等诸多的不同，这些文化信息在翻译过程中时常得到不充分地传递。换言之，词与词组所包含的背景信息可能在转换过程中出现丢失或缺损。再有，不同的语言的覆盖面各有所长，不可能完全重合。没有被覆盖的地方便留出了语义的空白，译者须使用增益的方式来弥补这部分缺损与空白。客观现实上讲，造成这种后果的原因是文化和社会语境。主观介入上谈，解决这些问题的办法源自译者的智慧和才华。增益只不过是翻译的技巧，传递信息才是翻译的目的。然而手段是为目的服务的，它不仅需要满足语言结构方面的要求，而且有时还要满足修辞或审美的要求，否则便难以实现妥善、完美地传递信息。笔者专门辟出空间谈论翻译的增益，绝对不等于说译文中可以随意增添。原则：增添只能增添源语文本中已经有的、文字没有表达出来的内容。再有，增添的过程中还必须考虑另一因素，语言的精练。

3.1.1.1　添补文化缺损

增添文化内涵实指增加那些民族性、地域性较强的文化背景。具体地讲，文化背景就是指言语发生的时间、地点或相应的社会文化信息。由于这类信息早已储存在源语读者头脑中，言语的功能便是激活这些信息，并与之一道显示出完整的语义。然而在翻译过程中，目的语读者往往因头脑中只有本民族的文化意识而缺乏源语国的社会文化氛围，故而无法产生相应的联想，语义的理解也因此大打折扣。所以，译者在处理源语国的文化信息的同时，有责任将之本土化、民族化。换言之，译者需通过用法兰西民族的意识或言语来传递或弥补汉语中的民族文化知识，解决他们的读者在阅读过程中可能出现的困惑。既然译文中可能缺损文化背景知识，那么便在译文中增补出来，只要能够完整地达意，为什么不这么做呢？

[3] 但**他终于讲定了价钱**[1]；就送我上车。他给我拣定了靠车门的一张椅子；我将他给我做的紫毛大衣铺好座位。

——朱自清《背影》

Cependant, tout maladroit[A] qu'il fût, mon père finit par faire accepter son prix. Il ne me restait plus qu'à monter dans le wagon, et **c'est ce que je fis**[B]. Mon père, **qui était toujours avec moi**[C], me choisit une place près de la portière. J'étendis sur le siège le pardessus violet, en fourrure, qu'il m'avait fait faire dernièrement.

—Par un traducteur anonyme

增加中心词。朱自清在《背影》一文中已经明确地勾勒出其父的性格，而汉语中有前后句的连贯，不存在着语义的缺损。而此处(1)仅仅讲明他谈妥了价，而没有明确表明"父亲"并不善于"讨价还价"。这层意思在汉语中并不难领悟，但在法语中则必须翻译出来。译者便用(A)标明了隐于上下文的内容，虽然增添了半个分句，但确有点题之妙。而对(B)的处理，则是借助语法结构来强调语气，以反映"我"当时处在极受呵护的地步。至于(C)，译者强调了"相伴"的言外之意。所以，此译句增加了三处的用词。

增加中心词就是补足缺损的中心词以及词义。汉语是表意语言，文字中经常"留白"。一篇好的作品，作者都会留下好些意境的东西由读者自己去体会与感悟，散文尤其如此。然而对法语读者而言，接受这种写作手法的程度会不同。结构和内容相似的可以接受，相异的内容则要求译者进行文字处理。如果不将字里行间的东西用文字表达出来，法语读者便会感到不知所云，甚至会觉得言不达意。

[4] 贫贱之交不可忘。

——《后汉书・宋弘传》

Un homme qui obtient honneurs et richesses[A] ne doit à aucun prix oublier les amis du temps où il était encore humble et pauvre.

—Par un traducteur anonyme

增加辅助词。古汉语用词精练，言语中隐去了许多内涵，而这些内涵在翻译时需要将之再现。法语读者由于没有中华的文化背景，也没有古汉语表达的理念或框架，所以无法领会言语之间的互文关系。此例句增加的辅助内容(A)就是为了完整地表达出相应的语义。

增加辅助词便是将部分辅助的内容补充出来。言语符号除了承载语言外，还有一半承载着文化。强烈的民族文化几乎不可能在另一种民族语言中找到相同，哪怕是大体相同的背景。为了保持异国情调，又不损或少损其文化内涵的缺损，自然需要辅以词义的解释。

[5] 她**摁了手印**[1]。婆婆知道后，哭得一天吃不下一碗粥，死活不让她走。公公像头碾磨的驴，急得在屋当中打转转，这些年，多亏了这个媳妇伺候老人，家里地里一天忙到晚，还给高家生了两个儿子，这样的媳妇，哪找？让她走，天理不容呀。

——孙力、余小惠《都市风流》

Et ainsi elle avait **laissé l'empreinte de son pouce**(A) **sur le certificat de divorce**(A1). Sa belle-mère avait beaucoup pleuré et n'avait rien mangé de toute la journée, ne voulant pas la laisser partir. Son beau-père, tel un âne tirant une meule au moulin, tournait en rond dans la pièce. **S'ils vivaient heureux**(B), c'était grâce à leur belle-fille qui travaillait d'arrache-pied aux champs comme à la maison et qui leur avait donné deux petits-fils. Où retrouvait-on une bru aussi dévouée? Et la laisser partir ainsi serait une faute impardonnable!

—Traduit par Yang Jun et Ying Hong

增加缺损状语。汉语中(1)的内容比较明显,但对法语读者而言,如果不增加背景语义,结果肯定会出现语义的不连贯。在什么上"摁手印"?目的为何?译文中如果仅仅有(A)是不够的,需要加上(A1)才能补充完整真实的语义。而对于(B)的内容,汉语通过前后搭配,隐蔽地表达了这些信息,但是法语中则必须明示,译者不加(B)整个句子便失去了重心。这便是为什么需要补充辅助词。

增加缺损状语就是指增添的成分在译句中作状语。源语中有些言语本身隐去了许多寓意,译者只有细加分析才可能挖出潜在的内容。被找到的内容补充进译句中时,它的位置既可以是主语,也可以是宾语,当然还可以是状语。总之,增词就是为了防止译文中出现语义的不连贯,解决语犹未尽、不知所云的问题。

[6] 但有一点,他是明确的,他的过失与女儿高婕的那种毫不负责的性解放有着原则的区别,与糟蹋她女儿的那个畜生的行为完全是两回事。

——孙力、余小惠《都市风流》

Toutefois, Gao Bonian pensait que cet écart était foncièrement différent de la libéralisation sexuelle que **prônait**(A) sa fille Gao Jie et du viol **perpétré**(B) par cet animal de Huang Jinghui contre sa fille.

—Traduit par Yang Jun et Ying Hong

增添谓语。如果按照添加词(A)和(B)信息逆溯下去,便可以看出法语在增词后,语义显得相当精确,有如几何图形一般,(A)=鼓吹;(B)=犯下……的罪恶。而这些信息在汉语中则仅仅一笔带来,稍不注意便可能忽略。一个简单的汉字"的",给人以朦胧之感。细究之,有此语义;粗读之,或许便无此心。

增添谓语就是指在译句中添加法语中重要的成分:谓语。它主要的目的便在于弥补汉语意合造成的语义不精确。法语的语言结构与汉语有异,汉语中有些语法结构虽然可以通过顺序予以表达,但却不似法语那样精确无误。法语句子的基本结构是"主谓",谓语之重要、其表达力之准确便可见一斑。汉语能够包容的内容在法语中并不尽然,其中尤其不宜省略的,便是谓语。

[7] 武字子卿,少以**父**(1)任,兄弟并为郎,稍迁至栘中厩监。时**汉**(2)连伐胡,数通使相窥观。匈奴留汉使郭吉、路充国等前后十余辈,匈奴使来,汉亦留之以相当。

——司马迁《史记》

Encore jeune, Su Wu, alias Su Ziqing, avait été, tout comme ses deux frères, nommé fonctionnaire grâce au statut social de son père, **le marquis Su Jian**(A). Puis il fut promu à la direction de l'écurie impériale. Comme **l'empereur Wudi des Han**(B) réitérait ses expéditions punitives contre les Huns, les deux pays échangeaient souvent des ambassadeurs en vue de prendre des renseignements. Les Huns avaient retenu comme otages une dizaine d'envoyés des Han, dont Guo Ji et Lu Chongguo. La cour des Han faisait de même.

—Par un traducteur anonyme

补全背景。汉语中没提到苏武的父亲,中国读者较易理解。但是法语读者在获知"父亲"信息后,而不告知其父之名,有些不符合理解习惯,译者因此增加(A)这个背景词。至于对(2)的理解,虽然仅一个字"汉",但内涵颇多,即可以理解为"汉王朝",更可以理解为汉王朝当时的皇帝"汉武帝",译者在诠释中国历史知识时,采用了法语读者习惯的理解方式,选择了(B)来诠释(2)。就信息而言,背景内容把握准确。

汉语擅长表意,尤其是涉及历史内容时。因为汉语读者对汉语的历史都有相应的知识,所以行文时常常简略地一带而过,甚至还会省略。然而法语读者对中国历史肯定缺乏认识,他们不可能凭头脑中的认知便能产生相应的感悟。譬如,中国读者在读到法国的路易十四以及他的文治武功时,绝对不会产生与法国人同样的联想。

3.1.1.2 添补语言缺损

如果添补文化缺损是出于语义的需要,那么添补语言缺损则是语言的需要。由于两种语言相距甚远(不仅仅指地域距离),语言的表达形式存在着千差万别。此语言在转化为彼语言时,则可能失去内涵,或者没有内涵。此处权以汉语与法语对状语的理解为例,它们之间的处理方式存在着相当的不同。这也是增益法技巧中的最后一项。鉴于其间内容较多,篇幅较大,而且在翻译操作中又相当重要,所以用了较大篇幅予以讲解。

具体地讲,汉语的关联词在使用时极易隐去,往往不留字面痕迹,带有相当的隐蔽性。换句话说,汉语作为表意的语言,谓语与状语之间的关系与衔接,多数情况无须明确地用文字表达。衔接的内涵往往隐于字里行间。译者有责任将之找出来,并用连词明确它们之间的关系。譬如,分析寻找状语与谓语之间的关系,要么借用逻辑分析法,要么通过互文关系,一旦得出结果,便必须用连接副词、介词或介词短语来补充寻找到的关联衔接。概言之,还是坚持增益法的基本原则:增添隐含的、未见诸于文字的内容。

具体操作起来可分两步走:一、译者在法译时找出原句潜在的逻辑衔接;二、确认后便用文字表达出来。有一点必须提请注意:汉语的表达内涵相当丰富,稍不注意,便容易陷入简单的字面陷阱之中。下面,我们便按法语的状语分类,逐一分析。

[8] ……我只管跟太太奶奶们出门的事.皆因你原是太太的亲戚,又拿我当个人,投奔了我来,我就破个例,给你通个信去……

——曹雪芹《红楼梦》

«... Quant à moi, mon seul rôle est escorter ma maîtresse et les Jeunes Dames,

quand(A) elles vont en ville. Mais, puisque vous êtes une parente de notre Seconde Dame et puisque vous faites cas de ma personne **au point de**(B) venir vous adresser à moi, je vais commettre pour vous une infraction à la règle, et prendre sur moi de vous annoncer... »

—Traduit par Li Tche-houa et Jacqueline Alézaïs

结果状语。译句中增添的(A)和(B)在汉语中虽然没有相对应的文字,但这层语义是显而易见的。译者正是准确地抓住了潜藏在字里行间的内在衔接,恰如其分地添加了(A)和(B)。(A)引的是状语从句,(B)则引导了结果状语。由于此处解释讲的是引导状语衔接副词,所以应以(B)为重心。

[9] 我**不由得**(1)想:当他成为我的丈夫,我也成为他的妻子的时候,我们能不能把妻子和丈夫的责任和义务承担到底呢?也许能够。因为法律和道义已经紧紧地把我们拴在一起。

——张洁《爱是不能忘记的》

Malgré(A) **moi**, je me mets à penser: quand il deviendra mon mari et que, moi, par la même occasion, je serai sa femme, serons-nous finalement capables d'assumer les tâches et les obligations conjugales? Peut-être que oui. Parce que la loi et la morale nous attachent déjà solidement l'un à l'autre.

—Traduit par Caroline Martinez Stephan

让步状语。从话语层面讲,处理信息(1)通常可用情态动词来表示语气。但译者在此处则将之转换成让步状语,"我身不由己地……/不管我愿意与否,……"这种语义的诠释属于译者的权力,他只需保证语义的正确传递即可,至于如何使用语言结构,则无可厚非。或许结构并没紧扣字面意义,但只要抓住了原旨义,有何不妥?这种通过添加(A)来代替语气表达是值得借鉴的。

[10] 杨建华,这个在她眼中几乎是高不可攀的男子汉,居然也会发窘。她看见杨建华脸红了,往常威严、认真、居高临下的脸色现出一副窘态,一米八的大个子像个做错了事儿的小学生。这情景使她感到幸福、陶醉。她真希望就这样和这个心爱的男子一同并肩推着车,就这么走下去。她不愿意打破这个沉默。

——孙力、余小惠《都市风流》

Il (Yang Jianhua) était habituellement d'abord difficile, **mais**(A) **pour le moment**(B), cet air sérieux et important avait cédé la place à l'embarras. Avec son visage rougissant et son mètre quatre-vingt, on aurait dit un écolier pris en faute. Devant l'émoi de Jianhua elle ressentit une certaine griserie l'envahir et souhaitait marcher à côté de son «bien-aimé» en poussant sa bicyclette, marcher de cette façon, aussi longtemps que possible... Elle ne voulait rompre ce silence si précieux, sous aucun prétexte.

—Traduit par Yang Jun et Ying Hong

时间状语。译例句中的(A)(B)均属添加词，(A)是转折用的连接词，而(B)刻意强调了时间。从上下文来看，"这时"有必要明确地用法语表达出来，以实现语义正确、完整的传递。

[11] 宝玉笑道："**你在这里长远了**[1]，不怕没八人轿你坐。"袭人冷笑道："这我可不希罕的。有那个福气，没有那个道理。纵坐了，也没甚趣。"

——曹雪芹《红楼梦》

«**A condition de**[A] rester longtemps ici», s'écria le frérot Jade, «n'aie crainte tu l'auras, le palanquin à huit porteurs, tu pourras t'y asseoir.»

«Ce n'est pas ce qui m'émerveillerait», répliqua la camériste avec un petit rire froid. «En eusse-je l'heureuse chance, que ce ne serait pas raison. En dusse-je m'y asseoir, que cela ne m'amuserait aucunement.»

—Traduit par Li Tche-houa et Jacqueline Alézaïs

条件状语。这句话(1)中并没有任何表示条件的汉语虚词，然而在前后两个分句衔接时，译者肯定会发现二句之间确实存在着"条件"的逻辑衔接。汉语读者可以流畅地阅读出相互之间的关系，但法语读者则不行，译者如不增加介词短语(A)，语义的连贯肯定会大打折扣。

[12] 今只有嫡妻贾氏，生得一女，乳名黛玉，年方五岁. 夫妻无子，故爱如珍宝，且又见他聪明清秀，便也欲使他读书识得几个字，不过假充养子之意，**聊解膝下荒凉之叹**[1]。

——曹雪芹《红楼梦》

Son épouse en titre né Jia lui avait donné une fille, dont le nom de lait était Jade sombre, et qui était alors en sa cinquième année. Les deux époux la chérissaient comme une perle précieuse qui luit au creux de la main. La voyant douée d'ouïe fine et de vue claire, en incomparable éclosion de grâces physiques et d'esprit, ils voulaient lui faire apprendre à lire et écrire quelques caractères, et plutôt que d'élever un garçon, acquis par adoption, lui en faire tenir le rôle, **afin de**[A] tempérer ainsi les regrets et le froid aux genoux d'une vieillesse stérile et sans espoir de postérité.

—Traduit par Li Tche-houa et Jacqueline Alézaïs

目的状语。分句(1)中确实找不到表示"目的"的字眼，但是从整段落的内容上来捋，会发现句子间衔接到(1)句时，肯定存在着表示"目的"的相互关系。译者相应地添加了介词短语(A)后，前后分句便因此融合成一个整体。

[13] 他生气了，他**已经越来越习惯**[1]把人分成上级和下级，下级对于他都是毕恭毕敬的，他轻易地向下级发脾气而不会有任何不良后果，而且，脾气是威严、是权势的一个不可或缺的部分。而冬冬，(当然不会是他的上级)却这样对待他，真是岂有此理！

——王蒙《蝴蝶》

Évidemment，cela l'avait vexé. **Par la force de**(A) l'habitude，il en était arrivé à classer les gens en deux catégories，les supérieurs et les subordonnés，et il jouissait du respect inconditionnel de son personnel. Avec eux，il pouvait se fâcher impunément. Le droit de se mettre en colère faisait partie de son rôle d'homme au pouvoir. Et Dongdong，qui naturellement n' était pas son supérieur，le traitait de cette manière? C'est inadmissible!

—Traduit par Liu Hanyu

原因状语。汉语中这个词组法译时完全可以用动宾结构，如“avoir l'habitude de faire...”，而译者为了省略过多动词的选用，而另辟蹊径，将第一个动词用原因状语予以解决。细思之，汉语(1)可诠释为“他由于渐渐形成的习惯，而……”，这种语义的理解并无不可，甚至还颇为恰当。如果做出这样的选择，使用介词短语(A)便必不可少。换句话说，连接词的添加不仅仅是语义的需要，而且有时翻译操作也是需要的。

[14] 风又一刻一刻的更加潮湿而且冷。可是刘玉英却还觉得吹上身来不够凉爽，她的思想也比天空那些云头还跑得快。将到三马路口的时候，她突然站住了，从韩孟翔的臂弯中脱出她的右手来，她退一步，很妩媚地对韩孟翔笑了一笑，又飞一个吻，转身就跳上了一辆人力车。**韩孟翔站住了望着她发怔**(1)。

——茅盾《子夜》

Par moment，le vent était humide et froid mais Liu Yuying trouvait pourtant qu'il ne lui apportait pas assez de fraîcheur et ses pensées galopaient encore plus vite que les nuages. Arrivée à l'entrée de l'avenue de Hankou，elle s'arrêta brusquement et dégagea sa main droite du bras de Han；elle recula d'un pas et，avec beaucoup de charme，elle lui envoya un baiser puis sauta aussitôt dans un pousse-pousse. Han resta **là**(A)，à la regarder avec étonnement.

—Par un traducteur anonyme

地点状语。汉语(1)仅仅表示“站住了”，具体什么地方没有任何表示。然而在法译时，既然选用了“rester”这个动词，便需要表明具体的“地点”(A)，否则便会造成阅读中的不畅或不顺。所以译者在法译时，本能地感觉需要将地点状语补充出来。

[15] 人们加紧他们的工作，盼望在太阳落山以前把蕰草都安置好，并且盼望明天仍是个好晴天，以便驾了船到**更远的**(1)有蕰草的去处。

——茅盾《水藻行》

Les gens redoublaient leurs efforts，ils comptaient finir avant le coucher du soleil et ils espéraient que le lendemain il ferait beau pour pouvoir aller sur leurs bateaux chercher du cresson dans des endroits encore **plus éloignés**(A).

—Traduit par Li Wenying

比较状语。以上(1)和(A)有个共同的特点，汉语与法语的比较成分均有明确的标记。所以这类状语的翻译不像前面介绍的那些状语一样，无须有分析、认定、表达的费力过程。

小结

虽然前面介绍过不少补充潜在逻辑关系的实例,但是在此需要特别指出的是,表示状语的介词短语的添补主要存在于前六项,而地点或比较这两项状语比较特殊,属于实词,汉语通常都不省略,法译时怎么能省略?地点就是标明的位置,比较就需要言明被比较的成分,或比较的程度。作为被比较的参照物,不可能隐而不露。对于这类无法回避的实词,译者在翻译时当然不会采用增减的方式,而是按照常例处理。

至于那些连接词或介词短语,才是增益中需要特别关注的,因为它在汉语中时常被省略或隐去,需要译者通过逻辑分析或其他语义手段将之找出来,这个过程是不易的。再有,译者与作者的主观体验不同,在表达时亦因理解不同,而出现不同的译法。

3.1.2 减益法

减益法,也叫省略法或减词法。如前所讲,两种语言的语义在翻译时不可能出现完整的覆盖或重合。如果说前面讲解的增益法是因语义缺损所致,那么此处介绍的减益法则是因为语义过量而出现。众所周知,汉语擅长表意,经常用些概括性较大的词。时而泼墨写意,洒洒扬扬,极多“留白”(增益法就在于弥补这种留白),时而浓墨重彩,详加描写,信息量丰富而充沛(减益法就是要剔除这些枝蔓)。这些内容如果充填在法语中,则可能会变得“消化不良”。法语纵然擅长细微处的刻画,但也须有个“度”,信息充分即可。

在实际操作过程中,译者经常遇到汉语的冗言赘语。当然,冗赘现象实际产生于理解。汉语中有些信息虽然算不是冗赘,但是在法译时它就可能属于“包袱”,因为法语或许在某个特定点上正好可以简洁地处理这类内容。这些包袱要么被简化掉,要么被删节掉。权以汉语中“工笔画法”的描写为例,译者如果用法语来完全释放这些信息,则会发现在处理过程中,即使采用对等的词,也可能会造成信息过量。过量的信息自然显得臃肿,因为过多的枝蔓信息肯定要冲击核心语义。这便是冗词赘句给译者带来的麻烦。事实上,汉语文本本身没错,法语文本如果移植原信息就错了。换言之,是译者错了,错在他不该在具体的转换的过程中,不考虑汉语与法语的特点。

处理冗赘信息的最好办法便是减益法,减益的宗旨就是保证信息得到“完整”的表达。当然不同的译者对这个“完整性”可能存在着不同的理解,然而言简意赅应是行文统一认识。有时为了核心内容的突出,就必须简化掉些冗赘之词,令译句变得简短、精练、节奏感强。一句话,减益法就是减去已有的内容,少译或不译赘词冗句。

诚然,无论赘词还是冗语,均属于减益法处理的内容。下面,我们分别从减益的角度介绍对赘词与冗词的处理。

3.1.2.1 赘词

赘词具有语言层面的特点,主要指原信息有的、上下文对此信息已经做了充分阐述的内容。所以,译者不能硬行套译,否则轻则出现行文拖沓,重则会扰乱语义,喧宾夺主。所以,译者必须对赘词有所删减。

[16] 今只有嫡妻贾氏，生得一女，乳名黛玉，年方五岁。**夫妻无子**(1)，故爱如珍宝，且又见他聪明清秀，便也欲使他读书识得几个字，不过假充养子之意，聊解膝下荒凉之叹。

——曹雪芹《红楼梦》

Son épouse en titre né Jia lui avait donné une fille, dont le nom de lait était Jade sombre, et qui était alors en sa cinquième année. Les deux époux la chérissaient comme une perle précieuse qui luit au creux de la main. La voyant douée d'ouïe fine et de vue claire, en incomparable éclosion de grâces physiques et d'esprit, ils voulaient lui faire apprendre à lire et écrire quelques caractères, et plutôt que d'élever un garçon, acquis par adoption, lui en faire tenir le rôle, afin de tempérer ainsi les regrets et le froid aux genoux d'une vieillesse stérile et sans espoir de postérité.

—Traduit par Li Tche-houa et Jacqueline Alézaïs

汉语中信息(1)是个较好的译例。整个段落都在交代"林如海命中无子"，译者在确认(1)的信息得到完全的表达后，便无须再赘译此词了。如果强行添加进去，译文肯定显得拖泥带水。

3.1.2.1.1　减去范畴词

当然，各自的语言还存在着相应的特点，汉语用范畴词，而法语不用。如果在法译汉时显然需要用增益法，但在汉译法时，则需要用减益法删去范畴词。像"……形象"、"……世界观"、"……问题"、"……现象"、"……情况"、"……工作"、"……看法"等之类的范畴词，都是词语上的重复。它像个前置词一样，表明后面词句的范畴。当然，从法语上，它显然属于没有必要的重复，赘述。准确地讲，汉语这种特有的表达习惯在法语中根本没有实际意义，所以在翻译时通常予以省略。

[17] 沈萍降服高伯年**有绝招**(1)。吵吵不过是常规武器，绝非高伯年打不过她……其实他败给沈萍，是有意让她，因为她掌握着高伯年那次"过失"的秘密，同时也拿握高伯年处处要维护自己**正人君子形象的心理**(2)。

——孙力、余小惠《都市风流》

Shen Ping possédait **plus d'une corde à son arc**(A) pour le faire fléchir. La querelle n'était qu'une arme conventionnelle. Cela ne voulait pas dire que Gao Bonian n'arrivait pas à la dominer;... S'il s'avouait toujours vaincu devant sa femme, c'était que celle-ci détenait le secret de son infidélité et qu'elle savait bien qu'il voulait donner **l'image d'un homme sans reproches**(B)

—Traduit par Yang Jun et Ying Hong

此译句有两个看点，(2)作为范畴词，属于汉语中的表达习惯，但是在法译时，法语只表达中心词义，而不存在范畴词的理念。所以，只需实译出实际语义(B)即可，无须画蛇添足地译出同位语"心理"一词。第二点便在于对(1)的处理上，这实际是对"绝招"的再诠释，译句中字面虽然不对等，但词义是对等的。更值得一提的，是译者看出了"有绝招"潜含着有多种方式，(A)中含有"plus de..."非常到位，值得推荐。

3.1.2.1.2 简化微观词

在翻译过程中，由于文化的体验不同，有些内容如若过于详细具体，肯定不为法语读者所接受。译者有时不得不借用概念化的词语来简化或削减那些有着地域色彩的内容。既然目的语读者不能像源语读者那样感悟特有的地方语言或文化，译者只好取其意，采用减码的方式来回避语言障碍。当然，这或许是译者不得已而为之！

[18] 这时我看见他的背影，我的泪很快地流下来了。我赶紧拭干了泪，**怕他看见，也怕别人看见**(1)。

——朱自清《背影》

Ce fut à cet instant que j'aperçus sa silhouette de dos, si touchante que mes larmes jaillirent comme une fontaine... Je me hâtai de les sécher pour que **personne ne les remarque**(A).

—Par un traducteur anonyme

作者希望通过重复来强调语气，而译者在法译时，则选用了法语的一种表达"personne ne..."。结构虽然不同，语义也稍有出入，但这个结构通过否定整体来实现否定具体。译者如果要生硬地强译，可能会冲淡中心语义连贯。

3.1.2.1.3 减去限定词

在汉语的行文中，有些内容虽然能在前后语句中找到互文的信息，但不习惯简略化：如用代词替换或省略冗赘。然而法语因其形合的特点和言简意赅要求，抑或用代词替代，抑或省略来处理已经暗含的信息。限定词便属于其可省略的词类之一，因为前后互文形成的信息链已经连接上了，如果再译，便成为译文中的赘词，显得多余。试看下面译句。

[19] 他们出发了，向着东方，向着绿色**的家乡**(1)，死漠里留下了一行不屈的脚印。**沙漠的**(2)风又起了，从他们后边呼啸着、追逐着、掩埋着他们的脚印，驱赶着他们的身躯，欲想吞没他们，并越过他们一直向东方扑卷过去……

——郭雪波《沙狐》

Ils se remirent en route, marchant vers l'est, vers **la verdure**(A), laissant sur le «désert de mort» les traces de leurs pas. Le vent se leva de nouveau, mugissant et galopant derrière eux comme pour effacer leurs empreintes et se lancer à leur poursuite. Voulait-il les engloutir, ou simplement les dépasser pour s'abattre sur d'autres régions vers l'est, vers le sud ?...

—Traduit par Yan Hansheng

《沙狐》这部小说的内容就在写沙漠，前文后文都在指它。然而，信息(2)在汉语中因习惯而重复的确不算赘词，但用法语来翻译时内容便显得重复或臃肿。为此，译者为了保持核心内容的突显性，需要对枝蔓信息做出修剪，剪去字里行间已经包含的信息。此处便体现在(2)身上。至于信息(1)属于汉语中的范畴词，如前一样在翻译时需要裁去。所以，(A)暗指用“绿色”代替“绿色的家乡”。

3.1.2.2　冗词

冗词与赘词有着相同之处，二者均属于多余的信息，在翻译过程中需要删减。然而，它们之间亦存在明显的不同。赘词的省略，目的是删去译语中已经包含的信息，如果再移植这些多余的信息就是赘述，就是滥译。而冗词则不同，具有文化层面的特点。冗词的信息是附加的、全新的内容，它的使用是为了加强或者辅助主题信息。从翻译角度上讲，冗词的信息之所以可以完全省略，一是因为它的信息与主题内容无涉，二是因为这类“强调信息”中含有不可译的因素：如历史、政治等特有的文化因素，民族语言独特性的因素。面对这些不可译的额外附加的内容，译者时常陷于尴尬，轻不得重不得。轻了，便可能言不达意，不仅起不到强调的效果，而且可能误导读者。因为蜻蜓点水似的略论异域的语言文化，是不可能有所收效的。重了，更是不行，枝蔓信息姑且不说可译不可译，即使劳神费力将之译出，亦可能形成喧宾夺主的效果。有鉴于此，译者更多采用权宜之计，囫囵地译出中心语义，而将冗词忽略不译。

的确，汉语与法语的文化背景不同，不同的民族有着不同的文化理念与语言意识，各自的语言也深深地烙上了民族的烙印。在一种语言中属于加强语气的信息，在另一种语言中或许就成了冗词。因为作者如果要强调主题信息，都习惯性借用民族文化中最本能、最具代表性的东西，而这些东西通常较难在目的语国的民族文化中找到对应。译者如果要对自己的读者负责，只有删去这些目的语民族难懂的冗词。

[20] 素素心里说，实际上她一声没吭。她只是在上班前看看热闹罢了。看热闹的人已经里三层外三层了，这种热闹免票，而且比舞台上和银幕上的表演更新鲜一些。**舞台和银幕上除了“冲霄汉”就得“冲九天”，要不就得“能胜天”、“冲云天”。除了和“天”过不去以外，写不出什么新词儿来了**(A)。

——王蒙《风筝飘带》

Elle s'est contentée de regarder la scène. Il y avait tant de spectateurs-plusieurs cercles-que les derniers venus ne pouvaient approcher. C'était un spectacle gratuit beaucoup plus intéressant qu'une pièce de théâtre ou un film.

—Traduit par Liu Hanyu

译者对后半段内容几乎没有译，其原因显而易见，如此文字，不仅带有民族特色，更含有特殊时代特殊的信息。其中任何一条信息对法语读者而言，都是障碍。再说，作者在此处用的词汇，大多都取了其延伸词义。原本文化内容就令人糊涂了，再加上语言一转弯，如何见示于目的语读者？正因为有这么些难处，译者不得已只求达意，虽然损失了话语的色彩，但是在无法实现两全时，亦只好如此，选择(A)也是无奈之举。如果硬要译出来，这对没有“文化大革命”经历与中国特殊文化背景的法语读者而言，不仅无法理解，而且还可能带来误解，因为“文化大革命”期间的疯狂透着几分非理性。如果想强行硬译，仅说明语义便需作太多的注释。

[21] 外祖父常像瞌睡似地俯在他那横琴上，慢慢地拨弄那些琴弦，发出如苍蝇的营营声，**苍蝇，多么腻人的东西**[1]。毫无精神，叫我听了只是心烦，那简直就如同老祖父硬逼我念古书一般。我与其听这营营声，还不如到外边的篱笆上听一片枯叶的歌子更好些。那是在无意中被我发现的。一日，我从篱下走过，一种奇怪的声音招呼我，那仿佛是一只蚂蚱的振翅声，又好像一只小鸟的剥啄。

——李广田《回声》

Il y jouait souvent un air somnolent, pinçant tout doucement les cordes qui émettaient un bourdonnement de mouche. Cette musique était aussi ennuyeuse et assoupissante que les textes classiques qu'il me formait d'apprendre. Au lieu d'entendre ce ronronnement, je préférais, dehors, écouter le chant d'une feuille morte accrochée a la haie. Un jour, en effet, j'avais entendu un bruit curieux m'appeler. Il ressemblait à la fois au froissement des ailes d'une sauterelle et au becquetage d'un oiselet.

—Traduit par Pan Ailian

至于(1)的信息为何得不到尊重，其原因是译者认为已经完整地处理了包含的信息。苍蝇，在谁的眼中都是“腻人的东西”，而前后句中已经有了类似“ennuyeuse”的描写，明确了其感情趋向，译者便将(1)视作冗词，一扫而去。

[22] 擂鼓打锣的，多坐在船只的中部，船一划动便即刻蓬蓬镗镗把锣鼓很单纯地敲打起来，为划桨水手调理下桨节拍。一船快慢既不得不靠鼓声，故每当两船竞赛到剧烈时，鼓声如雷鸣，加上两岸人呐喊助威，便使人想起**梁红玉老鹳河时水战擂鼓，牛皋水擒杨幺时也是水战擂鼓**[1]。

——沈从文《边城》

Le tambour et le gong, places au milieu, étaient frappés d'abord d'une manière assez monotone pour donner un rythme régulier au départ. Puis, quand la lutte se faisait âpre, le rythme s'accélérait. Alors les roulements déferlaient sur le fleuve, et les spectateurs criaient sur la rive: la scène évoquait **les combats navals décrits dans les romans classiques**[A]...

—Traduit par Wu Ming etc.

文化包含的内容极广，其中便有文学作品。作者在此便引用了脍炙人口的小说情节，来描述当时的“热闹”。而目的语读者自然出现了文化空缺，无法理解“梁红玉、牛皋、杨幺”以及他们之间的故事，所以便用古典小说的场面一笔带过。用(A)的方式虽然造成译文的减码，但是也是没办法的办法。

3.1.2.3 小结

事实上，减益有如农艺师的修条剪枝，目的是让果树不仅有美丽的外观，而且会生长得更茁壮。剪去多余而又占空间抢营养的枝条，就似翻译中减去多余的信息一样。文章与果树一样，都有生命力。它不仅要求译者精心的呵护，而且还要求译者适当的修剪。一棵民族文化之树一旦移植到另一个民族的土地上时，不仅外观需要适应对方的审美体验，而且果实亦应适合对方的口味。

赘词也好、冗词也罢，都是无须在目的语中寻找对应的信息。既然它们的内容已经在前后文中得到展现，译文的简练便可通过减益法得以实现。

3.2 释义法

在翻译过程中，词义的认定除了取决于前后互文之外，还取决于词语生存的土壤：即客观现实（社会文化语境）。释义法是指翻译活动中为了最佳地传递语义可以重新诠释源语信息。换言之，依托客观事实，用其他词语来诠释原信息。原词义在译文中之所以有变化，主要源于非语言因素影响。释义法的主旨便是补偿、改写或再诠释这背景信息，以期消除这些影响。作者与译者都在为自己的读者负责，但是他们在事物的处理上有着相对独特的视角。在传递原作信息的过程中，译者如果没有考虑到这些不同，仅满足于僵化的信息移植，其效果肯定不甚理想，说不定会弱化、甚至会破坏原意。

不言而喻，词只有在系列组合成句时，才会释放出更多更准确的信息。所以，词义的认定必须在更高的平台上进行。语言单位越大，译者考虑的信息因素就越多。译文中非语言因素越多，汉法之间的社会文化因素差距就越大。换言之，非语言因素越多，词义在转换过程中变异的可能性就越大。需要指出的是，这种变异既是译者的主观介入，也是客观现实的要求，因为译义是弥合两种语言差距的产物。

"所指词义"依赖的是前后互文，而释义法既要依赖前后互文而且还有新的信息源：客观现实。译者因之摆脱较小语言单位的局限，在较为开阔的平台上感悟原信息的内涵。显性的客观体与隐性的内涵有时会变成矛盾体，在为译者带来表达困难的同时，也带来挑战。

在汉法翻译中，译者在原信息的基础上，应当尊重法语的表达以及其读者的习惯。这就要求译者求"大同"存"小异"。通过解析客观实体对词汇的影响和局限，以求更好、更准确地传递信息。对译者而言，释义法就意味着对源语信息的"加工"，而奉献在读者面前的始终是"加工"后的成品。

3.2.1 重释地名

无论是汉语还是法语，由于历史或社会文化等原因，地名本身可以改来改去。比如为了纪念一位有杰出贡献的人，或许会以此人的姓名命名。然而，随着历史的变迁或王朝的更迭，又可能恢复或重新取个新名。这种地名的种种变化，外国读者无法“与时俱进”，因为他们缺乏相应的历史文化背景知识。译者此时需要选用该地区现在用的、得到国际认可的地名。除此之外，影响重释地名的因素还很多，语言变异也是原因之一。

［23］“到**北平**(1)去吃月饼！”——军政当局也是这么预言战事的结束最迟不过未来的中秋。

——茅盾《子夜》

«Allons manger nos gâteaux de la lune **à Pékin**(A)！» criaient aussi les gens de l’armé et du gouvernement en prévision de la fin de la guerre, persuadés qu’elle interviendrait au plus tard vers la Fête de la mi-automne.

—Par un traducteur anonyme

历史的原因。北京在历史上曾有一段时期被称作北平。所以(1)除了表明地理位置外，还有一个信息，便是故事发生的年代。然而在翻译时，不可能将两种信息悉数包容进去，而只好用现代名(A)改译(1)。事实上，这是一个很有趣的译例。(A)在外国人心目中已经约定俗成地指现今的北京，但是按现在文字改革中要求，所有中国地名的译名全部采用标准的汉语拼音。这样一来，如果该文现在再翻译，(1)就该译作“Beijing”了。

［24］那条河水便是历史上知名的**酉水**(1)，新名字叫作白河。**白河**(2)下游到辰州与沅水汇流后，便略显浑浊，有出山泉水的意思。

——沈从文《边城》

Ce fleuve, le fleuve Youshui, célèbre dans l’histoire, porte de nos jours le nom de **Baihe**(A) qui veut dire **fleuve Blanc**(B). Quand il arrive plus bas, à Chenzhou une fois qu’il se mêle au Yuanshui, il commence à devenir légèrement trouble comme l’eau des sources après avoir quitté la montagne.

—Traduit par Wu Ming etc.

语言原因，音意分译。语言是符号，尤其在专有名词上以音译的表现力为最。正如(1)与(2)一样，但是为什么对(1)的处理仅仅满足于译音，而对(2)的处理又用了(A)和(B)两种方式呢？答案并不难找到。(1)作为称谓，虽然在汉语中含有某种词义，但与上下文无关，所以音译即可。然而(2)就不同了，下文的内容牵涉与“浑浊”对应的问题，所以译者不仅用了音译(A)，而且还诠释了词义(B)，借助音义的结合，才在逻辑上实现了上下文的连贯。

总体上讲，重释地名是很严肃的内容，它涉及方方面面，尤其不能忽略地名的政治化。汉语译成法语时，尤其如此。比如黑龙江，法语中虽然有词“Amour”专指此河，但是需要特别注意的是，必须采用音译(现今法语辞典中兼用两种用词)，如果译意，至少应该选用“fleuve du Dragon Noir”，或者“fleuve de Heilongjiang”，因为这涉及国家主权问题。

3.2.2 重释时间

从客观上讲，时间理念在两个民族之间都是相同的。然而表达内容却有着相当的变化。从历史上讲，汉民族与法兰西民族使用完全不同的记时方式。所以不仅仅是理念的不同，而且形式也存在差异。就现代而言，时间内容大都国际标准化，通常要求译者选择通用的计时标准。譬如可用公元单位来代替中国的朝代记录法，以求符合目的语的习惯表达，因为没多少外国读者懂得汉民族的纪元方式。

[25] **天汉元年**(1)，且鞮侯单于初立，恐汉袭之，乃曰："汉天子我丈人行也。"尽归汉使路充国等。

——司马迁《史记》

En 100 av. J.-C. (A), Zudihou, le souverain des Huns qui venait d'accéder au trône en tremblant l'idée d'une attaque surprise des Han, déclara: «L'empereur des Han, c'est mon oncle!» Et il renvoya tous les envoyés retenus, dont Lu Chongguo.

年代换算。中国的历史纪年与西方完全不一样。既然要为西方读者服务，译者必须入乡随俗。对信息(1)做过换算，用(A)来晓谕译文读者，这样，字面上看虽然不对等，但时间效果是统一的。

[26] 思维万千，高伯年在床上辗转反侧，好不容易到**下半夜**(1)才迷迷糊糊睡着，但五点半不到又准时醒了，算了算只睡了两个多小时。

——孙力、余小惠《都市风流》

Rongé par l'inquiétude, Gao Bonian s'était tourné et retourné dans son lit. Il n'avait reussi qu'à somnoler, et encore, **à une heure avancée de la nuit**(A). Il s'était éveillé à cinq heures et demie comme d'habitude. Il avait donc eu qu'un peu plus de deux heures de repos.

—Traduit par Yang Jun et Ying Hong

习惯各异。"下半夜"(1)在中文中是个笼统的概念，没有明确所指。译者只好借助前后文的内容来推演，将模糊的时间概念准确化。信息(1)换算成(A)便算作一个佐证。

对于具体时间的表达，汉语与法语也存在着习惯的差异。汉法语言符号的不同，交际者的思维也存在着习惯上的差别，所以对时空表达的理念亦各有特点，翻译时不能照套照搬，需要凭感性来处理。汉语在时间概念上往往比法语模糊些，时间换算可能须借助上下互文。

3.2.3 历史原因

二个民族虽然都有着悠久的历史，但所经历的事件与所受的熏陶不同，自然不可能混为一谈。富有汉文化内容的历史知识，不可能在法兰西历史中找到对应。对于这类信息的处理方式通常都是减码，将一些不可译的内容精简掉，仅保留中心语义。虽然信息出现相应的损失，但有总比没有强。

[27] 第一幅**青天白日满地红的旗子**(1)在双桥镇上飘扬的时候，嚷得怪响亮，怪热闹，又怪认真的"打倒土豪劣绅"，确使曾沧海一惊，并且为万全计，也到上海住过几时。后来那些嚷嚷闹闹的年轻人逃走了，或是被捕了，双桥镇上依然满眼熙和太平之盛，可是曾沧海的"统治"却从此动摇了。

——茅盾《子夜》

Dès que l'on vit flotter le premier **drapeau du Koumintang**(A), l'agitation gagna le bourg et l'on se mit sérieusement à abattre les notables et les despotes locales. Pendant un temps, Tseng Tsang-hai, craignant pour sa sécurité, alla habiter Shanghai. Mais plus tard, les jeunes gens qui criaient si fort s'étaient sauvés ou avaient été arrêtés par le gouvernement. Alors, le bourg de Shuangqiao retrouva la paix et la prospérité. Cependant, le règne' de Tseng était ébranlé.

—Par un traducteur anonyme

法语读者绝大多数不可能生活在中国，自然不了解"青天白日满地红"实是国民党党旗的图案。作者在此处借用图案代替旗名，没有直接讲出旗名。然而在法译时，译者自然不会硬译，而是转而取其"意"，虽然失去了部分意味，但却达到了目的。事实上，要想品味出这种寓意，是需要有中国历史、文化、社会知识的。

3.2.4 政治因素

不同的民族，经过各自不同的时代，不同的时代，会遇到特别的事件。而特别的事件，又产生出特别的词汇。译者每当在面对着这类浸透着时代特征的词语时，感到不妙。因为他的任务不仅是用法语来诠释汉民族的文字，而且还要诠释饱浸时代特征的文字，尤其是渗透着政治蕴含的文字。他需要告知目的语读者的内容，是后者根本没有背景知识的东西。这便对译者提出了更高的要求。

[28] 主任拍了拍他的肩膀："他娘的，好样的！老子先给你**摘帽子**(1)了，你就是这莽古斯沙漠的主人，**土地佬**！(2)"

——郭雪波《沙狐》

Le directeur lui tapa sur l'épaule: «Bravo mon gars!» Je vais commencer par enlever ton ***étiquette politique***(A) et te traiter sur le même pied que les autres. Tu

seras le maître(B) absolu du désert Manggusi, tu y règneras comme un roi...

—Traduit par Yan Hansheng

"帽子",在特定的时代,给"地主、富农、反动派、坏分子、右派"(简称"地、富、反、坏、右"分子)贴上歧视性政治标签。(1)属于典型的、带有特定时代的历史词。不仅法语读者不懂,随着年代的推移,越来越多的汉语读者也可能会读不懂。译者在深刻地领会(1)的含义后,用(A)"étiquette politique"来诠释,应该说是达意的。而(2)的内容,带有习俗的痕迹,(B)尽管失去了某种色彩,但也无可厚非。

3.2.5 民俗风情

生存的社会局限了读者的认知范畴。读者可以熟悉自己的世界,但却无法跨越知识的空间。众所周知,认知是一种心理活动,是对客体的主观思维和理解。然而当失去客体的依据时,主观的思维和理解便无从谈起。不幸的是,不同的民族在语言表达上有着不同的形式,所以不能一味地硬译死套,否则便无法达到相应的效果。为此,译者需要考虑目的语读者的认知范畴。如果语言表达超越了他们的认知范畴,便需要做出调整,甚至是改动,完全可以用一个新的,但是在他们认知范畴内的言语来代替原著的表达,因为原著作者眼睛中有自己的读者,而根本不考虑目的语读者。

[29] 彩霞咬着嘴唇,向贾环头上戳了一指头,说道:"没良心的!狗咬**吕洞宾**(1),不识好人心。"

——曹雪芹《红楼梦》

Elle (Nué diaprée) se mordit la lèvre inférieure, lui décocha, du bout de l'index, une chiquenaude et lui dit: «Méchant garçon! Semblable au chien qui voulait mordre **l'immortel Lü Dongbin**(A), vous ignorez le cœur qui vous veut du bien!»

—Traduit par Li Tche-houa et Jacqueline Alézaïs

法语读者不可能了解"吕洞宾"是何许人也,更不知此句话原有出处。译者在此虽然采用了直译,但亦明显感觉到(1)超出了读者的认知范畴,只好用添词+音译(A)的方式来处理。希望通过"immortel"的互文意义给读者一些启示。

3.2.6 量词变化

就量词而言,国际上已经实施通用的计量单位,并且取得广泛的共识。然而在日常生活中,一些习惯的传统表达仍旧根深蒂固,时常出现在源语的文章中。作为译者,他在行文中就应该摒弃源语中习惯与传统的东西,采用国际标准的计量单位。总体上讲,对于量词的诠释存在于两个方面:一、语言特点;二、文化习惯。

[30] 黄浦的夕潮不知怎的已经涨上了,现在沿这苏州河两岸的各色船只都浮得高高地,

舱面比码头还高了约莫**半尺**[1]。

——茅盾《子夜》

Elle coulait, et la marée du soir, montée insensiblement depuis le Huangpu, soulevait les bateaux de toutes sortes installés le long de ses deux rives. Leurs ponts dépassaient maintenant le quai **d'une quinzaine de centimètres**[A].

—Par un traducteur anonyme

文化习惯。汉语(1)采用汉语的思维习惯,选用了"半尺"的单位词,译者则需要迎合法语读者的思维习惯,选择的单位是厘米。经过换算而得出(A),而汉语的"尺"的概念自然就搁置一边了。

按中国人的文化传统,习惯用丈、尺、寸作为计量单位,而法国人使用的单位则是米、分米、厘米,就像中国人习惯用市斤法国要用公斤一样。总之,对于原句中的体积或重量,译者有两个选择:一、国际标准;二、目的语国的使用习惯。无论何种方式,都存在着换算。既然法国人习惯用准确的量词,要求尽可能清楚明晰,译者就有义务或责任将汉语笼统的计量单位换算出来。

[31] 微风过处,送来**缕缕**[1]清香,仿佛远处高楼上渺茫的歌声似的。

——朱自清《荷塘月色》

La brise m'apporte **par bouffées**[A] un parfum délicieux, pareil aux notes confuses d'un chant venu des hauteurs.

—Traduit par Li Meiying

语言特点。应该说,语义上(1)与(A)是对应的,均表达数量单位。但是在语法上,则出现分歧。汉语(1)是量词,是名词的定语。法语(A)也是量词,但却作了状语,修饰谓语。这就是不同语言的不同特点。总之,翻译就是在"忠实"的基础上,照顾目的语的习惯。如果无习惯可借鉴时,再考虑其他手段。

语言特点是指在翻译量词时,译者需要摒弃汉语的特点,而选用法语的表达方式。虽然描写的体积与重量是一样的,但是用词或语法结构上则存在着差别。

3.2.7 重释颜色

颜色,映入两个民族眼帘的客观体是相同的,但是在描写和形容颜色时,则出现了别扭。不同的民族可能借用不同的物体作喻,这便给译者带来新的麻烦。译者需要在翻译过程中采取相应的措施,以便化解喻体的不同。当然处理的方式有两种:一、照译原文,直接将源语的描写引入译文中,丰富目的语的表达方式;二、重新诠释颜色,按照目的语的习惯,选用对比色,以求取悦于读者。

[32] 存妞的死,绝不仅仅给她留下**葵绿色的**[1]毛衣。在她的心灵上留下了无法摆脱的耻辱和恐惧。

——张弦《被爱情遗忘的角落》

Ce qu'a laissé la mort de Cunni à cette jeune fille, ce n'est pas seulement un chandail **vert olive**(A), mais aussi un fardeau lourd d'humiliation et de peur qui stagne dans son coeur toujours à vif...

—Traduit par Liu Fang

汉语(1)用的喻体色是"葵绿",译者用的则是"橄榄绿"(A),虽然比喻颜色时借用的物体不同,但却在读者心中引起联想的是相同的,这便是各走各的路,各过各的桥。

3.2.8　小结

汉语既然要翻译成法语,此事本身就是对汉文化的一种背离,有点类似于用西洋乐器演奏中国民乐。音符虽然还是那种音符,但韵律却出现稍许的差别。释义法的主旨便是如何将社会文化依附在词语上的意义释放出来,并在目的语中包容它带来的语义延伸、风格变化、情感信息、联想寓意。通过上述介绍,便能发现译者变换用词的目的是如何满足信息的需要。显而易见的是:词语的字面意义实际是对译者的束缚,而要摆脱这种束缚,只有进入到更高的平台。掌握客观环境,才是译者主观介入用词的钥匙。

翻译是跨文化交际的一种活动,但是汉法两个民族的主观认知存在着太多的不同,所以在翻译时会遇到好些困难。幸运的是,读者能大度地、宽容地要求译者做到广义上的"忠实",而不是狭义上的"生搬硬套"。

众所周知,词语可以独立使用,甚至能够独立成句、单独成章。但是词语大多数情况作为一个最小语义单位出现。当然,词经常有一词多义的特性,不同的组合产生不同的词义,这对译者在择词上提出较高的要求。翻译不仅仅是简单的话语移植,而是深层的信息传递。它不仅需要背离原词义、打破语言结构,而且还需要突破文化或认知的障碍。据上所述,词语层次的翻译不足以完整地解决词义,而需要更高的工作平台。

3.3　正反式转换

正反式转换又叫正词反译、反词正译。这是译者转换语言信息的一种翻译手段。创作与翻译一样,下笔会因强调成分不同,采用不同的修辞方法。一种语言从反面表达的内容,另一种语言为求相同的修辞效果,可以从正面来处理;反之亦然。只要原则不悖于目的语表达习惯,译者便无须照搬作者的修辞手法。只有在不符合目的语的表达习惯时,才需要进行转换,以保持原有成分的强调功能。正词反译、反词正译,也是翻译文字处理常用的方式之一。

3.3.1　正词反译

源语使用肯定形式来传递相应的语义,而在目的语中,译者为了实现相同的强调目的,可以采用否定句或疑问否定句。形式虽变,但效果相同。

[33] 他们的记忆非常繁琐，他们的谈话又重复不尽，而他们永不会忘情于那些过去的好年月。他们**一开口便是**："我们年青的时候怎样……"或是"老祖父曾经告诉过我说那些年间……"

——李广田《上马石》

Leurs souvenirs étaient remplis d'innombrables détails qu'ils répétaient sans cesse. Ils n'oubliaient jamais le bon vieux temps, **ne pouvaient ouvrir la bouche sans dire**: «Lorsque nous étions jeunes...» ou «Mon grand-père m'a dit que dans le temps...»

—Traduit par Pan Ailian

"负负得正"是正词反译经常采用的一种处理手段。汉语中"一开口"意为"始终这样说"，译者在法译时除了把握语气外，还要照顾到习惯表达方式，"不这样说不张嘴"的语义恰到好处地传递着相关信息。

3.3.2 反词正译

反词正译实指用肯定的形式来翻译原文中否定的形式。语义对等是译者的目标，而语法上的对等与否，并不重要。有时汉语中通过否定形式来增强语气，而类似强调在法语中则又习惯用肯定的语气。这类调整不是语法要求，也不是形式要求，而是语气要求。

[34] "**不用你管**(1)！"秀生发疯了似地跳了起来，声音尖到变哑，"是我的老婆，打死了有我抵命！"

——茅盾《水藻行》

«**Occupe-toi de ce qui te regarde**(A)!» s'exclama Xiusheng hors de lui, la voix soudain si perçante qu'il s'étrangla: «c'est ma femme et si je veux la battre à mort je le paie!»

—Traduit par Li Wenying

汉语中(1)是否定式，表达其强烈的否定形式"与你无关"。而译者在表达类似语气时，则采用了不同的形式(A)来表示"与你无关"，否定与肯定的形式虽然不同，但却传递着相同的信息。

3.4 难译的词语

一些文字，由于其内涵极具民族性，很难翻译。译者遇到这种现象时，解决的办法通常有两种：要么改译，要么硬译。改译是指按照其源语词义用解释性方式重新改写，这种方法的优点在于能够传递语义，缺点在于失去了原汁原味，让读者感受不到异域文化的特点或风格。再有，翻译的目的是介绍外来文化优秀的内涵，所以能不采用改译最好不采用。如果这样，剩下的做法便是硬译。当然，硬译的方式自然也毁誉参半：叫好者认为这样做可以保持译文的风格或"生猛";持批评态度的人担心因信息陌生而影响到读者的理解力。然而无论采用何种方式,译者必须得翻译,这是不可避免的责任。为此,我们不妨推荐一些处理方式,权供选择。

3.4.1 音译法

汉语中一些饱含特殊内涵的表达用语与结构,正常处理几乎不可能完成信息的转换。解决的办法之一是可以采用音译。虽然语音仅仅是个符号,但它却传递着异域的情调,同时,译者自然会想办法来解释这些音律符号的内容的。

[35] 这地方的地名很奇怪,叫做**大淖**(1)。全县没有几个人认得这个淖字。县境之内,也再没有别的叫做什么淖的地方。据说这是蒙古话。那么这地名大概是元朝留下的。元朝以前这地方有没有,叫做什么,就无从查考了。**淖**(2)**,是一片大水**。说是湖泊,似还不够,比一个池塘可要大得多,春夏水盛时,是颇为浩淼的。这是两条水道的河源。

——汪曾祺《大淖纪事》

Le pays portait un nom singulier, **Danao**(A), d'origine mongole, à ce qu'on dit. Le mot aurait été laissé par la dynastie des Yuan (1206—1368); mais aujourd'hui, rien ne permet de vérifier l'existence de la localité antérieurement à cette dynastie, ni de savoir comment on l'appelait. **Danao**(B) **signifie «grande mare»**. En effet, il y a une grande mare dans la région. Moins étendu qu'un lac, plus vaste qu'un étang, la mare, qui connaissait ses plus hautes eaux au printemps et en été, alimentait deux rivière.

—Traduit par Li Meiying

音律加解释。姑且不讲法语,即使汉语读者也不甚熟悉"淖"这个词。好在作者通过前后互文,对此字进行了解释,这等于也就给目的语读者带来方便。不过细心一些,就会发现译者在处理"淖"这个词时,(1)和(2)都音译作"Danao",哪怕(2)的所指在汉语中仅仅只有一个"淖"字。实际上,这可能出于两方面考虑:1. 与前面的"大淖"对应相符;2. 用汉语的双音节比单音节更易上口和记忆。译者在采用了(A)(B)方式来作对应词,显然考虑到这一点。

[36] "……我把菱花送到接生站,抽空到信用社去存上了钱,再回来时,毛娃儿就落地了!头生这么快,这么顺当,谁也想不到哩!有人说起名叫个**顺妮**(1)吧,我想,我们这样的穷庄稼汉,开天辟地头一遭儿进银行存钱!这时候生下了她,该叫她**存妮**(2)。等她长大了,日子不定有多好呢!"

——张弦《被爱情遗忘的角落》

Après avoir accompagné ma femme à la maison d'accouchement, je l'ai quittée un instant pour aller déposer de l'argent à la banque. A peine étais-je revenu que j'ai entendu le premier cri de ma fille. Personne ne s'attendait à un premier accouchement aussi rapide et réussi ! on m'a donc proposé de nommer ma fille **Shunni**(A) (**fille de la réussite**), mais j'ai préféré **Cunni**(2) (**fille de dépôt**), parce que, pour moi, paysant pauvre, c'est le jour où j'ai déposé de l'argent à la banque pour la première fois de ma vie. Ah ! elle aura une belle vie, cette enfant.

—Traduit par Liu Fang

音律加注释。无论是(1)还是(2),都包含有相应的内涵。对汉名的内容毋庸赘述,但是按照人名翻译法,音译无法表达姓名的内涵。然而此段的前后文均在谈论取名的过程,所以如果仅是音译自然无法让读者感受到其中的联系,译者只好用括号添加上音译缺损的语义。

3.4.2 字词硬译

字词硬译与音译不同:音译是靠语音符号加其他解释方式来传递信息。字词硬译是用生涩甚至是难懂的词作基础,让其处于相应的结构之中,随后再在正文中辅以其他方式来传递该词的词义。这种做法也存在着明显的优缺点,有些与音译相似。

[37] 彩霞咬着嘴唇,向贾环头上戳了一指头,说道:"没良心的! 狗咬**吕洞宾**(1),不识好人心"。

——曹雪芹《红楼梦》

Elle (Nué diaprée) se mordit la lèvre inférieure, lui décocha, du bout de l'index, une chiquenaude et lui dit: « Méchant garçon! Semblable au chien qui voulait mordre **l'immortel**(A1) **Lü Dongbin**(A), vous ignorez le cœur qui vous veut du bien! »

—Traduit par Li Tche-houa et Jacqueline Alézaïs

增添解释词。对于"吕洞宾",法语读者不知何许人也。然而译者在前面加上了解释其词义的词(A1),这样便从词义上解释了(A)的内涵。这种方式的好处便在于向读者提供异国情调,他们可以不懂得信息(A),但能明白(A1)的所指。

[38] 这件事一定发生在一九六九年的冬天,因为在那个冬天里,还刚近五十岁的母亲一下子头发全白了。而且,她的臂上还缠上了一道黑纱。那时,她的处境也很难。为了这条黑纱,她挨了好一顿批斗,说她坚持**四旧**(1),并且让她交代这是为了谁?

——张洁《爱是不能忘记的》

Tout ceci s'est sûrement passé durant l'hiver de l'année 1969, car c'est cet hiver-là que les cheveux de ma mère, alors à peine âgée de cinquante ans, sont tout à coup devenus tout blancs. De plus, elle nouait sur son bras une bande de gaze noire. A cause de ce brassard, elle subit une séance de critique: on disait qu'elle soutenait **les quatre anciennetés***(A), on lui fit aussi expliquer pour qui elle faisait cela.

—Traduit par Caroline Martinez Stephan

增加脚注。“四旧”这个词即使在汉语中，也仅属于某个特殊历史阶段的用词。别说法语，就连汉语现在也都成为有历史。面对这些在法语中找不到对应的词或词组来说，译者可以强行翻译其字面词义，然而通过做译注的方式来解决其隐含的文化意义。事实上，这种处理方式在翻译汉民族内容极强的字词时，时常借用。

见注：* les quatre ancienneté s: la pensée, la culture, les mœurs et les coutumes de toutes les classes exploiteuses (N. du T.)

[39]“啥子政治新生、政治新生！在我眼睛里你还是个你嘛！过去说你是右派，隔了大半辈子又说把你搞错了；说是把你搞错了，又叫你二天莫再犯错误，晓得搞的啥子名堂哟！到底是哪个莫再犯错误！我们过去啷个子过，二天还啷个子过。有了钱才能安逸。你莫吵我，让我再好好数数。”

——张贤亮《牧马人》

«Qu'est-ce que c'est, une nouvelle vie sur le plan politique? Pour moi, tu es toujours le même... Que c'est drôle ! Après t'avoir qualifié pendant si longtemps de «droitier», voilà qu'on déclare aujourd'hui qu'on s'est trompé! Et tout en disant que tu n'as jamais été en faute, on t'avertit de ne plus en commettre ! Eh bien, qui donc ne doit plus en commettre? Bon! Laissons tomber, et vivons à notre façon, comme toujours ! Mais pour nous assurer une vie tranquille, il nous faut de l'argent ! Ne m'interromps pas ! Je vais compter encore une fois...»

—Traduit par Li Meiying

弃形求意。作家如果刻意选用地方方言来表达某些内容，肯定企图通过对话来表达说话人的身份或来自何地，甚至是受教育程度。这就是语体带来的信息，对于作者的这层企图，通常是不可译的。如果刻意地使用重塑的方式，更多会显得不伦不类。所以可以这样讲，对于作者的这种意图，只好减码的方式。为什么不作注释呢？理论上讲，当然可以。可以明确注明这话是“四川方言”。可是效果呢？或许并不好！在此情况下，译者只好弃形求意，忽略了许多大好精美的东西，而无奈地表达了这层语义。或许这就是译者的无奈！

3.5　禁译的词语

在介绍词语以及其翻译技巧方面，已经谈到过好些。所讲的都是如何处理词义，如何运用所学破译内涵。然而在词语的层次上，还存在着一种语言现象，即禁译的词语。换言之，就是指有些词语在翻译过程中，不需要靠前后互文，不需要凭借客观环境，而只能靠技巧和知识结构来解决。

禁译的词语主要指那些含着唯一性特征的词语。譬如人名、地名或其他诗词歌赋、民族性事件。就目前而言，随着我国对外开放的日益扩大，影响也日见深远。我们国家发生的变化和政策方针是外国人急欲知道的东西。但是各民族对世间万物的认知，都有着独特的民族性。中国的新事物在外国不可能，甚至绝对不可能找到相应的认知与理念，而这些内容由于涉及一个国家的大政方针，几乎不可能随意意译，对于部分内容语义缺损的用词，肯定就需要字斟句酌。处理不当，便会引起极大的后果。所以，需要向外公布中国的特色法语词。

3.5.1 政策性用语

对一些政策性、原则性极强的词或表达方式，译者不允许翻译，而只能引用。众所周知，翻译的主要目的之一，便是向目的语读者介绍源语国家的风土人情、市井百态、社会宗教、社会政治。其间有些内容带有共性，易于理解。有些内容带有个性，不易理解。在文学翻译中，或许可以婉转表达。但是一旦涉及国情报告、政策法规等重大内容，必须保持中国特色。在这上面存在着一个原则性要求：即无须为适应目的语读者而采取变换方式，而是要求目的语读者去熟悉中国事务。为此，我们国家专设了权威翻译机构——中国译协中译外委员会中译法分会。后者便专门负责向外公布一些内容需要统一的用词。

[40] 坚持党的群众路线，深入群众，深入基层，倾听群众呼声，反映群众意愿，集中群众智慧。

——汉译法时事政经词选登：96

S'en tenir à la ligne de masse du Parti, aller à la base, se mêler aux masses, être attentif à la voix de/se mettre à l'écoute de celles-ci, refléter leurs aspirations et focaliser les rayons de la sagesse collective/faire valoir/concentrer leur sagesse collective (réunir les idées judicieuses).

[41] 文艺应该贴近群众、贴近生活、贴近实际。

——中国时政词语汉法对译 9:47

La littérature et les arts doivent être proches/se rapprocher/des masses populaires, de la vie et de la réalité. /Les art et la littérature doivent traduire l'aspiration de la population, refléter la vie et la réalité.

当然，中译法分会的专家们做了信息翻译的统一，并推荐了两种以上的结构，以供使用者根据互文需要，自主选择。由于这些政策性词语的内容不容出错，加之又提供了相应的建议，所以这不是水平问题，而是硬性规定，它要求译者记住这类词并在需要时予以使用。

3.5.2 引用性词语

不准翻译，危言耸听！事实上，在汉译法时的确存在着不准翻译的词：譬如一些译自外语的汉语词。众所周知，语言在转换过程中存在着信息的流失，尤其是一些专有词，如名言警句、人名地名，它们译成汉语时无论采用的是音译还是意译，均属于特指词。这种独一无二性的所指，不允许译者再根据自己的理解，重新诠释，而必须去查阅原文，找到出处。对一些名人名言而言，由于其广大的知名度及引用度，不难解决。但是对一些不太有名的，或许说不太为人熟知的警句，就必须查阅。比如：

[42]

Au Monastère de Po Shan	题破山寺后禅院
Chang Jian	常建
L'aube est claire dans le temple ancien;	清晨入古寺
Le soleil naissant dore la cime des arbres.	初日照高林
Chemin sinueux menant aux lieux secrets;	曲径通幽处
Noyée de plantes, de fleurs, la chambre du Ch'an.	禅房花木深
Cœur d'oiseau où chante la lumière du mont;	山光悦鸟性
Ombres de l'étang révélant le vide.	潭影空人心
Les dix mille bruits soudain se taisent,	万籁此俱寂
Seule résonne cette musique de pierre...	但馀钟磬音
—Traduit par He Ru	

试问,此处还是选的一首有名的唐诗,但是如果脱离了原诗,有谁能将之从法语再译作汉语?肯定没人,即使有,也不可能达到类似意境,即使有,也只可能在此信息基础上,创作出另一首"仿唐诗"。既然常建这首"题破山寺后禅院"已经具有了唯一性,便存在禁译性。同样,汉语中具有唯一性的翻译词,亦必须靠查阅来解决问题,而不需要译者在这上面发挥水平。

[43] 今朝呀,只有今朝
我还是这么窈窕;
明朝呀,啊,明朝,
万事都休了……

——巴金《春天里的秋天》

Aujourd'hui, il n'y a qu'aujourd'hui,
Je garde encore ma taille mince;
Demain, ah! demain,
Ce sera la fin de tout* ...

—Traduit par Li Meiying

译者亦遇到了前面所提到的相同问题,所以最好的办法便是溯查原文。当然,这么做并不容易,好在现在网络相当发达,如果手上占有的资料不足,便可借助网络资源。译者因此便用法语对此话做了个注释:"Chant qu'une bohémienne chante dans une nouvelle de Storm, intitulée l'*Immense*."

事实上,凡是涉及唯一性的词,均只准查阅不准翻译,其中便包括不得再次转译已经汉译的外国专有名词。因为汉译的外国人名地名,已经是舶来品。如再叠加翻译,可能会画虎不成反类犬。当然,在汉译法过程中,肯定会遇到这类词,解决的办法不是水平,而是借助相应的工具书。因为它们代表着所指的唯一性。正是出于这种原因,不允许译者有任何主观介入。然而要通过逆查溯源的手段解决这些汉译的外国人名地名，并非易事，有时甚至需要花大力气。

[44] 我忽然记起来了，许是**叔本华**(1)、**斯特林堡**(A)一类的人。他憎恶女性，据说他曾经被女人抛弃过，但是他自己不承认。

——巴金《春天里的秋天》

A cet instant, je me souvins que Xu était aussi misogyne que **Schopenhauer**(A) et **Strindberg**(B). On disait qu'il avait été abandonné par une femme. Mais il ne l'avait jamais avoué.

—Traduit par Li Meiying

译者对于(1)(2)的人名，是不可能代之以汉语拼音式的音译，因为他们已经具有词义的唯一性。译者只希望在法语读者那儿获得相应的联想，就只能用(A)的(B)。

3.5.3 小结

禁译的词语不需要水平但需要技巧，需要宽阔的知识面。水平可以解决普遍的问题，但却无法处理特殊问题。对于这一类现象，知识则是决定译文质量的试金石。如若谈到这些特色词的翻译，或许不需要更多的水平，真做起来或许很快就能有结果。然而不能这样做，更为麻烦的是逆溯查询并不是一件易事。它或许要翻阅好多本书，转好几个弯才可能追溯到出处。即使因特网特别发达的今天，逆溯都不十分容易。无论有何种理由，对于这些牵涉重大或者唯一性的东西，译者要想避免可能出现的错译，只有援引一途。

3.6 思考与实践

一、思考题

1. 在翻译过程中为什么需要采用增益法和减益法？
2. 在增减的过程中，译者需要解决什么问题？
3. 在增益法中，文化信息缺损可以用何种方式予以弥补？
4. 在解读原文时，为什么会出现言语的缺损，又该如何解决？
5. 请解释赘词与冗词的区别。
6. 删除冗赘信息的意义在什么地方，他们在法语中也是冗赘信息吗？为什么？
7. 反词正译、正词反译的目的是什么？
8. 请解释在翻译时为什么要采用释义法？
9. 释义法有什么特征？
10. 难译的词语难在什么地方？处理时又遵循了什么规律？
11. 为什么会出现禁译的词语？
12. 处理禁译的词语为什么凭借知识面，而不是文字功底？

二、实践题

(一) 请根据下面例句，解释译者对粗体字部分的处理：用什么方式，有何优劣，并请提出你的看法。

1. 女儿清清背在她背上，鸡鸭鹅围在她脚下，鸽子立在她肩头；**柴禾在炉膛里燃着，水在铁锅里烧着**，她虽然没有学过"运筹学"，可是就像千手观音一样，不慌不忙，先后有序，面面俱到。(张贤亮《牧马人》)

   Puis, la petite Qing sur le dos, les poules et les canards à ses pieds, les pigeons sur ses épaules, **elle préparait le dîner.** Sans avoir étudié la «stratégie», elle savait s'occuper de tout à la fois, posément et avec ordre. A la voir faire, on aurait cru qu'elle avait mille mains, comme le bouddha de la légende. (Traduit par Li Meiying)

2. 电话铃猛地又响了，依然是那么急！这回吴荪甫为的先就吃过**"定心丸"**，便不像刚才那样慌张，他的手拿起那听筒，坚定而且灵快。(茅盾《子夜》)

   Le téléphone sonna à nouveau; comme il était moins nerveux, plus calme qu'il ne l'était la première fois **à cause de la bonne nouvelle de tout à l'heure**, il prit lestement le récepteur.

3. 日子平平地过了一个月，一切人心上的病痛，似乎皆在那份长长的白日下医治好了。天气特别热，各人只忙着流汗，用凉水淘江米酒吃，不用什么心事，心事在人生活中，也就留不住了。(沈从文《边城》)

   Un mois passa sans incident. **Pendant** ces longues journées d'été, les cœurs blessés semblaient guérir peu à peu. Il faisait une chaleur torride. Tout le temps en nage, chacun ne pensait qu'à se rafraîchir avec du vin froid, préparé avec du riz glutineux... Et tout le monde s'abandonnait à l'insouciance. (Traduit par Wu Ming etc.)

4. 他和我走到车上，将橘子**一股脑儿**放在我的皮大衣上。于是扑扑衣上的泥土，心里很轻松似的……(朱自清《背影》)

   Après avoir mis les oranges sur mon pardessus de fourrure, il épousseta ses vêtements, l'air soulagé. (Par un traducteur anonyme)

5. 他们所在的这个偏僻的农场，是像一潭死水似的地方，领导对正确的东西执行不力，**对错误的东西贯彻得也不积极，尽管有"割资本主义尾巴"的压力**，但秀芝也能像一株顽强的小草一般，在石板缝中伸出自己的绿茎。(张贤亮《牧马人》)

   La ferme, perdue dans un coin reculé d'une province frontalière, ressemblait à une eau morte. Xiuzhi était une petite herbe acharnée qui tendait ses tiges dans les fentes des rochers. (Traduit par Li Meiying)

(二) 请解释下列句子中粗体字的处理方式。

1. 总之，他们会想出种种庸俗无聊的玩意儿来**糟蹋你**[(1)]。于是，你只好屈从于这种意识的压力，草草地结婚了事。把那不堪忍受的婚姻和爱情分离着的镣铐套到自己的脖子上去，来

日又会为这不能摆脱的镣铐而受苦终身。(张洁《爱是不能忘记的》)

En somme, ils inventeront des choses vulgaires et ennuyeuses qui viendront déranger le **célibataire**(A). Alors il n'aura qu'à se soumettre à la pression de ces idées: il se mariera à la hâte. Sur son cœur, pèsera le joug de cet insupportable mariage sans amour; il ne pourra se débarrasser de ses chaînes et il en souffrira toute sa vie. (Traduit par Caroline Martinez Stephan)

2. 天刚黑,他正坐在小板凳上看**《解放军文艺》**(1),就听见外面一群孩子喊:"**'老右'**(2)的老婆来了!**'老右'**的老婆来了!"接着,门哐啷一声,"郭蹁子"又像下午那样闯了进来。(张贤亮《牧马人》)

... A l'heure du crépuscule, alors que, assis sur un banc, Xu Lingjun lisait **une revue littéraire**(A), on entendit un grand tapage où dominaient des cris d'enfants, et des exclamations: «C'est **la femme de Xu**(B)! Regardez! **La femme de Xu**(B) est là.» Un instant après, la porte, poussée du dehors, s'ouvrit avec bruit. Et «Langue bien pendue» entra en coup de vent, aussi agit que dans l'après-midi. (Traduit par Li Meiying)

(三)请根据下面汉语语句引述现有的译法。

1. 户籍管理制度
2. 保持稳定、透明的政策环境
3. 积极争取多边、双边赠款
4. 创建廉洁高效的行政环境
5. 减少政府行政审批事项,简化办事程度

参考书目

1. 2003,《汉译法时事政经词选登》,《中国翻译》第三期。
2. 李行健,2004,《现代汉语规范词典》,北京:外语教学与研究出版社。
3. Josette Rey-Debove. *Robert Méthodique*, le Robert, Paris: 1983.
4. 许渊冲,1984,《翻译的艺术》,北京:中国对外翻译出版公司。

第二部分　句子层次

句子层次的翻译，主要处理句内结构、句际关系包容的信息。就句法结构而言，法语句子结构逻辑性较强，句式完整，句法标记明显，这些都有别于汉语的意合思维。汉语句子似流水一般，有着很强的意合性。具体表现在主从句的顺序、修饰语的位置、主客体的转换、主宾语的提炼等等。

在句子平台上转换信息，需要深入了解两种语言的特点：完整理解汉语句的信息，充分利用法语结构严谨的特点，在翻译中消弭差异，完整地传递信息。

完整的信息通常可以在段落或语篇平台上获取，这也是不少翻译学家认为翻译单位应是语篇的理由。然而语篇的特点具体由句子来体现，或者说句子体现了语篇。常言说，"积句成章"，也可以说句子是篇章的基石。解决好句子问题，就打好了篇章翻译的基础。然而汉语与法语分属两个不同的语言类型，句子构成各有特点，表达语义的方式各有不同。所以，在进入句子层次翻译时，有必要就句子与句子主要成分进行探讨。如前所述，汉语与法语在词语理念上、在语法结构上、在语言认知上均存在着不同，如果没理顺这二者之间的异同，将很难自如地在较高的翻译平台上理解原文文本，更不用说译出优质的目的语文本了。

第四章 主谓与简单句

主语的处理
谓语的处理
主谓的相互影响

简单句
1. 缩句成词
2. 译句成词

4.1 主语与谓语

笼统地说,句子是表达一个完整思想的最基本的语言单位。(陈振尧,2000:261)就法语而言,它的结构形式通常由主谓构成。而就汉语而言,按赵元任(1948)的观点,汉语主语和谓语的语法意义是主题和述题,而不是动作者和动作。正是这点与法语有着极大的差别。

就语法而言,汉语句型粗略地可分简单句、复句和复杂句。法语的句型大体上的分类亦差不多,有简单句、复合句、并列复合句、主从复合句、宾语从句。然而汉语重意合,由于没有习惯使用连接词或借助诸如倒装之类的结构来体现语义,顺序便显得相当重要。而法语呢,不仅有着结构与连词的相助,而且还有自身的词形、时态的变化,语义可以得以明确地体现。为此,姑且不言其他差异，仅结构的不同就需要译者付出极大的努力才可能实现语义的对应。

汉语因其表意的特点而重视字词与语义的相互关系，讲究内容的“意会”。所以，汉语的句法特征便是句子中的主题。主题可以由许多不同的词类充当，它可以是主语，也可以是其他成分（谓语除外），而且随时还可见隐含，要不就是无主语句。除此之外，汉语谓语成分也颇为复杂，可以不受主题支配，没有人称、数、时态的变化。再有，句与句之间没有逻辑明显的连接词。由此可以看出，汉语句子显得松散，好似缺乏准确的衔接标记。

法语属于讲究语法构建的语言，主谓结构与其他内容都有着相当严格的约束和互动，形式严谨。通常讲，法语句型一般都按主、谓、宾的结构排列。在法语的句子中，主语相当明显，往往突出地放在句首，只有名词或代词能够充作主语。谓语绝对需要与主语保持一致，需要有人称、数和时态的变化。

介绍汉语与法语的特性的目的在于熟悉异同、扬长避短。在汉法翻译教程中，了解汉语的功能是理解，熟练运用法语就是表达。不同的职能，如果结构上无法实现统一，也没有必要强求，因为翻译宗旨在于传递语义，而不是移植结构。当然，存在放弃结构的可能并不等于说不需要了解结构，我们只有深入分析两种语言的结构，才可能确定如何处理结构。如果说汉语句重心在于主题，那么法语句的核心则在于主谓。在句子平台上讨论翻译，首先需要分析的便是主语与谓语。试看例句：

[1] **他**(1)过去甚至也没有敢想象有这样一天。但是在直觉上，他的**幸福感**(2)在不断地增长。一种纯然的**快乐情绪**(3)就像酒精在血管里一样，开始把**半痴半呆**(4)转化成兴奋的晕眩。先是**他的喉咙**(5)发干，然后**全身**(6)轻微地颤抖，最后**眼泪**(7)不能遏止地往外汹涌，并且从胸腔里发出一阵低沉的、像山谷里的回音一样的**哭声**(8)。

——张贤亮《牧马人》

Il(A) n'avait jamais pensé que ce jour-là viendrait... **Une sensation de bonheur**(B) l'avait envahi. Tel un alcool coulant dans ses veines, **une motion violente**(C) s'était emparée de lui, et **sa stupéfaction**(D) s'était changée en une surexcitation irrépressible. D'abord, **sa gorge**(E) s'était serrée, puis **son corps**(F) s'était mis à trembler. Finalement, **ses larmes**(G), qu'il ne pouvait plus contenir, avaient jailli avec force... et **sanglot sourd**(H), pareil à un écho vibrant au fond d'une vallée, avait retenti dans sa poitrine...

—Traduit par Li Meiying

就汉语句与法语译句的主语进行对比，可以发现一个特点：汉语中的主语在法语中并非一定是主语。译者可以接受这些信息，但需要经过自己的主观介入后，结合法语的语言规则，移植或重新打造主语。前(1)至(7)所对应的(A)至(G)都是主语，但是(8)不是主语，与(H)在语法上则出现了不对应。从比例上讲，更多的情况是移植主语，而需要时，译者亦可表达自己对主语的理解，并做出相应的调整。既然法语与汉语在结构与表达上存在着相当的差异，有所调整自然也是顺理成章的。

通过例句来看，汉语与法语在句子结构上，还存在需要深入探讨的内容。虽然这不是语法书，但是探讨主谓结构的目的有二：一、两种语言都有各自的语法结构以及对语法结构的认知，但是对语法成分的理解是有差异的；二、汉语是表意的语言，词与词之间的衔接往往靠顺序，靠语义的连贯，而不像法语那样，靠相应的连接词或连接短语。再有，汉语没有词形变化，它在时间表达上靠顺序、靠时间副词，在语态表达上则是通过字里行间语气虚词或符号来表达，而法语则不然，它的动词形态不仅可以指明时间，而且可以表达语态。这也就是为什么，在正式探讨句子翻译之前，需要解决词句之间的关系以及对这些关系的认知。

4.1.1 主语的处理

汉语译作法语，尤其在句子层面上，不可避免地会谈到主题与主语之间的关系。汉语是重主题的语言，而法语则是重主语的语言。汉语句子中有大量的主题，而法语的句子中必不可少的是主语。主题实际是指语言交流者的心理主语，因其重要性始终放在句首的位置，当然放在句首的词或词组并非一定是主语。

语言学家韩理德(Halliday)阐述过主题性主位与主语的关系。主题述题的概念不是语法的，而是语义的，可用于篇章分析。他提出了三种性质的“主语”：

1. 语法主语：即在句子中起着主语的功能，直接决定着谓语动词。

2. 逻辑主语：亦为动作的行为人，它可以是谓语动作的实施人，但并非一定是主语，比如被动态中的施动者补语。

3. 心理主语，亦可称为主位。它之所以不同于前面两种主语，是因为它的功能在语篇而不是语法，在汉语中它就是主题功能。

对于这些主语的划分，可以通过如下例句进行论证：

[2] **说不定他一片好心劝杜竹斋抑制着吴荪甫的一意孤行那番话**(1)，**杜竹斋**(2)竟也已经告诉了**荪甫**(3)！说不定他们已经把他看成了离间亲戚的小人！把他看成了老赵的走狗和侦探，所以才要那么防着他！

——茅盾《子夜》

Quant à ce qu'il avait dit à Du Zhuzhai(A) avec la meilleure intention du monde dans le but d'empêcher Wu Sunfu d'agir arbitrairement, il était probable que **ce dernier**(B) en avait été informé par **Du**(C), et que tous deux le considéraient maintenant comme un mauvais sujet semant la discorde entre deux parents, et comme un chien couchant et un espion au service de Zhao Po-tao! C'était peut-être la raison pour laquelle on se méfiait de lui?

—Par un traducteur anonyme

从例句上看，(1)与(A)属于心理主语，放在主位。(2)与(C)在语义上均指“杜竹斋”，但在语法功能上则不同，(2)在汉语句中作语法主语，(C)在法译句中则改作了逻辑主语(被动态的施动者)，而汉语句中作宾语的(3)，被译者译成(B)，改放到主语位置上。这就是翻译，从语法功能上讲，它们是不对等的，但是从语义上看，它却是准确的。

法语常用的主谓框架与汉语较多的主题—述题(或称为主位—述位)结构存在明显的不同,在转换时译者必须重新考虑语言的对应功能。客观地讲,分析主语的目的在于对主语的认定。当主语前置的时候,主题与主语多数情况是重合的。当主语不在句首位置时,主题与主语经常不一致,这就存在着对主语的重新认定。有时,汉语的主题在法语句中没有作主语,但是它也应该放在突出的位置上。

4.1.1.1 主题与主语相重合

汉语是"注重话题的语言"。句子基本构成是"话题—说明(述题)"。法语是"注重主语的语言",句子基本构成是"主语—谓语"。所以在汉法两种语言的转换过程中,可以找到"话题句"与"主谓句"之间的相同点与相异成分。

相同点在于主题与主语重合时,翻译便没有特别需要标明的关注点。只需按照法语"主谓两分"的特点保持结构"一致"即可,当然还有主谓词形上的配合。主语限定谓语,谓语说明主语。即使如此简单的一致,在翻译中除了普遍现象之外,还会遇到一些值得关注的问题。

[3] **三个人**(1) 分手后,**吴荪甫**(1a) 立即打了几个电话。他先和经纪人陆匡时接洽,随后又叮嘱了韩孟翔一番话。

——茅盾《子夜》

Quand **ses deux partenaires**(A) furent partis, **Wu Sunfu**(A1) donna immédiatement quelques coups de téléphone. Il commença par se concerter avec Lu Kuangshe, son agent de change, puis il donna des instructions à Han Mengxiang.

—Par un traducteur anonyme

重释主语。作者与译者对(1)的理解是一致的,主题亦覆盖了主语,但二人的解决方式则不尽相同。作者强调整体,即三人中包括吴荪甫,所以用"三人分手"。而译者立足于个体,站在"吴荪甫"(1a)的角度,自然译作"吴与另二人分手"。事实上,这种 2+1 的理解,是译者对原文的一种诠释方式,不能说(A)是没有道理的。

重释主语实指用不同的话语来重新解释主语。除了正常的保留主语之外,译者有时候因为认知、视角等方面的需要,可能会重新诠释主语,即换个角度来重释语义:如部分可代整体,整体亦可代替部分。

[4] 任官惟贤才。

——《尚书》

(1) **Il** ne faut nommer dans l'administration que les hommes dont la moralité et la compétence soient excellentes.

(2) Pour nommer les hommes dans telle ou telle autre administration, **on** accorde plus d'attention à leur moralité et à leur compétence.

添补主语(一):处理汉语的无主语句。作者在选用汉语无主语句时,肯定出于一种考虑,主语在这个句子中不是重要内容。对于这层内涵,译者虽然可以通过两个角度来添补主语。但也并不是因为主语重要,而是法语结构不能缺失主语。以上两种法语的表达方式都是译者处理汉语无主语句常用的办法,要么用无人称结构(il faut),要么选用泛指代词"on"。

[5] 还没有**闪电**(1)。只是那隆隆然像载重汽车驶过似的**雷声**(2)不时响动。天空张着一望无际的灰色的幕,只有直西的天角像是破了一个洞,露出小小的一块紫云。夕阳的仓皇的面孔在这紫云后边向下没落。

——茅盾《子夜》

On(A) ne voyait pas encore **d'éclairs**(A1), mais **on**(B) entendait de temps en temps **des grondements de tonnerre**(B1) pareils aux roulements de gros camions. Le ciel semblait entièrement couvert d'une tenture grise. Il n'y avait à l'ouest qu'une fissure qui laissait passer un flocon de nuage pourpre derrière lequel la face déconcertante du soleil couchant se glissait, descendant à l'horizon.

—Par un traducteur anonyme

添补主语(二):处理既无主题也无主语的汉语句。事实上,对于这类自然描写,法译时亦存在两种处理方式:以客观现象为主还是以主观介入为重心。如果以尊重客观现象,译者可以用表示气候的无人称句,这种结构在法语中不难找到。当然也可以用介入的方式:强调以人为中心,所有景物都是映入人类眼帘的镜像。这种方式就是增补泛指代词"on",其优点有二:一、为译句找到了主语;二、突出以人为中心的景色描写法。

[6] 雷雨的一夜过去了后,就是软软的晓风,几片彩霞,和一轮血红的刚升起来的太阳。

——茅盾《子夜》

(1) Après une nuit d'orage, **l'aube**(A) apporta une brise légère, quelques nuages teintés de rose, et un soleil rouge sang se leva.

(2) Après une nuit d'orage, **il**(A) vint **une brise légère**(A1), **quelques nuages teintés de rose**(A2), et un soleil rouge sang se leva.

添补主语(三):推断主语。如果汉语中找不到主语,而主题又不能做主语时,则需要靠逻辑推测出句子的主语。权以本例句中的语义为例,一夜之后,随之而来的是黎明。正是黎明带来软软的晓风。这便是思维过程,逻辑理念。译者因此在第一译句中添加了主语(A)。当然,除此之外,还可用法语的无人称句(第二译句)这种形式主语来处理这个信息,即用无人称句(A)作为形式主语,而(A1)作为实质主语后置。

添补主语,实际是指如何处理汉语中无主语句。汉语是表意的语言,很多时候靠顺序影响语义。鉴于汉语中主题当先,时而主题就是主语,时而主题就是主题(主语隐去或略去了),译者在法译时经常要确定或者重寻汉语的主语,古汉语中尤其如此。当然,汉语"没有主语"可以称作无主语句,但法语句子则不允许没有主语。面对这种现象,译者处理的方式就是前面讲过的二种:要么用无人称句,要么借用泛指人称代词"on"。

[7] 其实**事**[1]一点也不莫名其妙，很正常，很应该，只是他办起来不合适罢了，让他办这件事还不如让他上台跳芭蕾舞，饰演《天鹅湖》中的王子。

——王蒙《夜的眼》

Bien sûr, **il**[A] n'y a **dans sa mission**[B] rien de mystérieux, ni d'anormal. Bon gré mal gré, il se doit de rendre ce service... Mais il aurait préféré mille fois danser dans un ballet!

—Traduit par Liu Hanyu

保留主题，另择主语。汉语中(1)既是主题也是主语，然而法译时，译者按照法国人的思维——没有生命的物体往往不拥有什么物件——，而在主语位置上选用无人称代词(A)。至于对主题的理解，译者将之放到心理主语的位置(B)上，尽管它没有前置，但其重要性一点没减。

[8] **四小姐**[1]却就敏感**得多**[2]。荪甫那温和的脸色使她蓦地感到了久已失去了的慈母的抚爱。这是十多年来第一次感到罢？她随侍老太爷十年之久，也不曾感到过这样温暖的抚爱。

——茅盾《子夜》

La sensibilité de Huifang[A] était très **fine**[B], et la douceur qu'elle remarqua sur le visage de son frère lui rappela l'amour maternel depuis bien longtemps perdu. C'était bien la première fois depuis plus de dix ans qu'elle était l'objet d'une douceur affectueuse.

—Par un traducteur anonyme

改动主语，保持句际间平衡。与前面的译句相比，此译句主次重心恰好相反。主句动宾结构的小句在此则被译作一个词组：偏正结构(1)。"谓语(sensibilité)"在译作中心词后，原来限定它的状语(2)在译句中作了"表语"(B)。如果单就小句局部来看，这种处理方式并没有什么值得推荐的地方，但是一旦与后面句子联系起来时，便见译者苦心。译者摆脱了局部的要求，至少有了句际间搭配的意识。后句的主语是"douceur"，那么前句便不宜再用"人物"，这就是句际间的相互影响，从段落来审视语义，选择主语。这样，译者不仅仅在照顾语义，而且已经有了更宽阔的视野。

改动主语，是前后结构的需要。句子层次的翻译虽然以句子为重心，但并不仅仅指小句，还有句际间的平衡与连接。一些非局部因素时常影响着译者，汉语句中的主语在法译时并非一定要译作主语。既然汉语强调主题，法语强调主语，作者与译者就有侧重点的不同。主题与主语的运用完全取决于使用者。译者作为译文的最大决策者，有权力对结构做出调整。只要需要，他甚至可以选择中心词的限定词(次要成分)来作主语(主要成分)，就如前面例句一样。译者为了自己读者，即使无法"忠实"于结构，那也应理解，因为译文的质量是读者检验译者的唯一标准。

4.1.1.2 主题与主语不重合

在处理汉译法的句子信息中，首先遇到的问题便是确定主语。当主题与主语重合时，对主语认知的矛盾尚不突出。然而在主题与主语不重合时，如何处理主语便成为翻译中必须解决的问题。

译者一旦完全掌握了汉语的信息，进入表达阶段的第一步便是考虑如何运用"法语句子结构"。无论采用何种方式来处理主语，诸如人称主语、非人称主语，但都必须满足"主谓齐全"的基本要求。有时，译者之所以拒用汉语的主题作主语，是因为法语需要更有逻辑、更加系统的词放在主语的位置上。

既然汉语中主题与主语都重合时，译者在法译时都可以接受或调整原结构，那么在主题与主语不重合时，译者更有权力介入主语的认定。他可能认定原结构而移植主语，也可以只认定主题或主语中的一项，甚至还可以完全推翻汉语结构，将不重合的主题和主语合译为一体。

［9］**不自由的婚姻，没有爱情的结合，旧的传统观念**(1)……**我的幸福**(2)完全给它们毁坏了。难道为了它们，我还有活下去的必要吗？

——巴金《春天里的秋天》

Le mariage forcé, l'union sans amour, les conventions(A)... Tout a concouru à détruire **mon bonheur**(B). Est-ce la peine de vivre pour tout cela?

—Traduit par Li Meiying

主题取代主语。汉语中(1)是主题，(2)是主语，译者在翻译时仅认定主题是主语(A)，而将原句中的主语(2)放到宾语的位置上(B)。这种变化应该说由结构引起，因为译者需要强调主题，需要主题与主语语义重合，所以改动了结构。这种方式的主观介入，反映出译者对信息理解和结构的认知。

虽然同样是强调，译者只介意法语的表达方式，他主观地介入影响到法语结构的选择。当然，他也可以认同汉语的主题，并将之与主语分置。但是无论如何做，都只有一个目的，更好、更准确地传递语义。

［10］**大城市的夜晚**(1)才最有大城市的**活力和特点**(2)。开始有了稀稀落落的、然而是引人注目的霓虹灯和理发馆门前的旋转花浪。有烫了的头发和留了的长发。高跟鞋和半高跟鞋，无袖套头的裙衫。花露水和雪花膏的气味。城市和女人刚刚开始略略打扮一下自己，已经有人坐不住了。

——王蒙《夜的眼》

C'est **dans la nuit**(A) que se révèle le mieux **le caractère et l'intensité d'une grand ville**(B). Des enseignes lumineuses, éparses mais éclatantes, surgissent. Le confort matériel est sensible dès l'abord des salons de coiffure: de là sortent des femmes avec des permanentes ou de longs cheveux bouclés. Quant aux femmes dans la rue, des unes portent des chemisettes ou des robes sans manches, et d'autres des souliers à talon... Autour d'elles se répand un parfum d'eau de Cologne et de crèmes de beauté... Chose curieuse: les femmes des villes ont à peine commencé à soigner leur toilette que certaines gens commencent à s'inquiéter...

—Traduit par Liu Hanyu

保留主题，另择主语。汉语句中(1)既是主题也是主语，而在法译句中则一分为二，(A)仍旧被放在主位，但法语的语法成分则转为状语。而作为宾语的(2)则被选作主语(B)，这样，既满足法语的要求，又保留了主题的重心。实际上，语义未变，只不过是语法功能做些调整罢了。

[11] **向上斜的沥青的马路**(1)载着**她的细长的身子**(2)。短裙下面露出来一双被黑色长统丝袜裹住的腿，它们在软软的路上圆熟地跳舞。

——巴金《春天里的秋天》

Le long corps élancé de mon amie(A) avançait légèrement sur **la rue goudronnée montante et sinueuse**(B). Sous sa courte jupe, on apercevait ses jambes gainées de soie noire. Elles dansaient gracieusement sur le sol mou.

—Traduit par Li Meiying

推翻结构，重组主谓。作者写作时，考虑的更多的是文章的冲击力与信息的充分传递。译者则不一样，在考虑传递信息的同时，还须照顾到读者的接受程度与目的语的特点。汉语中既是主题也是主语的词(1)在法译时被完全否定。译者将(1)处理为法译句中的状语，而主语则选了汉语中的宾语(2)作为法语句的主语，即(A)。这种转换，必须导致谓语的重释。应该承认，这是译者与作者在不同语言中出于不同的认知、从而派生出不同的表达理念。汉语中可以用这种拟人的方式，而法语的拟人思维稍显不同。所以，译者便对结构做了调整，以人物作了主语，从而消弭了这种拟人化的修辞手段。

[12] 太阳完全隐没在西山后面了。**她**(1)射出的几束剑似的桔黄色的强光映着山顶的晚霞，**(强光)**(2)又从晚霞上折射下来，散在山坡的草场上、山下的田野上、田野的村庄上，最后变成了一片柔和的暮色。

——张贤亮《牧马人》

Le soleil(A), en descendant à l'horizon, darda ses rayons sur les gros nuages qui flottent au-dessus de la montagne de l'ouest. Puis, par un effet de réfraction, **ces rayons**(B) viennent se répandre sur les pâturages, sur les champs cultivés et les habitations. **Ils**(C) recouvrent tout d'un léger voile crépusculaire, de couleur unie, harmonieuse...

—Traduit par Li Meiying

演绎主语。汉语句子的语义通过顺序来体现。往往一个句子的延伸都是通过“意合”来启迪读者。试看本例句：从汉语第二个小句中看，仅有(1)是这句话的主语。但是，汉语读者肯定不会认为(1)是第二个谓语“折射”的主语，因为后者有了隐含的主语(2)。然而在法译时，除了相应的结构转换外，不能忽略隐去的信息(2)，因为法语读者即使也像中国读者那样有联想思维，但怎么也不可能凭话语的前后顺序推断出该句的主语是隐去的(B)和(C)。再有，从词形上讲，法语句如果出现主语缺损，谓语便可能失去配合的依据。

我们已经多次讲过：汉语的特点在于表意，基本上靠语义的逻辑衔接而不是词形有机连接。换言之，在汉语的行文过程中，主语并非是必须见诸于笔端的成分，可以隐而不露。而法语则不然，法语读者因自身的阅读习惯，而要求句子必须有主语。所以，如果是无主语句或隐去主语，译者在翻译时均需要寻找、推断出相应的主语。

[13] 这时候虽然已近日夕，但在田间工作的还不曾归来，村井上也还没有人牵了牲畜去饮水，只有**秋风**(1)吹起几个**小小旋风**(2)，**(旋风)**(2a)在这多灰沙的街上、巷中、家家门口，忽出忽没地连翩巡行。

——李广田《上马石》

A ce moment, le soleil déclinait déjà, mais ceux qui travaillaient dans les champs n'étaient pas encore rentrés, et personne n'était encore venu abreuver ses bêtes au bord du puits. Seuls, **quelques petits tourbillons de poussière**(A) soulevée par **le vent automnal**(B) apparaissaient puis disparaissaient dans la rue, dans la ruelle et devant les maisons.

—Traduit par Pan Ailian

另择主语。汉语句能以"秋风"(1)为主语，但又不影响(2)"旋风"成为后面句子的主语，这就是顺序意合的方式，也是省略(2a)的依据。只要符合语义的要求，多余的信息便可略去。然而法语追求语义准确的基础是句型，它不允许采用模糊的逻辑连接，而需要明确的所指。这样一来，(2)作为重要信息，自然会被译者处理为主语(A)(以被动态形式来实现主语与宾语的对换)，因为从词形上讲，它(依据是隐去的(2a))还是第二个谓语的主语。这便是译者另择主语的原因。

翻译过程中法语的主语不仅不能或缺，而且还要承载重要信息。有些词因结构(通常是二个以上句子的合译)而需要调整到主语的位置，它此时的功能不仅仅是必不可少，而且还有衔接功能。另择主语考虑的内容显然也跳出了小句的局部范畴。

4.1.1.3 小结

汉法两种语言的语法结构不同，表现形式有明显差异。汉语有汉语的表达特点，法语有法语的表现个性。所以，如果能完整地将汉语中的"话题句"转换成法语的"主谓句"，这不仅能实现源语句的"交际价值"，而且还能促进译语的发展。两种语言在交际过程中的碰撞，本身就是语言发展的一个契机。

既然各种语言的结构、用词等方面都存在着相对的独特性与共性，译者便需要求同存异、移植相应的结构、保持不同的表达方式。进一步讲，译者必须考虑自己的读者以及他们的接受程度，按照目的语的特点来行文；以他们阅读接受能力为标准，确定主语的翻译。

此外，除了汉语与法语因在主题的认知上存在差异以外，还有一个重要的因素，那就是语言使用者对谓语的认定。就动词而言，汉语句子中可以有一个动词，也可以出现两个、三个、四个，甚至多个动词连用，既可以有兼语式也有混合式。而法语呢，一个句子中仅可能有一个谓语：一个词形上出现时态或语态变化的谓语。而汉语与法语在谓语的认知上存在的差异，定然影响到主语的认定。为此，我们也不得不对谓语做详细的探讨。

4.1.2 谓语的处理

语言是对现实生活的反映。毋庸置疑，谓语即使在汉语中，通常需用动词承担。值得提出来的是，汉语动词的形态变化与法语不同，它自身没有“动词不定式”与“变位动词”之分，也没有时态、形态、语态的变化。所以，在使用时相对自由得多。汉语句子结构可以容纳多个动词，用时序与句序连接而成，其语义形式往往由一个甚至是多个动词按发生顺序的排列来展现。所以汉语侧重于动作表现，习惯按时序多用动词，并且借助语义的连贯，“节约”了相应的连接词。有时，汉语的句子中可以见到三连动、四连动，甚至多连动。

就法语谓语而言，谓语动词无论形式和形态都存在着纷繁杂乱的变化，每一个人称有每个人称的特定谓语形式。每一个句子只允许有一个主谓结构，这就相对地限制了法语中的谓语动词使用。这便要求译者变化形式，以其他方式处理来自于汉语的“多连动词”。好在法语句子虽然允许一个“谓语”，但动词本身还有好些外挂点，除了借用介词“à”、“de”、“pour”等外挂形式之外，还有副动词、分词等其他外挂方式。

谓语是指施动者实施的一连串动作。汉语是通过连动或兼语形式来体现施动者与动作之间的关系。法语呢，则必须从这一连串动作中选出重要的动词作谓语，其余的亦用外挂方式予以处理。概言之，法语核心动作肯定放在谓语上，接受主语的支配。从词形上讲，谓语需要与主语保持性数的一致。从语义上讲，它同时还支配着宾语、状语和补语。这么看来，法语谓语由于受到形式限制，缺乏相当的空间。而汉语则不然，它有着相当宽容的自由度。汉语的谓语并非一定要用动词，甚至会出现形容词性、名词性或动词性谓语。然而一旦用到动词性谓语时，它则相当活跃，不受限制，有着极大的独立性。既可以由一个动词构成谓语，也可以由多个动词构成连动式谓语，或者兼语式谓语。总之，汉语不像法语那样以主、谓、宾为主体框架，它的变化颇为繁杂，多以语义为主轴，属无核心的平铺直叙。但法语的动作核心，则始终落到谓语上。

4.1.2.1 汉法谓语比较

谓语处理在翻译中非常重要，它不仅涉及语义，甚至影响到句子的结构。为此，我们希望通过汉法谓语的对比，来分析二者之间的异同。在掌握了这些基本特征后，再进一步讲解谓语翻译的技巧及注意事项。

表 1 名词与形容词性谓语的汉法比较

谓语构成	例句		注释
	汉语	法语	
名词性谓语	于连是法国人。	Julien est Français.	名词在法语中作表语
形容词谓语	他们都很开心。	Ils se sentent contents.	形容词在法语中作表语

法语中由于不可能用名词或形容词作谓语，当句子从汉语译成法语时，译者会为这个句子重寻谓语，而不可能照搬汉语这种方式。

表2　动词性谓语的汉法比较

谓语的构成	例句		注释
	汉语	法语	
单动谓语	他想的是自己的责任，每一个人的责任。（王蒙《蝴蝶》）	Il pense à ses responsabilités, aux responsabilités qui incombent à tous. (Traduit par Liu Hanyu)	法语亦用一个相应谓语予以表达。
双项连动	他谴责自己破坏了海云的学业，甚至是海云的幸福。（王蒙《蝴蝶》）	il se reprochait de lui avoir fait interrompre ses études, et d'avoir détruit son bonheur. (Traduit par Liu Hanyu)	汉语双动词靠顺序表达主次。法语用谓语以及不定式来体现主次。
三项连动	父亲请人(1)带了礼物到(2)女方家为儿子向秀丽家攀亲(3)。（沈从文《边城》）	Le père invite(A) un intermédiaire chez Xiuli **avec**(B) un paquet de gâteaux enveloppé d'un papier rouge afin de **demander sa main**(C).	将(1)(2)(3)与(A)(B)(C)做个比较，会发现法译时只有一个动词译作谓语。
四项连动	吴荪甫微笑，不回答。他**知道**(1)性急的唐云山一心只想**拉拢**(2)大小不同的企业家来**组织**(3)一个团体作政治上的**运用**(4)，至于企业界中钩心斗角的内幕，唐云山老实是全外行。（茅盾《子夜》）	Wu Sunfu sourit, sans répondre. Il **savait**(A) que Tang Yunshan était un impatient, et qu'il **ne rêvait qu'à réunir**(B), qu'ils fussent grands ou petits, tous les industriels possibles pour **former**(C) un groupe dans **un but politique**(D), mais qu'il était tout à fait ignorant, en matière de ces luttes serrées que se livre le monde industriel.	汉语中四连动词均是通过顺序来表达主次与逻辑衔接。而法译时，最重要的动词用作主句谓语(A)，其次从句谓语(B)，接着再用不定式(C)，最后可以用名词(D)概括化。

诚如前面所探讨的那样，在翻译的实践过程中，既然主语可以另择，甚至可以再塑，那么互为因果的谓语也可有所变化。译者在择定主语时，除了考虑语义外，还必须要考虑与谓语的搭配。反之，在选择谓语时，除了考虑结构外，还会顾虑对主语的影响。它们的语法联系表明了它们之间存在相互的依赖。不过谓语的选定不能忘记兼顾"语法逻辑"，即语法规范、搭配习惯和逻辑关系。就结构而言，谓语不仅要与主语一致，而且还要考虑动宾、系表结构的搭配，在搭配中产生出修辞效果。

通过例表可以看出，汉语多连动句子中的谓语分为连动式或兼语式。**连动式谓语**是指先后两个或两个以上的谓语先后说明同一主语。**兼语式谓语**指前后动词均有着各自的逻辑主语，但语义间也存在着相应的关联。总体上讲，汉语谓语成分完全有别于法语。就法语而言，法语只可能有一个谓语，译者在翻译汉语的多项连动句子时，需要打破汉语靠顺序来表达主次的关系，从而找出它们之间的逻辑关联，并用相应的连接词进行衔接。当然这一切都是在择定谓语动词后再进行。一旦谓语动词择定后，其他动词则可用多种词类进行外挂：介词或介词短语，现在、过去分词，不定式等。

进一步讲，对汉语的多连动句子细加分析，不难发现，前后几个动词在词义上存在着逻辑的相互关联：1. 表示目的；2. 表示方式；3. 表示原因；4. 表示结果；5. 表示时间等。

[14] 他给她写信解释迟到的原因。

Il lui **a écrit** pour **expliquer** son retard.

连动式表示目的。如果第一个动词是谓语，那么后面动词便是它的目的状语。这个状语在译句中既可用动词不定式，亦可用名词或其他允许的词类。

[15] 他的朋友**拎着**(1)佳酿来**贺**(2)寿。

Son ami vient **célébrer**(B) son anniversaire **avec**(A) du vin.

连动式表示方式。按照汉语的理解，信息(2)可以处理为(1)的目的状语。而按照法语的表达习惯，可以选择(B)作为谓语（当然，如果特别需要，也可以选择信息(1)作为谓语）。谓语认定后，(1)的动作便成为谓语的一种方式。而法语在处理方式状语时手段很多，可以用介词、分词等予以表达。

[16] 老师批评他睡懒觉。

Le professeur l'a critiqué pour qu'il ait fait la grasse matinée.

兼语式表示原因。两个谓语动词分别有自己的逻辑主语。后面的动作是对前面谓语的解释或说明，表达这类因果关系的方式在法语中也很多，可用介词、分词、从句、副动词等。

[17] 父母强迫他学数学。

Ses parents l'a forcé d'avoir pour spécialité le mathématique.

兼语式表示结果。从前后文语义上看，第二个动作是谓语动词的结果。

由于内容简单，在此仅简略地举了几个实例，强调连动式和兼语式的目的仅仅是要求读者把握汉语的特性，以及前后主语不一致时谓语的运用。诚然，处理这类动词在翻译中并不困难，在此无须赘述。概言之，汉语谓语成分完全有别于法语。就法语而言，法语的谓语只能由动词来承担，对于多重层次的动词，法语可以用宾语从句，关系从句等多重外挂方式予以解决，何况动词谓语本身还可以挂接不定式。译者在翻译中即使遇到多连动的信息，也没什么太大的麻烦，可根据内容的主次选定谓语。

如果说主语是句子的语义，那么谓语就是句子的结构。谓语处理不好，直接会影响到翻译的质量。诚然，不同的语言，表达形式不一样，侧重点也不同。而作为句子重要成分的谓语，既然影响到句子的结构，影响到行文及文本的质量，如不加以全面了解与认识，肯定多有不妥。

谈论法语谓语，绝对免不了动词时态与人称变化。因为法语的这项功能并非仅仅是语言的需要，而且还反映着相应的语义。翻译谓语，需要提及的范围很多：语义、结构，当然还会涉及时间、方式、程度、语气。这些内容在汉语中，往往通过词语来体现，而在法语中呢？法语则可发挥词形变化的特点。解决谓语动词，就是解决译句的结构。处理译句的结构，就需要从各个角度加以考虑，就要讲解它的特点和处理方式。总之，译者需要找出汉语与法语谓语之间的异同，在忠实的情况下，卓有成效地运用翻译技巧。

4.1.2.2 谓语的时态

汉语在表达语气和时间概念时需要相应的助词帮助。法语则可依赖谓语动词的词形变化来实现相关的目的。这二者之间明显的差异，对译者而言并不难把握，只需在转换时予以关注。不过汉语的时态有时颇为隐蔽，并非始终见诸笔端，往往通过前后句的搭配，便传递出相应的语态与时态。这时，译者便需要小心，稍不留心便可能失之大意。

[18] 异样的惆怅将范博文钉住在那地点，经过了许多时候。他最初**是**(1)打算一直跑出去，直到公园门口，再在那里等候他的“珊妹”；但男性的骄傲——特别是对于一个向来亲热淘气惯了的女子发生龃龉时候男性的负气，将范博文的脚拉住。

——茅盾《子夜》

Un grand désespoir cloua Fan sur place un bon moment. Son premier mouvement **avait été**(A) de courir droit à la porte pour y attendre la jeune fille, mais sa fierté d'homme l'arrêta; agir ainsi n'était pas convenable, surtout quand on était faché contre celle avec qui on avait l'habitude de plaisanter.

—Par un traducteur anonyme

谓语时态的处理。译者是根据汉语“最初”的提示，再根据文章的基础信息，即全文的时态定为过去时，所以在处理时间信息(1)时，不容争辩地选用了“plus-que-parfait”(A)。

当然，译者用法语处理汉语的时间信息时，存在着多种现象。处理中的动作可以先于“主句谓语”发生，也可同时发生、或随后发生。在汉语中，都靠时间副词来表达，而法语通过形态变化即可。对翻译而言，这些信息较易处理，笔者不打算在此赘述。

[19] 我恨不能为你**承担**(1)那非人间的折磨，而**应该让你活下去**(2)！为了等到昭雪的那一天，为了你将重新为这个社会工作，为了爱你的那些个人们，你都应该活着啊！

——张洁《爱是不能忘记的》

Je **regrette de n'avoir pu moi-même supporter**(A) à ta place les tortures de ces monstres, alors que j'**aurais dû te garder**(B) en vie. Pour attendre le jour de ta réhabilitation, pour que tu puisses de nouveau travailler pour cette société, pour ceux qui t'aiment, il fallait que tu vives!

—Traduit par Caroline Martinez Stephan

谓语语态的处理(一)。汉语中(1)没有任何时间词，但隐含的词义是一种假设，一种对过去未做的事情表示的遗憾。这是一种语态，体现了主语的心情，译者首先选用实意动词“regretter”+不定式的完成时来解决(1)的信息，即(A)的形式。接着鉴于汉语中(2)不仅使用了语气词“应该”，而且还添加了标点符号“!”，可见这种“感情信息”相当重要。译者选用表示遗憾的条件式过去时(B)来处理信息(2)，自然颇为得体。通过此译句，可以讲：表示遗憾的方式在此已经出现两种：一、用动词的实意；二、用动词的词形。

[20] 星光闪烁，朦胧的月光洒在幽静的花园里，投下一片片银白，一株株树影。这里是个

幽深的世界,**也是**[(1)]个威严、凛然不可侵犯的地方。

——孙力、余小惠《都市风流》

Les étoiles scintillaient, la lune diffusait dans le parc silencieux sa faible lumière tamisée par le feuillage. C'était un monde lointain, inviolable, **qui inspirait**[(A)] la crainte et le froid.

—Traduit par Yang Jun et Ying Hong

谓语语态的处理(二)。就此译句来看,汉语没有借用什么语气词来表态隐含的语态。但是前后句的搭配,便显示出相应的语气。信息(1)并不是个客观事实,而是可能感悟到的效果,应该算一种可能。译者遇到这类信息时,不仅要分析出它的语态,而且还要准确的区别它到底是表达遗憾的情感还是展示可能的心理,以期有助于语态的选择。(1)与(A)的对应,便显示出译者对词义的充分把握。

对语态的处理,法语显然不同于汉语,它依靠词形的变化。不过有一点值得强调,汉语的语态有时颇为隐蔽,译者需要细心分析,以免出现误译。

4.1.2.3 谓语的主次

正如前面曾经提到过的那样,汉语时常遇到多项连动的句子,而且习惯按前后顺序排列来展示语义,没有明显的轻重之分。译者因知法语句中习惯仅允许一个主谓结构,不可能每个动词都被译作谓语,所以译者在处理汉语多连动句子时要选择谓语,认定最重要的动词作谓语。这就是谓语的再认定。在这个过程中,除了语义的要求外,还须考虑搭配的要求。在汉语句多个动词中选一个动词作谓语,这是翻译句子的基本功之一。

[21] 她**没有**[(1)]什么抽象的理论,没有什么高深的哲理,然而这些朴素的、明白的、心安理得的话语,已经**使**他们家庭这个最小的成员也**认识**[(2)]到:劳动是高贵的;只有劳动的报酬才能使人得到愉快的享受;由剥削或依赖得来的钱财是一种耻辱!

——张贤亮《牧马人》

C'est ainsi, **en recourant**[(A)] non à de grandes théories, mais des phrases simples, claires et calmes que la jeune femme **insufflait**[(B)] aux siens l'amour du travail. Pour les gens de cette famille, le travail était noble, et seule la récompense du travail pouvait donner la joie et le bonheur. Honte à ceux qui vivent aux dépens des autres, et aux exploiteurs!

—Traduit par Li Meiying

汉语动词通过分先后顺序来表达渐进的关系,然而译者并没有简单地移植,而是根据自己对主次的理解,用谓语(B)来诠释重要的信息(2)。对于(1)这个谓语动词的处理,则用了副动词(A)。当然,选择(A)在语义上也颇见译者的功力。由此可以看出,这是译者在认真掂量两个谓语动词的分量后,做出的抉择:准确、说服力强的抉择。

[22] **到了**[(1)]泉水边,许**不肯走**[(2)],在一块石头上**坐下来**[(3)]。

——巴金《春天里的秋天》

En arrivant[A] près de la source d'un ruisseau, Xu, **qui ne voulait pas aller**[B] plus loin, s'assit[C] sur une pierre.

—Traduit par Li Meiying

三个动词,汉语通过前后顺序表现出先后动作。然而在法译时,译者首先选定谓语动词(C),确定以它的信息为核心内容。接着再用两种不同的形式处理辅助信息,副动词表示时间(A),关系代词表示意愿(B)。

4.1.2.4 特色动词

前面讲过,汉语的谓语可以用名词、形容词性的动词来承担,从而令文章显得生动、有穿透力。法语句的谓语虽然必须用动词,但法语中也有这种狭义、准确词义的专用动词。它们也非常生动、有特色。它可以像汉语中形容词性、名词性类的动词一样,在发挥相应语法作用的同时,又传递着生动活泼的词义。这类词的特色便在于它们往往含有主谓结构或动宾结构的语义,并对宾语的搭配有固定的要求。诸如:"serpenter, mitrailler, rougir, habiller (s'habiller), endosser..."(弯曲地行走;用机枪扫射;脸色变红;穿衣;披上……)。对于这类动词的使用,应该是译者手中的财宝,使用恰当,译文定然增色不少。

[23] 杜竹斋的脸色却一刻比一刻**苍白**(1)。似乎他全身的血都滚到他心里,镇压着,不使他的心动摇。

——茅盾《子夜》

Cependant, Du Zhuzhai **pâlissait**[A] de plus en plus, on eut dit que tout son sang avait afflué à son cœur, l'oppressant et l'empêchant de battre.

汉语在表达(1)"脸色苍白"时,实际上是主谓结构的组合。译者在此运用具有主谓结构的动词(A),不仅恰到好处地译出了"脸色",而且还省略了主语的中心词"脸部"。法语的"pâlir"不过是众多特色动词的一种。

[24] 学校后面**有**(1)一条小河,河畔有些龙眼树,在那小树林里我曾经度过一些快乐的光阴。

——巴金《春天里的秋天》

Derrière le lycée, **serpentait**[A] une rivière. Les longaniers, sur la rive, formaient un petit bois au cœur duquel je passai là les heures les plus heureuses de ma vie.

—Traduit par Li Meiying

汉语句中(1)的用词相当普通,而且隐去了环境带来的语义:河流始终是弯曲蜿蜒的。好在译者不失时机地用特色动词(A)译出了字面语义和字面后的环境语义,这就是特色动词的魅力所在。它在句中那种主谓结构或动宾结构的内涵,给译者带来很大方便,亦提高了法语质量。

4.1.2.5 语法谓语

语法谓语是法语中的"情态动词"形式,即该动词是句子形式上的谓语,但它的实际功能则是修饰实质谓语。不言而喻,汉语在体现谓语的程度或情态时,如果没用语气助词,就只有靠段落、篇章来表达,因为汉语的特点在于意合,谓语的许多内涵均隐于字里行间。译者如果不能完整地、深刻地把握汉语语义,仅凭简单地字面意义,翻译的效果肯定是言不达意,甚至还可能有误译。所以,对于汉语中常常隐含的动词层次,仍旧需要充分地体现在法语句中。除了程度副词外,语法谓语也可以展现相应的效果,译文因此可能更为准确、更为生动。总体上讲,法语中这类动词存在不少,译者如果很好地加以运用,便能够恰到好处地翻译谓语。

4.1.2.5.1 表达程度

表示汉语谓语的难易程度如果没有用副词,往往就得通过前后句来体现。然而在法译汉语句子时,法语中表示难易程度的语法谓语层次分得比较细,有助于译者准确表达谓语的程度。仅以"能"为例,法语中便可以分出不同层次的"能",譬如"pouvoir; arriver à; parvenir à; s'efforcer de"等等。

[25] 他又始终**不懂**(1)得四小姐所以要逃避上海生活的原因,他只觉得四小姐在老太爷的身边太久,也有了老太爷那种古怪的脾气:憎恨近代文明,憎恨都市生活;而这种顽固的憎恨,又是吴荪甫所认为最"不通"的。

——茅盾《子夜》

De plus, il **n'arrivait toujours pas à**(A) **comprendre** ce qui lui faisait fuir la vie de Shanghai. Il comprit seulement qu'elle avait vécu trop longtemps auprès du vieux père et qu'elle avait hérité de ses bizarreries qui lui faisaient haïr la civilisation moderne et la vie de la ville. Il considérait cet entêtement comme totalement dénué de raison.

—Par un traducteur anonyme

法语中存在着"语法谓语"和逻辑谓语二种形式。当然,语法谓语没有词义,但它所表示语气程度或难易情态是不可忽略的。在此,权以本译句为例,"不懂"(1)原本可以用简单得不能再简单的方式便可达意,如:"ne comprenait pas"。然而纵观前言后语,便发现这个"不懂"与简单的理解存在着差别,它指主语在经过努力思考后,仍旧无法"懂得"的动作,这中间暗含一种努力的过程,在法语中需要增加语法谓语,以增加其谓动词的程度。法语中的"arriver à"放在此恰到好处。译者添加了(A)来体现程度,可谓相当得体,领会了原作者的意图。还有值得一提的是,汉语中这种语义比较隐蔽,需要译者细心分析,稍不留心,便可能忽略其存在。

4.1.2.5.2 再现隐词

再现隐词是指再现谓语动作的附含动作,这类词义在汉语中虽然没时常见诸笔端,但是却隐于字里行间,汉语读者感受得到,也摸得着。但在法译时,则要将这类隐蔽的动作直接表达出来,因为法语读者不可能像汉语读者那样,产生出相应的联想。

[26] 张素素**微笑**(1),不回答。这位感情热烈的女郎正也沉醉在自己的幻想中。

——茅盾《子夜》

Zhang Susu **se contenta de**(A) **sourire** sans répondre. Cette jeune fille aux sentiments ardents était elle-même plongée dans ses propres rêves.

汉语句(1)没有任何词来表达暗隐的内容,但是译者却没有忽略这隐于字里行间的动作,他恰到好处地添加了语法谓语(A),将他发现的神态描写出来。译者这种处理方式生动传神,惟妙惟肖。

4.1.2.5.3 展现情感

情态动词表达情感,自然是它的本分。由于汉语句子时常将有关情态字词隐去,译者需要去发现,甚至去挖掘这类潜藏着的情态语义。否则即使掌握了语法谓语,也不知往哪儿使用。

[27] 后来,坨子里的自然屯落**都撤到**[1]东边四十里外的绿沙镇建了一所治沙林场。

——郭雪波《沙狐》

Les habitants des hameaux **furent obligés de se déplacer**[1] vers l'est, à quelque quarante lis de là, et ils s'installèrent dans une petite bourgade du nom de Lüshazhen (bourg du sable vert) où ils créèrent une pépinière pour endiguer l'envahissement du désert.

—Traduit par Yan Hansheng

汉语中(1)仅仅是个平淡的谓语,只有从段落中才能读出"不得不"的含义。这样也说明一个问题,翻译的单位绝对不是句子,否则过分地注意微观,会失去宏观的把握。

实际上,法语除了情态动词外,还有好些词可以充当语法谓语。使用好了,有如画龙点睛,使用不当,则如画蛇添足。简言之,谓语是句子翻译中的胆,对它处理的好坏,直接影响到译文的质量。对谓语的翻译,需要译者付出相当的努力。概言之,谓语的翻译,无论在语义上还是结构上,均不能在词汇平台上,而应在段落、语篇的平台上。总体上讲,谓语的选择不仅仅是动词的事儿,而是句子翻译层面中重要的一环,因为句型受到影响,结构自然也不会好到什么地方。试想,结构不好的文本,能保证质量吗?谓语的翻译需要瞻前顾后,处理好了,不仅能达意,而且还能解决衔接问题。处理不好,则会败坏读者的胃口。

4.1.3 主谓的相互影响

从前面两部分来看,主语与谓语体现形式虽然是个体,但它的影响却已经波及句子的语义和结构。在翻译的操作过程中,译者可以侧重主语,那么谓语亦应作相应的调整。反之,如果以谓语为主,主语也应做出重新认定。这就是搭配,这也是结构的基础。在法语中,主谓之间的关系是不可分割的、相互影响的。它不可能允许主语和谓语互不相干,也就是说不容许有悖语法、逻辑的搭配。

[28] 五十年代末的红火岁月,忽喇喇开进了一批劳动大军,大旗上写着:向沙漠要粮!他们深翻沙坨,挖地三尺。这对植被退化的沙坨是毁灭性的。没几天,一场空前的沙暴掩埋了他们的帐篷,他们仓皇而逃。**但这也没有使人们的盲目而狂热的血**[1]**有所冷却**[2]。

——郭雪波《沙狐》

Vers la fin des années 50 arriva une armée de défricheurs, le drapeau rouge en tête, le lequel se lisait: « Arrachons les céréales au désert » Ils commencèrent par retourner ces dunes sablonneuses à une profondeur de trois pieds, détruisant radicalement la végétation qui avait déjà si fortement dégénéré. L'effet fut immédiat: la première tempête de sable ensevelit les tentes des défricheurs qui s'enfuirent en débandade. Cependant, cette expérience catastrophique ne servit point de leçon à leurs successeurs, dont **l'ardeur**(A) **ne se trouva nullement diminuée**(B) **car le phénomène ne cessa de continuer...**

—Traduit par Yan Hansheng

主语引起谓语的变化。汉语中主语(1)为"狂热的血",搭配的谓语(2)自然是"冷却"。然而在法译时,译者消弭了这层比喻,将中心词换成(A)"热情",搭配的动词当然不能再用"冷却",而只能用"衰减"。这就是主谓语的互为依靠,也是逻辑行文的基本要求。

主语如果出现中心词的转换,谓语因需要与它保持语义的配合,也必须做出协调性变动。换言之,谓语动词的选用,受到主语语义的影响。

[29] 但是,这个不大不小的姑娘**闯进**(1)他的办公室**使**他**觉得愉快**(2),就像白鸽使蓝天变得亲切而鱼儿使海水变得活泼。他对这个姑娘的明亮的眸子产生了一种好感。

——王蒙《蝴蝶》

Mais **l'arrivée**(A) de cette adolescente **apportait**(B) de la lumière de son bureau et le **rendait heureux**(C). Comme une colombe blanche rend le bleu du ciel plus intense, comme une poisson donne vie à l'eau. Ses prunelles brillantes l'avaient ému.

—Traduit par Liu Hanyu

谓语造成的主语变化。原句中(1)是谓语,译者之所以用译句成词的方式将之改译作主语,主要因为译者希望让前后并列谓语(B)(C)能够共有一个主语。(1)改作主语后,"闯进"这个动作便能够支配两个谓语,从而形成了较好的效果。当然,其中可能存在着语义的细微差别,但译者做这种主观的介入,是出于文本结构的需要,准确地讲,是出于谓语使用的考虑。

正如前面所言,在汉语中作谓语的动词在法语中并非一定是谓语。作者眼中的谓语,译者并非一定要认同。译者甚至会将谓语译作主语,或改作其他什么功能,尤其在需要调整句子的时候。但是万变不离其宗,既要保持法语结构又要确保语义的正确传递。

[30] **你**(1)不该因**私情**(2)而**忘**(3)大义,**你**(4)不该阻止她回去看她那患病的母亲。

——巴金《春天里的秋天》

L'amour(A) ne doit pas **te**(B) **faire oublier**(C) les convenances. **Il**(D) ne faut pas empêcher Rong d'aller voir sa mère malade.

—Traduit par Li Meiying

主语引起的结构变化。在译者心目中，重要信息不是(1)，而应该是(2)，所以他将主语做了调换，(2)对应的(A)成了主语，译句的结构自然要相应做出调整。谓语(3)在法语中对应的动词应为"oublier"，但在结构转换后，却用了"faire + oublier"的结构。至于(4)与(D)的变化，也是另一种结构调整引起的。

汉语的主题，法语的主位，均是行文者需要强调的内容。对此，译者有时可能会与作者存在着认知的差异，因为他们服务的群体不同。就语言特点而言，法语与汉语不同，没有主题这种结构，强调某词的方式之一便是将之放到句首，作主语。这样一来，势必要引起一系列的结构调整，谓语亦必然因此而产生相应的变化。

[31] 南方人的口音，颜色鲜艳的衣裳，高跟鞋缓步的声音，红花布的小伞。许指给我看，这是南国的美人。

——巴金《春天里的秋天》

On(A) **entendait**(B) l'accent du Sud. **Des dames**(C) **passèrent**(D) **près de nous**(E), élégamment vêtues, avec un doux bruit de pas, et de jolies ombrelles de couleur.

—Traduit par Li Meiying

重寻主语与谓语。仅看汉语，会惊讶地发现，省略内容太多了，但是这种简明的表达方式在汉语中行得通，它不仅没给汉语读者带来困难，反而更能感受到"简明扼要"带来的冲击力。然而在法译时，译者绝对不能像汉语作者那样，潇潇洒洒地砍去如此多的内容，因为他的读者不可能产生出相应的联想。于是便出现了将近三分之一强的添词。当然，译者在增添主谓语时，亦不能忘记它们之间的搭配。

汉语是表意的语言。在前后文语义完整时，作者在行文时经常会"节约"到连主谓语都不用的地步。当然，这并不意味着主谓因此便失去了存在，而是存在于字里行间，未见诸纸上罢了。为此，译者不仅要找出主谓语，而且还要按照它们之间的相互关系，重新补译出来。

4.1.4 小结

笔者花了很大篇幅来讨论主语与谓语及其处理方式，主要因为它们的选择与运用将直接影响到语义内涵和句子结构。既然"积词成句、积句成段"强调了基础的重要性，那么就应该特别重视主谓的存在。如果说主语是解答语义的公式，那么谓语便是重塑结构的关键。语义不能打折扣，结构不能影响译文的质量。这就是它们的重要性。语义传递的完整与否，句子结构的优劣好坏，都取决于主谓，而主谓之间的搭配，则取决于译者。

当然汉语与法语在主谓结构方面存在着相当大的差异，要想实现跨语言的信息传递，有时势必要打破原句子结构。进一步讲，主题在汉语中属于主要信息，无论它是否等于主语，都须放在句首。法语放在句首的词通常是主语，它除了满足相应的语法结构要求外，还可以被看作重要信息，因为它的词义左右着谓语。

总之，译者的主观介入成为确定句子翻译的关键。他如果择定了法语中的主谓，就等于认定了语义和结构。这就是说，他已经在这两种特别不同的语言结构中寻找到了平衡，找到最佳的关联点，找到了答案：到底以主语（语义）为先，还是以谓语（结构）为重。在确定基础后，再选配其他成分便不再是难事了。

4.2 简单句

语言根植于民族的土壤之中，饱含着民族对社会的认知。各种语言之间的句子虽然存在着共性，但是不可否认地存在着地域性、独特性、民族性。源语的句子特性，在翻译过程中并不能够找到对等的结构。为此，便需要以目的语为基础，做出适当的调整，确保译文为目的语读者服务。

法语的句子从结构上看，可分为简单句和复合句两大类。法语简单句就是"只有一个谓语的句子叫简单句。（陈振尧，2000：269）"事实上，汉语总是以形散神聚的方式来体现其特点的。但是在法译这种语言时，则需要作认真的分析，吃透语义后，才能选用相对应的法语结构。换言之，汉语的复句或复杂句在法译时，并非一定要用相同的句子进行移植，而是根据法语的话语习惯来调整。译句可以是复合句，也可以是简单句。反之，汉语的简单句亦可被法译为复合句。

我们在此谈论简单句，并不是从法语语法角度上在谈论，而是从翻译角度来讨论。简单句的结构虽然不难，它涉及的技巧也不多，但是作为一个不可忽略的语言单位，必须有空间予以介绍。好在，在确认简单句存在的同时，我们可以利用此空间来介绍句子层次翻译中的几个基本技巧，从而为句子翻译打下基础。句子翻译是一个系统工程，涉及的理论与技巧颇多，当然我们在此介绍的两个基本技巧与简单句也有关系：**缩句为词，译句成词**。概言之，我们拟在正式讲解句子翻译之前，事先探讨一些基本的理念和手段，这样一来，便为后面综合性讲解理论与技巧留出了空间。

就翻译而言，翻译中的简单句并不简单。简单句虽然只有一个谓语，但并不意味着只需要简单的翻译技巧，因为法语简单句中除谓语之外的各个成分的信息都可以扩张。译句成词就是一个句子的信息被译成一个词组，构成信息块。它的语法作用也就是简单句中的词，它的语义作用仍旧保持着一个句子的信息。缩句为词的方式就是将句子的信息压缩为一个信息块，将之当作词组使用。这点看似与译句成词相同，但是它需要添加引导用的范畴词或指代词。引导词的作用是满足语法的需要，而被压缩的句子（实际上，句子没有任何变化，只是添加了引导词）则可满足语义的需要。概言之，无论是词组构成的信息块，还是句子构成的信息块，它们都是简单句中的一个成分。在简单句中，一个信息块的语法功能就等于一个词，它在句中除了不能作谓语外，可以作主语、宾语、状语等。

译词成句，译句成词，这些基本的技巧都是处理句子结构常用的手段。

4.2.1 缩句成词

就语法而言，缩句成词实指将信息的承载单位由一个句子压缩成一个词组。鉴于汉语的多动词串联式连接，每个动词说明的主语可能是相同的也可能不相同：譬如连动式结构或兼语式结构。一个结构(通常是主谓结构)就似一个信息块,多个信息块地串联使用对汉语读者而言,并不难理解。他们能够很好地理顺逻辑衔接与相互关系。然而,这些信息块在翻译中往往不易处理,一则因为法语读者没有相应的逻辑思维;二则这些都是句子构架,并列地译出轻则会威胁中心句的突出地位,重则就更不用说了。解决这种现象的办法便是重新考虑结构,精简句子便是方法之一:认定一个主谓结构,将其他句子随之压缩成词级信息块,改作词组来使用。既然简单句只有一个谓语,只有词能够成为句中的一个部分,那就将句子(通常是次要的句子)当作词用来使用。这就是缩句成词的方法。译者凭此可以充分发挥简单句的简明扼要的效果。

简单地讲,"该词"被用到句中时发挥着双重作用:语法与语义功能。语义毋庸赘言,语法指该词在句中所起的作用:到底是主语,宾语还是其他成分。译者如果希望"缩句之词"成为中心句中的一个组成部分,便需要将它的语义功能与语法功能剥离开来,分别放置。一个发挥语法作用,一个完成信息传递。至于缩句成词的处理方式,具体做法有二:一、添加范畴词;二、互为指代。

4.2.1.1　添加范畴词

添加范畴词,是译者根据句子的语义来选择范畴词,并将之放在句首,通过连词"que"连接,形成信息块。范畴词是句子的同位语。范畴词的功能是在句中发挥语法作用,同位语句则是传递语义信息。

总之,缩句成词的特点在于将两个汉语句(通常为两个汉语句子)的信息量翻译成法语的简单句,译者同时还能充分、完整地诠释出源语信息。当然,法语不能像汉语那样,通过意合便能完成汉语兼语式句子。译者需要展示法语表形的功能,将意合的句子改变为形合的结构。这就要求将次要的句子压缩成一个词,否则它不可能成为句中某个成分。换言之,缩句成词在语法上讲,是指句子的语言单位被当作词在使用。但是从语义上讲,它仍旧是一个句子承载的信息。

[32] "你不要怪我说扫兴的话。**你们这时候就流眼泪**(1),将来一定不会有好结果,我早就看出来你们的恋爱不会有好结果。"

——巴金《春天里的秋天》

«Ne te fâche pas, si je dis quelque chose qui te déplaît! Mais **le fait que déjà vous pleuriez**(A) ne présage rien de bon. Depuis longtemps, j'ai l'impression que votre amour n'aboutira pas. »

—Traduit par Li Meiying

汉语句(1)就语义而言,是一个完整的信息,就语法而言,是完整的句子。如果认真审读,将前后二个分句联系起来通读时,便发现第一分句(1)是第二分句的主语,并与第二分句构成简单句。在译作法语时,它只有一个谓语"预示着……"。正如前面所讲,谓语的选择有时可以影响到主语。既然译者以谓语为重,并选定了谓语"présage",这就意味着前面整句话必须是词或词组。为此,译者必须将之压缩成一个词,一个在中心句中作主语的词。因为法语是表形的语言,一切都必须清楚,而不存在意合的理念。为此,他根据语义添加了范畴词"le fait que"作先导(A),经此一变,名词起到语法作用成为主语,同位语从句仍旧承载着语义信息跟在后面。这种手段的目的之一,便是弥合法语表形和汉语表意造成的鸿沟。

[33] 遗书不是一天写的，看笔调，从开头写到最后，大概经过了一个多礼拜。**其实最后只有一些圆点**[(A)]，表示还有许多话没有说完。

——巴金《春天里的秋天》

Ce n'était pas le travail d'un seul jour. D'après le ton, je pensai que sa rédaction avait pu prendre plus d'une semaine. Et **le fait qu'il se termine avec des points de suspension**[(A)] laissait entendre que son auteur avait encore beaucoup à dire...

—Traduit par Li Meiying

范畴词＋"que"引导的同位语从句语法功能十分准确，范畴词就似一个代词一样，在主句中占住了要位，发挥出其语法功效，而语义则是通过同位语从句释放出来。译者利用这种手段，可以释放出汉语中很大的信息量。(1)与(A)的对应便是很好的说明，法语的"le fait"后，可以添加很多信息，即使句子再长些，也不会波及读者对信息的理解。

4.2.1.2 句内指代

互为指代如果用在衔接中便称为照应。它与添加范畴词不同之处，便在于它不用范畴词来发挥语法作用，而是靠指代词。指代词就是代词与所指代的成分。在实际运用中，它们并不捆绑成信息块放在一起使用，而是在句中保持着相应的距离，前后呼应。换言之，代词与所指代的成分语义上讲是相同的；只不过代词用在句中发挥语法作用，被指代的成分则负责传递语义。

简单句，主要是指其形式简单，只有一个主语与谓语。当然，就法语而言，还有好些有着奇特效用的动词结构：如"avoir qch. pour faire; trouver/juger qch. ＋ *adj.*"等。简单句结构虽然不复杂，但在译者巧妙运用下，亦会演化出好些变化。比如在一个句子内，可以通过形式主语、宾语代词来前后指代，实现言语的有机转换。当然，简单句的句内指代，是不能跨越到句子之外的。由于它的信息量可大可小，被指代的内容可以是动词不定式，也可以是从句。

[34] **三军可夺帅**[(1)]也，**匹夫不可夺志**[(2)]也。

——《论语·子罕》

(1) **Il**[(A)] est possible **de priver une armée de son commandant mais non d'ôter la volonté à un homme**[(B)].

(2) **Nous (le)**[(A)] trouvons possible **de priver une armée de son commandant mais non d'ôter sa volonté à un homme**[(B)].

指代不定式。从结构上看，汉语中的(1)和(2)可以是个词组。在翻译时，译者可以用第一句的形式，即形式主语(A)＋动词不定式结构(B)；事实上，(A)起到语法的作用，(B)释放的是语义。至于第二个译句，不定式短语作宾语(B)也在诠释(A)的语义。当然，(A)在此是可以省略的。

[35] 他决定回一趟阔别二十多年的家乡。这是不是个错误呢？他怎么也没想到**要坐两个小时零四十七分钟的闷罐子车呀**[(1)]。

——王蒙《春之声》

Il a décidé de retourner dans son pays natal après un éloignement de plus de 20 ans. Est-ce une erreur? **Il**(A) ne lui était pas venu à l'esprit avant son départ **qu'il serait obligé de rester debout deux heures quarante-sept minuits dans un fourgon de marchandises hermétiquement clos**(B).

—Traduit par Liu Hanyu

指代从句。作为谓语"想到"的宾语(1)在翻译成法语时,译者变换了结构,在译句中用指代词(A)作形式主语。随后再用实质主语句(B)来复现信息,这样即使信息量再大些,法语也能够很容易容纳进去。再说,信息置于尾部后,可以更清晰明了。

[36] 我也会说谎话。**我拿谎话来回答谎话**(1),并不错。

——巴金《春天里的秋天》

Je mentais moi aussi, jugeant tout à fait juste **de répondre au mensonge par le mensonge**(A).

—Traduit par Li Meiying

动词不定式,即用动词不定式来传递汉语句子的信息。其内容通常为动宾结构。汉语句中的(1)是个句子。但在法译时,译者因为选用了法语中一个动词结构"juger+*adj.*+de faire qch.",所以不定式短语(A)完全能够容纳下(1)的信息。由此便不难看出,在汉语译成法语的过程中,译者是从汉语的源头汲取信息,用法语将之表达出来。既然用法语,就得遵从法语的结构和特点要求。

4.2.2 译句成词

由于要完整地传递信息,句与句的对等译法根本行不通。译者应该站在段落或语篇的平台上,重新整合信息,充分发挥法语表形的特性。译句成词,就是将源语中的一句话译作一个词组,让它在句中发挥着相应的作用。当然,词组的形式是多样的,可以是名词+名词,名词+不定式(包括不定式短语),名词+形容词等。正如前面介绍的那样,法语的词组暗含主谓结构和动宾结构,等于暗含有句法的基本框架。换言之,从语义上讲,法语词组的信息仍旧等于一个句子的量;但从语法上讲,它仍旧是句中的一个成分,只不过这种成分不再是一个句子,而是一个词组。

如果说它与缩句为词存在着什么不同,便是因为它的语义和语法作用是捆绑在一起的。既然不存在分置,也就不存在需要添加范畴词或者指代词来分担其语法作用。

[37] 可是,**风是热的**(1)。从沙漠里蒸腾出来的热气被大风裹卷过来,从背后喷射着,犹如火舌透过衬衫炙烤着他们的脊梁。尘沙吹进他们的耳朵和嘴,迷着他们的眼睛,风势越来越猛,大风摇撼着沙漠。

——郭雪波《沙狐》

Le vent puissant et chaud(A) se répandait en souffles aussi brûlants que des langues de feu. Père et fille sentirent la brûlure sur leur dos en même temps que les grains de sable qui leur entraient par les oreilles, les narines et la bouche. Le vent se faisait de plus en plus violent et toute l'étendue sablonneuse en était secouée.

—Traduit par Yan Hansheng

名词词组(偏正结构),即用名词词组来诠释一个汉语句子。当然,通常它用来诠释汉语简单句的信息。一句话(1),一个词(A)透着作者与译者对段落的把握。汉语通过单独的小句前置,可以作为信息的主题,明确地传递出重要的语义:"风是热的"。译者在法语中将此信息(A)置于主语的位置上,当作主位处理,也传递出它突显的信息。方式不一,殊途同归。

[38] 于是我乃恍然大悟,我是为了**发现这奇迹**(1)而来的,我**看见马蹄的火花**(2),我有无限的快乐。我的眼睛里也迸出火花,我的心血急剧地沸腾。

——李广田《马蹄》

Alors, je fus illuminé, et compris le but de ma sortie de nuit. J'étais parti **à la découverte de ce miracle**(A). **La vue des étincelles (de sabot)**(B) me transportait de joie. Mes yeux se mirent à pétiller, mon sang à bouillonner.

—Traduit par Pan Ailian

名词词组(动宾结构)。在此可以发现(1)在汉语中作为目的状语,法语(A)在保持结构的同时,也保留了动宾结构的语义,当然状语结构由介词"à"予以引导。对于(2)的处理更具词形变化的特性。译者之所以将汉语中的(2)处理成主语(B),是因为他侧重于谓语的选定,谓语确定后,其他成分自然视它的要求而变。既然(2)这个结构不能作动宾结构,而只能作主语,便只能译句成词了。

[39] 上了对岸,在途中我暗暗地对自己说,"**你,你懦弱的男子啊?**(1)!"我的脸上浮出了没有人懂的苦笑。

——巴金《春天里的秋天》

En débarquant, à nouveau je me reprochai **ma lâcheté**(A)! Et j'eus un sourire forcé que personne ne comprit.

—Traduit par Li Meiying

名词词组(主谓结构)。译者将宾语从句(1)译成一个词(A),因为这个宾语从句在译者眼里并不重要,可以将直接引语改译作直接宾语。译句成词的主要功能首先在于如何满足简单句的语法要求,其次才是语义处理。

4.2.3 小结

就翻译规律而言,简单句虽然结构不复杂,处理起来也较容易。然而在翻译过程中,存在着到底选择主语为重心还是谓语为重心的问题,所以译者的主观介入势成必然。既然结构要随着重心的变化而变化,译者只有借助相应的翻译技巧(缩句为词、译句成词)才能满足语法的需要。这样一来,原本简单的句子,处理起来也有不简单的时候。由于有了相应的手段,简单句照样可以包容复杂的信息。简单句虽然仅有一个谓语，但是句子中其他成分都可以扩张，扩张到能够容纳句子的信息。这就涉及将句子译作词组、将句子压缩为一个词的过程。当然，要实现这些并非易事，需要译者有着熟练的法语应用能力，不然实难达到收发由心、言到意至的境界。

4.3 思考与实践

一、思考题

1. 汉语的主题与法语的主谓结构有何异同？
2. 汉语的主题句与法语的主谓句之间有何异同？
3. 请解释什么是三种性质的主语，它们之间的关系，并举例说明。
4. 主语是否等于主题？为什么？
5. 主题与主语重合与否有什么区别？
6. 汉语与法语在谓语上有何不同？
7. 在法语中，如何处理汉语的多连动？
8. 法语动词的时态与语态在处理汉语信息时有什么优势？
9. 请解释语法谓语在翻译中的作用。
10. 主谓之间的相互性给翻译带来的影响？
11. 请解释什么是缩句为词？
12. 请解释什么是译句成词？
13. 什么情况下采用“缩句为词、译句成词”的技巧？
14. 为什么说在翻译中简单句并不简单？

二、实践题

(一) 请将下列句子译作法语，并注意主语的处理。

1. 欲胜人者，必先自胜；欲论人者，必先自论；欲知人者，必先自知。(《吕氏春秋·先己》)
2. 于是在无事可为的寂寞的微闷而外，又添上了人事无常的悲哀，以及热痒痒地渴想新奇刺激的焦灼。(茅盾《子夜》)
3. 窗外依然是稠浓的半雨半雾，白茫茫一片，似乎繁华的工业的上海已经消失了，就只剩这餐室的危楼一角。(茅盾《子夜》)
4. **她们的汽车**[(1)]已经开得很慢，而且**前面又有许多汽车，五颜六色的**[(2)]，停在柳树荫下。而且也有红嘴唇，细眉毛，赤裸着白臂的女人，靠在男子肩旁，从汽车里走出来。这里依旧是上海呀！(茅盾《子夜》)
5. 他就是共产党的化身，革命的化身，新潮流的化身，凯歌、胜利、突然拥有的巨大的——简直是无限的威信和权力的化身。他的每一句话都被倾听、被详细地记录、被学习讨论、深刻领会、贯彻执行，而且立即得到了效果，成功。(王蒙《蝴蝶》)

(二)请审读下列译句,注意谓语的处理,并予以分析。

1. 他是被那些没用的走狗们所蒙蔽,所欺骗,而且被那些跋扈的工人所威胁了!虽则目前已有解决此次工潮的把握——而且这解决还是于他有利,但不得不额外支出一笔秘密费,这在他还是严重的失败!(茅盾《子夜》)

   Il faut dire qu'il avait été trompé par ses chiens couchants et qu'il s'était aussi laissé menacer par ces ouvrières indisciplinées! (Par un traducteur anonyme)

2. 林佩珊正坐在钢琴前弹奏,那音调是异常悲凉。电灯的黄光落到她那个穿了深蓝色绸旗袍的颀长身体上,也显得阴惨沉闷。吴荪甫皱着眉头,正想说话,忽然听得少奶奶叹一口气。他回过脸去,眉头皱得更紧些,却看见少奶奶眼圈上有点红,并且滴下了两粒眼泪。(茅盾《子夜》)

   Lin Peishan était au piano, jouant un air infiniment triste; la lumière jaunâtre de la lampe électrique tombait sur son corps élancé que revêtait une robe de soie bleu foncé. Tout cela aussi était bien triste. Les sourcils froncés, il allait parler quand sa femme poussa un grand soupir et il se détourna, fronçant encore plus les sourcils. Il avait pourtant eu le temps de voir que les yeux de sa femme étaient rouges et que deux larmes en étaient tombées. (Par un traducteur anonyme)

3. 他颓然坐倒在沙地上。望了望那只死狐和它的不断哀鸣的小崽,又望了望手中往下垂落的猎枪。(郭雪波《沙狐》)

   Il se laissa choir par terre, abattu. Son regard erra du fusil qu'il tenait dans ses mains au renardeau gémissant maintenant auprès de sa mère. (Traduit par Yan Hansheng)

4. 沙坨子里静悄悄的,出现了那种被称为"黄色宁静"的稀有天气。空气纹丝不动,好像所有的风都吹尽了,终止了。(郭雪波《沙狐》)

   Les dunes de sable étaient silencieuses, phénomène rare qu'on appelait communément le «silence jaune». l'air était immobile, le vent semblait avoir épuisé toute sa force, il était comme suspendu dans le vide, en attente. (Traduit par Yan Hansheng)

5. 当他走近了大客厅前面的时候,听得汽车的喇叭呜呜地狂叫,一辆汽车直开到大客厅石阶前,车子还没停好,杜竹斋已经从车厢里跳出来了。他从来没有这样性急,这样紧张!(茅盾《子夜》)

   Quand il arriva devant le grand salon, il entendit le klaxon furieux d'une automobile qui s'arrêta devant le perron. La voiture n'était pas arrêtée que Du Zhuzhai en sortait d'un bond. Wu ne l'avait jamais vu aussi pressé ni aussi tendu. (Par un traducteur anonyme)

6. 别管我多么钦佩伟大的契诃夫,我也不能明白,那套书就那么百看不厌,二十多年来有什么必要天天非得读它一读不可?(张洁《爱是不能忘记的》)

   Même si j'admire extrêmement le célèbre Tchékhov, je **n'arrive pas à comprendre** comment elle a pu lire ces livres cent fois sans se lasser, quelle absolue nécessité la poussa pendant vingt ans à les lire et les relire quotidiennement? (Traduit par Caroline Martinez

Stephan)

7. 竹门外**横满**(1)了大雨冲来的垃圾。一个闪电**照得**(2)这一带的草棚雪亮，闪电光下**看见**(3)大雨中有些人**急急忙忙地走**(4)。可是闪电过后那黑暗更加难受。（茅盾《子夜》）

Derrière la porte de bambou, l'eau de pluie s'écoulant en torrent **charriait**(A) toutes sortes d'ordures. Un éclair **rendit** tout le quartier **aussi clair que le jour**(B) et **fit apparaître**(C) des gens qui **se hâtaient**(D), puis ce fut à nouveau l'obscurité, plus complète que jamais, plus insupportable encore.

8. 我一个人转过屏风到床前去。绿绸的薄被，蓝花的被单，绣花的枕头套，上面还绣了四个字是：长毋相忘。（巴金《春天里的秋天》）

Seul, je passai derrière le paravent et arrivai près de son lit. **Celui-ci se composait** d'une mince couverture de soie verte, d'un drap aux fleurs bleues, et d'un oreiller dont la tale brodée de fleurs, comportait les caractères «Ne m'oublie pas». (Traduit par Li Meiying)

（三）请翻译下例句子，注意前后句之间的关系，可用缩句为词或译句成词的方式。

1. 他出现了，群众出了意外的一怔。人群停住了。这"夜壶"好大胆呀！（茅盾《子夜》）
2. 我不去追她。我望着她的苗条的背影，和她的微微飘动的短发，我想起她这几天来的言语和举动。我起了疑心，我生了恐惧。（巴金《春天里的秋天》）
3. 许好几天没有来。想去找他，我又怕听他的新道学理论。（巴金《春天里的秋天》）

参考书目

1. 杨黎霞，2003，语篇语言学与翻译，《科技翻译研究》第八期。
2. 陈振尧，2000，《新编法语语法》，北京：外语教学与研究出版社。
3. Chao Yuen-Ren(赵元任), 1948, *Madarin Primer*, Cambridge, MA; Harvard University Press.

第五章 句型及其翻译

句型
1. 并列复合句
2. 主从复合句

技巧
1. 句子分割
2. 句子合译

5.1 复合句

本部分主旨在于讲解如何运用法语的复合句来诠释汉语的信息。就语法而言，法语的复合句是指含有一个以上谓语(或分句)的句子(陈振尧，2000:324)。复合句可分为两大类:并列复合句和主从复合句。复合句由于包容的信息量大，表达形式丰富，语言层次分明，覆盖面广阔等诸多优势，成为传递文本信息的较佳载体。所以，译者在翻译过程中更喜欢运用这类句子。

宏观上看，汉语句子较短，结构松弛，往往借助前后语序来表达相互之间的连接或逻辑关系。在法语中，时常也会遇到短句或分句，但始终会有相应的连接词予以衔接。法语因表形的需要，高频率地使用丰富的连接词。法语句式主干因此通常较短，从属部分时常附在主句前后。法语结构就似“树形”一般，树干分出树枝，树枝分出树杈，树杈长满树叶，这就是法语复合句可能的映像。即使没有那么夸张，仍要说明的是，法语中从句套从句、从句带小句的现象比比皆是，屡见不鲜。

汉语与法语的差异在于汉语注重语义的内在联系，而不在乎外部的形态变化，语法形式因此呈现出隐含性，松散性。而法语呢，则是注重理性思维和逻辑推理的语言，它要求语言表达形式严谨合理，丝丝入扣。法语有一整套繁杂系统的语法形式与形态变化规则，可以从另一个侧面证明语言使用者的理性思维。

将汉语译作法语，这要求译者既要有松散领悟力，也要有严谨的表达力，有丰富的感性思维，也要有逻辑的理性思维。在这两种颇为对立的语言间搭建沟通的桥梁，其难度与距离可想而知。在理解过程中，由于汉语的逻辑关系往往隐藏得很深，不习惯见诸纸端，从而要求译者认真审读与寻找，寻找出潜在的关联。再有，在句际间的衔接中，法语必须要求使用连接词，否则译者便不能准确地表达源语的信息。简言之，在复合句的翻译过程中，首先需要找出汉语句际间的逻辑衔接，随后再用法语准确的衔接词标明它们之间的关系，从而实现文章的有机衔接。

5.1.1　并列复合句

语法上讲，并列复合句的结构可分为三种类型：一、一个主语多个谓语；二、几个主语各有自己的谓语；三、几种情况的综合。对于复合句的翻译，自然不会是简单地移植，译者须利用汉语和法语各自之所长，分为理解与表达两步完成。在理解过程中，须详细地分析汉语句中可能隐含的信息。在表达期间，需发挥法语复合句严谨的特点，将所获的信息尽可能完整地通过笔端写出来。

汉语的并列复合句由于没有词形变化，多个谓语没有轻重缓急，均按先后顺序排列，无论它们是一个主语还是多个主语。就翻译而言，如何处理并列谓语就是解决并列复合句转换的关键。法语句子虽然也有多谓语并列使用的现象，但是不太常用，更多的时候则是通过轻重缓急的方式来处理谓语，就似前面介绍的谓语处理法一样。当然，在特定的环境有着特定的方式，译者在解决汉语并列复合句结构时，有几种处理方式，当然最常见的是顺译法、主次法等方式。

5.1.1.1　顺译法

顺译法是指多个汉语动词在译者眼中没有主次之分，只有先后顺序。译者可能认为，汉语并列句中几个动词都具有同等的重要性，无须厚此薄彼。强调某个谓语而忽略其他谓语并不利于语义的正确表达，或者影响到先后时序。可以说，这种处理方式侧重点在时序而不是主次。换言之，译者有权就自己理解的语义而采用主观介入的方式。

译者可依照汉语的方式，按顺序译出谓语动词。

[1] 吴老太爷自从骑马**跌伤了**(1)腿，终至**成为**(2)半肢疯以来……

——茅盾《子夜》

Vieux seigneur **avait été blessé**(A) à la jambe dans une chute de cheval, et **avait**(B) depuis lors la moitié du corps paralysé.

—Par un traducteur anonyme

译者就像作者一样，将两个谓语(1)(2)按顺序译出。如果说(A)与(B)只有顺序而没有主次的话，主要是因为两个谓语在译者眼里，仅有时间的差别，而不存在着重要与次要的信息之分，着重体现出"并列"的内涵。

5.1.1.2 主次法

关于谓语的主次，谓语部分已经有过介绍。译者面对两个甚至多个谓语动词，可根据语义认定一个重要信息，并将之处理作谓语；或者将第一个动词选作谓语。这种处理的主旨便在于结构的简明化，无论汉语有多少谓语动词，法语只认定其中重要的一个。至于汉语中其他非重要的谓语动词，译者可以采取其他形式予以外挂：如分词、副动词、介词、动词不定式，甚至形容词等。

主次法比较充分地体现着译者的主观介入。他放弃了汉语的时序理念与意合思维，并根据法语突出重点的特点，有目的地选择某个动词作谓语，从而突破了源语的结构。

[2] 他们**出发**(1)了，向着**(走向)**(2)东方，向着绿色的家乡，死漠里**留下**(3)了一行不屈的脚印。沙漠的风又起了，从他们后边呼啸着、追逐着、掩埋着他们的脚印，驱赶着他们的身躯，欲想吞没他们，并越过他们一直向东方扑卷过去……

——郭雪波《沙狐》

Ils **se remirent**(A) en route, **marchant**(B) vers l'est, vers la verdure, **laissant**(C) sur le «désert de mort» les traces de leurs pas. Le vent se leva de nouveau, mugissant et galopant derrière eux comme pour effacer leurs empreintes et se lancer à leur poursuite. Voulait-il les engloutir, ou simplement les dépasser pour s'abattre sur d'autres régions vers l'est, vers le sud?...

—Traduit par Yan Hansheng

对于汉语句中(1)(2)(3)，虽然译者按顺序法译出来，但法语中只有一个谓语(A)，其他的(B)(C)都没被译作谓语，译者用现在分词处理它们的信息。原句中的(2)虽然隐去，但法译时也被添补出来。这种做法的优点在于主次分明，有着明显的主观意图。不足则在于没有很好的保留原结构，原句的并列形式被改译作主次结构。

[3] 众小厮听他**说**(1)出这些没天日的话来，**唬**(2)的魂飞魄散，也不顾别的了，便把他**捆**(3)起来，用土和马粪满满的**填了**(4)他一嘴。

——曹雪芹《红楼梦》

L'**entendant**(A) tenir des propos capables d'effacer du ciel le soleil, **terrifiés**(B) au point de perdre à la fois leurs âmes éthérées et leur esprits viscéraux, les valets le **lièrent**(C) solidement, et lui **bourrèrent**(D) la bouche de terre et de crottin de cheval.

—Traduit par Li Tche-houa et Jacqueline Alézaïs

译者先从汉语中选出(3)(4)作为核心信息,译作谓语(C)(D),并将主语置于谓语之前。随后再用分词形式作为外挂来解决次重要的谓语,并按顺序和分词特点来处理(1)和(2)的信息。现在分词表示主动和正在进行的动作,过去分词表示被动和已经完成的动作,它们的特点用在此处颇为得体。再有,分词句最大的特点便是主句的主语,便是分词句的主语。所以,即使主语远些,也能容易地找到。

通过前面两个例句可以看出,主次法有个特点:主语与谓语始终在一起。其他外挂形式均围绕着主谓在变。附属内容可以前置,也可以后置。它们可以是形容词、现在分词、过去分词、副动词,也可以是能够引导补语成分的其他词。不过有一点需要注意:从句与主语谓语之间的逻辑的关系必须明确地标明。

5.1.1.3　指代法

指代法亦可诠释为衔接中的照应。此处介绍的指代法是指句外指代,即将指代的名词或代词放在中心句中发挥语法作用,而它们指代的信息作为句子可以前置与后置。它与句内指代不同之处便是:句外指代突破了句内的范畴,而形成句际间的交流,因为指代词代替的是前后句或前后词。更重要的是,译者通过句际间的前后指代,将几个句子有机地组合成句群,形成了更大的信息块。指代词就似榫头一样,深深地楔入中心句中,紧紧地将两个或多个句子的语义拴在了一起,前后照应、信息互补。代词或指代词实际上是前后分句的衔接词。狭义上讲,它的存在,从语法上保持并列复合分句不再显得松散。广义上讲,它作为衔接词,从语义上绑定了前后信息。

[4] 因为等到他力图再捕捉一下这初冬的**白花**(1)的时候,**白花**(2)已经落到了他乘坐的这辆小汽车的轮子下面了。他似乎看见了**白花**(3)被碾压得粉碎。他感到了那被碾压的痛楚。他听到了那被碾压的一刹那的**白花**(4)的叹息。

——王蒙《蝴蝶》

Le temps d'essayer de **la**(A) capter, **la petite fleur**(B) blanche passe sous les roues de la jeep. Il se **la**(C) figure meurtrie, écrasée. Il ressent sa souffrance. Il croit **l'**(D) avoir entendu pousser un bref soupir.

—Traduit par Liu Hanyu

指代名词。原句中四个"白花"均得到完整地重复,汉语的特点便是宁愿重复用词而少用代词。然而法语则习惯多用代词。译者只要能够将"la petite fleur"(B)放在显要的地方,其他的前后指代词便可围绕进行。(A)作为代词,指代后面的实词,虽然出现瞬间的语义空位,但由于实词(B)紧随其后故不会造成歧义。(C)和(D)的功能因其放在实词(B)后,它们的代词作用便较为准确。

不难看出,几个句子中都有"白花"的信息,指代词在此处的功能便是将几个句子的信息绑在了一起,令它们的语义前后交融、互补,从而完成信息块的连接。当然,前后指代的内容既可以是一个实词、一个词组,也可以是一个句子。

[5] 如果他说**他要去看看他的心上人**(1),那么人们马上会认为**他**(2)"作风不好",认为他感情不健康或者正在变"修"。把爱情叫做"问题",把结婚叫做解决问题,这真是对祖国语言的歪曲和对人的感情的侮辱。但他还是要从俗,他还是用这种刻板的、僵硬的语言请了假。

——王蒙《蝴蝶》

S'il avait dit qu'**il voulait aller voir celle qu'il aime**(A), on **l'**(B) aurait tout de suite accusé de «relâchement», de «sentiments malsain», de «révisionnisme». Parler de l'amour comme d'un problème, c'est défigurer la langue chinoise et insulter les sentiments humains. Il s'est soumis au charabia conventionnel pour demander son congé.

—Traduit par Liu Hanyu

指代句子(一)。此译句需讲解的有两点:一、汉语中(1)是一句话,译者用(A)对应译出,毋庸赘言。需要强调的是:中性代词"l'"(B)指代的是(1)这件事,即整个从句,而不是一个人。粗略看,这好似一回事儿,但细加琢磨,发现法语这么处理更加合理,因为是这样做的行为不好,而不是人不好。

[6] **不快活的表情还留在他的脸上**(1)。我不禁**(因此)**(2)在心里暗笑。他的确是一个好人。他忍受一切。

——巴金《春天里的秋天》

Un air de profond ennui ne quittait pas sa figure. **Cela**(A) me faisait rire sous cape. C'était vraiment un gentil garçon: il supportait tout.

—Traduit par Li Meiying

指代句子(二)。前面讲过,变换主语是将重要的信息放在显要位置的一种手段。虽然汉语句子中借助感性思维能够读出(2)的存在,但是它毕竟没有见诸纸端。但译者在分析前后句后,认为被隐去的(2)属于重要信息,需要提到句首作主语,因为(2)是前句(1)的指代词。在强调前句对后句的影响的情况下,如果不增加前指代词"Cela",很可能会失去语言相应的冲击力。

通过前面两个例句,不难看出句子指代的特点:语法的衔接与语义的连续。它的功能将在语篇中进一步得到阐述。

5.1.2 主从复合句

主从复合句作为译文文本重要的话语结构,始终是译者不可忽略的主题。不仅仅是因为它涉及种种状语以及其词义对主句的影响,而且还是因为它数不胜数的连接词、连接手段以及因连接词的原因而提出的种种要求。这些都对用法语来诠释文本带来更高的要求。再有,主从复合句事实上也存在于汉语之中，只是汉语在表达的形式上不太明显罢了。然而汉语正是因为这种不显山不露水的特点，貌似平平淡淡实是陷阱重重，稍不注意便会令译者陷入困境。汉语意合的特点便在于结构模糊，虽含深义但却藏而不露，往往给理解带来相应的困难。由于没有文字衔接词，稍不留心，译者便会掉入陷阱：忽略了汉语中潜含的逻辑衔接及深层寓意。讨论主从复合句的翻译，就法语而言，很大程度上是连接词以及连接词的词义和用法。就汉语而言，则是寻找、发掘潜藏的主从句之间的逻辑关系。

如前所述，汉语行文的顺序时常掩盖着前后句之间的逻辑衔接。而对汉语读者而言，由于对社会实践认知的习惯，自然会通过字里行间产生出相应的逻辑连接。但这种形式如果用在法语之中，肯定会对法语读者的理解带来相应的困难，因为他们没有汉语读者那样的文化背景，不可能在读到浸透着汉文化的文本时，产生出相同的联想。这就要求译者将隐去的潜在的逻辑关系用文字明确地表达出来。同样的现象在词汇部分也曾出现过，并在增益法中已有介绍。由于翻译的平台提高了，操作要求亦有相应的难度，故在此再次讨论汉语虚词的省略、法语句子间衔接词的增添。

5.1.2.1　补足连接词

在汉语句子之间、分句之间往往通过顺序即可完成衔接，而不用连接虚词，也毋庸赘述它们之间的关系。事实上，没有连接虚词的汉语语句，读者透过连续的阅读仍能直观地感悟到句子间的逻辑关系。在翻译过程中，译者需要找出这些隐含的关系。他们可以通过语境信息、逻辑分析等手段来理解源语文本，随后将他们找出的关联词明确地用在法语句中。众所周知，法语读者虽然没有汉语读者那样的文化感悟力，但是译者有，而且译者还有一种责任：将感悟到的内容传递给法语读者。换言之，译者需要用法语句中的关联词来衔接没有关联词的汉语句群的语义。有鉴于此，译者可以在忠实源语文本的基础上，有权主观地介入文本的制定，这也是为自己的读者负责的一种体现。

汉语中时常省略连接虚词的状语从句有六类，其中包括结果、让步、时间、条件、目的、原因。下面，我们就此内容及处理方式分别做些介绍。

5.1.2.1.1　结果状语从句

结果状语从句实指在翻译中，译者在汉语原句中虽然没读到表示结果的连接虚词，但是因其事实上的潜在，在法译句中便应明确补足的一种翻译手段。当然读者在此亦应分析原因，探索究里，体验译者为何能够从汉语句中分析出有结果状语的衔接。

[7] 据说从这里赶了骡马到五里外的一条河流去饮水，在这距离中间**络绎不绝的都是骡马**(1)，没有人能计算出一个实在数目。

——李广田《上马石》

On dit que les gens de cet endroit allaient abreuver leurs bêtes dans une rivière située à cinq lis d’ici, et que sur le parcours, il y avait toujours toute une procession de chevaux et de mulets. Ils étaient **si nombreux que**(A) personne n’était capable d’en dire le nombre.

—Traduit par Pan Ailian

如果仅从汉语字面上看，怎么也看不出(1)这个句子中隐有结果状语的潜在连接关系，但是详加分析，尤其是脱离局部局限，再读前后句时，便发现(1)对后句的行文存在着相互影响："因为数量多，才没人能计算出来"。译者准确地把握住了两个分句之间的关系，法译时使用了表示结果状语的连接词(A)。

应该讲，在汉语通过顺序来表示结果的衔接潜藏得比较隐蔽，稍不注意便可能忽略。但这并非就说难以把握，因为一个信息的表达，总不可能隐得无影无踪，它往往会在前后句中有所提示，这就要求译者要更加留心，有了正确的判断，才可能有正确的译文。

5.1.2.1.2 让步状语从句

让步状语从句实指在翻译中，译者在汉语原句中虽然没读到表示让步的连接虚词，但这并不否认它事实上的潜在，译者应在法译句中予以明确补出。笔者希望通过例句分析，给读者探索原因留下一条线索，为何译者就能从汉语句中分析出存在让步状语的联系？

[8] 这些诚实勇敢的人，也爱利，也仗义，同一般当地人相似。**不拘救人救物**(1)，却同样在一种愉快冒险行为中，做得十分敏捷勇敢，使人见及不能不**为之喝彩**(2)。

——沈从文《边城》

Les courageux sauveteurs étaient à la fois généreux et intéressés... comme tous les gens là-bas. **Que**(A) ce soit pour sauver une personne ou pour repêcher quelque chose, ils s'élançaient toujours avec audace et bonne humeur, se montrant chaque fois habiles et braves, **si bien que**(B) chacune de leurs performances était chaleureusement applaudie par les spectateurs.

—Traduit par Wu Ming etc.

此译句涉及两个内容，(A)诠释出(1)暗含的让步关系："无论这样做或是那样做"。(B)也解释出(2)隐含的表示结果的关系。汉语中可以没有，但是法语却不能没有。这就是两种语言的独特性。

[9] **这里只是平常的乡下景色**(1)，有些树，树上有蝉噪，**然而**(1a)这里仍旧是"上海"；男女的服装和动作，仍旧是四小姐向来所怕见而又同时很渴慕的。

——茅盾《子夜》

Bien que(A) ce ne fût là qu'un paysage ordinaire de la campagne, avec des arbres, et sur ces arbres des cigales qui chantaient, c'était tout de même toujours Shanghai! Les costumes et les gestes de ces hommes et de ces femmes la mettaient mal à l'aise et elle les enviait en même temps.

—Par un traducteur anonyme

如果说(1)句中没有表示让步的连接虚词，但是后面的转折词(1a)却给出了明确提示。译者此时面临两种方式，一是将前句改译作让步状语从句，正如本实例一样，还有一种办法，便是将后面分句由表示转折的连词"mais"来衔接。事实上，这是译者手上的另一种技巧，同样一个现象，存在着两种方式来解决。

5.1.2.1.3 时间状语从句

时间状语从句实指在翻译中，译者在汉语原句中虽然没读到表示时间的连接虚词，但这并不否认它事实上的潜在，译者应在法译句中予以明确补出。这应该是两种语言在体现个性时的一种差距，希望读者通过例句分析，从中探索出一种方法，从而也能像译者一样，能准确地把握汉译法中的一些脉络。

[10] 至是日一早，**宝玉起来时**(1)，袭人**早已**(2)把书笔文物包好，收拾的停停妥妥，**坐在**(3)床沿上发闷。

——曹雪芹《红楼梦》

Le jour venu, **avant que**(A) le frérot Jade ne se fût levé, sa camériste Bouffée de Parfum, qui **avait déjà préparé**(B) livres, pinceaux, et autres instruments de travail, se tenait assise sur le bord du lit de brique, le cœur comme étouffé de tristesse...

—Traduit par Li Tche-houa et Jacqueline Alézaïs

时间的处理技巧，汉语句中"早已"(1)和(2)实际参照的时间是(3)。译者在掌握它们之间的内在关系后，没有进行简单的选择字面词义的对应，如"quand，lorsque"，而是选用了(A)和(B)来翻译(1)和(2)的信息：一个用了连词引导，另一用了时态来表达先于主句的动作。因为核心谓语(3)的时态用的是"imparfait"。事实上，在时间状语从句的处理上，除了添加连接词外，时态亦应参照谓语做相应的变化。

5.1.2.1.4 条件状语从句

条件状语从句实指在翻译中，译者在汉语原句中虽然没读到表示条件的连接虚词，但这并不否认它事实上的潜在，译者应在法译句中予以明确补出。要处理好这种内在的衔接，需要具备相应的阅读能力。对中国读者而言，要读出这些内容并不难，难就难在细心。有些时候往往失之浮躁，过多关注字面意义，而忽略了深层潜在的连接。

[11] **有美国的经验和金钱做后台老板**(1)，你能说他们这计划没有实现的可能么？荪甫，金融资本并吞工业资本，是西欧各国常见的事，何况中国工业那么幼稚，那样凋落，更何况还有美国的金圆想对外开拓。

——茅盾《子夜》

S'ils ont les États-Unis derrière eux, riches en expérience et en argent(A), pourrez-vous encore dire que leur projet n'a aucune chance d'être réalisé? Écoutez, Sunfu! L'absorption du capital industriel par le capital financier, c'est un phénomène fréquent dans les pays d'Europe. D'autant plus que l'industrie chinoise est si jeune et si faible encore, et que les dollars américains cherchent des terrains d'investissement.

—Par un traducteur anonyme

前后语句都没有任何连接虚词，乍一看，不过是两个并列的分句。然而，当它们放置在一起，有了前后顺序后，句子间的逻辑关系立即呈现出来。译者如果没有敏锐的目光，是较难发现这种"局部没有，全局暗含"的连接关系的。用(A)处理(1)的信息，足见译者细心入微。

5.1.2.1.5 目的状语从句

目的状语从句实指在翻译中，译者在汉语原句中虽然没读到表示目的的连接虚词，但这并不否认它事实上的潜在，译者应在法译句中予以明确补出。对于这类现象，重要的还是理解，理解到位了，用法语表达并不难。因为法语中有许多表达目的状语人名的连接词。

[12]“更主要的是癌症不是绝对不能战胜的，你要尽可能多找中医偏方去治，有病乱投医，绝处逢生的事例很多，我有个朋友推荐一个名中医，明天**我请她来给你看病**(1)。要有信心，情绪要乐观，乐观是战胜疾病的良药。”

——孙力、余小惠《都市风流》

«Le plus important, c'est que le cancer n'est pas nécessairement une maladie incurable. Nombreux sont les cas des malades qui, estimés incurables, sont guéris grâce à des méthodes anciennes qui refont surface. Un des mes amis m'a présenté un docteur de médecine traditionnelle qui a obtenu des rémissions sinon des guérisons étonnantes. Demain, je te l'amènerai **pour qu**(A)'il t'examine. Sois confiante, reste optimiste. L'optimisme est un des meilleurs remèdes pour vaincre la maladie.»

—Traduit par Yang Jun et Ying Hong

如果单从汉语上看，(1)可以用“demander, inviter”这两个动词来传递该信息，然而译者在审读信息后，认为用目的状语(A)更切贴，因为“讲话人的身份是副市长”，用这种口吻讲话体现着他的身份。在翻译这段文字时，显然考虑到语级。

5.1.2.1.6 原因状语从句

原因状语从句实指在翻译中，译者在汉语原句中虽然没读到表示原因的连接虚词，但这并不否认它事实上的潜在，译者应在法译句中予以明确补出。表示原因，在翻译中属于相当常见的一种状语。虽然它的表达比较明显，但稍有疏忽，便容易出现遗漏或失误。

[13] **她正在船头把身子往前倾着**(1)，用力涮着一件大衣裳，一个不知轻重的顽皮野孩子轻轻走到她身后，伸出两手咯吱她的腰。她冷不防，一头栽进了水里。

——汪曾祺《大淖纪事》

Comme(A) la jeune fille, penchée en avant, rinçait un drap de lit, un jeune garçon turbulent arriva sans bruit derrière elle, et lui chatouilla brusquement la taille. Ce geste inattendu jeta Beau Nuage dans l'eau avant qu'elle ait eu le temps de réaliser quoi que ce soit.

—Traduit par Li Meiying

对于汉语句子(1)，不同的人可能会有不同的理解。像本汉语句，理解作原因与时间状语从句均可，如何认定，选择权还在译者手中。更为难得的是，法语的“comme”既可引导时间状语从句，也可引导原因状语从句。或许这是巧合，但能够巧妙地利用这种巧合，便可满足两种解释，译者的水平便可见一斑。

5.1.2.1.7 小结

汉语中的虚词，虽然表示语义连贯，但在使用起来时显得相当节约，好似能省则省，能不用则不用，因为汉语的前后顺序的意合功能有着相当宽泛的覆盖范围。汉语句子虽然是前句接后句接踵而出，但放在一起时，其中的信息很自然便激活了汉语读者头脑中的逻辑思维。字面意义与语境信息的组合，自然会派生出准确的理解，相应的衔接便因此而生。然而，这些潜隐的内容给译者却带来相应的压力，虽然不大，但却提示他们得随时留心，因为没有文字标明的连接极可能被疏漏。再有，有时一个汉语句中，会有两个或两个以上的语义衔接同时出现，这对译者又提出更高的要求。再试看下面的例句：

[14] 予独爱莲之出淤泥而不染，**濯清涟**(1) **而不妖**(2)，**中通**(1a) **外直**(2a)，不蔓不枝……可远观而不可亵玩焉。予谓：菊，花之隐逸者也；牡丹，花之富贵者也；莲，花之君子者也。

——周敦颐《爱莲说》

Le lotus solitaire, si je l'aime, **c'est parce qu**(A) 'il reste propre **bien qu**(B) 'il pousse dans la vase, **c'est parce qu**(A1) 'il n'est pas frivole **bien qu**(B) 'il baigne dans de vertes eaux, **c'est parce qu**'il est lisse à l'intérieur et droit à l'extérieur, dépourvu de tiges inutiles comme de rameaux superflus (...) **et qu**'il ne peut être admiré que de loin et ne tolère pas une approche indécente. Donc, je déclare qu'entre toutes les fleurs le chrysanthème est l'ermite, la pivoine «le riche de haut rang», et le lotus «le noble et vertueux».

《爱莲说》这篇散文相当有名，借用这相当有名的句子来作范例：作者仅仅通过前后顺序，便将句子间的衔接体现得相当充分，而且还有排比修辞格。句中(1)和(2)不过是主语的顺序，二者之间也靠顺序连接。但是细致分析一看，便能发现(2)是主句的原因状语从句，而(1)又是(2)的让步状语从句。其后由于排比，便不再细评。译者只有分析透彻这层语义后，才可能用(A)来诠释(2)，用(B)来解释(1)。

5.1.2.2 移植连接词

在法语中的八大状语从句中，前面介绍的六种与此处介绍的两种之所以要分开来谈，是因为引导这两种状语从句的连接词是要引导一个不可或缺的实际物体。汉语的表意功能再强大，顺序表义的内涵再多，也仅仅能省略虚词，而无法省略实词。从上述的实例中不难发现，虽然作者可以利用汉语的语境隐藏衔接词，但是一旦涉及实词，即使汉语也不能忽略或不易隐含起来，因为如果实词得不到明确地标出，便会出现信息的缺损。对于这种现象，译者只需移植连接即可。这种移植法将涉及地点和比较状语从句。

5.1.2.2.1 比较状语从句

世间万物，形态各异，也可以从各方面予以描写。比较便是借物喻物的一种方式，既然有比较的成分，便不可能失去被比较的标记。如果没有了参照物，何言比较？由于它引导的是实实在在的内容，汉语自然无法省略。就此而言，对于比较状语从句的连接词，原则上可采用移植的方式。

[15] 秀芝蜷着腿坐在老赵背后,向他微微一笑。她没有说话,但仅仅这一笑,就表现了她的信赖和忠贞。她不能想象他会到别的国家去,**就和清清不能想象北京有多大一样**(1)。

——张贤亮《牧马人》

Derrière le conducteur, Xiuzhi, assise les jambes repliées, avait adressé à son mari un léger sourire. Ce sourire seul suffisait pour l'assurer de sa confiance et de sa fidélité. Mais la jeune femme était **aussi incapable de concevoir le départ de son mari pour un pays étranger que**(A) la petite Qing de se représenter la superficie de Beijing.

—Traduit par Li Meiying

前面例句表明,被比较的成分作为参照物,即使像汉语这样表意功能强大的语言亦不可能将之略去。再说,像法语这样强调形态的语言,则更应该予以体现。(1)与(A)的对应是翻译的必然,不存在什么技巧与注意事项。然而,在古汉语中,仍旧存在着某种形式的省略,当然这种省略在前后句间体现得相对明显罢了。然而不注意,仍可能上当。请看下面译句:

[16] 秦氏道:"婶婶,你是个脂粉队里的英雄,连那些束带顶冠的男子也不能过你,你如何连两句俗语也不晓得?常言'月满则亏,水满则溢',又道是'**登高必跌重**(A)'……"

——曹雪芹《红楼梦》

—Vous, Dame Tante, répondit la visiteuse, qui dans la troupe des minois à fard et à poudre faites figure d'héroïne, vous que même les plus fiers porteurs de ceintures et de coiffures mandarinales ne sauraient surpasser, comment pouvez-vous ignorer deux simples dictons? N'est-il pas dit couramment: «Quand la lune est pleine, elle décroît; quand le vase est plein, l'eau déborde.» Et encore: «**Plus**(A) on monte haut, **plus**(B) lourde est la chute.»

—Traduit par Li Tche-houa et Jacqueline Alézaïs

事实上,笔者在分析各种表达特征的时候,均是把握整体现象。任何事物都可能出现例外,但这并不等于说这种归纳就错了。实际上,这种例外,完全可以引用前面介绍的那种做法,寻找出潜在的衔接词后,再进行重组。本来单独看"登高"与"跌重"不存在比较,但是一旦连接在一起,形成对偶,对比词义便体现出来。

5.1.2.2.2 地点状语从句

地点,需要明确标明出来,才可能了解主句发生的地点。这方面的连接副词已经不再属于虚词的范畴,它是从句中的地点状语,有着明确的语义。这些内容仅凭前后句是不可能感悟出来的。既然它有着实实在在的词义,汉语不会忽略,法语更应该标明。对此而言,采用移植方式即可。

[17] 并且**在这里**(1),使得四小姐脸红心跳的事情更加多了;这边树荫下草地上有男女的浪笑,一只白腿翘起,高跟皮鞋的尖头直指青天;而那边,又是一双背影,挨得那么紧,那么紧!四小姐闭一下眼睛,心跳得几乎想哭出来。

——茅盾《子夜》

Partout où[A] se portaient ses yeux, c'étaient des spectacles qui la faisaient rougir et lui coupaient le souffle. A l'ombre des arbres, un homme et une femme étaient étendus sur l'herbe, bavardant et riant, une jambe blanche de la femme croisée bien haut sur l'autre et le bout d'une chaussure à haut talon pointant vers le ciel. Non loin de là, un autre couple se tenait enlacé. Huifang ferma les yeux et son cœur se mit à battre si fort qu'elle eut envie de pleurer!

—Par un traducteur anonyme

显然,(1)在此处词义明显,不能省略,如果一个实词的信息在传递过程中消失了,如果译者不传递这层信息,就意味着造成漏译的严重后果。所以(A)在此也不能省略。当然,地点状语如果前后信息准确,地点状语在汉语中也可能出现隐含,诚如我们在前面介绍的一样。然而在从句中,由于它表达的地点明确,在汉语中省略的情况并不多见。

至于比较状语从句和地点状语从句的连接词,它们与前六种状语从句的引导词不同,因从句的语义关系而在汉语中不得省略。这等于给译者有了明确的标示,处理起来也就不难了。然而,对于古汉语,以及一些成语,有些也可能表示比较,但仍旧有可能省略。译者在处理这部分信息时,需要多一分谨慎。

5.1.2.3 省略连接词

虽然笔者在“补足连接词”中花了大量的内容来探讨汉语的表意功能,以及翻译的注意事项,虽然笔者始终强调法语是结构严谨、形态齐备的语言,虽然译者可以用具体化、形象化的几何语言来诠释飘逸、含糊、广义的汉语,虽然译者在翻译中必须分析汉语中潜在的逻辑关系以求表达的顺畅,但是这些“虽然”并不能否认一种事实:法语也有自身的表意功能。法语也可以借助自身的形态变化,体现出表意的效果。换言之,法语也可以不用连接词来表达出带有明确逻辑关系的从句。譬如法语的分词、副动词、形容词等引导的从句,它们与主语存在着相应的主从关系。就汉语而言,无论从句是否有明确的连接虚词,只要与主句相互照应,译者使能找出逻辑衔接。而在法译汉句过程中,译者也可以利用法语动词的非谓语词形来达到省略连接词的效果,与此同时还能体现出从句与主句之间的逻辑关系。

至于主从复合句在法译时使用哪些词类可以省略连接词,显然有分词、副动词、形容词、不定式完成时。这些非谓语动词形式仍旧可以用在翻译中,除了本身具有的词义外,亦可通过词形的变化,承载着相应的逻辑衔接。当然,它们之间存在着相应的不同,譬如分词与副动词,后者无论放在句首、句中还是句尾,它的主语始终是主句的主语。而分词与形容词的功能则有些相似,它们引导的从句如果在句首时,主句的主语是它们的主语;它们如果放在句中,或许就在修饰前面的先行词。至于不定式完成时,它除了语义外,更多的是强调它的时间性。它表达的动作始终先于主句的谓语。

显然,不同的词形有着不同的功用,这些有如品种繁多的调料一样,供译者选择。出于什么目的,达到什么效果,而选用什么词形。既然这些词形与分词一样,在多数情况下,它们也能像汉语那样表意,将相应的逻辑语义含而不露,可以给读者留下更多的空间。这种方式,可以令译文更加丰富,更有文采。

当然，笔者在此的目的是讲解翻译过程中，如何在法语中运用省略连接词的非谓语动词形式，所以便将分词、副动词、形容词、动词不定式放在一起讲，而不似语法书那样，将它们分开来谈，它们都有省略连接词的共性。

5.1.2.3.1 时间状语句

段落靠句子组合，因句子在前后组合时可能衍生出好些语义。而不同的语义又需要不同的连接词。汉语句际间在前后连接时，如若衍生出时间状语的变化，比如先于或后于主句时态，通常都有字面标志。对法语而言，表明时间状语的连接，使用四种非谓语的动词形式都较为适用。不定式完成时的语法语言就要表明它的动作应先于主句谓语。副动词除了主动概念外，还有同时性的语法词义。分词可以体现主动与被动的内涵，至于形容词句，亦要求时间上与主句谓语保持一致。

[18] 阵雨过后(1)，泛黄的树叶更显得憔悴，滴滴水珠从围墙里的法国梧桐上滴落下来。围墙上拉着带刺的铁丝；大门也是铁的，涂着严峻的灰色油漆。

——张贤亮《牧马人》

Lavés par une averse(A), les feuilles jaunissantes des arbres paraissaient encore plus flétries. Des gouttes de pluie tombaient des platanes en espalier, aux branches étendues dans la cour. L'enceinte se trouvait protégée par des barbelés, la porte ferrée était peinte en gris.

—Traduit par Li Meiying

过去分词句。过去分词表示被动和先于主语谓语完成的动作，加之汉语句也标明了准确的时间，所以用(A)来诠释(1)完成了两个信息的传递：一、语义信息；二、语法信息。过去分词除了被动外，译句中虽然没用“après”这个词，但其语法形式中带有这层词义，可以明确表达“在……之后”的语义。

[19] 然而像他那样的人，决不至于让某一件事的胜利弄得沾沾自喜，就此满足。他**踱着方步**(1)，沉思了好半晌，忽然对于自己的“能力”怀疑起来了！

——茅盾《子夜》

Mais un homme tel que lui ne pouvait se satisfaire d'une victoire; il réfléchit pendant un bon moment **en faisant les cent pas dans la chambre**(A). Il doutait de sa propre valeur!

—Par un traducteur anonyme

副动词句。(1)可以诠释为“他一边踱着方步，一边……”。译者在法译时用副动词来体现同时性，亦表明了与谓语主次关系。

[20] **他揿了很长时间门铃**(1)，铁门上才打开一方小小的窗口。他认得这个门房，正是经常送信给父亲的人。门房领着他，经过一条两旁栽着冬青的水泥路，进到一幢两层楼洋房里的起居室。

——张贤亮《牧马人》

Après avoir plusieurs fois appuyé sur la sonnette(A), il avait vu enfin s'ouvrir, au milieu de la porte, un minuscule judas carré. Il connaissait le portier; c'était lui qui s'occupait du courrier de son père. Guidé par lui, il s'était dirigé vers un bâtiment de style occidental... Et au bout de l'allée cimentée, bordée de houx, il avait enfin trouvé la demeure de son père. Il était entré dans le salon.

—Traduit par Li Meiying

不定式完成时句。(1)可以诠释为"在他……之后",由于主语一致,而选用的动词又是及物动词,要翻译此时的词义,译者存在着两种选择:一、前面介绍的分词完成时;二、动词不定式完成时。译者在此可以根据自己的喜好,或搭配做出自己的选择。此时他选择了(A),这种诠释方式无可厚非。

5.1.2.3.2 原因状语句

汉语句子前后一起使用时,因组合而可能衍生出表示原因状语的词义,或者某句明确地标有表示原因的连接词。对此,这四种形式也能很容易地予以表达。它们自身就有表示原因概念的含义。只要它引导的从句在与主句谓语形成对照,其句际间的逻辑关系便会清晰的展示出来。要知道,原因状语从句在法语中是最易表达的方式之一。

[21] 却说秦氏因听见(1)宝玉从梦中唤他的乳名,心中自是纳闷,又不好细问。

——曹雪芹《红楼梦》

Ayant donc entendu(A) le frérot Jade l'appeler, en rêve, par son nom de lait, la Jeune Dame Jia, née Qin, en fut intriguée, mais ne jugea pas convenable de l'interroger.

—Traduit par Li Tche-houa et Jacqueline Alézaïs

分词完成时句。法语(A)用的分词完成时态,此处实现的效果有二:一、表明前后句的因果关系,比如"由于秦氏听到……";二、虽然使用动词的主动性,但词形变化又准确地表现出有先有后。译者利用法语在这方面的优势,言简意赅地传递了源语句的信息。

此例句表明,分词句不仅仅涉及现在分词或过去分词,而且还涉及分词完成时态。众所周知,法语是比较严谨的语言。而我们在谈论现在分词的用法时,仅表明它存在两种用法:主动性和同时性。但是,如果译者想既使用它的主动性,又想表达它先于主语动作发生呢?此时,便可使用分词完成时。

[22] 海云用那样虔诚、热烈而庄严的目光看着他。他**实在控制不住自己了**(1),他突然把海云搂到自己的怀里,吻了她。她没有一点儿抵抗,没有一点儿对自己的保护,没有一点儿疑虑,甚至连羞怯也没有了。她只是爱慕他,崇拜他,服从他。他不是同样地觉得她亲近吗?

——王蒙《蝴蝶》

Haiyun le couvait de son regard fervent. Le jour où, **incapable de se contenir**(A), il l'avait prise dans ses bras et embrassée, elle ne lui avait pas résisté, ni manifesté de crainte. Elle lui vouait un véritable culte, elle était capable de faire tout ce qu'il voudrait... Et lui, ne l'aimait-il pas autant?

—Traduit par Liu Hanyu

形容词句。汉语句(1)可以解释为"他因为实在控制不住自己……",而法语的形容词正好可以达这种词义,译者在此使用(A)应该说恰到好处,既令句子简洁,而又丝毫不失原意。

5.1.2.3.3 让步状语句

汉语中的让步状语从句既可以不用、也可以用连接词。而在法译时是否使用连接词,则取决于选何种表达方式。如果用分词句,则可似汉语的表意功能一样,省略相应的连接词,也可以表达出让步状语的含义来。

[23] 她走,我也走,我终于伴送她回到家。**我们隔得近**(1),她不会看不见我。

——巴金《春天里的秋天》

Comme elle s'en allait, je me mis à la suivre. Ainsi je l'accompagnais tout de même chez elle. **La suivant d'assez près**(A), il était impossible qu'elle ne s'en aperçût pas.

—Traduit par Li Meiying

现在分词句。汉语中(1)可以这样解读"尽管了距她很近,她也不会……"。法译时,译者用现在分词句(A)恰到好处地传递出相应的词义。虽然没见连接词,但信息体现得也颇为充分。

5.1.2.3.4 目的状语句

汉语中目的状语从句有无连接词,在法译时都必须体现出相应的语义来。诚如前面介绍的那样,法译时如果用分词句,法语句中也可以省略相应的连接词,但其目的状语的内涵也未因此而丢掉。

[24] 在车上我和她谈话并不多,她把脸向外面看,**看路旁的景物**(1)。

——巴金《春天里的秋天》

Pendant le trajet, je ne parlais pas beaucoup avec Rong. Elle me tournait le dos, **absorbée par le paysage**(A).

—Traduit par Li Meiying

过去分词句。要解释(1)的信息,就需要了解上下文,文中指"我想与她谈话,但是她却转过身去,目的很明确,表明她被景色所吸引"。面对这层含义,译者用(A)来表达,虽然含蓄,没有连接词,但是仍旧能够达意。

[25] 我很快地在枕头下面取出了那封信,拿着在她的眼前一晃,**便要取出信纸来读**(1)。

——巴金《春天里的秋天》

Alors, de dessous l'oreiller, je sortis rapidement la lettre, et je l'agitai devant elle, **en feignant de vouloir la lire**(A).

—Traduit par Li Meiying

副动词句。汉语句中(1)可以诠释为"……在她眼前一晃的目的就是假装要取出信纸来读。"译者用(A)来处理,可以表达相应的词义。

5.1.2.3.5　条件状语句

汉语中表示条件可以用"如果……,倘若……"之类的词,而法语除了类似"si"的连接外,也可以用其他非谓语动词形式来引导,从而省略连接词。

[26] **若溯流而上**[1],则三丈五丈的深潭皆清澈见底。深潭为白日所映照,河底小小白石子,有花纹的玛瑙石子,全看得明明白白。水中游鱼来去,全如浮在空气里。

——沈从文《边城》

Au contraire, **en remontant**[A] le courant à partir de ce point, l'eau est si transparente qu'on peut en voir distinctement le fond, même quand la profondeur du fleuve atteint trente à cinquante pieds. A la lumière du jour, les petits cailloux blancs et couleur d'agate sont parfaitement visibles, et les poissons semblent nager dans l'air.

—Traduit par Wu Ming etc.

副动词句。汉语句中有表示条件的连接词"若",译者在法译时恰好借用副动词这个形式(A)。

5.1.2.3.6　方式状语句

方式状语在法译时,特别适用于副动词。副动词因其同时性,往往可作谓语的辅助形式出现。而形容词句也因其特有的修饰结构,可以起到分词句的效果。

[27] 林佩珊**笑着**[1]舀起一掌水来向杜新箨脸上洒,娇嗔地射了他一眼,却不说什么。船穿完了那密密的垂柳,前面河身狭一些了。杜新箨长笑一声,拿起桨来用劲刺到水里,水声泼剌剌地响,船就滴溜溜地转着圈子。

——茅盾《子夜》

Lin Peishan, **en riant**[A], puisa un peu d'eau dans sa main et éclaboussa la figure de Du. Elle fit une moue, lui lança un regard séducteur et ne dit plus rien. Le bateau était maintenant sorti de sous les branches de saules; à cet endroit la rivière était étroite. Du Xintuo se mit à rire bruyamment et reprit les rames. Dans un grand bruit d'eau, le canot vira lentement sur lui-même.

—Par un traducteur anonyme

副动词句。以笑着的方式"舀起水",副动词修饰谓语动词,属于其相当常用的方式之一。译者通过这种办法,处理起这类信息来颇为从容。这便是用(A)诠释(1)的理由。

[28] 女人说话时口音自然也完全不同了,变成像城市里做太太的大方自由,**完全不是在乡下做媳妇的神气了**[1]。

——沈从文《丈夫》

Elle parlait sur un ton ouvert et libre comme une dame de la ville, **tout à fait**

différent de l'ancien ton timide qu'elle prenait à la campagne en tant que bru(A) **.**

—Traduit par Liu Hanyu

形容词句。它引导的从句是主语谓语的方式，因为(1)可以解释为“讲……的神气”，译者使用(A)颇为合理。

5.1.2.3.7 分词、形容词句的特性

分词、形容词句与副动词和不定式存在着不同之处，那就是他们允许有自己的主语，而不是主句的主语。如果它们的主语是主句的主语，在法语中则将他们称作同位语分词或同位语形容词句，如果它们的主语不是主句的主语时，则将它们称作绝对分词句之类的。我们在此介绍这些特点，是因为它们有着极为个性的表达，而且有助于法语的行文。

5.1.2.3.7.1 同位式从句

同位式从句，即同位分词句和同位形容词句，是指分词或形容词作为形式上的谓语来引导一个句子，主句的主语是它的主语。同位式从句既可前置，也可置于主语之后，或者移到能够明确表达它与主语关系的地方。在翻译过程中，这类从句亦是可选择的句型之一。它不仅能够传递相应的信息，而且还可省略连接词。它的涵盖范畴比较广，涉及原因、时间、让步、目的等。

[29] 凤姐听了此话，心胸大快，**十分敬畏**(1)，忙问道：“这话虑的极是，但有何法可以永保无虞？”

——曹雪芹《红楼梦》

À ces mots, Grande Sœur Phénix sentit son cœur grandement réjoui. **Prise**(A) **à la fois de respect et de crainte**, elle se hâta de demander: «Ton alarme est assurément des plus justifiées, mais quel moyen pourrait nous permettre de nous préserver à jamais d'un tel danger?»

—Traduit par Li Tche-houa et Jacqueline Alézaïs

分词句表示原因状语。过去分词表示被动，(1)可以诠释为“她由于十分敬畏，忙问……”，面对汉语潜藏因果关系，法语用过去分词(A)予以处理，虽然也没加接连词，但却没损失信息。

[30] “明天”两个字使素素的脸发烧。明天就**像屁股帘儿上的飘带**(1)，简陋，质朴，然而自由而且舒展。像竹，像云，像梦，像芭蕾，像G弦上的泛音，像秋天的树叶和春天的花瓣。然而它只是一个光屁股的赤贫的娃娃也能够玩得起的屁股帘儿。

——王蒙《风筝飘带》

En lui disant «à demain», Susu s'était sentie rougir. **Semblable au cerf-volant**(A), leur demain était pauvre, simple mais libre. Quoique «demain» puisse évoquer des bambous, des nuages, des rêves, des ballets, un glissando en sol majeur, des feuilles automnales et des pétale printaniers, il n'était en réalité qu'un simple cerf-volant rectangulaire à la portée du plus pauvre des enfants.

—Traduit par Liu Hanyu

形容词句表示原因。汉语中(1)可以诠释为原因"明天，由于像……飘带一样，……"，译者再次使用形容词句，句子虽然没有表示原因的连接词，但却不失简洁与准确。

5.1.2.3.7.2　绝对式从句

绝对式从句，即绝对分词句与绝对形容词性从句。从词形上讲，分词或形容词紧跟相关的先行词。但是此时它们的作用除了相互的限定和修饰之外，而且还与先行词形成语义独立的结构。分词、形容词虽然不是谓语，但却起着谓语的作用，与前面的词形成逻辑上的主谓结构。它与同位式从句的不同之处便在于它有着自己的主语，而同位式从句的主语则是主句的主语。就分词的语法功能而言，现在分词仍旧有主动性与同时性，过去分词保持着被动或已经完成的词义。但从分词的语法结构上讲，由于绝对式从句的主语没有与主句的主语保持一致，所以又给译者提供了另一种表达形式。总体上讲，绝对分词句通常表示原因、方式等。

[31] **他浑身的血被这一击逼成沸滚**(1)。他站住了，睁圆了眼睛。曾沧海舞着那半段鸦片烟枪，咆哮如雷，一手抢起一枝锡烛台，就又掷面掷过去。

——茅盾《子夜》

Son sang bouillant sous l'attaque(A), le garçon restait là debout, les yeux ronds de colère. Tseng fit un moulinet avec le reste de la pipe, en tempêtant comme le tonnerre, il attrapa un chandelier en étain et le lança au visage de Ah-ni.

—Par un traducteur anonyme

现在分词表示原因。对于(1)可解释为"由于他……，他站住了，睁圆了眼睛。"译者使用绝对分词句(A)，将之独立放在主句前，既然主语不一致，就无法采用同位语分词句。

[32] 忽然睡梦中的吴荪甫一声狞笑，**接着又是皱紧了眉头，咬住了牙关**(1)，浑身一跳。猛可地他睁开眼来了，血红的眼球定定地发怔，细汗渐渐布满了额角。梦里的事情太使他心惊。惨黄的太阳在窗前弄影，远远地微风吹来了浑浊的市声。

——茅盾《子夜》

Wu Sunfu eut un ricanement de désespoir dans son sommeil; **les sourcils froncés et les dents serrées**(A), tout son corps frissonna. Soudain, il ouvrit grands les yeux, des yeux injectés de sang, au regard fixe, comme s'il eût été en transes, et à ses tempes perlèrent de fines gouttes de sueur quand il se rappela l'horreur de son rêve. L'ombre d'un soleil jaune pâle jouait sur les rideaux et une faible brise apportait les rumeurs lointaines de la ville.

—Par un traducteur anonyme

过去分词表示时间。汉语中(1)已经用"接着"明确地表达出来。译者在处理此信息时，鉴于过去分词被动的优势，而不再用谓语(A)，因为后面跟着一个不及物动词"frissonner"。选用这种处理方式更多的出于结构的考虑。

[33] 她**含了两泡眼泪**(1)，十分诚心地盼望那脚步声会在她房门口停住，而且十分诚心地盼望着就会来了笃笃的两下轻叩，而且她将去开了门，而且她盼望那叩门者竟是哥

哥或嫂嫂——或者林佩珊也好，而且他们是来劝她出去散散心的！

——茅盾《子夜》

Les yeux pleins de larmes(A), elle espérait éperdument que les pas s'arrêteraient devant chez elle et qu'on frapperait à sa porte; elle serait alors rapidement allée ouvrir et se serait trouvée face à face avec son frère ou sa belle-sœur, ou même avec Lin Peishan, venue l'inviter à aller faire une promenade.

—Par un traducteur anonyme

形容词表示方式。这句话可以诠释为"她在双目噙泪的情况下，盼望着……"。既然主语不同，译者便采用了与绝对分词句相同的方式。(A)在前后句子的组合后，可以表达方式状语。

5.1.2.4 小结

关于主从复合句的翻译，汉语与法语除了各自的语言特点而外，本章节介绍了相应的理解方式及信息处理技巧。诚然，汉语习惯于表意，时常通过前后顺序而展示着不同的逻辑关系，从而给理解带来影响，其语义有些似泥鳅一样滑腻难拿，稍不注意，便可能出现疏漏。这便要求译者站在语篇，至少是段落的平台上认真审读信息，实实在在地抓住"泥鳅"后，才可能实现完整、全面的理解。具体地讲，在介绍主从复合句翻译的章节中，"补足连接词、移植连接词"便侧重于对汉语的理解，强调汉语没有连接词时该如何翻译。

至于表达，笔者通过介绍翻译技巧，亦介绍了法语存在的表意功能。汉语可以靠前后顺序及语义来表达句子间相应的关系，法语在实现主从复合句的组合时，也可以省略表示逻辑关系的连接词。分词句、形容词句、副动词句、不定式完成式等，它们引导的从句也可以省略掉相应的连接词，通过上下文来传递准确的连接信息。也可以借助法语的动词结构，采用合并译法，主从句捏合在一起。这些对译者而言，就是在表达过程中如何发挥法语特点的问题。

5.2 句子结构的整合

汉民族与法兰西民族因经历的社会变革、文化陶冶的不同，思维形式便各有特点。法兰西民族的思维形式重在分析，汉民族思维则重综合。法国人习惯于"树状形"的表达方式。树干可比喻为句子的主谓，是句子核心结构，枝蔓树叶即是其他次要内容。树干与枝杈主次分明、递进叠加有序，结构再复杂也不会造成歧义。中国人的思维形式注重整体与和谐，句子结构以动词为中心，以先后时间为语序链，形成"流水型"的句式结构。我国学者吕叔湘先生曾对汉语句子结构做过分析。他认为，汉语里多流水句，一个子句接一个子句，很多地方可断可连。汉语的这种流水句式，用节节短句逐点交代，把问题层层展开。所以，在表达相同内容上，汉语小句的数量往往多于法语。对此，译者在将之逻辑化的同时，往往会将同属一个语义层次小句合并，译作结构丰富的一个法语句。然而，就汉语的长句而言，汉语句子内因语义层次比较丰富，往往会表达出好几个语义层，法译时则需要按语义层分割，分作好几个译句。

不言而喻，分属两个不同的语言系统的汉语和法语，其构建方式与表达习惯均存在着各自的特点。既然它们的句子结构存在着差异,在汉译法时就不能拘泥于源语的表层形式,需要借助翻译技巧和经验重组和调整。概言之,翻译时需要根据实际情况对句界和语序进行必要的调整,以实现有效再现语义的目的。

[34] 感情好的,互相咬着嘴唇咬着颈脖发了誓,约好了"分手后各人皆不许胡闹",四十天或五十天,在船上浮着的那一个,同留在岸上的这一个,便皆呆着打发这一堆日子,尽把自己的心紧紧缚定远远的一个人。

——沈从文《边城》

Pour les amoureux qui connaissaient des sentiments plus profonds, la séparation était difficile. Ils se juraient en se mordant les lèvres et le cou, qu'une fois loin l'un de l'autre, chacun resterait sage. Et, pendant quarante ou cinquante jours, celui qui naviguait sur le fleuve et celle qui attendait sur la rive, restaient fidèles à leur promesse.

—Traduit par Wu Ming etc.

整个例句,汉语一个逗号到底,理论上讲,它只是一句话。但是从语义层面上讲,它则涉及三个完整的层面。第一句实为后面两段的背景,虽然汉语句中没有明言,但"别时难"的信息已经溢于表层。译者如果不传递这层语义,后面的译句则无法续上。第二句表达两人的"誓言"。至于第三句,则是恋人"守誓"时打发的苦日子。

[35] 这日,偶至郭外,意欲赏鉴那村野风光。忽信步至一山环水旋、茂林深竹之处,隐隐的有座庙宇,门巷倾颓,墙垣朽败,门前有额,题着"智通寺"三字,门旁又有一副旧破的对联,曰:身后有余忘缩手,眼前无路想回头。

——曹雪芹《红楼梦》

Un jour qu'ils s'étaient aventurés dans la banlieue, afin d'admirer les beautés d'un paysage rustique, il atteignit, au gre de ses pas, un site encercle de montagnes et traversé d'une rivière aux eaux tourbillonnantes. Derrière les frondaisons d'un bois de très hauts bambous, ne se devinait que confusément la présence d'un monastère. L'entrée en était de guingois et près de s'écrouler, les murs d'enceinte décrépis. L'inscription frontale annonçait le «Monastère du Savoir Approfondi». De chaque côté de la grande porte, subsistait, craquelée, une vieille tablette verticale, formant cette paire de sentences à termes symétriques:

Tant de bien par-derrière, et tendre encor la main?

Plus de route en avant: reviens sur ton chemin!

—Traduit par Li Tche-houa et Jacqueline Alézaïs

例句中有一些描写风景的词和优美的四字词,属于典型的汉语表达方式。虽然它们貌似平行,但却潜藏着相互之间的连接关系。由于汉语的韵律及顺序,这种表达不仅好,而且还传递着韵律之美。但在法译时,则需要明确地显示出它们的寓意。太具体了,自然就失去了对称之感。这或许就是以信息为先而不得已而为之的方式之一吧!句子翻译,实际就是突破了词汇的拘泥，而至少以句子为单位来处理信息。譬如，本译例汉语为两句话，而法译时则根据语义译出六个法语句子。译者这样做，等于再诠释了句子的语义，并分出了层次。

由此，可以看出汉语与法语在句子的理念上存在不同。汉语一个句子可以饱含多个语义层次，并由多个小句按顺序排列组成。而法语句原则上讲，仅允许包容一个语义层次。这样一来，汉语的句子在法译时就必然要进行分割。

5.2.1 句子分割

不同的语言结构均有着其独特性。源语文本中语义的、句法的、文本的和语用的层面均需要完全整合到译语的统一体中，这就需要对原句进行认真评析。如果一个汉语句子包含着多个不同层次的语义，法译时就必须根据语义层实施切分。事实上，长句的分割通常按三个步骤顺序而行：一、语义层次的分割；二、主从形式的分割；三、语法形式的分割。语义层次的分割，主要体现在按汉语句中的语义层次来分译，译出多个法语句。其间特别需要关注的便是法语句中语义层之间的关联。主从形式的分割，主要指汉语句中多个谓语动词并列使用，通过顺序连接，而不分轻重。译者在处理这类句子时，可以根据法语读者习惯，将并列改为主从形式，做到有张有弛、分出轻重（由于这种形式在前面已有介绍，便不再赘述）。语法形式的分割，实际是指根据法语特点，对限定词的移植或变换。总体上讲，汉语句子因语言特性，限定词通常不会那么容易把握。尤其在遇到相当长的汉语句子时，更需要细致地剥离枝蔓，确保中心句的突出位置。对这种处理方式，俗称“长句短译”。

句子的分割，要求深层地分析汉语句子，理出头绪，以求实现事半功倍，这是学习翻译理论与实践的目的之一。正如前面介绍的那样，汉语句子习惯“露拙藏意”，外表顺序朴实普通，深层却暗含着不少的语义。译者在法译汉语句子时，如果是单句，只要抓住中心句、分割枝蔓、选定主谓后，再用法语其他非谓语动词形式予以表达：副动词句，形容词性句、分词句或其他。如果一个句子有多个语义层次，则需要用多个法语句。处理完语义后，再深入处理具体单句的结构。

5.2.1.1 语义层次的分割

语义形式的分割侧重于语义层次的剥离。前面已经重申过，汉语长句内时常包含着多个小句，而且语义层次丰富。一个句子可以有两层、三层，甚至更多的语义层次。既然法语句子习惯只含一个语义层次，那么就需要将汉语句中的多个层次分割重组，它可以译为法语的多个句子。毋庸赘言，法语的逻辑性极强，语言形式严谨。如果法语中需要强调什么内容，肯定会用准确的词语表示出来。既然要重组汉语长句中的多个语义层次，就需要确定不同语义层次的主语。换言之，汉语之所以在长句子内可以包含多个语义层次，是因为它们之间存在着潜在的逻辑衔接或语义的连贯。对译者而言，每个语义层次都应该有语义层的重点，而这个重点就是法语句中的主语。有了主语，谓语与其他成分自然会随之而变。当然，法语句子的数量增加了，但是语义没有增加，仍旧保持着汉语长句的内涵和统一。

[36] 这种简短的、朴拙的、断断续续的话语，经常会像阵雨过后的彩虹一样，在他心上激

起一种美好的感情,使他渴望回到平凡的质朴中去,像他们一样获得那种愉快的满足。

——张贤亮《牧马人》

Ces propos brefs et simples frappaient Xu Lingjun aussi agréablement qu'un arc-en-ciel après une averse. **A force de les écouter**(A), il avait envie de retourner à la simplicité, et de vivre comme eux, gais et contents.

—Traduit par Li Meiying

汉语的例句虽然也是一个逗号到底,但仔细分析译句时,便能发现译者根据语义选中了两个主谓结构。他显然更加重视主语,并根据主语的需要,而改动了第二个谓语的选用。"这些话"(主语)给许灵均带来的感情冲击;主人公在听到"这些话"(宾语)时产生的欲望。汉语句认定的主语只有一个,采用并列方式表示递进。法语句则选用了两个主谓,用前后两个句子按顺序表示递进。从词义上讲,译者因此在强调"话语"对"这人"带来冲击的同时,又强调"这人"在听到这些"话语"时产生的欲望。因为在他眼里,这本来就含有两层语义。再有,译句在重择主语后,自然意味着结构的调整。有了两个主语,自然派生出两个句子。作为加词的(A),在此的作用便是前后衔接、凝聚语义。

[37] 孩子们在简陋的课桌后面**瞪大**(1)了天真的眼睛惊异地**瞧着**(2)他,**想不到**(3)一个放牲口的人成了他们的老师。可是不久,他就使孩子们信服了。

——张贤亮《牧马人》

Derrière leur pupitres rudimentaires, les enfants, l'air étonné, les yeux grand ouverts, **dévisageaient leur nouveau maître**(A): **qu'un gardien de chevaux soit devenu leur maître**(B) semblait les dépasser! ... Mais il avait vite gagné leur confiance.

—Traduit par Li Meiying

汉语中第一句(1)共有三个谓语,属于一个语义层面,即"孩子的三个行为"。然而在翻译时,译者却将主语一分为二:一、孩子们(主语)"瞧着他"(谓语)为第一个主谓结构,即第一个语义层次;二、译者重择主语(一个牧马人作老师),随后的谓语词义亦做出相应的调整,从而形成第二个主谓结构,即第二语义层次。所以,译者在译作(A)时,选定"dévisageaient"(2)作谓语,而用绝对分词句处理了(1)的信息。至于第二译句,由于选用了"dépasser"作谓语,二个主谓结构自然是因为主语的不同而导致的。译者变化主语的目的只有一个:强调语义层。主语(B)还可以用主语从句来体现,这也是可供译者选择手段的方式之一。

[38] **翠翠**(1)每天皆到白塔下背太阳的一面去午睡,高处既极**凉快**(2),两山竹篁里叫得使人发松的**竹雀和其他鸟类**(3)又如此之多,致使她在睡梦里尽为山鸟歌声所浮着,做的梦也便常是顶荒唐的梦(2a)。

——沈从文《边城》

Chaque jour, **Emeraude**(A) faisait sa sieste sur la terrasse, à l'ombre de la pagode. Là régnait **une fraîcheur printanière**(B). **Les oiseaux de toutes sortes**(C), cachés au milieu des bambous, ou dans les arbustes de la colline, la charmaient par leurs chants merveilleux. Ils la faisaient rêver à des choses extraordinaires...

—Traduit par Wu Ming etc.

汉语例句一个逗号到底，如果从结构上看，小句虽多，然而只能算作一个长句。而如果认真看一下译句，便可以数出四个句子来。再认真细加分析，就可发现译者将之处理为四句话的原因。汉语的流水句，前后小句的衔接有如流淌似的水流，洋洋洒洒，靠着模糊思维，竟然就能将几层关系理解得真切如微："翠翠去某地午睡，因为那儿之怡人，还有那小鸟……"。然而法语读者则没有这种阅读思维，译者在仔细分析后，从汉语长句中找出了四个主语。四个主语就意味着四层语义、四个重心，自然必须要由四个句子来表达，而且句际间的前后排列，亦能起到"流水句"的效果。当然，译者还不失时机地运用指代词前后指代，衔接前后分句。再有，除了(1)(2)(3)的对应主语外。最后一个法语小句之所以要重复主语，就是要再次强调动宾结构在此的作用。

5.2.1.2 关系从句式分割

法国人和中国人的意识形态不同，自然会影响到语言的使用和表达。汉语中合理的，法语中并非得体。好在翻译的主旨不是语法结构移植，而是信息传递。既然要求完整地传递信息，就无须过分拘泥于原结构，而可以分出轻重缓急。

法语语法在介绍关系从句时，关系从句具有两种功能：限定性关系从句和后续性关系从句。至于限定性关系从句，众所周知，是指关系代词引导一个关系从句，紧跟先行词，限定或修饰先行词。而后续性关系从句，就是指关系代词引导一个关系从句，虽然也是紧跟先行词，但是并不是限定或修饰先行词，而是先行词与从句的谓语存在着逻辑主谓或动宾关系。它可能与前句并列。

5.2.1.2.1 限定性关系从句

语法形式的分割是指将枝蔓内容从主干上剥离开来，以求主次分明。如果将剥离下来的枝蔓信息置于中心句之前，就叫前附加；如果置于中心句后，则称作后附加。

虽然形容词性从句的深层结构是由源语的逻辑关系支配的，但在进行转换的过程中，则要求用法语的连接词来处理信息，即按法语的表达方式来转换汉语深层的语义。对于形容词从句的内容，法译汉语句时多采用解释性译法：即将先行词与形容词从句剥离后，按照逻辑关系进行重组。至于被分割下来的成分如何保持它与先行词的关系，通常的做法可以用重复先行词来进行挂接。当然，这个重复词既可以是代词，也可以是名词，更有可能是表示范畴的指示词。这些起到替换作用的词，在引导被分割下来的信息成句时，可以与主句并列，也可以形成主从复合句，还可以独立成句，解释和说明前面缺损的内容。

[39] 有时，阵雨会向草场扑来，它先在山坡上垂下**透明的**(1)、**像黑纱织成的帷幕一样的**(1a)雨脚，把灿烂的阳光变成悦目的金黄色，洒在广阔的草原上。然后，雨脚慢慢地随风飘拂，向山坡下移动过来。不一会儿，豆大的雨点就斜射下来了，整个草原就像腾起一阵白蒙蒙的烟雾。

——张贤亮《牧马人》

Parfois, une averse survenait. D'abord, elle étendait en haut de la colline, un rideau vaporeux, **semi-transparent**(A), **qui semblait être fait de mousseline grise**(A1). Tamisés par ce rideau, les rayons du soleil prenaient une agréable couleur dorée. Ils se répandaient flots sur la steppe. Puis, poussé par le vent, le rideau flottait, se déplaçait vers le bas de la colline. Et un instant après, des gouttes de pluie, grosses comme des fèves, commençaient à s'abattre sur la plaine aussitôt noyée dans une brume blanchâtre...

—Traduit par Li Meiying

汉语的限定词(1)和(1a)分别用形容词或关系从句来承担。由于法语结构的独特性,从来不惧汉语冗长的定语,它由于中心词的前置,而不在乎限定词有多长,用多少个从句。对于这类现象,在法译汉中的矛盾会更加突出,而对汉语译作法语而言,则只能作为一个技巧介绍一下罢了。

5.2.1.2.2 后续性关系从句

后续性关系从句的特点便是节省用词,精练句子。汉语中两个语义由两个句子承载,理所当然应该用两个法语句来翻译,每个句子都有各自的主谓。不过除此之外,还可以借助另一种方式来处理类似信息:后续性关系从句。后续性关系从句从词形上讲,与限定性关系从句没有区别;从语义上讲,它并不是修饰先行词,而是在从句中借用先行词,从而达到节约用词的目的。它可以表示紧接在主句行为后发生的或相关的行为。换言之,从语法和逻辑意义上讲,这是一种简练的表达方式,它利用关系代词达到避免重复用词的目的。

[40] 风日清和的天气,无人过渡,镇日长闲,祖父同翠翠便坐在门前大岩石上晒太阳。或把一段木头从高处向水中抛去,**嗾使身边黄狗自岩石高处跃下**(1),把木头衔回来。或翠翠与黄狗皆张着耳朵,听祖父说些城中多年以前的战争故事。或祖父同翠翠两人,**各把小竹做成的竖笛**(2),逗在嘴边吹着迎亲送女的曲子。

——沈从文《边城》

Quand personne ne traversait et qu'il faisait beau, le grand-père et Emeraude s'asseyaient sur le haut d'un grand rocher devant leur porte. Ils s'amusaient alors à lancer un bout de bois dans l'eau, **que le chien cherchait à l'attaquer**(A). L'animal s'élançais et, d'un bond, piquait une tête dans la rivière. Il rapportait ensuite le morceau de bois dans sa gueule; d'autres fois, Emeraude et le chien écoutaient le grand-père raconter des souvenirs de guerre; d'autres fois encore, le grand-père et sa petite-fille jouaient des airs de mariage avec des flûtes **qu'ils avaient confectionnées eux-mêmes avec de petites tiges de bambou**(B).

—Traduit par Wu Ming etc.

通常讲来,汉语(1)是表示前后顺序的两个谓语。但是在法译时,译者使用了关系从句(A)。从语义上看,它们之间并不存在修饰与被修饰的关系,属于后续性从句。但是(2)在法译时,则因其是限定成分,而译作限定性从句。

[41] 茶峒地方**凭水**(1)**依山**(2)**筑城**(3)，近山的一面，城墙如一条长蛇，缘山爬去。临水一面则在城外河边留出余地设码头，湾泊小小篷船。

——沈从文《边城》

Chatong, **qui donnait sur le fleuve**(A), était adossé à une colline **sur laquelle rampait une muraille**(B). En dehors des remparts, un espace avait été réservé pour la construction des quais. Quelques petites baies abritaient les minuscules sampans.

—Traduit par Wu Ming etc.

汉语句中(1)(2)(3)分别为句中的三个并列谓语，但在法译时，译者仅仅将(2)处理作谓语，而借用关系代词的后续性功能，分别用(A)和(B)对应(1)和(3)，这样，既节省了用词，又不失语义。

5.2.2 句子合译

前面分析了翻译中如何分割句子，现在再谈谈翻译中如何合译句子。汉语句中如果长句内因语义层次丰富或枝蔓太多，便需要进行分割。反之，汉语中若是多个独立的小句表达同一语义层的内容时，那么就需要合并归一。换言之，多个汉语句子表达的内容相近或密切相关时，在必要的情况下，可以酌情进行整合、调整句界、合并相同的语义层。这便是俗称的“短句长译”。当然，在重新组合汉语中的短句时，仍需要从语义与主从关系上着手。语义之间习惯用复合句或并列句处理，主从关系亦可用复合句或限定性从句(包括分词、形容词句)处理。

[42] 宽阔的大街，两旁是排排高耸的高层建筑(1)，新建的立体交叉桥划出辽阔的弧线(2)，给人一种首都现代化宏大的气势(3)。

——孙力、余小惠《都市风流》

Les grands boulevards(A) bordés d'immeubles à nombreux étages et les échangeurs nouvellement **construits**(B), embellis par de larges lignes courbes, **donnaient**(C) à la capitale un air de grandeur et de modernité.

—Traduit par Yang Jun et Ying Hong

一个语义层面，汉语句虽然是一个逗号到底，但毕竟有三个小句。然而前两个小句和后面的句子互为因果。译者在综合考虑时，发现可以用一个主谓结构予以表达，既能满足它们之间的因果关系，又能简练结构突出重心。于是，他采用译句成词的方式，与(C)形成主谓结构，从而用简单句便将内容搞定。

法语有着特别的结构与表达习惯，谓语动词的结构是句子合译的基础。它不仅可以合并主从复合句，而且还可以黏合其他句子。当然，合并还有另一层含义，便是节省用词，尤其可借用关系从句来表示后续性动作。

5.2.2.1 合译主从句

合并译法，是指将主从复合句合并为一个单句。换言之，译者在处理主从复合句时，还有一种合并译法，即通过改变句型结构、合二为一。换言之，译者可用"缩句为词、译句成词"的方式来处理从句的信息，再将这个"词组"放到中心句内，在主句中发挥某种语法作用。前面已经讲过，法语的词组可以具有主谓结构、动宾结构的内涵，从而满足了从句的结构要求。调整结构而不损词义是合并译法的原则，调整结构意味着摒弃了原句的结构，只保留语义的忠实。具体地讲，翻译汉语主从复合句，找出其相应的逻辑连接虽然是第一步，但第二步可以不是补足连接词，而是重选结构：选定相应的动词及其处理方式。换言之，合并译法的实际操作方式便是打破主从复合句的框架，将从句的内容纳入到主句内解决，主从复合句因之而被译作一个单句，或一个简单句。合并译法涉及的一些基础技巧，笔者在前面章节中已经有过交代，如词组和构成及词义、译句成词等。

[43] 随着这嗡嗡声、轰轰声和沙沙声，随着指示盘上的红字的旋转和黑字的跳动，**他离山乡越来越远，离北京越来越近，离老张头越来越远，离副部长越来越近**[1]。

——王蒙《蝴蝶》

Le moteur ronronne, les pneus crissent, les signaux clignotent sur le tableau de bord, et chaque parcelle de temps qui **l'éloigne du village et du père Zhang, le rapproche de Beijing et du vice-ministre**[A].

—Traduit par Liu Hanyu

使用谓语动词(一)。比较状语从句的合并。如果按照习惯的翻译结构，(1)首先考虑到的便是这种结构："Au fur et à mésure du temps perdu, plus. . . , plus . . . "。但是译者却调整了结构，将两句合并译为一句。他在选定主语"temps"后，选用词义相悖、对比性较强的动词"éloigner, rapprocher"来处理语义，这一"近"一"远"的背道而驰产生出相应的话语冲击力，不亚于原结构。应该讲，这是译者在翻译主从复合句时另一种翻译技巧。"改变结构，合二为一"是这种手段的主旨。

[44] "**对着**[1]嘉宝的相片，你就会**认识**[2]女人的伟大。在整个社会的轻视和压迫下面挣扎，受苦，灭亡，这就是我们以爱为生命的女人的命运。"她送相片给我时，说了以上的话。

——巴金《春天里的秋天》

«Le portrait de Garbo **t'aidera**[A] à comprendre la grandeur d'âme des femmes. Se débattre sous le mépris et l'oppression de toute la société, souffrir et mourir. Voilà le sort qu'on nous réserve à nous, les femmes pour qui l'amour est aussi précieux que la vie.» me dit-elle en m'offrant le portrait.

—Traduit par Li Meiying

使用谓语动词(二)。汉语句中应为偏正句，意为"面对……相片时，你就认识到……"。在法译时，译者没有移植汉语的结构(1)和(2)，而是利用动词(A)的特性，从而变换了句型结构，因为动词"aider"的结构特点在此较为合适地表达了汉语偏正句中所有的信息。

[45] **他见了妈妈**[1]，先是愣了一下，随即趴在地下，腹部着地，一点一点往妈妈脚边蹭。

一面偷着翻眼看妈妈脸色。

——宗璞《鲁鲁》

A la vue de Maman(A), le chien, la gueule béante, se traîna à plat ventre jusqu'à sa maîtresse, n'oubliant pas de lever furtivement ses yeux vers elle.

—Traduit par Wang Anwei et Zhang Lei

译句成词。时间状语从句的合并。汉语中虽然用的是前后顺序表示时间概念，原本句子(1) 在此被词组(A)所取代，而不是常用的"quand le chien. . . ,il"，而是借用介词短语，从而合并一个谓语。这个译句结构虽然没有大变，但合并的方式之一便是利用法语词组的包容度，实现节省句子空间的目的。

[46] 许好几天没有来。**想去找他**(1)，我又怕听他的新道学理论。

——巴金《春天里的秋天》

Xu n'était pas venu me voir depuis plusieurs jours. **L'idée** qu'il m'agacerait encore avec sa morale conventionnelle **m'empêchait d'aller le chercher**(A).

—Traduit par Li Meiying

缩句为词。让步状语从句的合并。汉语中(1)可以理解为"我尽管想去找他"，但在法译时，主体结构则变换成(A)"……的想法却阻止我前去找他"。由此不难看出，译者翻译主从复合句时，不仅可以合译两个句子，而且可以根据自己的理解，来决定何种信息更为重要。

[47] **他们做的都是小本生意**(1)，**赚钱不大**(2)。**因为**(3)是在客边，对人很和气，凡事忍让，所以这一带平常总是安安静静的，很少有吵嘴打架的事情发生。

——汪曾祺《大淖纪事》

Comme(A) leurs petits commerces leur rapportaient peu, et **qu**(B)'ils se savaient sur une terre étrangère, il se montraient partout aimables, prévenants et résignés. La paix régnait donc dans cette région où les querelles et les bagarres étaient chose rare.

—Traduit par Li Meiying

添加连接词，合二为一。这属于原因状语从句的合译。虽然汉语句中将原因状语后置，并用句号分开。但是其语义层面没有因句号而增加。译者鉴于后面解释原因的句子太长，如果照译前面的独立句，那么可能会出现句子前后失去重心，故而译者将后面的"因为"(3)直接消除，而将前面两个独立的分句译成两个原因状语从句，而后面的解释句则译作了主语。这样一来，句子的平衡感更好了。总之，这属于状语从句的翻译技巧，是一种再诠释的方式，其中透着译者对状语从句的理解。当然，处理这类句子的方式有两种：一是以译者为主体；一是仿照原作者的语言。

5.2.2.2 合译并列句

合译并列句，原则就是将表达一个语义层的两个或多个句子合译为一个句子。有时，虽然只有一个语义，但是汉语则用多个独立的小句前后连接来表达。这种多个句子传递一个语义层的手段在法译时，译者需要重新斟酌，确认是否判断有误，因为汉语因其表意功能的特性，时常会暗含有隐藏的语义。一旦确认汉语的前后句实为同一语义层时，便可在法语合译为一个句子。译者可以根据信息的多寡而选用单句，主从复合句等。不过，要实现多句的合译，就需要有更广阔的视野，需要跳出单句的局限，从句际间来处理信息。只有从段落的层次上来审读原句，才可能更加全面地审读出句子的信息。

[48] 她说谎也好，她不爱我也好，我不去管那些。只要她时常来，只要她送给我笑，送给我花，就够了。反正我爱她，我会把假话当作真话听。她还送给我吻，那更好。

——巴金《春天里的秋天》

如果按照汉语顺序，便可获得下述结构，因为可以这样简单地诠释语义："尽管她……，只要她……，其他的也就不在乎了。我因爱而变得如此盲目，以至于愿意将假话当真，再说，她的吻更令我销魂。"有了这种理解，便可以得出下述译句。

(1) Quoiqu'elle mente ou qu'elle ne m'aime pas ou non, peu importe à mes yeux. Je l'aime quand même pourvu qu'elle vienne souvent me voir, et qu'elle m'offre fréquemment des sourires et des fleurs. Mon amour me rend tellement irraisonnable que je me plais à prendre ses mensonges pour la vérité, son amour pour le vrai. Et je me sens encore plus heureux au moment où elle m'accorde des baisers.

事实上，第一种结构太拘泥于汉语顺序，几乎没有突破束缚。事实上，只要站在段落的平台上来重新审读这句话，便可以获得下述第二种结构。其语义可以这样诠释："只要她……，我就满足了，不管她是否说谎……我因爱而愿意将她的爱当作真的，我因她的吻而销魂。"

(2) Pourvu qu'elle vienne souvent me voir, et qu'elle m'offre fréquemment des sourires et des fleurs, je me sens heureux même en sachant qu'elle me ment ou qu'elle ne m'aime pas. Après tout, je l'aimais, je me plais à prendre ses mensonges pour la vérité, son amour pour le vrai. Et je me sens encore plus heureux quand elle m'accordait des baisers.

第一个译句几乎在复制汉语结构，四句话代表着四种语义层。某种情况讲，这种做法无可厚非。然而，就表达语义层而言，法语中使用复合句的效果将会更佳，它不仅表达力丰富，而且语言间的衔接更加紧密。第二个译句仅用了三个法语句，译者将前两个语义层合译为一，译句因此变得更有弹性与表现力。这便是合译的最大优点。

[49] **一颗大棕树遮掩了小的庙宇**[(1)]。门前的铁香炉在冒烟。

——巴金《春天里的秋天》

Devant la porte d'un petit temple caché derrière un gros banian[(A)], des rubans de fumée s'élevaient d'un encensoir en fer.

—Traduit par Li Meiying

汉语明显有着两个语义层，所以(1)在此独立成句。其用意非常清楚，强调"小庙之所在"。但是法译时，译者则认为"烟"才是重心，其他都在围绕着"烟"在阐述。所以他用介词短语(A)作引导，将(1)的信息处理为状语。

[50] (他)近来仗着祖母溺爱，**父母亦不能十分严紧拘管**(1)，更觉放荡弛纵，任性恣情，最不喜务正。

——曹雪芹《红楼梦》

Depuis ces dernières années, il profitait de la tendresse excessive qu'éprouvait pour lui son aïeule, et **qui ne permettait ni à son père ni à sa mère de le soumettre rigoureusement à leur contrainte**(A), pour se livrer de plus en plus à toutes sortes d'incartades, s'abandonner à ses passions, n'obéir qu'à ses inclinations et témoigner d'une extrême répugnance à s'acquitter de toute obligation sérieuse.

—Traduit par Li Tche-houa et Jacqueline Alézaïs

前两个小句事实上互为因果，可以处理为主从复合句。但是鉴于后面的成分，译者仅用了一个谓语结构，而将(1)的信息当作从句予以处理。虽然结构稍显不同，但语义没有更多的变化。所以利用关系从句，也是合译小句的一种手段。

5.2.2.3 小结

在翻译中有种习惯的叫法：长句短译。当汉语中出现两个或两个以上的句子承载同一语义时，译者可以简化精练句子，将一个语义层糅合到一个译句中。但是这需要识破一个假象：如果汉语中两个句子表面上只有一层语义，但实际却还隐含着另一层，那么就不能采用合译方式，而应该将之添加出来。合译法不等于减益法。减益是删去冗赘成分，合译则是通过结构、语序的变化，将多个句子承载的同一语义合并到一个译句中。不过需要指出的是，这样做并非出于源语深层结构的需要，而是因为要符合目的语的表达习惯。

5.4 思考与实践

一、思考题

1. 请解释主次法的特点？
2. 请解释指代法的特点，并指出句外指代与句内指代的区别。
3. 在翻译过程中，为什么要补足连接词？
4. 法语中哪些动词形式可以省略连接词？
5. 请解释同位式从句与绝对式从句的区别，并举例说明。
6. 为什么在翻译中要进行句子的分割？
7. 为什么会存在着语义层次的分割？
8. 为什么存在主次形式的分割？

9. 合译句子的原则是什么？如何贯彻这个原则？

二、实践题

(一) 请翻译下列句子，注意粗体字部分，可以使用主从法。

1. 昨晚我哭了，我不知道为了什么缘故。**看见沙发上的泪痕和枕头帕上的泪痕**，我才记起来我曾经和你吵过架，不，是向你哭诉了许多事情。(巴金《春天里的秋天》)
2. 我记望着那束百合花，她答应送给我的，**它们插在没有水的花瓶里。我害怕我回来时它们已经枯萎**。(巴金《春天里的秋天》)

(二) 请翻译下列句子，注意粗体字部分，并在法语译句中补足连接词。

1. 她们到一个近河边的树荫下，也占定了一张小桌子喝汽水。这里很清静，她们又是面对着那小河；此时毒太阳当空，河水耀着金光，一条游船也没有。四小姐(惠芳)也不像刚才那样心神不定。她就有点不明白，**喝汽水，调笑**，何必特地找到这乡下来呢？这里一点也没有与众不同的风景！但是她也承认这乡下地方经那些红男绿女一点缀，就好像特别有股味儿。(茅盾《子夜》)
2. 她家祖辈都住在绿毛坑，一栋爬满青藤的木屋里。木屋是用一根根枞木筒子筑起来的，**斧头砍不进，野猪拱不动**。(古华《爬满青藤的木屋》)
3. 热闹的街市，堆满了红绿色的水果铺，写着大的"冰"字的咖啡店，穿著白色制服的英国水兵，在路上踱方步的华人警察，许多文法古怪的华文招牌。——**这些一齐冲进我的眼睛，我没有时间把它们连接起来**。(巴金《春天里的秋天》)
4. **他不愿巧云在后娘的眼皮底下委委屈屈地生活**，因此决心不再续娶。他就又当爹又当妈，和女儿巧云在一起过了十几年。(汪曾祺《大淖纪事》)
5. 海不辞水，故能成其大；山不辞土石，故能成其高。(《管子·形势解》)
6. 秘书从他手中抢去了所有的本来也不多的东西。明亮的电梯间，烫发的女服务员向他问好。他又回到了一个凡是知道他的职务的人都向他微笑的**地方**。(王蒙《蝴蝶》)

(三) 请翻译下列句子，注意粗体字部分，争取在法语中也省略连接词。

1. 我们走上石阶，进了花园。守门的马来人睁起两只又小又回的眼睛望着她，**一面把手放在他的红格子布围裙上揩来揩去**。他的脸色黑中透黄，围着嘴生了一圈小胡子。(巴金《春天里的秋天》)
2. 其实，把他们这一辈子接触过的时间累计起来计算，也不会超过二十四小时。而这二十四小时，大约比有些人一生享受到的东西还深，还多。(张洁《爱是不能忘记的》)

(四) 请翻译下例句子，注意粗体字部分，争取采用合并译法。

1. **读着我哥哥的遗书时**，我忘了瑢。看见瑢，我又忘了哥哥。(巴金《春天里的秋天》)
2. 窗户大开着。阳光带笑地爬进来。花在窗外对蝴蝶微笑。蜜蜂和苍蝇在房里飞舞。我的

心跟着文字在颤动。(巴金《春天里的秋天》)

3. 他霍地从烟榻上爬起来,在屋子里踱了几步,拿起那张电报,到光线好些的长窗边再仔细看,**愈看愈生气了**,他觉得至少非要办一下那个"玩忽公务"的电报局长不可。(茅盾《子夜》)

4. 许提议游南普陀,瑢稍微迟疑,也就答应了。我没有话说。**去可以,不去也可以**。(巴金《春天里的秋天》)

第六章 实践与点评

6.1 句子翻译的分解式

前面基本讨论过句子翻译的理论与技巧。既然汉语和法语各有特征，那么在汉语向法语转换过程中，译者既要考虑汉语的信息，也必须尊重法语的表达特征。一篇成功的译文在信息得到完整传递的同时，较难找到生硬的源语语言的结构。因为后者经过译者的"手术"，已经具有"入乡随俗"般的面容。句子虽然不是翻译的最终语义单位，但是却包含着大量原始语义信息与源语语言结构。诚然，如果语言结构与语义表达出现冲突时，译者习惯弃形求意。当然如果能够做到形意兼顾，译者将毫不犹豫地追求更佳的效果。

翻译本身是循序渐进的过程。句子的翻译与词语层次相比，平台提高了，信息量自然大了许多,综合考虑的因素也因此多了起来。在前面的章节内,我们已经就句型以及句子内各种成分做过介绍,探讨过句子层次翻译存在于局部间的问题。语言实体方面,有词与词组、主语与谓语、简单句与复合句。翻译技巧方面,讲解过分割法、重复法,探讨过句子的指代与衔接,研讨过复合句翻译的注意事项。有此基础后,便可以综合地分析汉语与法语句子在转换过程中的差异,如何依托信息内容,如何有阶段地接近终极目标。

在这过程中,翻译句子最好按如下步骤:一、确认信息,准确、完整地把握原句的信息;二、在低层次翻译原句的语义,尤其注意译语主谓的确定,时态的选用;三、综合修改语义;结合语境、语篇来统一考虑句子的结构,修改或添加相应的连接词,使之成为结构合理、信息完整的译句。我们将以下面的文字为例在下文做详细探讨:

[1] 她想起小时候上人家看新娘子,新娘子穿了一双粉红的缎子花鞋。她想起她的远在天边的妈。她记不得妈的样子,只记得妈用一个筷子头蘸了胭脂给她点了一点眉心红。

——(汪曾祺《大淖纪事》)

6.1.1 确认信息

理解是翻译的第一步骤。译者首先需要做的便是准确、完整地把握原句的信息,并试用简单句解释原始信息。这样做旨在避免可能出现的误译。然而要做到这一点,就必须分析汉语的句子结构。诚然,书中的某些提法可能有悖于汉语语法,但为了更好的诠释汉译法的方式,笔者兼顾了汉语与法语的语法语义层次,用相对相通的言辞来解释两种语言的语法现象。比如,对句内的结构可用主谓结构、动宾结构之类的称谓,这些在汉语法语之间都是相通的。但对于主从复合句中八大状语从句的叫法,则明显带有法语的痕迹。而对于句子间的理解,亦多用递进、并列、因果等术语,两种语言间也是大同小异。讲清这些内容,有助于更好地分析汉语句子。在确认信息阶段,立体地把握信息是最重要的。它在译者头脑中构成的原始信息可能由简单句来承载。

Elle se souvient des scènes de son enfance: un jour, elle était allée assister à des cérémonies de mariage, elle voyait la nouvelle mariée porter des chaussures brodées, en satin rose. Elle se souvient de là d'une autre scène: sa mère, éloignée et dont la figure s'était déjà effacée de sa mémoire, s'était servait d'une baguette et elle a enduit de fard son bout, et ensuite, elle lui a fait une tache rouge entre les sourcils.

分析思路为:她想起小时候(的场景)(1):上别人家看新娘子,新娘子穿了一双粉红的缎子花鞋。她因此想起她的远在天边的妈妈(2)。她记不得妈妈的样子(3),只记得妈用一个筷子头蘸了胭脂给她点了一点眉心红。

从语法结构上看,(1)和(2)都是"想起"的宾语,尽管"想起"曾两次出现,但却隐含着互为因果关系,而(3)则隐含有让步的衔接内容。从语义内容上看,这分别属于两件事。为此,我们可以先行用直观简单的词或词组译出信息。

6.1.2 初步转换

初步转换，主要研究用全局观来处理信息：段落的框架、句子的结构、限定词的移植或调整，以及时态的认定。准确地讲，这个阶段涉及主体部分的两个内容：一、确定段落框架、句子结构。在确定段落之间的平衡后，对局部段落内的信息，可根据语义层用几个甚至更多的句子来承载。表层上看，译者可以汉语句子为单位进行转换，也可能按照法语的句际逻辑衔接来重新整合；二、如何使用句子来承载信息。面对脑海中由简单句组成的信息，在用法语落实到文字上时，应该用什么句型最有表达力？能够传递汉语句子信息的单位分别为：词组、简单句、并列句、主从复合句。总体上讲，法语一个主谓结构时常可以涵盖多个汉语小句的信息，也可能仅覆盖一个汉语句的部分信息。这便出现了句子的重组。

要重组句子首先便是确定语义层。根据语义来整合句子，当然，重新选定法语结构是必不可少的。其次就是分出句子的主次。即在主体结构确认后，如何外挂次要成分，或者根据结构变换次要成分，随后才是把握时态与语义的关系，以及其他的一些遗留问题。这一步等于是用目的语手段初步处理原始信息，让整个段落的内容进入到可把握的状态。

6.1.2.1 主体结构

首先，在认定句子结构时，别忘了选择主语或者确立谓语，以及它们的相互影响。诚如前面介绍的那样，以主语为重，则侧重突出于语义；以谓语为先，则侧重于结构。译者在认定主体构架之后，主谓的认定是必不可少的。

Elle se souvenait des scènes de son enfance: un jour, elle était allée assister des cérémonies de mariage, elle avait vu la nouvelle mariée porter des chaussures brodées, en satin rose. Elle se souvenait de là d'une autre scène: sa mère, loignée et dont la figure s'était déjà effacée de sa mémoire, s'était servi d'une baguette et avait enduit de fard son bout, et elle lui avait fait une tache rouge entre les sourcils.

毋庸置疑，这个段落的内容并不复杂。“她想起……，她想起……”是主体结构。当然，汉语的前后句衔接起来时，透出互为因果的语义连贯。随后是时态的认定。对于时态和语态的使用，无外乎有过去、现在、将来的选择。当然不同的文本有不同的要求。这些在法语语法中已经得到解决。就本译句而言，句子结构还取决于谓语。正如前面所讲的那样，谓语作为句子的核心，不仅能够影响语义，而且对结构的选择也举足轻重。比如，“她想起小时候”中的“想起”就可以用好几个动词来处理这个信息：

A. elle se souvient (des scènes) de son enfance
B. elle pense à son enfance
C. cela lui évoque l'enfance
D. des scènes de son enfance lui surgissent (arrivent), 或 des scènes surgissent dans son esprit

应该说，四种方式都可以用。对于谓语动词的选择至少需要在段落平台的高度上进行。

登高而望远，没有相应的高度，便易陷入局部的迷惘之中。译者根据段落的布局，在此选择D。当然，不同的译者由于认知或侧重点的不同，可能会做出不同的选择，但其宗旨必须得符合语言的全局观。

6.1.2.2 次要信息

第二步便是时态的认定与次要成分的处理。时态通常是在现在、过去、将来之间进行选择。像这类小说体裁的时态，往往都以过去时为坐标，并在此基础上实现时态的搭配。比如本译句中"想起"使用了过去时，那么"发生在之前的动作"就须用愈过去时。次要信息在此便是限定词的外挂，在此存在着一个"妈妈，她记不起样子的妈妈"。在完成这个阶段的处理后，便形成了下述内容。

Des scènes de son enfance surgirent dans son esprit: un jour qu'elle était allée assister à des cérémonies de mariage, elle avait vu la nouvelle mariée porter des chaussures brodées, en satin rose. Cela lui évoque sa mère, mère éloignée et dont la figure s'était déjà effacée de sa mémoire, qui s'était servi d'une baguette et avait enduit de fard son bout, et ensuite, elle lui avait fait une tache rouge entre les sourcils.

6.1.3 优化润色

第三阶段也是出成品的阶段。从一种语言到另一种语言，语义在翻译过程中能否转换、如何转换、转换率有多高，这都是翻译理论与实践讨论的对象。翻译不但要译意，还要体现语言的韵味、风格、色彩等。这就要求译者立体地、综合地运用所掌握的技巧和经验，译出"色、香、味俱全"的作品。这就是翻译的最后阶段。通过信息的合并、简化，在有机衔接后，最后润色完善。

Des scènes de son enfance surgirent dans son esprit(A): un jour qu'elle était allée assister à des cérémonies de mariage, elle avait vu la nouvelle mariée porter des chaussures brodées, en satin rose. Cela lui évoque sa mère, mère éloignée, bien que(C) sa figure se soit déjà effacée de sa mémoire, qui lui avait fait une tache rouge entre les sourcils avec(B) un bout de baguette enduit de fard.

(A)**合并**是指合并相同的冗赘信息，比如在完成第一句话的翻译后，用了指代词"cela"作主语，从而清楚地标明两句之间的因果关系；(B)**简化**是指用法语的特有表达方式，优化其结构组合，此处即指"s'était servi d'une baguette et avait enduit de fard son bout, et ensuite"，而用"avec un bout de baguette enduit de fard"予以取代，实现了用词精练。至于(C)**有机衔接**，这是指理顺前后分句的逻辑关系，将其含而未露的关系表面化，因为法语是一种表形的语言，它需要明确地表明分句之间相互的关系。故而在(3)处增加了连词短语"bien que"。

从上述介绍可以看出，对于句子的翻译，除了第一阶段理解词义而外，第二阶段存在的两个步骤相当重要：1. 确认主体结构，及句子数量(解决主谓结构)；2. 解决枝蔓问题：限定词时态、语态。随后才开始进行到合并组合阶段；段落、语篇平台；去冗简繁、语言衔接、语义连贯。优化组合。再例如：

[2] 一个对于诗歌图画稍有兴味的旅客，在这小河中，蜷伏于一只小船上，作三十天的旅行，必不至于感到厌烦，正因为处处有奇迹，自然的大胆处与精巧处，无一处不使人神往倾心。

——沈从文《边城》

确认信息，准确、完整地把握原句的信息，并尽可能用简单句。

Un voyageur avait quelque peu le goût de la poésie et de la peinture, il voudrait voguer sur le fleuve même pour un mois dans une petite barque, il n'en est jamais las. Il s'enivre devant toutes les choses merveilleuses qu'il pourrait admirer ça et là le long de son voyage: celles-ci, créées avec audace ainsi que celles-là, créées avec minutie par la nature.

如若有了第一阶段的信息把握，便可以分两个步骤来重组上述信息。为此，我们可以这样审读结构。

1. **确认主体结构、句子类型及数量。**本译句事实上可用一个复合句来处理结构，因为它可以被认为是一个语义层。至于技术细节，也没问题，法语句子可以外挂多种从句。下面便是对语义层的分析：

① 旅客陶醉于沿途的大自然，可连续旅行三十天而不烦。

Un voyageur pourrait passer un mois dans une petite barque puisqu'il lui serait possible de s'enivrer de beaux paysages de la nature au cours de son voyage en barque.

② 旅客，只要对……稍有兴趣，便不难度过三十天的舟船劳顿，因为他必然陶醉于沿途的奇迹。

Le voyageur, s'il avait eu quelque peu le goût de la poésie et de la peinture, aurait pu passer un mois dans une petite barque, car il se serait enivré devant de beaux paysages de nature.

如果这样理解，便可能生成主从复合句的结构。当然，前后两种理解，所选从句的状语肯定不同。

2. **解决枝蔓问题：限定词、时态、语态。**

A. 限定词与中心词。

① 句中的"旅客"＝对诗歌图画稍有兴味的旅客

un voyageur ayant le goût, soit-il grand ou petit, de la poésie et de la peinture

①② 句中的奇迹＝令人倾心的、大胆的与精妙的自然奇迹

toutes les choses merveilleuses qu'on pourrait admirer partout, celles-ci créées avec audace ainsi que celles-là créées avec minutie par la nature

B. 时态。由于前后文中透出假设的语气，主句谓语需要用条件时。

C. 语态。此处无要求。

在此基础上，将主体结构与枝蔓内容相组合时，可获得下述译句。

① Un voyageur ayant quelque peu le goût de la poésie et de la peinture pourrait passer un mois dans une petite barque sans en être jamais las puisqu'il lui serait possible de s'enivrer devant toutes les merveilleuses qu'on pourrait admirer le long de son voyage, celles-ci créées avec audace ainsi que celles-là créées avec minutie par la nature.

② Le voyageur, s'il avait eu quelque peu le goût de la poésie et de la peinture, aurait pu passer un mois dans une petite barque à voguer sur le fleuve sans en être jamais las, car il se serait enivré devant toutes les merveilleuses de la nature le long de son voyage: celles-ci créées avec audace ainsi que celles-là créées avec minutie par la nature.

3. **采取合并方式。**也就是在段落、语篇平台上处理信息，使用去冗简繁、优化组合的方式，以实现话语衔接、语义连贯的目的。

① Un voyageur ayant quelque peu le goût de la poésie et de la peinture **pourrait**(A) passer un mois dans une petite barque à voguer sur le fleuve sans en être jamais las **grâce à**(B) toutes les choses merveilleuses (...)(C) de la nature pendant son voyage: celles-ci, créées avec audace par la nature et celles-là, avec minutie.

站在段落平台上对此译句在合并组合时，涉及三处需要点评的地方：一、时态问题(A)。既然整句话是在假设，取条件式现在时较为妥当，表达一种可能性。二、优化组合，句子改为短语(B)。此处既可以用从句也可以用短语。既然它所辐射的主语也是主句的主语，加之又引导出一个好的结果，用“grâce à”(B)比较合适，也可以用“à cause de”。当然如果硬要用引导原因状语的连接词“puisque”亦无不可。三、去冗简繁，合并时省略(C)。既然前后文已经明确地指明主语一路上可能陶醉于大自然的鬼斧神工，就不必再加赘述。(C)在此便省略了可能的从句中的主谓语。下面，我们再看看第二个结构的处理。

② Le voyageur, **s'il avait**(A) quelque peu le goût de la poésie et de la peinture, **pourrait**(A1) passer un mois dans une petite barque à voguer sur le fleuve sans être jamais las **en raison de son enivrement de**(B) toutes les choses merveilleuses de nature **au cours de son voyage**(C): celles-ci, créées avec audace par la nature et celles-là, créées avec minutie.

此译句在合并过程中明确了三点：一、时态。由于表现某种可能的假设，所以选用未完成过去时与条件式现在时的搭配。二、转换结构。将(A)处的定语“对……稍有兴趣”译作从句，以期更清晰地展示与主句谓语之间的关系；三、译句成词(C)。合并时将原来的原因状语从句用词组予以取代。请再看第三个例句：

[3] 祖父[……]注目溪面的薄雾，仿佛看到了什么东西，轻轻的吁了一口气。祖父静静的拉船过对岸家边时，要翠翠先上岸去，自己却守在船边，因为过节，明白一定有乡下人上城里看龙船，还得乘黑赶回家去。

——沈从文《边城》

Le grand-père regarde la brume, et à travers la brume qui s'élevait à la surface de l'eau, il a l'impression de discerner quelque chose, il pousse un léger soupir. Silencieusement, il conduit la barque vers l'autre côté où se trouve sa maison, il demande Emeraude de rentrer tandis que lui, il doit continuer son travail parce qu'il sait bien qu'en ce jour de fête, les paysans qui sont allés en ville pour assister à la compétition des barques doivent retourner chez eux.

对这句话细加分析，主语只有一个"祖父"，而谓语却有不少。其间存在着相应的逻辑关联。

（2）两个步骤中第一步，可以这样来解释结构："祖父看着，好似看到什么东西，发出轻微的叹息。到了对岸后，翠翠上岸回家，而他还须留在船上，因为进城的人在看过龙船赛后，便得回家。"

Le grand-père regarde la brume, il a l'impression d'y discerner quelque chose en poussant un léger soupir. Silencieusement, il conduit la barque vers l'autre côté où se trouve sa maison, et Emeraude quitte la barque et rentre au foyer tandis que lui, il doit continuer son travail car il sait bien qu'en ce jour de fête, les paysans qui sont allés en ville pour assister à la compétition des barques doivent retourner chez eux.

两个步骤中第二步，限定词的处理：薄雾＝溪面的薄雾(la brume qui s'élevait à la surface de l'eau)；时态：过去时。为此，可以得到如下句子。

Le grand-père regardait la brume qui s'élevait à la surface de l'eau, et à travers la brume, il avait l'impression d'y discerner quelque chose en poussant un léger soupir. Silencieusement, il conduisit la barque vers l'autre côté où se trouve sa maison, et Emeraude quitta la barque et rentra au foyer tandis que lui, il devait continuer son travail car il savait bien qu'en ce jour de fête, les paysans, allés en ville pour assister à la compétition des barques, devaient retourner chez eux.

（3）合并组合。

Le grand-père, **regardant**(A) la brume qui s'élevait à la surface de l'eau, avait l'impression d'y discerner quelque chose en poussant un léger soupir. Silencieusement, il conduisit la barque vers l'autre côté où se trouve sa maison, et Emeraude descendit de la barque et rentra au foyer tandis que lui, il devait continuer son travail car il savait bien qu'en ce jour de fête, les paysans, **après être allés assister en ville à la compétition des barques**(B), devaient retourner chez eux.

此译句在合并时简化了一个谓语(A)，在(B)处也简化了一个限定性从句。同时也调整了相应的结构。

6.1.4 小结

诚然，我们介绍的这种方式，实际上很可能是译者头脑中思维的过程。多数情况不一定会见诸纸端。但是对学习者而言，则需要分解过程，就似学习分解动作一样，先夸张地详解每个步骤可能产生的问题，以及应对的办法，再细谈组合的过程以及注意事项：一个段落如何译出来的，有过哪些设想，以及如何进行的取舍。

同时，因为讲解分解动作，自然也涉及一些信息处理技巧。就句子层面而言，最重要的莫过于语言结构的移植或变换。能移植结构又能达意，这是最合适的效果。如果为了保持语义必须变换结构，那就需要遵照法语的结构，重新调整。再有，优化润色更多涉及语篇以及语篇衔接。对于这些内容，将在第九章中详加解说。

6.2 成语翻译

成语是习语中的一种，指语言中习惯沿用的一种固定词组，是指某个民族在长期的生产和社会实践中形成的一种固定浓缩的语言形式。应该承认，语言与语言之间存在着词义对应与词义并行的现象，但也存在着“语义空缺”。莱督这样讲过：“我们把生活经验变成语言，并给语言加上意思，是受了文化的约束、影响的，而各种语言则由于文化的不同而互为区别。有的语义存在于一种语言之中，但在另一种语言中却不存在。”

成语，作为一种民族色彩极浓的语言形式，在运用过程中，它可以作为一个词或词组，也可以是一个句子。就语法而言，它因为已经凝合为一个固定的信息块而倾向为一个词组，但是就语义而言，它更像是一个句子，因为它的构成往往源自于文学作品、历史掌故、宗教故事、社会传说等。再有，它本身的体现形式也多是句子。总之，成语除了语言因素外，还涉及其他相关的知识，所以只有在句子层面上介绍成语的翻译，才可能完整地转换相应的信息。

在翻译的过程中，成语除了偶尔能见到个别对等的形式外，多数情况不可能直接译作另一种语言的习语。成语由于结构定型、语义统一的特征，基本上形成了类似建筑结构一样的“语言块”，整块使用的效果才好。它的优势在于言简意赅地、异国情调浓郁地传递着源语信息，缺点便是因为自身成“块”，移动和使用起来不便。

具体分析一下汉语成语的构成，便可以看出它的独特性：结构上讲，汉语习惯用四字词组成，其内容包罗之广，有来自民间口语的、有来自文学作品的、有来自历史事件或民间传说的、还有出自宗教典籍和掌故的。显然，这些浸透着汉民族文化的语言要转换成法语，其困难可想而知，因为法语中没有，也不可能有汉文化的内涵。在这解读与表达过程中，便会遇到两门语言在交汇时因文化差异造成的翻译现象：一、词义对应；二、词义并行；三、词义空缺。

汉语成语内容丰富，包容度大，擅长意合；法语习语内容具体，寓意性强，擅长将意合的内容具体化。翻译汉语的成语，法语采用的方式无外乎为三种：移植、替换、消弭。

6.2.1 移植法

在汉译法的转换过程中，一些相似的自然现象与生产过程对两个民族的思维与语言运用产生出相同的影响，语言表达、甚至语汇使用都可能出现了相似的现象，这种现象就是大家称为的“词义对应”。虽然这种“词义偶合”的现象并不多见，但是如能运用到译文中，却能起到相同的功效。

汉 语	法 语
自助者天助。	Aide-toi, le ciel t'aidera.
见树不见林。	Les arbres cachent la forêt.
沧海一粟。	C'est une goutte d'eau dans la mer.
谋事在人，成事在天。	L'homme propose, Dieu dispose.
隔墙有耳。	Les murs ont des oreilles.

对于那些从内容到形式都存在相似性的成语，译者往往采用移植的方式，因为这不仅仅是移植的问题，也是传神达意的效果。

6.2.2 替换法

对于一些语义，汉民族用一种方式来表达，法兰西民族用另一种方式来表达。诚然，二者的用词不同，但是语义却相同或大体相同。面对这种词义并行的现象，译者便会采用替换的方式，用法语的成语来替换汉语成语。

汉 语	法 语
有所得必有所失。	On ne fait pas d'omelettes sans casser des œufs.
欲加之罪，何患无辞。	Qui veut noyer son chien l'accuse de la rage.
不入虎穴，焉得虎子。	Qui ne risque rien n'a rien.
阎王好见，小鬼难求。	Il vaut mieux s'adresser à Dieu qu'à ses saints.
既来之，则安之。	Prendre le temps comme il vient.
量入为出。	Vivre selon ses moyens.

替换形转换就是在翻译实践中，汉语成语在法译时虽然语言符号不等，但因其表达效果相似，而可以予以替换。

6.2.3 重塑法

众所周知，汉语成语在翻译过程中要想实现形意兼顾的情况并不多见。既然语言承载着各自的民族文化，译者在目的语中是无法找到对等的文化内容的。比如源自汉语文学作品中的成语，源自宗教掌故的成语，在法语中如何能够找到对等词？对于这类词义空缺的成语，译者采用的办法便是求意为主，用另一种语言形式把握该词的“内涵”。这样，虽然重塑语义的方式没有成语的冲击力，但却传递出成语需要表达的词义。当然，这种做法算不上佳译，但在无法实现对等的情况下，也不失为一种处理方式。

汉 语	法 语
和璧随珠(历史掌故)	Le jade de He et la perle de Sui//Objet introuvable//objet très précieux.
得陇望蜀(历史故事)	Aussitôt après la conquête du pays de Long, on convoite celui de Shu. //Vouloir toujours plus.
三顾茅庐(文学作品)	Aller visiter qn à trois reprises dans sa chaumière//rendre plusieurs visites à un homme de talent pour le prier de sortir d'une vie recluse ou de la retraite//inviter qn plusieurs fois de suite à prendre une fonction.
放下屠刀,立地成佛(宗教典籍)	Déposer le couteau de boucher pour se faire bouddha sur-le-champ//Il est encore temps de se corriger//Tout malfaiteur peut devenir homme de valeur aussitôt qu'il rompt avec le passé. ①

词义空缺虽然有这样那样的麻烦,但并不是不可译的,只不过它给译者带来的困难更多些,需要考虑的信息除了语言之外,还有文化及其语言内涵。对于这类成语的翻译,需要先做认真分析,再用相应的词予以表达。

6.2.4 小结

汉语成语的翻译虽然难,主要难在文化信息的传递,难在有许多成语并不能找到语义并行的对应成语。目的语中既然缺乏相对应的内容,用简明的法语达意便成为唯一的选择。的确,无论语义还是语气上都无法达到相应的效果,但是翻译中的减码时常是不得已而为之。既然为之,便需要尽可能接近语义。

6.3 三点视角

前面章节已经讲过词语与句子层次的翻译,虽然还不全面,但是已经基本涉及翻译相应的理论与技巧。法国学者谈翻译时,曾有这么一句话:翻译就是理解,并且让别人理解(Traduire, c'est comprendre et faire comprendre.)(许渊冲,2006:27)。我们拟在此开辟小小的园地专门探讨如何理解与让别人理解。我们希望选用《聊斋志异》中几段古汉语为例,从三个视点角度来诠释,以期能更好地介绍翻译活动。一个信息源用三种语言来诠释,站在三个角度,用各自的语言特点,从特有的视角出发,虽然可以得出大致对应的信息,但绝对不再是统一的、相似的。译者既然不同了,理解的感悟与体验就可能不同,思维和理念自然不会一致,如何"让人理解"的方式手段也存在着不同。这就是可能出现的差异,表达亦可能会因主观介入点

① 这部分成语选自孙迁编著的《新编汉法成语词典》。

的不同，在选词、侧重点、手法和修辞等方面出现差异。

笔者希望通过三种语言的对比，来解读三位译者在审读同一信息源时的感悟，以及目的语对他们的影响。通过三种译文的对比，能够解读到在表达同一信息时，不同的表达方式。通过三种译文的对比，可以把握译者在处理信息时的思维过程，看到他们的大局观与细微处。信息如何在他们手下变成不同的文字，而不同的文字载体承载着宏观相似、微观不同的信息。比如：

[4] 孔生雪笠，圣裔也，为人蕴藉，工诗。有执友令天台，寄函招之。生往，令适卒，落拓不得归。寓菩陀寺，佣为寺僧抄录。

——蒲松龄《聊斋·娇娜》

汉语随着时代的变迁，已经发生巨大的变化。昔日的行文方式与笔调都完全不同。诚然，它不似外语那样，变化到面目全非的地步。但是要将这段文字译作现代汉语、英语和法语，仍旧存在着理解的过程。因为这不仅涉及文章的内容，而且还涉及历史、文化背景。如"圣裔"中的"圣"虽然没有明言，然而往昔之人显然知道其所指。就现代人而言，已经失去了以往的讲话方式，历史文化背景又经过无数次刷新，昔日的信息可能已经被排挤到边远的角落。再有，古汉语的行文方式，动词使用等亦存在不同。所以理解是第一步的，要译好这段文字，便需要对这段文字做深入的了解。应该讲，现代汉语对这段古汉语的翻译肯定不存在理解不到位的问题，所以我们将之放在第一位，接着是英语，最后是法语。我们希望通过三个翻译版本的点评比较，来了解"理解与让人理解"的逻辑关系。下面选几小段内容，先以分小句为分析单位、随后再是段落单位，目的在于研究现代汉语、英语和法语在处理过程中，可能出现的种种不同：如语言特点、结构、视点、技巧等。

- **现代汉语译文**

孔生雪笠，是孔圣人的后代(1)，为人宽厚含蓄，擅于作诗(2)。有个志同道合的朋友在天台当县令，寄信招他去(3)。孔生到了天台，县令恰好死了(4)。他潦倒失意不能还乡，寄居菩陀寺(5)，受雇为寺中僧人抄抄写写(5a)。

——赵九哥译

- **英语译文**

Kong Xueli, a descendant of the Confucius family(A), was a good poet with a gracious manner(B). One day, he received a letter from a close friend, who was the magistrate of Tiantai, asking him to go and join him(C). He went accordingly, only to find that the magistrate had died before his arrival.(D) The penniless Mr. Kong was unable to return home, so he took up his lodgings at a Buddhist monastery(E), where he was hired as a scribe of Buddhist texts.(E1)

—Translated by Ding Wangdao

- **法语译文**

Le lettré Kong Xueli était un descendant de Confucius(A); d'allure gracieuse et noble, il était habile en poésie(B). Il avait pour ami intime le préfet de Tiantai qui l'avait invité à le rejoindre dans cette ville(C). Lorsqu'il y arriva, le préfet venait justement de mourir. [D] Le lettré se vit alors dans une situation embarrassante, si bien qu'il ne pouvait rentrer chez lui; il trouva un gîte dans le monastère Putuo[E] en y travaillant comme copiste pour les bonzes[E].

—Par un traducteur anonyme

第一小段(信息(1)、(2)):

现代汉语:汉语将之处理为一句话,即一个语义层。但对(2)的处理采用的是动宾结构。

英语:在语义层上与汉语译文一致,但对(2)的处理则采用系表结构,中心词为"poet"并且通过介词"with",引出后面部分从而组成偏正结构词组。

法语:将之处理为两个语义层。信息(2)虽然也是系表结构,但中心词是形容词"habile",而不是"诗人"。

点评:不同之处:一、法语的语义层分得较细;二、动宾结构(汉语)与系表结构(英法)不同;三、系表结构中心词不同(英语用名词"poet",法语用形容词"habile")。相同之处:一、对信息(1)的处理无异;二、三种方式因语言特点虽然表现形式各异,但殊途同归,语义上没有出入。

第二小段(信息(3)、(4)):

现代汉语:有个志同道合的朋友在天台当县令,寄信招他去[3]。孔生到了天台,县令恰好死了[4]。

英语:One day, he received a letter from a close friend, who was the magistrate of Tiantai, asking him to go and join him[C]. He went accordingly, only to find that the magistrate had died before his arrival. [D]

法语:Il avait pour ami intime le préfet de Tiantai qui l'avait invité à le rejoindre dans cette ville[C]. Lorsqu'il y arriva, le préfet venait justement de mourir. [D]

现代汉语:现代汉语译句(3)属于双连动的兼语式:一、朋友当县令;二、县令寄信请他去。流水式表达与理解显见到笔端。但是主要语义点放在"received a letter"上。至于(4),采用了并列句。汉语动词由于没有词形变化,只好用虚词"恰好"来补充谓语动词。

英语:英语在处理(C)时,首先强调出中心句,随后再用非限定性关系从句与现在分词引出对"close friend"的述语。至于(D),译者把握住了一个谓语"went",其他成分则被处理为目的状语。动词的时态变化也是汉语无法具备的特点。

法语:对于(C),法语通过主句与后续性关系从句的合并使用,从而完成汉语兼语式双连动句的翻译。至于(D),法语除了用时态表明时间外,又增加了副词以作强调。这语气自然超过了汉语句的冲击力。

点评:此部分应该注意时态的表达,以及如何处理汉语中兼语式。在这方面,英语与法语都采用了关系从句。显然,无论是英语的非限定性从句还是法语的后续性关系从句,都能够满足出汉语兼语式的语义要求。

第三句(信息(5))

现代汉语:他潦倒失意不能还乡,寄居菩陀寺[5],受雇为寺中僧人抄抄写写[5a]。

英语:The penniless Mr. Kong was unable to return home, so he took up his lodgings at a Buddhist monastery[E], where he was hired as a scribe of Buddhist texts.[E1]

法语:Le lettré se vit alors dans une situation embarrassante, si bien qu'il ne pouvait rentrer chez lui; il trouva un gîte dans le monastère Putuo[E] en y travaillant comme copiste pour les bonzes[E].

现代汉语:将信息(5)处理为并列句,以时序来表达语义,没有侧重点。第一分句可以解释为"他因为潦倒无钱,所以无法还乡"之类的因果关系。

英语:对于汉译版本中三层词语义,英语做了三种不同的处理。"潦倒失意"用了形容词"penniless",不再是动宾结构,而成了偏正结构中的定语;而第二句为第一句的结果;第三分句用了非限定性从句。英译句虽然小有变化,但是三句顺序相连,结构也存在着语义的连贯。

法语:第一分句添加了表示结果的连接词,表明了主从句之间的关系;第二和第三分句在法语译者眼中,属于同一语义层,所以被合译成一句,侧重点放在"寄居"上。

点评:三种语言随着语义的推移,渐渐地表现出各自的特点。汉语的流水句,虽然没有侧重点,但逻辑衔接随着语义的深入,变得自然。没有连接词,但却见连接点。英语也出现相应的变化与不同,它在组词成句上已经体现出与汉语和与法语的不同。但从整体上看,英语虽然在变化,但却不似法语那样细致、严谨。法语在信息(5)上,则体现出它的特点。只有两个句子,译者更多地选用主从复合句,将句际间的相互关系明确无误地展现出来,而不愿靠流水句般的前后顺序,将逻辑理念留给读者。

[5]一日大雪崩腾,寂无行旅。偶过其门,一少年出,丰采甚都。见生,趋与为礼,略致慰问,即屈降临。生爱悦之,慨然从入。

——蒲松龄《聊斋·娇娜》

- **现代汉语译文**

一天,大雪纷飞,寂静无声断绝行旅[1]。孔生偶然从单宅门前经过,一个小少年出来,风度非常优美[2]。看到孔生[3],快步上前行礼[3a],略致慰问[3b],就请孔生屈尊到家里来[3c]。孔生喜欢这少年,很痛快地随着进去了[4]。

——蒲松龄《聊斋·娇娜》

- **英语译文**

One day, it was snowing heavily and all was quiet.[A] Kong happened to be walking by the gate of the mansion when a handsome young man came out from it[B]. On seeing Kong[C], he walked over[C1], greeted him with a courteous bow[C2] and invited him to go in[C3]. Kong had by then taken a great liking to the young man and readily agreed.[D]

- **法语译文**

Un jour où une neige abondante retenait chez eux les habitants(A), le lettré passa par hasard devant la porte de cette maison(A1) et, tout à coup un adolescent d'une grande beauté en sortit(A2) et, en le voyant(A3), il le salua avec empressement(A4). Après avoir échangé quelques paroles de politesse(B), il l'invita à entrer.(B1) Eprouvant du plaisir en sa compagnie,(C) Kong accepta de bon cœur.(C1)

现代汉语:汉语将此段分为四个语义层,分别以(1)、(2)、(3)、(4)予以标注。第一、第二小句为并列句。第三小句(3)和(3a)可算为时间关系的前后句,随后便又是流水似的并列句。第四分句可理解为表示因果关系的主从句。

英语:第一小句为并列。第二小句则不再是并列句,而是表示时间关系的主从句。第三小句同汉语的处理方式一样,(C)和(C1)组合成表示时间的主从句,随后是流水似的并列句。第四小句亦为并列,但有时态的区别。

法语:法语重组了语义层。译者采用合译法将(1)、(2)、(3)的信息合译为一句,法语的(A)便是利用缩句成词的方法将(1)压缩成了一个词,在句中作状语,而中心句(A1)翻译的是信息(2)。而将信息(3)的内容又一分为二,分别用(A3)和(A4)予以表达。而(3b)和(3c)则用(B)这种能够区分出时间先后的结构。最后虽然也用了原因关系主从句,但译者在此选用了省略连接词的做法,用了分词从句。

点评:细致地分析一下三种译句,会发现汉语结构松散,顺序成为逻辑连接的主要手段。法语结构严谨,语义层次分明,词形变化体现着语法要求。而英语呢,结构往往介于汉语与法语两个距离点中间。换言之,英语既有汉语的流水型表达方式,也有法语那种词形变化与时态要求。这一点颇有意思。

[6] 生跃起走谢,沉痼若失。而悬想容辉,苦不自已。自是废卷痴坐,无复聊赖。

——蒲松龄《聊斋·娇娜》

- **现代汉语译文**

孔生跳起来跑上前道谢(1),重病就此消失了(1a)。然而空想娇娜的仪容和丰采(2),苦于不能自我抑止(2a)。从此弃书不读痴痴枯坐(3),精神无所寄托(3a)。

——赵九歌译

- **英语译文**

Kong quickly got up to thank her and found the sore(A), which had made him suffer so much, had completely disappeared.(A1) But this was only the beginning of another kind of suffering.(B) The beautiful face of the young lady lingering in his mind(C), he languished for her company.(C1) All day long he sat alone, lost in thought(D), his books unopened(D1), taking no interest in anything.(D2)

—Translated by Ding Wangdao

- **法语译文**

Le lettré sauta du divan pour la remercier(A) comme s'il était soudain délivré d'une longue et grave maladie.(A1) Cependant il se sentait inconsolable de ne plus voir le visage radieux de celle qui l'avait guéri.(B) Depuis lors, incapable de lire(C), restant assis dans une sorte d'hébétement(C1), il ne savait que faire de la journée.(C2)

现代汉语:汉语译句分为三个语义层,第一个小句为并列句,前后顺序。第二个小句为因果关系的主从句,虽然没有表示状语的连接词。第三个小句也可理解为表示因果的主从句。

英语:英语将小段分作四个语义层,也就是四句话。第一小句强调主语,所以第二个谓语动词亦围绕着主语需求而选。第二小句承上启下,虽然属于添加部分,但却在衔接上发挥着相应的作用,可以算作"原句中有,但没有用文字写明的内容"。第三句处理的是汉语第二小句的信息。采用独立主格结构(D)翻译(2),而对第三句,英语中除了择定谓语外,使用了种种翻译技巧有:加词"all day",分词句"lost in..."和"taking no...",独立主格结构"his books unopened"。

法语:法语亦将小段分作三层语义。第一小句用了主从句。第二小句用了简单句。第三句则选用了主从法,根据语义的侧重点选择谓语,其他便用外挂的方式予以处理。如形容词句、分词句。

点评:纵观三个视点,追求语义准确是共同的目的。但是在过程中则存在着不同的处理方式。汉语一如既往,流水似的,即使出现主从句的结构,也没用连接词引导。英语在这个段落中,则注意了语义的一体性,为此不惜加了整整一句话(B)来承上启下。这也表明译者对语义连贯的重视。而对于最后一句,也用足了外挂的技巧。至于法语,对语义层次比较注重,并充分使用法语易于外挂的特点,将一些次要的成分处理得不动声色。

小结

一个信息源,三种诠释方式,从三个角度表明了译者的理念及语言的特点。毋庸置疑,译者对事物的透视点也有所不同。比如:"寂无行旅",现代汉语译作"寂静无声断绝行旅";英语译作"it was snowing heavily and all was quiet(大雪纷飞,四下空寂无声)",法语的诠释更见新意"une neige abondante retenait chez eux les habitants(大雪漫漫,羁绊家人外出难)"。语言的特点与结构各有不同(譬如语义层的分割不统一,句际间连接词或逻辑思维有异),文化背景的差异等等,诸多不同自然引起不同的处理方式。

就具体操作而言,在句子翻译过程中,第一步是完整理解原信息,随后在表达阶段需要考虑的问题有:一、确定文体,这是选词用词的基础;二、审定结构,到底以语义为先还是以语法结构为主,即到底是以主语为主,还是以谓语为重;三、选用时态和语态,从而确保形意兼顾,用词精练;四、增删连接词,确保语义连贯和行文的畅通;五、运用翻译技巧,确保译文质量;六、运用逻辑思维，审读译句是否存在逻辑错误。七、局部处理完成后，汇总到下一阶段“语篇”。

6.4 思考与实践

一、思考题

1. 请综述句子翻译的分解式，每个阶段应该注意的重心，可举例说明。
2. 在翻译成语时，为什么说最大的困难不是语言？
3. 单述成语翻译中的三种方式，并说明它们在使用过程中的优劣。
4. 通过三点视角的比较，我们有什么感受？
5. 三点视角体现出一个宗旨：忠实，通顺，心到意至。但是，为什么又允许有多个视角呢？信息源的唯一性能否在翻译中得到体现？
6. 开辟“点评园地”的主旨是什么？

二、实践题

（一）请依据参考译文的信息，将下例小段汉语重新译成法语，并以分解式的方式详细记录自己译文形成的过程。

1. 她最后叮咛我的这句话，有些，我为她做了，比如那套书。有些，我没有为她做，比如那些题着“爱，是不能忘记的”笔记本子。我舍不得。我常想，要是能够出版，那一定是她写过的那些作品里最动人的一篇，不过它当然是不能出版的。（张洁《爱是不能忘记的》）
（参考译文：Parmi les dernières demandes qu'elle me fit, j'en réalisais certaines, comme par exemple celle concernant les livres. Mais il y en a d'autres que je n'ai pas satisfaites comme celle du journal où était inscrit « l'amour, c'est inoubliable. » Je ne pouvais pas m'en séparer. Je pense souvent que si je publiais ce texte, ce serait sûrement l'une des œuvres les plus émouvantes de ma mère, mais bien sûr, il est impossible de le publier. —Traduit par Caroline Martinez Stephan）
2. 那五把画递了上来，甘子千不看则已，一看脸臊得像才从澡堂子出来！他首先把视线投在左下角，无意之中留下的那个拇指印，很轻很淡，端端印在那里，跟昨天烧的那画一模一样。他怀疑如把两幅画同时摆在一起，他是否能认出哪一幅出自自己之手。听说能手能把一张画儿揭成两幅，画儿韩莫非有此绝技？（邓友梅《寻访“画儿韩”》）
（参考译文：Nawu lui tendit le tableau. Son oeuvre à la main, Gan Ziqian cru qu'il allait mourir de honte. Il porta d'abord son regard en bas, à gauche, et retrouva son empreinte digitale, à peine visible. Cette peinture ressemblait à trait pour trait celle qu'on avait brûlée la veille. Si l'on avait mis les deux, côte à côte, Gan n'aurait pas pu identifier la sienne... Il avait entendu dire que les grands talents étaient capables de rendre un tableau

double. Han était-il un de ces génies ? — Traduit par Zhang Yunshu etc.)

(二) 通过审读三种译文,点评各种语言的特点,以及译者的翻译技巧。

1. 江西孟龙潭与朱孝廉客都中,偶涉一兰若,殿宇禅舍,俱不甚弘敞,唯一老僧挂褡其中。见客入,肃衣出迓,导与随喜。殿中塑志公像,两壁画绘精妙,人物如生。东壁画散花天女,内一垂髫者,拈花微笑,樱唇欲动,眼波将流。朱注目久,不觉神摇意夺,恍然凝思;身忽飘飘如驾云雾,已到壁上。(蒲松龄《聊斋·画壁》)

- **现代汉语译文**

  江西孟龙潭和朱孝廉在京城客居。偶然走到一所佛寺,佛殿僧舍,都不算宽大敞朗,里边只有一个游方老和尚挂单暂住。看到客人进来,老僧整理衣袍出外迎接,引导客人在庙里游览。殿里塑有志公像,两边墙壁上的绘画精致美妙,人物栩栩如生。东墙画的是散花天女,里边一个垂发少妇女,拈花微笑,樱桃般的小口似要启动,清水似的眼光即将流转。朱孝廉盯着看了很久,不觉魂销神荡,恍恍惚惚一心痴想。忽然飘飘摇摇,好像腾云驾雾,自身已经来到墙上。(赵九歌译)

- 英语译文

  A Jiangxi gentleman, Meng Longtan, was staying in the capital with Mr. Zhu, a scholar. One day, as they were strolling in the street, by chance they came to a monastery. They stepped in, and found its halls and meditation rooms were by no means spacious and only one old monk was lodging there. Seeing the two guests coming, the old monk immediately put on his formal robe and came out to meet them and show them the whole compound. At the center of the main hall stood the statue of Zhi Gong①. The walls on both sides were painted with exquisite and life-like pictures of men and women. On the east wall was a picture of the heavenly nymphs scattering flowers. Among these beauties was a young girl wearing maiden tresses. With a floret in hand, she was smiling sweetly while her cherry lips seemed about to move and her watery eyes seemed overflowed with tenderness. Zhu stared at the girl with fixed eyes for a long time. By now he was in a complete trance, entirely overwhelmed by engrossing thoughts. Suddenly, he felt as if he were floating in the air and riding the clouds, and then entering the scene on the wall. (Ding Wangdao)

- 法语译文

  Meng Longtan, natif du Jiangxi et le Xiaolian Zhu faisaient un séjour dans la capitale. Comme ils se promenaient par hasard dans un monastère bouddhiste dont les salles de culte et les logements des bonzes n'étaient pas très vastes, ils trouvèrent là un vieux bonze qui y prenait gîte pour le moment. En apercevant les nouveaux venus, celui-ci

① Zhi Gong, a saintly monk of the old time.

ajusta ses habits pour les accueillir et leur faire visiter les lieux. Dans la salle principale était érigée la statue du maître Zhigong et des peintures merveilleuses dont les personnages semblaient vivants garnissaient deux des mures. Sur le mur de l'est, la fresque représentait des fées répandant des fleurs; parmi elles il s'en trouvait une aux cheveux pendant sur ses épaules et qui, souriante, tenait une fleur. Ses lèvres, tendres comme une cerise, semblaient remuer tandis que brillaient ses yeux pleins de vie. Le licencié Zhu garda si longtemps les yeux fixés sur elle qu'il sentit peu à peu vaciller toutes ses facultés dans son effort pour concentrer sa pensée troublée. Et, tout à coup, comme s'il était étendu sur un nuage, son corps s'envola et vint atterrir dans la fresque. (Edition en langues étrangères)

2. 又一月,苦不可忍,而道士并不传教一本。心不能待,辞曰:"弟子数百里受业仙师,纵不能得长生术,或小有传习,亦可慰求教之心。今阅两三月,不过早樵而暮归。弟子在家,未谙此苦。"道士笑曰:"吾固谓不能作苦,今果然。明早当遣汝行。"(蒲松龄《聊斋·崂山道士》)

- **现代汉语译文**

  又过了一月,劳苦得忍受不住,可道士并不传授一点儿法术。王生心急不能等待,就向道士告辞说:"我从几百里远来跟随仙师学习,即使不能学得长生之术,如能稍稍有所传授,也可以安慰求教者的心;现在过了两三个月了,不过是早上打柴、晚上回庙。弟子在家里,可不习惯这样的劳苦!"道士笑着说:"我本来就说你不能干苦活儿,今天果真如此。明天早晨就送你走。"

- **英语译文**

  When another month passed, Wang felt again that life was so hard that it was almost beyond what he could endure. What is more, the master had so far not taught him any magic arts. Unwilling to wait any longer, he went to his master and said, "I traveled several hundred *li* to be here so as to learn magic arts from you. If I am too stupid to be taught the secret of immortality, I would not mind learning some small tricks for over tow months, doing nothing but cut firewood from early morning till late evening. I have never done such hard work at home." "Do you still remember what I said?" smiled the master. "Did I not tell you that you were too delicate to bear the hardships? It turns out that I am right. I shall let you go tomorrow."

- **法语译文**

  Mais, au bout d'un autre mois, ne pouvant supporter son dur labeur, et comme le taoïste ne lui enseignait toujours pas le moindre tour de magie, à bout de patience, il alla lui faire ses adieux en disant: «Votre disciple, qui a parcouru des centaines de lis pour recevoir votre enseignement, se serait tenu pour satisfait s'il avait appris, sinon le secret de l'immortalité, au moins une petite pratique de magie. Mais voilà près de trois mois que j'exerce le métier de bûcheron du matin au soir. A la maison je n'avais jamais fait un travail si pénible.» «Je t'avait bien dit que tu ne pourrais pas continuer cette besogne; j'avais vu juste. » Demain matin je te laisserai partir. (Edition en langues étrangères)

(三)点评园地

前面已经介绍过句子翻译需要注意的种种事项以及翻译技巧,并且还介绍有实际运用的方式。现在请仔细审读下列句子,注意粗体字部分,并点评译句的优劣得失。如果可能,请说出使用了何种翻译技巧。请看例评:

[7] 这里宝玉悲恸了一回,忽然**抬头不见了黛玉**(1),便知黛玉看见他躲开了,自己也觉无味,抖抖土起来,下山寻归旧路,往怡红院来。

——曹雪芹《红楼梦》

Le jeune garçon s'affligeait depuis un moment lorsqu'il **la vit s'éloigner**(A). Il comprit qu'elle l'avait aperçu, et voulait l'éviter, et se sentit aussitôt sans plus aucun goût pour rien. Il se leva, secoua la poussière de sa robe, quitta le versant de la colline et se remit en route vers son enclos.(合并译法)

— Traduit par Li Tche-houa et Jacqueline Alézaïs

这个译例有三个看点:一、合并译法。通过动词(voir + *inf.*)的功能,将两句合译成一句,从而确保了以主语为重心的宗旨;二、添加表示时间关系的连接词"lorsque";三、语义层的再诠释。汉语只有一个语句,翻译时根据语义将之分割为三,用三个句子分别表达出来。

[8] **游山并不能使国王觉得有趣;加上了路上将有刺客的密报,**更使他扫兴而还。那夜他很生气,说是连第九个妃子的头发,也没有昨天那样的黑得好看了。

——鲁迅《铸剑》

Le roi n'avait pas pris plaisir à l'excursion dans la montagne. Et **le rapport secret sur un assassin l'attendant en embuscade** lui fit prendre, tout plaisir perdu, le chemin du retour. Il se montra de fort méchante humeur ce soir-là et se plaignit de ce que les cheveux de la neuvième concubine n'étaient plus d'un noir aussi éclatant que la veille et avaient perdu de leur lustre.(译句成句)

[9] 这是一个爱母亲的人,我的朋友里面**没有一个人像他**这样热爱着母亲的。他看了《慈母》这电影,居然会哭一个整天。

——巴金《春天里的秋天》

Il aimait infiniment sa mère. Et de tous mes amis, c'était lui le plus remarquable pour ce qui est de l'amour filial. Il avait pleuré un jour entier, après avoir vu le film «Une mère aimante».("唯一"的处理)

— Traduit par Li Meiying

[10] ……甘子千越想越不安,他觉着按人品说,画儿韩比那五高得多。别说这事与自己有关,就是无关也不忍看着叫那五再坑他。他决定明天一早去当铺访画儿韩,找机

会和画儿韩说破，别让那五把事闹大。

——邓友梅《寻访“画儿韩”》

Gan Ziqian se plongea dans ses réflexions, avec une inquiétude croissante. Que l'affaire le concerne ou non, il ne voulait absolument plus voir Nawu prendre Han le peintre encore une fois au piège. Han était **un homme foncièrement sérieux qui avait une conduite morale autrement estimable que celle du journaliste**. Il décida donc d'aller rendre visite au peintre et de tout lui raconter afin d'éviter le pire. — Traduit par Zhang Yunshu etc. (后续性关系从句)

[11] 翠翠抱膝坐**在月光下**，傍着祖父身边，问了许多关于那个可怜母亲的故事。间或吁一口气，似乎心中压上了些分量沉重的东西，想挪移得远一点，才吁着这种气，可是却无从把那东西挪开。

——沈从文《边城》

C'était la pleine lune. La jeune fille, assise, les bras entourant ses genoux, s'appuyait contre son grand-père et le harcelait de questions au sujet de sa mère qui avait été si malheureuse. Elle soupirait de temps à l'autre pour essayer d'écarter le poids qui pesait toujours sur son cœur. (语义层的分割)

—Traduit par Wu Ming etc.

[12] 正在工作忙的时候。他竟然请了十几天的假。

——王蒙《蝴蝶》

Malgré son travail, il a demandé un congé de plusieurs jours. (时间状语与让步状语的转换)

—Traduit par Liu Hanyu

[13] 这里的姑娘媳妇也都能挑。她们挑得**不比男人少**(1)**，走得不比男人慢**(2)。挑鲜货是她们的专业。大概是觉得这种水淋淋的东西对女人更相宜，男人们是不屑于去挑的。

——汪曾祺《大淖纪事》

Quant aux porteuses, femmes et jeunes filles, elles portaient les **mêmes**(A) **poids que** les hommes, et avec la **même rapidité**(B). Mais elles se contentaient de déplacer les marchandises fraîches, que les hommes ne daignaient pas toucher, à cause, sans doute, de leur humidité. (比较状语)

— Traduit par Li Meiying

[14] 绿毛坑两户人家的生活，就像木屋后边那条碧玉般清澈的山溪，静静地流着，流着。深处浸到腿肚子，浅处盖住脚背脊。然而这浅浅的山溪，却也倒映出了婆娑的树影，清朗的蓝天，轻悠的白云。如今又多映出了一样东西，“一把手”在他那小木屋边上竖了一根高高的杉木条子：收音机天线。

——古华《爬满青藤的木屋》

Les deux familles vivaient aussi tranquillement que le ruisseau limpide d'émeraude à l' écoulement paisible. **Quoique peu profond** dans certains endroits de la profondeur du mollet, dans d'autres, de la hauteur du pied —, celui-ci reflétait les ombres dansantes des arbres, le ciel d'azur, les nuages de neige et aujourd'hui, une chose de plus, l'antenne que le jeune homme avait installée pour sa radio.（关注让步的连接词）

— Traduit par Liu Hanyu

[15] 天快夜了，别的雀子似乎都在休息了，只杜鹃叫个不息。石头泥土为白日晒了一整天，草木为白日晒了一整天，到这时节皆放散一种热气。**空气中有泥土气味，有草木气味，且有甲虫类气味。**翠翠看着天上的红云，听着渡口飘乡生意人的杂乱声音，心中有些儿薄薄的凄凉。

——沈从文《边城》

La nuit commençait à tomber, presque tous les oiseaux s'étaient tus, seul le coucou chantait sans cesse. Des pierres, de la terre, des herbes **qui avaient été exposées toute la journée au soleil**, émanait une senteur agréable qui emplissait l'air. Emeraude contemplait les nuages. Elle écoutait les voix confuses venant du bac, et ressentait le poids léger de sa solitude.（后续性关系从句）

—Traduit par Wu Ming etc.

[16] 一下里他那好像冻僵了的心重复生气蓬勃，能够出主意，能够钻洞觅缝找门路了。他立刻从徐曼丽联想到赵伯韬，**联想到外场哄传的赵伯韬新近做公债又得手**；并且，最重要的，也立即联想到那流传已久的老赵组织什么托辣斯，收买工厂！希望的火焰又在周仲伟心里烘烘地旺盛起来。他怪自己为什么那样糊涂，早没想到这位真正的财神爷！

——茅盾《子夜》

Son cœur glacé semblait reprendre vie; il se sentait capable d'avoir de nouvelles idées et de trouver une issue. De Xu Manli, sa pensée se porta par enchaînement sur Zhao Baitao **qui, selon la rumeur publique, avait remporté la dernière victoire dans les spéculations sur les bons d'emprunt.** Ce qui était encore plus important pour lui, c'était le bruit qui courait déjà depuis longtemps sur Zhao: on disait qu'il organiserait une sorte de trust et achèterait des usines! La flamme de l'espoir se raviva en Zhou qui se reprocha d'être si sot et de ne pas avoir pensé plus tôt à ce véritable dieu de la richesse!

— Par un traducteur anonyme

[17] "……如今我们家赫赫扬扬，已将百载，一日倘或乐极悲生，若应了那句'树倒猢狲散'的俗语，岂不虚称了一世的诗书旧族了！"

——曹雪芹《红楼梦》

“... Voilà maintenant près de cent ans que s’exalte la splendeur de notre maison. s’il advenait qu’un jour: ‘au comble de la joie naisse la tristesse’, et si devait alors, pour nous, se vérifier l’adage selon lequel: ‘l’arbre renvers, les singes se dispersent’, n’aurions-nous pas vainement acquis notre réputation d’ancienne famille, où sont en honneur le *Livre des vers* et le *Livre des textes historiques*?”

—Traduit par Li Tche-houa et Jacqueline Alézaïs

[18] 机警,镇定,胆量,都摆出在这年青人的脸上。只要调度得当,这样的年青人很可以办点事;吴荪甫觉得他厂里的许多职员似乎都赶不上眼前这屠维岳。但是这个年青人可靠么?这年头儿,愈是能干愈是有魄力有胆气的年青人都有些不稳的思想。

——茅盾《子夜》

Toujours aussi calme, Tu, très naturel et l’air dégagé, n’en était nullement décontenancé. C’était la première fois que Wu rencontrait un employé qui résistait à son regard sévère et perçant. Il s’en étonna en lui-même. Il aimait cette sorte de jeunes gens calmes et courageux, aussi son visage se dérida et sa voix changea de ton.

— Par un traducteur anonyme

[19] 我看着这上了年纪的人,也俯首帖耳地听着民警的训斥,觉得很是有趣。

——张洁《爱是不能忘记的》

Je regardai cet homme d’âge avancé, écoutant les reproches du policier avec humilité, je trouvais cela très intéressant!

—Traduit par Caroline Martinez Stephan

[20] 人生大病,只是一个傲字。

——王阳明《传习录》

Aucune maladie ne saurait être plus grave que la suffisance.

—Maximes chinoises

[21] 翠翠吓慌得不知所措,只锐声叫她的祖父。祖父不起身,也不答应,就赶回家里去,到得祖父床边摇了祖父许久,祖父还不作声。原来这个老年人在雷雨将息时已死去了。

——沈从文《边城》

Affolée, elle appela son grand-père... Pas de réponse. Alors, elle courut à la maison, se précipita vers le lit du vieillard, et secoua violemment celui-ci pour le tirer de son sommeil. Mais hélas! Le batelier s’était éteint en même temps que l’épouvantable orage.

—Traduit par Wu Ming etc.

[22] 祖父回家时,大约已将近平常吃早饭时节了,**肩上手上全是东西**,一上小山头便喊翠

翠，要翠翠拉船过小溪来迎接他。

——沈从文《边城》

Tout chargé, le grand-père revint à l'heure du petit déjeuner. Il appela Emeraude en arrivant en haut de la colline.

[23] 许多所洋房的门口钉着小的五色旗，这是神的旗，**上面还写着神保佑的话**。

——巴金《春天里的秋天》

Des fanions à cinq couleurs, **comportant des formules bénéfiques**, étaient accrochés aux bâtiments étrangers.

— Traduit par Li Meiying

参考书目

1. 许渊冲，2006，《翻译的艺术》，北京：五洲传播出版社。

第七章 7

修辞与翻译

比喻	对偶和排比
其他修辞格	修辞性问句
音律	修辞性重复

修辞学就是研究提高语言表达效果的方式和技巧的一门科学(姚殿芳等,1987:2)。而修辞的方式大致涉及两方面内容:语言内部演化带来的修辞效果;语言外部形态变化产生的冲击力。至于修辞与翻译的关系,简单地讲,便是在翻译的过程中,运用目的语的修辞手段对源语信息进行艺术加工。作者运用修辞是为了激活话语的审美效果,译者运用修辞则是在忠实的基础上,美化或者升华目的语的表现力。应该承认,二者的目的因目标不同而存在着差异,但是追求审美的效果则是一致的。

对译者而言,他需面对两种语言的修辞手段:汉语修辞与法语修辞。他在翻译中处理修辞的手法无外乎有三:一、用法语修辞直接移植汉语的修辞;二、用法语的修辞提升汉语的表达力;三、法语修辞不能移植汉语的修辞。事实上,前两种讲如何发挥法语的优势,以处理来自汉语的修辞或非修辞性表达,后一种是法语在处理信息时遇到了难处,因语言的局限而无法用相同的修辞手段来表达汉语的修辞性话语。可以说,修辞虽然是为翻译服务的手段之一,但是它仍旧无法突破语言的局限。

换言之，译者在处理一部译作时需要考虑内容和形式美学品质，如何移植或再创？译者在把握目的语的表达特点时，如何保留、改编或提升原著的美学形式？细思之，还真需要从修辞的两方面着手：译文的内容美与译文的形式美。

7.1　译文的内容美

译文的内容美是原文内容美的再现，或是原文内容的美化。语言是人类最重要的交际工具。每种语言都有它自身的内部规律，即它的语音、词汇、语法的系统和规则（姚殿芳，1987：1）。不言而喻的是，原文内容美作为译者的信息参照点，影响或左右着译者的翻译选择。仅就修辞而言，汉语与法语有着相应的共性：诸如比喻、借代、映衬、夸张、婉言、双关、引用等。但是在使用过程中，又各自透着语言的个性。汉语中的修辞手段在法语中并不一定能达到完全相符的“复制品”。这不仅仅是语言本身的“不兼容性”，而且还有一种文化视界带来的障碍。

要打破原著的言语形式，就必须研究源语文本的审美品质，只有完整地把握住作者的意图后，才可能在目的语文本中体现或再创相应的审美效果。诚然，如果能做到形神兼备自然是好，但出现鱼与熊掌不可兼得时，译者首先需要保持文章的内容信息。必要时，弃其形求其意也是译者不得已要做出的选择之一。

7.1.1　比喻

比喻就是借乙事物来描写甲事物，二者虽然不同类不同质，但在使用点上存在着相似性。作者便是借用另一种物体的相似性来刻画这一种物体。比喻是由本体和喻体这两个要素构成的。理论上讲，本体是“不知的”，而喻体是“已知的”并且具有某些相似点。使用者正是借助喻体的相似点来对照说明本体的特征或描写本体。比喻就是创造性地运用语汇丰富的特点，以期实现文本更加生动、更富有感染力、更具审美效果。然而在翻译过程中，如果将源语中的乙事物比作目的语中的甲事物，这种跨越语言的交际必然要受到社会文化背景的限制。乙事物激活的文化认知，不可能随着乙事物这个客体移植到甲事物上而自然滋生，因为文化认知在失去生存的土壤后，便失去生命力。为此，理解比喻，以及进行比喻转换都不可能离开民族文化认知的问题。

换言之，比喻不仅仅意味着语言的内容，而且还含有强烈的文化特征。每个民族有着对大自然独特的认知，有着独特的文化宗教背景，有着各自的形象思维，有着许许多多差别。比喻是借助一个喻体来描述另一事物的手段。语言的不对等已经给翻译造成困难，而喻体的文化词义不对等，却是译者更难克服的困难。为此，译者需要立足于“广义忠实原文”的基础上，重新整合比喻，从而完成话语信息的转换。

7.1.1.1 明喻

明喻是指借物喻物的修辞方式。但两种物体之间必须具有相似性，才能借此物激发读者对彼物的理解力，以物喻物的方式可使形象更鲜明、更生动。明喻须有比喻词，汉语中常用的有：像、好像、若、似、宛如、如同等。而法译时通常可以选用的词语有：comme, comme si, tel que, de même que, semblable, pareil, sembler, ressembler, tenir de，还可以选用某些动词以及动词的某些语态：ressembler, on aurait dit, on dirait, on a l'impression, etc.

丹尼尔·肖认为，翻译比喻，意义是第一位的（郭建中，2000：71）。既然注重意义，自然以归化为主。处理明喻的方式包括复制、消弭、替代以及重塑。

7.1.1.1.1 立足喻体

在人类长期的社会实践中，语言使用的认知在许多方面都是相同的。在这种情况下，译者可以复制比喻。也就是说源语的本体与喻体之间的相似性在目的语中亦能找到。为此，只需要"立足喻体"即可。换言之，就是以源语喻体的相似点为基础，复制、注释或改良喻体。

7.1.1.1.1.1 复制法

复制法亦称移植法，这种做法的特点便是指目的语无论是外形还是内容均保留了源语的特征。它的优点在于保留了源语中的形象，能促进目的语吸收新的表达方式。不足之处则在于其表现方式稍显生硬，目的语读者因习惯、文化背景和理解力的限制，很可能无法在第一时间内感受到与源语读者一样的审美效果。虽然在解决比喻翻译中，这种处理方式运用得最广泛，但有时也需要把握一个准则，需要照顾目的语读者的接受程度。

[1] 我看，现在搞改革就是让资本主义因素多一点，封建主义少一点，怎么说，都是个进步。唉，你们这样看我干什么？你呀，跟你说是**对牛弹琴**(1)。

——孙力、余小惠《都市风流》

Tu vois bien que l'actuelle réforme a pour objectif de multiplier les facteurs capitalistes de notre économie et d'éliminer ce qui est encore féodal dans le système. Hé, pourquoi me regardes-tu comme ça? Je te dis tout ça, et c'est **comme si je jouais de la flûte devant un bœuf!**(A) — Traduit par Yang Jun et Ying Hong

当某一喻体在两国读者脑海中都能引起相同的联想时，采用移植的方式是译者最愿意做的。然而大多数时候，两种语言存在着不对等，在移植喻体时便出现了多种处理方式。此译句中(A)虽然完全套译了(1)的字面意义，但总感到这之间存在着某种差异。当然，话语是对等了，但作为喻体的(A)能否传递出"对牛弹琴"的深层语义呢？

如果有此一问，便引出另一个话题。如果喻体不能激活目的语读者头脑中的相应联想，便需要改良喻体。

7.1.1.1.1.2 改良喻体

虽然两个民族对事物的认知有所不同，文化背景与理念不同，但内容也常有偶合的时候或者能够产生对应的理解。当然偶合不等于完全吻合，这时只需对喻体稍加改良，目的语的喻体虽然不能实现百分之百的等值，但亦能传递相同的信息。所以，这种处理方式仍不失为较好办法。

[2] 这之后不久，甘子千去店里卖画收款，就听到议论，说画儿韩**玩了一辈子鹰，叫鹰鸽了眼**[(1)]。又过了几天，他就收到一张请帖。八月十六画儿韩作寿，请甘子千赴宴。

——邓友梅《寻访"画儿韩"》

Quelques jours après, alors que Gan Ziqian se rendait à sa boutique, il entendit parler de Han. On disait que le peintre, **qui avait été un fauconnier toute sa vie, s'était fait griffer par un aigle**[(A)]... Puis, Gan reçut un carton d'invitation. C'était Han qui l'invitait à un banquet donné en honneur de son anniversaire.

— Traduit par Zhang Yunshu etc.

此处对(1)也采用了复制法，但却改动了一些信息，在(A)句上对动词稍作改动以更适合目的语的表达。再有，由于上下文的缘故，此处"卖画收款"和"八月十六"被当作冗词省略了。

7.1.1.1.1.3 注释喻体

在移植喻体时，由于喻体的相似点不能进入目的语读者的认知面，其后果即可能造成词不达意。为了解决这个问题，译者只好采用做注释的办法强行将似是而非的喻体硬塞给读者。这样做的优点是丰富和增加了目的语的表达形式和包容度，缺点则是破坏了阅读节奏感。

[3]"不，我不记得了。"我不大高兴，他竟然提起**我穿开裆裤时代的**[(1)]事情。

——张洁《爱是不能忘记的》

Je n'étais pas très contente. Comment aurais-je pu croire qu'il me parlerait d'une époque où je portais encore des culottes fendues[(A)] ?

— Traduit par Caroline Martinez Stephan

译者在此直译了原句(1)。事实上，译者也知道法国人或许没有"穿开裆裤"的概念，也考虑到读者的文化在此出现了空缺，但是为了将新的事物介绍给法语读者，他选择(A)的译法，并在页面下做了如下注解："Culottes fendues: pour des raisons d'hygiène, les bébés chinois portent, jusqu'à trois ou quatre ans, des culottes fendues qui leur permettent de ne pas se salir et évitent l'emploi de couches."

7.1.1.1.2 把握喻底

语言类型和文化传统对"比喻"的使用有着深远影响。地域的不同，社会形态与宗教信仰的各异，以及审美趣味的差别，都会影响喻体的取向。也就是说当喻体的相似点在目的语中没出现重合时，原作者使用的比喻在目的语中就属于"死喻"。在此情况下，如果译者执意地硬套喻体，肯定产生"吃力不讨好"的效果，因为它们之间没有相似点。为此，需要做的便是"把握喻底"，喻底就是本体，即把握比喻的意图。译者可采用消弭、替换、重塑等方式来处理喻体，原则是把握本体(喻底)的语义。

7.1.1.1.2.1 替换法

喻体本身体现着语言、文化的内涵，相同的喻体在不同的民族中并非能产生相同的联想。生硬地移植原文中的喻体，往往无法实现作者设喻的目的，因为同一喻体在不同的语言中可能被赋予两种不同的语用价值。在此情况下，译者为了保持源语文本的色彩，只好重新寻找新的喻体予以替换，从微观上讲，替换了喻体就意味着替换了信息，但是从宏观上讲，替换局部信息是为了保持信息的原旨。译者替换的目的是为了传递等值的信息，这是符合作者意图的。采用这种方式的原因有很多：

1. 认知的需要

[4] 逢到他看见那些由于“爱情”而结合的夫妇又因为“爱情”而生出无限的烦恼的时候，他便会想：“谢天谢地，我虽然不是因为爱情而结婚，可是我们生活得和睦、融洽，就像一个人的**左膀右臂**(1)。”几十年风里来、雨里去，他们可以说是患难夫妻。

——张洁《爱是不能忘记的》

Quand il rencontrait des couples mariés par amour et qui, par amour, vivaient des contrariétés sans fins, il pensait: «Je remercie le ciel et la terre, car, même si je ne me suis pas marié par amour, nous vivons en bonne intelligence et nous nous entendons **comme les doigts de la main**(A). » Des dizaines d'années passèrent, les saisons de vent succédant aux saisons de pluie; ils purent alors dire qu'ils formaient un couple ayant passé des épreuves.

— Traduit par Caroline Martinez Stephan

汉语的(1)为法语的(A)所取代，语义同样都包含有“和睦、和谐”的语义，不同的是两个民族在表达亲密无间时，借用的喻体不同。而选择喻体的意识却源于对社会的认知。

2. 外形的需要

[5] 义兰小时候胆小，建华老爱吓唬他。他一瞪眼一咳嗽，她就没命地撇丫子跑。义兰现在还说，她额角那块小小的**月牙疤**(1)就是被吓得乱跑时，在墙角磕破的口，建华可一点不记了。

——孙力、余小惠《都市风流》

Toute petite, Yilan était timide. Jianhua s'amusait à lui faire peur. Quand il lui faisait les gros yeux ou toussait très fort, elle détalait. Yilan racontait, aujourd'hui encore, que la petite cicatrice en forme de **croissant**(A) sur son front était le résultat d'une de ces fuites paniques. Elle s'était cogné la tête contre le coin du mur. Mais Jianhua ne s'en souvenait plus.

— Traduit par Yang Jun et Ying Hong

相当典型的译例，(1)与(A)是两个不同的喻体，所指的客体虽然不同，但是客体代表的形状却是相似的。显然，译者的目的在于取意，他只要满足客体的形态相似即可，而不是词面意义的对应。用(A)替换(1)的主旨便在于此。

3. 文体的需要

[6] 不为什么，他一个人习惯了。一个人生活平静，不怕外界的风和雨，不用让另一个人为他的不幸而撕心裂肺，不用让另一个人为他负重而使之心如刀割……那么现在，是该“**同甘**(1)”了吗？死去的她没能与他“同甘”，为什么要另找一个女人，为什么一定要

找这个徐力里？与他“同甘”的人应该与他共过“苦”。

——孙力、余小惠《都市风流》

Aucune raison. Simplement, il avait l'habitude de vivre seul, en paix. En vivant seul, il n'avait pas peur de la tempête ni de l'adversité; son malheur ne déchirerait plus le cœur d'une autre personne. Mais **après la pluie**? Devait-il alors partager **le beau temps**(A) avec une autre femme, puisque la morte ne pouvait plus le partager avec lui? Il voulait que celle qui partagerait ses joies ait partagé ses peines, pourquoi en chercherait-il une autre, et pourquoi précisément, cette Xu Lili?

— Traduit par Yang Jun et Ying Hong

汉语作者在此借用成语“同甘共苦”中的(1)，以追求审美的效果。法语中肯定找不到语义一样的成语，译者为了保持审美的效果，便也用了一个法语成语“Après la pluie, le beau temps.”不仅满足了体裁的要求，而且也完成语义的传递。应该说，(A)与(1)的替换虽然透着几分偶合，但足见译者的语言功底。

替换法虽然能满足文体的需要，但也存在着某些缺失，就如本例句一样，虽然选用的成语相当达意，但它不太容易与整个段落融为一体。总之，替代法使用较为简单、明了，是用目的语读者熟悉的喻体去取代源语中不熟悉的喻体。

7.1.1.1.2.2　消弭法

消弭法就是直接将“死喻”处理于无形，代之以常用词或句子。既然在语言的迁徙过程中，各个民族对事物的认知各具个性，他们就可能失去喻体对应的相似点，没有相似点可以参照，等于失去了喻体，何来比喻？结果就是取消比喻。

[7] 一阵怒火**像乱箭**(1)一般直攒心头，吴荪甫全身都发抖了。他铁青着脸，咬紧牙齿在屋子里疾走。近来他的威严破坏到不成个样子了！他必须振作一番！眼前这交易所公债关口一过，他必须重建既往的威权！在社会上，在家庭中，他必须仍旧是一个威严神圣的化身！

——茅盾《子夜》

La colère **s'empara de lui**(A) et il se mit à trembler de tout son corps. Livide, serrant les dents avec rage, il recommença d'aller-et-venir dans la pièce. Vraiment, ces derniers temps son autorité était bien bafouée, il lui fallait absolument réagir! Aussitôt cette affaire de Bourse résolue, il lui faudrait rétablir son prestige tant dans la société que dans la famille; il devait redevenir l'incarnation de l'autorité!

— Par un traducteur anonyme

原句中(1)的喻体在译句中完全弃之，取而代之的是它包含的信息(A)。虽然质量稍为受损，好在内容得到了完整的传递。采用这种消弭的手段的基本条件有二：一、死喻；二、枝末或无关紧要的喻体。

如果说上面的例句是完全省略的话，而本例句则用具体的色彩代替了(1)。这等于是直接用了喻体的词义，而抛弃了喻体。

7.1.1.1.2.3 重塑法

在翻译过程中,有时源语文本中并没有比喻,但是译者主观地在译文中创造了比喻,因为他在理解过程中感受到作者虽未明言但却有喻的意图,抑或因为译者认为需要加强译文的语言感染力。再有,译者本来就有权力介入文本的再创作,只要他认为某处可以添加或删除比喻,便可以自行处理。既然要有利于信息的表达,为什么就没理由杜撰出一个新喻体来增强表达力呢?

当然,就源语而言,文本中没有比喻,可以略去在此的介绍。但就翻译而言,这也是译者借用比喻增强表达的一种手段,属于翻译的一种技巧,笔者不得不加以介绍。

[8] 柳若晨不再说什么,他相信司机的经验,只好听任汽车与自行车同速向前**慢慢地**(1)挪动。他暗自埋怨自己太大意,应该早些动身,使时间留有余地。

——孙力、余小惠《都市风流》

Liu Ruochen s'en remis à l'expérience du chauffeur. Il ne pouvait de toute façon faire autrement que de laisser sa voiture avancer **comme une tortue**(2) dans une marée de bicyclette. Il se tracassait à cause de sa négligence, il aurait dû partir plus tôt, il serait arrivé à l'heure.

— Traduit par Yang Jun et Ying Hong

原句中(1)是程度的状语,无外乎想表示其"慢"。译者感到套译过来平淡无味,而又可能掌握了多种方式可以表示"慢",所以他在此重塑了比喻(2)。像"乌龟"一样,谁又能说不符合语义呢?修辞手段不同了,但语义殊途同归,何言不妥?比喻重塑法只要运用得当,可以增强译文的动感或表达力。

7.1.1.1.2.4 小结

总之,立足于喻体,就是不能脱离原有的喻体相似点,当然有些可直接套用,有些需经过改良才能更好地为目的语读者所接受。在此甚至为了强调民族特征,宁愿采用做注的方式将喻体强加给目的语读者。当然,无论采用何种方式,前面介绍的内容都有一个共同点,没有舍弃喻体。

7.1.1.2 隐喻

隐喻又称暗喻,这种修辞格是将要说明的事物比喻成另一件具有鲜明相似性的事物。其实质就是本体(隐去的喻底)与喻体(隐喻)之间的关系,用喻体代替本体,有些像"桑""槐"的关系。这种修辞手法在汉语中常见,在法语中亦不乏实例。简言之,虽然隐喻是将本体与喻体合二为一,但是隐喻(喻体)的本质仍然在辐射本体。所以,在翻译时,原则仍旧是"立足喻体,把握喻底"。当然,既然喻底已经隐去,隐喻即使在译文中也必须出现,至少它表达的语义不能缺损。

在这类修辞格中,隐喻既是本体又是喻体,所以需要认真分析,对于有认知相似点的喻体,原则上都当作"熟喻"处理。其沿用的方式与明喻相似,可以直接译出。

[9] 她把眼光射进我的眼睛。我看她的脸,**那云雾**(1)并没有消散。没有灿烂的阳光,是秋天的云。秋天已经来了。

——巴金《春天里的秋天》

Elle me regarda droit dans les yeux. J'observais son visage où **des nuages**(A) flottaient encore. C'étaient des nuages d'automne, l'automne était déjà là...

— Traduit par Li Meiying

汉语中,脸上带着"云雾",的确在暗喻"心情不好"挂在脸上。对于(1)的信息,译者将之当作熟喻处理,直接将内容译出来(A)就达意了。熟喻翻译起来,基本上不费大事。

7.1.1.2.1 移植喻体

就隐喻而言,虽然失去了喻底,但是比喻的修辞手段没有失去,只是作者的表达手段更直截了当了。在隐喻的处理上,译者自然要更加小心些,因为他的工作流程已经由一个步骤增加为两个步骤:首先分析或找出本体(喻底),再理解、表达本体。

7.1.1.2.1.1 直译法

直译法就是将源语信息不加删改移植出来,当然手法不是生硬的,而是符合语言的表达习惯,目的语读者亦能够接受。直译最大的特点便是保留了喻体(喻体与喻底),并为目的语读者提供了新的视角。成功的直译将有助于目的语的发展,失败的直译将败坏读者的阅读情趣。

[10] "让我留下吧。"当时那位大胡子主任眼睛一亮:是啊,谁还比这个人更合适?刚从内地遣散到这儿来的"流放犯",没有老婆,没有孩子,一双筷子连他**一起三条光棍**(1),有啥牵挂?

——郭雪波《沙狐》

— Moi, laissez-moi rester! Le directeur de la pépinière, un grand gaillard à la grosse barbe avait tout lieu d'être satisfait: l'homme qui se proposait était celui convenait le mieux à la tâche. En fait, c'était un «exilé» récemment arrivé de l'intérieur du pays. Il n'avait ni femme ni enfant; avec ses deux baguettes pour manger, **ils seraient trois à table**(A). Il était donc exempté de tout souci de famille.

— Traduit par Yan Hansheng

"三条光棍",相当形象的隐喻。法国人吃饭虽然不用筷子,但是他们已经熟知中国人的这种餐具,即他们对此已经有了形象的映象。译者在硬性翻译此隐喻时,事实上已经满足了熟喻的条件。由于(1)的信息在(A)中得到了充分的诠释,应该说这翻译得相当不错。

7.1.1.2.1.2 硬译法

喻体虽然存在着社会文化的差别,但是译者仍然可以坚持硬性翻译源语喻体,而不考虑读者是否能够接受。采用这种方式基本上是出于两种考虑:一、增加异国情调,丰富目的语的表达方式;二、有前后互文的辅助,目的语读者即使不熟悉这种喻体,但仍旧可以判断出作者意图。硬译喻体的方式也并非一种。下面我们介绍一些方式。

1. 借助互文,不加注释

前后互文对理解隐喻中的某些信息,可以起到帮助作用。正因为有此现象,译者才得以放手硬译。

[11] 水溶见他语言清楚,谈吐有致,一面又向贾政笑道:"令郎真乃**龙驹凤雏**(1),非小王在

世翁前唐突，将来‘**雏凤清于老凤声**[(2)]’，未可量也。”

——曹雪芹《红楼梦》

L'entendant s'exprimer avec pureté, en termes clairs, et user d'un langage des plus diserts, le prince se tourna ver Jia Le Politique et lui dit en riant: «Votre honorable fils est véritablement **un poulain de dragon, un poussin de phénix!**[(A)] Infime prince que je suis, ce n'est certes pas que je risque de commettre un impair, devant un répondant, d'âge au surplus vénérable, d'amitié séculaire; mais qui sait si, plus tard, **ne chantera pas mieux le jeune phénix que le vieux ?**[(B)] »

—Traduit par Li Tche-houa et Jacqueline Alézaïs

“龙、凤”仅在中国象征着“出人头地，前途不可限量”之意。在法国，词汇中虽然也能够找到“dragon(龙)，phénix(凤)”，但是绝对没有汉语中那种延伸词义。译者基于前面介绍的理由，硬译出源语喻体，再通过前后互文的信息辅助，也能说明此喻的目的。(1)指即将成大器之郎，(2)更是借词喻事，译者用(A)和(B)来对接，这么做可以说是出于上述两个原因。

2. 添加注释，解决困惑

对于那些民族特色极强的隐喻，通常是不可译的，因为无论在语言上还是文化背景上，都无法兼容。然而不兼容并不意味着不译，译者只好通过注释，解决语义空缺的问题。当然，添加注释的方式有二：一、后附注释；二、插入注释。

[12] 彼时黛玉才在窗下对镜理妆，听宝玉说上学去，因笑道：“好，这一去，可定是要‘**蟾宫折桂**[(1)]’去了，我不能送你了。”

——曹雪芹《红楼梦》

Elle se tenait assise, sous la lumière de la croisée, devant le miroir de sa coiffeuse, et s'occupait à sa parure. Entendant le frérot Jade lui annoncer qu'il se rendait à l'école, elle lui dit: «Bien! Tu vas bientôt pouvoir **cueillir la branche de cannelier au palais du crapaud à trois pattes**[①] [(A)]. » Je ne suis pas en état de te reconduire.

—Traduit par Li Tche-houa et Jacqueline Alézaïs

后附注释。的确，汉语读者无须解释，便可以理解“蟾宫折桂”的所指意义。对于借用于汉民族文学作品中的语句(1)，硬译不加注释肯定会困惑法语读者，然而直接译义又不符合讲话人黛玉的身份。有鉴于此，译者采用了直接加注的方式(A)，希望传递更多的信息。所以，在此句后，派生出长长的译注：

① N. T. Cliché littéraire signifie: réussite aux grands concours. La lune est dite habitée par Chang'e, réfugiée dans cet astre, sous la forme d'un crapaud à trois pattes, après avoir dérobé et absorbé la drogue d'immortalité que l'archer Yi, son mari, tenait de la déesse du Paradis occidental. La légende y situe un cannelier miraculeux devenu, par jeu de mots et métaphores, symbole de l'accès aux honneurs par la voie des concours.

[13] 傩送美丽得很，茶峒船家人拙于赞扬这种美丽，只知道为他取出一个诨名为**"岳云"**(1)。虽无什么人亲眼看到过岳云，一般的印象，却从戏台上小生岳云，得来一个相近的神气。

——沈从文《边城》

Nuosong était très beau. Si beau qu'à court de ressources pour qualifier cette beauté, les habitants de Chatong avaient surnommé le garçon **Yue Yun**(A)— nom d'un jeune guerrier de l'antiquité renommé pour sa rare beauté. Personne n'avait vu Yue Yun de ses propres yeux, mais chacun avait la vague impression que Nuosong devait ressembler à ce jeune guerrier qui se présentait sur scène toujours en armure blanche.

—Traduit par Wu Ming etc.

插入注释。"岳云"(1)汉民族家喻户晓的历史人物，此处取其貌美。译者在此之所以没有外挂注释，是因为该注释不长，插入(A)后亦不会影响阅读节奏。

7.1.1.2.2　把握喻体

正如明喻中所讲的那样，由于语言类型不同，思维方式不同，认知经验等诸多不同，喻体的取向自然出现差异。当隐喻在目的语中失去参照物时，便成为死喻。然而如何处理好这类"死喻"并非易事。常用的方式便是以喻底(隐去的本体)为基础，采用诸如替换、消弭等方式处理喻体，以确保喻底的语义完整。

7.1.1.2.2.1　替换法

尽管前面提到过喻体可以硬性翻译，然而设喻的目的是为了更直观地表达词义。如果在译文中有了更多的枝蔓——即注释之类的信息，会影响阅读节奏，所以替换喻体仍不失为一种较好的办法。

[14] ……自己也说了个笑话，他说，**"车是车路，马是马路，各有走法。**(1)大老走的是车路，应当由大老爹爹做主，请了媒人来正正经经同我说。走的是马路，应当自己做主，站在渡口对溪高崖上，为翠翠唱三年六个月的歌。"

——沈从文《边城》

Le batelier dit donc à son ami: «Je vais, à mon tour, te raconter une histoire pour rire. Si tu veux, tu peux la transmettre à ton tour au jeune homme!... Eh bien, quand on joue aux checs, on doit, n'est-ce pas, observer les règles du jeu. **Les châteaux et les cavaliers ne prennent pas le même chemin.**(A) Si Tianbao veut choisir le chemin du château, il faudra que son père confie officiellement l'affaire à un marieur. Par contre, s'il suit la route du cavalier, il devra chanter trois ans et six mois en face de chez moi, derrière la colline... ce sera alors à Emeraude de décider si elle l'épouse...»

—Traduit par Wu Ming etc.

相当出色的文化替代，法语对事物的看法和表述与汉语是不同的。(1)在此不仅仅涉及信息的转换，而且还影响到随后的行文。译者在此完全抹去了汉语内容，代之以法国的习惯表达(A)。虽然替换了隐喻，但并没有引起语义的变化。更为可贵的是，后面的行文也随之做了改动。这也是以段落为翻译单位的较好实例。

7.1.1.2.2.2 消弭法

正如比喻中介绍的那样，采用消弭的手段主要是处理"死喻"。既然隐喻出现了全方位的不对等，两种语言间找不到喻体的相似点，这时推荐消弭法也算是一种处理信息的手段。

[15] 这倒真是两只**鸳鸯**(1)，可是配不成对。一家要招一个养老女婿，一家要接一个当家媳妇，弄不到一起。他们俩呢，只是很愿意在一处谈谈坐坐。都到岁数了，心里不是没有。只是像一片**薄薄的云**(2)，飘过来，飘过去，下不成**雨**(3)。

——汪曾祺《大淖纪事》

On aurait pu croire qu'**un beau couple**(A) allait se former. Mais non! La chose n'était pas aussi simple. Comment les deux familles parviendraient-elles à se mettre d'accord, puisque l'une avait besoin d'adopter un gendre, l'autre, de chercher une ménagère? Les deux jeunes gens aimaient parler ensemble. Ils causaient de choses et d'autres. Tous deux étaient en âge d'aimer, l'amour faisait furtivement son chemin dans leur cœur. Mais cet amour se présentait comme **un nuage léger qui flotte au gré du vent sans parvenir à déverser la pluie**(B).

— Traduit par Li Meiying

译例中的(1)和(A)之间仅存在意合，而完全失去了语言的生动。法语中有"鸳鸯"一词(canards mandarins)。仅从法语词形上看，便明白这是中国词，法语读者不可能通过该词延伸出"恩爱夫妻"的语义。为此，译者直取喻底，解除了隐喻修辞手法。至于(2)与(B)的关系，则属于移植隐喻的手法。句中喻示着"他们"的爱情与结果。云虽然有了(情爱虽然萌生)，然而却"下不成雨"(但却不会有结果)。由于译者认为此为熟喻，便直接下笔翻译过来，颇为达意。

7.1.1.3 换喻

换喻是指用另一相关的事物来代替某事物的修辞，在汉语中则称作借代。通常是同类相比，如用具体词代替概念词，或用概念词代替具体词。换言之，可用部分代替整体，或者用整体代替部分。这样点到为止的技巧，给读者留下相应多的联想空间，从而更耐人寻味。这样做的目的有二：一、通过换喻，强调了修辞手段；二、满足目的语的表达习惯。

7.1.1.3.1 概念代具体

概念代具体通常是指源语用的具体词，而译者选用的则是这些词相对应的概念词，即用"范畴词"来包容"具体词"。文本中由于存在着前后句的互文影响，这种方式同样能传递准确的语义。

[16] 她随侍老太爷十年之久，也不曾感到过这样温暖的抚爱。老太爷对待她始终就像一

位**传授道法的师傅**(1)，他们父女中间的内心生活是非常隔膜的，而现在，四小姐从哥哥那里得到这意外的慰藉，她的少女的舌头就又更加灵活起来。

——茅盾《子夜》

Jamais son père, près duquel elle avait vécu pendant dix ans, ne lui en avait témoigné. Il se posait toujours devant elle **en maître de la religion**(A) qui ne cherchait qu'à lui communiquer les vérités canoniques. Il y avait toujours eu un obstacle infranchissable entre les cœurs de ce père et de cette fille; cette consolation inattendue qui lui venait de son frère délia donc sa langue de jeune fille.

— Par un traducteur anonyme

道法师傅(1)在中文中往往指"道家仙长"，而在法译时，译者考虑到道教的民族性，而改用包容度更大的词(A)。这样既满足了内容的需要，也未破坏源语的信息。的确也算一种处理方式。

[17] 她停了停，准是想找出**更准确的字眼**(1) **来**说明这令人费解和反常的现象，然后显出无限悔恨的样子对我说……

——张洁《爱是不能忘记的》

Elle se tut un instant, sans doute pour essayer de trouver **une explication claire**(A) de ce phénomène anormal et bien difficile à expliquer; ensuite, l'air accablé d'un remords sans bornes, elle me dit...

— Traduit par Caroline Martinez Stephan

汉语中的(1)与法语中的(A)相比，一个是具体到字词，而(A)则代之以宽泛的"解释"，其广度已经完全包容了(1)的信息。这种修辞技巧在翻译中颇为实用，既可以变换表达方式，又能增强修辞的效果。

7.1.1.3.2 具体代概念

具体代概念正好与概念代具体相反。换言之，对于源语中的概念词，译者在目的语中代之以具体词，这也是另一种修辞的手段，目的同前面介绍的一样。

[18] 张素素说着就又笑了一声，双手齐下，在四小姐肩头猛拍了一记。四小姐没有防着，身子一晃，几乎跌在床里，她也忍不住笑了。但笑容过后，她立刻又是满脸严肃，看定了张素素，很想再问问范博文的"软骨头"，同时她又感到再问是要惹起张素素非笑的；现在她把素素看成了**侠客**(1)，她不愿意自己在这位侠客跟前显得太没出息。

——茅盾《子夜》

Cela disant, Zhang Susu se mit à rire et frappa brusquement des deux mains sur les épaules de Huifang, qui, ne s'y attendant pas, vacilla et faillit tomber sur le lit. Elle ne put se retenir de rire, elle aussi. Mais son expression redevint tout de suite sérieuse; les yeux fixés sur Zhang Susu, elle cherchait en savoir davantage sur la mollesse de Fan Bowen, mais elle craignait les moqueries de sa cousine si elle tentait d'approfondir trop cette question. Elle la regardait maintenant comme **sa** protectrice(A) et elle avait peur de perdre la face devant elle en se montrant aussi sotte.

— Par un traducteur anonyme

汉文化特色词(1)在此需要再诠释。应该讲,"侠客"具有相当广的语义内涵,指旧时武艺高强、行侠仗义、扶弱锄强、主持公道的心仪人物,而绝不仅仅是简单的"保护人"。然而在法译时,译者在具体诠释过程中,仅取了它在具体互文中的词(A)。应该说这种具体化的翻译方式值得推崇,既避免法语读者无须在词上耗更多不必要的精力,又从另一个侧面体现出法语表形功能的强大。

[19] 徐力里的泪水涌了出来,她是第一次在他面前掉泪。她以为自己把眼泪都给了那个男人,不会再有眼泪了。可**今天**(1),她控制不住自己了,她没有想到柳若晨能这样理解自己。

——孙力、余小惠《都市风流》

C'était la première fois qu'elle pleurait à chaudes larmes devant lui. Elle croyait toujours que ses larmes s'étaient taries à cause de lui. Mais **à cet instant**(A), elle ne pouvait plus se retenir, n'ayant pensé qu'il pût si bien la comprendre!

— Traduit par Yang Jun et Ying Hong

实例中(1)与(A)之间根本不存在可比度。"一天"与"一刻"差距显然要大好些,但是作者此时的(1)着眼点肯定不是一天,而是此刻,应该说译者理解得相当透彻。译者用(A)等于是除去了枝蔓,准确而有力的表达出作者的意图。对于这种处理方式,细加琢磨,会发现译者的时间观念相当准确。

7.1.1.4 小结

在比喻中,无论是明喻、隐喻或是换喻,都存在着喻体与喻底的关系。前面介绍的种种翻译技巧源自于一个主旨,把握喻底。换言之,就是把握原信息。有此为基础,任谁采用何种翻译手段,都不会背离方向,都会给读者一个准确的交代。喻体不过是个表象,是可以酌情而变的一种借用体。只要它在目的语中不能正确传递源语的语义信息,译者便有权力进行置换、消弭。当然,如果语义需要,即使原文中没有比喻,译者也可以重塑比喻。这就是要求,"把握原信息"的要求。概言之,译者既要对原作者负责,也要为自己的读者服务。把握住这两个终极点对翻译的影响和限制,便能有分寸地、恰如其分地处理比喻信息。

7.1.2 其他修辞格

译文内容所涉及的修辞,并非只有比喻一种形式。它还涉及拟人、矛盾修辞、夸张、婉转等形式。下面,我们将分别予以介绍。

7.1.2.1 拟人格

拟人的修辞方式存在于汉语和法语之中,二者有着明显的共性:即赋予物体以生命。物体因此有了人一般的外貌、个性和情感，作者也就有了表达情感的平台。一般而言，译者只会移植源语的拟人手段，在此方面通常不采用再创作。事实上，西方语言使用拟人法的范围颇为广泛，它能够较为直接地移植汉语中的这类修辞，但是在启动拟人修辞手段之前，需要鉴定处理的信息是否属于汉语的拟人。

笔者在此之所以有此一问，主要是因为汉语除了拟人而外，还存在着一种与拟人外表相似的表达方式：表示物体的名词位于主位。从表层上看，该词后面紧跟着谓语，存在着结构上的主谓关系，似乎造成拟人化的感觉。然而事实上，二者之间不存在逻辑主谓关系。比如：青岛有许多知名企业（A Qingdao, on peut trouver beaucoup d'entreprises assez fameuses.）。再如：

[20] **我们家**(1) 有两套契诃夫小说选集。这也许说明对契诃夫的爱好是我们家的家风，但也许更多的是为了招架我和别的喜欢契诃夫的人。

——张洁《爱是不能忘记的》

Chez nous(A), il y avait donc deux séries des œuvres de Tchékhov, ce qui aurait pu prouver que cette admiration pour Tchékhov avait un caractère réellement familial, mais il est plus probable que c'était pour me tenir, moi et les autres admirateurs de cet écrivain, à l'écart de sa propre collection.

— Traduit par Caroline Martinez Stephan

不言而喻，就语言的表层结构上看，汉语句中的(1)肯定是主语，后面跟相应的谓语。然而从逻辑上分析，“家庭”没有生命，不可能拥有什么物件。(1)放在句首，实际起到的是主位的作用。译者在处理这条信息时，正是基于逻辑上的这种分析，而选用了法语结构。所以，汉语的这种结构不应该属于拟人修辞格。

显然，在汉语中常常将重要的词放在首位，称为主位。如果后者既是主位又是主语，那么语义与语法的重合便不会给法译带来障碍。然而如果主位与主语不重合，法语则需要进行重新整合，即先找到法语的主语，再处理汉语中强调的主位。但是，这种形式并不属于拟人的修辞格。

事实上，拟人格的主旨在于将无生命之物当作人来描写，而那些原本仅适用于人的动词、名词、形容词和/或代词等，均用来衬托无生命之物，赋予该物以人的属性。由于法语中也存在着类似的修辞格，所以，在翻译时，只需注意各自的语言特点即可。

[21] 枝头的树叶呀，每年的春天，你都是那样鲜嫩，那样充满生机。你欣悦地接受春雨和朝阳。你在和煦的春风中摆动着你的身体。你召唤着鸟儿的歌喉。你点缀着庭院、街道、田野和天空。甚至于你也想说话，想朗诵诗，想发出你对接受你的庇荫的正在热恋的男女青年的祝福。不是吗，黄昏时分走近你，将会听到你那温柔的声音。你等待着夏天的繁茂，你甚至也愿意承受秋天的肃杀，最后飘落下来的时候，你甚至没有一声叹息。因为你已经生活过了，尝过了，爱过了。

——王蒙《蝴蝶》

O, feuillage sur les arbres! Chaque année, au printemps, la feuille nouvelle est pleine de vie. Feuille! Tu t'abreuvais de pluie et de soleil, tu te balances dans le souffle printanier, tu accueilles les oiseaux bavards. Tu animes les cours, les routes, la campagne, le ciel. Tu voudrais parler, déclamer des vers pour ceux qui s'aiment! En s'approchant de toi, au crépuscule, on entend la douce voix. Tu attends la luxuriance de l'été, tu acceptes d'être fouettée par la rigueur de l'automne pour enfin tomber sans regret. Parce que tu as vécu, grandi, aimé.

— Traduit par Liu Hanyu

赞美与感叹,无论汉语还是法语,都将物体作为交际的对象,称谓也用了第二人称单数,这种典型的拟人手法,在两种语言内能够找到对应的东西。

[22] **西北风戏弄着**(1)财喜身上那蓝布腰带的散头,**常常搅住**(1a)了那支竹篙。财喜随手抓那腰带头,往脸上抹一把汗,又刷的一声,篙子打在河边的冻土上,船唇泼剌剌地激起了银白的浪花来。

——茅盾《水藻行》

Le vent du nord-ouest jouait(A) dans les extrémités de la ceinture bleue de Caixi, **l'enroulant**(A1) autour de la perche de bambou. Caixi s'en saisissant, essuya son front baigné de sueur, puis lançant un cri, il enfonça de plus belle sa perche dans le sol gelé du rivage, le bateau filait sur l'eau avec un bruit de clapotis, en lançant des éclaboussures d'argent.

— Traduit par Li Wenying

译者采同样的"拟人化"的手法,赋予"西北风"(1)以生命,从而突出了语句的生命力。用(A)这种移植方式来处理,虽说是套用原句,但仍旧反映了目的语的特点。

7.1.2.2 矛盾修饰法

矛盾修饰法是指作者将两个矛盾的事物用在一起,利用矛盾冲突渲染修饰内容,希望达到出乎意料、引人入胜的鲜明效果。对于汉语的这种修辞格,法译时的基本做法通常都是采用直译的方式。

[23] "我们要躲一躲!"冰冷的雪一样的雨和雨一样的雪给人以**严峻的爱抚**(1)。雨雪斜扫着。他们拉紧了手。彼此听不见对方的话。对于自然,也像对于人生一样。他们是不设防的。然而大手和小手都很暖和。他们的财产和力量是自己的不熄的火。

——王蒙《风筝飘带》

Il faut chercher un abri! Pluie mélangé de neige, neige mélangée de pluie **doucement les fouettent**(A), **doucement les caressent**(B). Main dans la main, ils luttent tous deux contre la tempête, leurs voix devenues inaudibles. Ils ne sont pas plus protégés de la nature que de la vie. Mais leur mains, une petite et une grande, sont très chaudes. Leur bien, leur force, c'est leur énergie, ce feu inextinguible.

— Traduit par Liu Hanyu

虽然作者用了很可爱的词“爱抚”，然而作者的目的并不在此，他希望通过两种事物的矛盾对比，而产生出讽刺性的效果。译者在处理译句中的信息时，用了两个谓语来诠释(1)，两个矛盾的动词(A)、(B)。将“鞭打”与“抚爱”拴在一起使用，的确达到很好的效果。译者没有进行生硬的结构移植，而是深入地把握“矛盾”的特点，用前后两个谓语来代替程度副词与谓语的结构。应该讲，处理得颇见火候。

7.1.2.3 夸张

夸张是指作者发挥出丰富的想象力，用言过其实的话语来夸大或缩小描述的对象。这种艺术性渲染通常能够达到突出语义，产生出生猛的效果。对于类似在法语中找到对应的修辞格，译者往往可以直接移植出来。

[24] 裕华丝厂车间里全速力转动的几百部丝车突然一下里都关住了。被压迫者的**雷声发动**(1)了！女工们像潮水一般涌出车间来，像疾风一般扫到那管理部门前的揭示处，冲散了在那里探头张望的几个职员，就把那刚刚贴出来的扣减工钱的布告**撕成粉碎了**(2)。

——茅盾《子夜》

Les quelques centaines de machines à filer qui tournaient à plein régime dans l'atelier de la Filature de soi Yuhua s'arrêtèrent brusquement. **Le tonnerre**(A) des opprimés éclata et le flux des ouvrières sortit de l'atelier; comme un ouragan, elles se ruèrent devant l'affiche apposée à la porte du bureau de l'administration. Elles en chassèrent les quelques employés qui les épiaient et elles **déchirèrent en mille morceaux**(B) l'avis de réduction des salaires.

—Traducteur anonyme

汉语中(1)夸张地将愤怒声比喻为“雷声”，将“……撕成‘粉碎’”(2)。事实上，译文在处理这类夸张词时，通常是套译，如(1)与(A)。但是也需要照顾到法语的表达习惯，如(2)中的“粉碎”，则不再是笼统模糊的词，而是“déchirèrent en mille morceaux”(B)，因为法语习惯用类似几何一般清晰的手法来描绘物体。事实上，到底“撕成多少块”已经不重要了。

7.1.2.4 婉转

委婉是交际者出于忌讳或礼貌等原因，采用一种迂回的方式来用词，从而避免直截了当带来的拒绝、不满或愤怒。这种修辞格流行于汉语和法语中，均出于避免犯讳的目的。当然，文化的差异也会产生出相应的不同，但总体上这类修辞格是可能直接翻译的。如果遇到文化背景差距过大的婉转修辞，直译后可以借助互文方式再加辅助解释。

[25] 雨村看了，因想到：“这两句话，文虽浅近，其意则深．我也曾游过些名山大刹，倒不曾见过这话头，其中想必有个**翻过筋斗来的**(1)亦未可知，何不进去试试。”

——曹雪芹《红楼梦》

Village sous la pluie lut cette inscription, et pensa à part soi: «Sous l'apparente futilité de cette paire de sentence, se voile une profonde signification. J'ai déjà visité nombre de monts fameux et de grands monastères, mais je n'y ai jamais rien lu de ce ton. » Il doit sûrement y avoir ici **quelqu'un qui a réussi la culbute**(A). Sait-on jamais? Mais pourquoi ne pas entrer pour faire sa connaissance.

—Traduit par Li Tche-houa et Jacqueline Alézaïs

移植婉转。信息(1)可以诠释为"经历大起大落"的人物,而在此则借着委婉的修辞方式,表现"他"暗中感受到的认同感。诚然,(A)仅仅是实现了字面的移植,好在前后互文可以少许弥补引号带来的信息空缺。

[26] 那些公人道:"我们也不知什么'真''假',因奉**太爷**(1)之命来问,他既是你女婿,便带了你去亲见**太爷**(1a)面禀,省得乱跑。"

——曹雪芹《红楼梦》

«Nous n'avons pas, nous autres, à rien savoir du vrai ou faux, répliquèrent les agents. Mais, puisqu'il est question de ton gendre, nous allons toujours t'emmener chez **le préfet**(A). Tu t'expliqueras avec **lui**(B), et ça fera l'affaire. »

—Traduit par Li Tche-houa et Jacqueline Alézaïs

消除婉转。汉语中(1)实指升堂问案的州官,差役们自然要回避老爷的名讳。对于这类讲究在西方文化背景中找不到对应的参照物,所以只好去掉委婉的修辞手法,直接译出作者原本要回避的内容(A)。

7.1.2.5 小结

关于从语言内容方面着手的修辞方式,除了比喻在翻译中涉及的手段比较多外,其他诸如拟人、夸张、婉语、矛盾修辞法等,原则上在法语中都能找到大体适当的对应体,所以翻译起来不太费力,但是在操作过程中,必须遵照目的语的习惯,牢记"为读者服务"的宗旨,从而译出较高质量的文本。

7.2 译文的形式美

语言的修辞形式除了从内容方面着手外,还存在从语言形态方面着手的修辞手段。这种手段通过语言音、形、结构的组合,形成韵律或形态方面的冲击力。如音律、排比、重复、对偶、省略等修辞格。在翻译活动过程中,原文的审美价值不宜舍弃,译者需要融会这部分信息,结合目的语的表现特征,移植、改良或者重组修辞格。

毋庸置疑,汉语与法语无论在语言的表层结构还是在语义深层延伸方面,均存在着极大的差异。换言之,要想将汉语的外形美移植到法语中,可以坦率地讲,其难度几乎可以达到难以克服的地步。有时能够译出语义已属不易,如若再要求移植汉语的形态美,或许就会显得有些过分。然而,既然各民族都在一道创造着人类的财富,既然他们能创造出各自民族的认知理念，为什么就不能跨越文化的局限呢？如果没有困难，翻译或许便不成其为一门科学，译者或许永远是个匠人，或许是个艺人，但绝对不是学者。正因为有困难，才要求迎着困难上。当然，形式美虽然强调形式的重要性，但要满足这种要求首先需要克服文化障碍。也就是说形式美是在内容信息转换完成之后才能予以考虑，属于上乘的质量要求。

从结构上讲，语言形态的修辞手段主要体现在音、词、词组、句子、句群等层次上。译者需要在翻译过程中，横向移植表层形象，尽可能贴近源语的形象信息，表现源语的文化色彩。译者在保留源语形象、风格的同时，还可吸取新形式的信息表达手法。源语的修辞格并非始终带来束缚和制约，它还是译者面临的机遇。它要求译者主观地介入文本，创造性地移植源语的修辞格。所以，要做好修辞的翻译，译者不能机械地套修辞格式。否则，轻则词不达意，理解困难；重则可能会造成误解，破坏原意。所以有必要对此类修辞格的翻译进行探讨。

7.2.1 音律

音律修辞格是通过声韵和节律的手段来渲染环境气氛，刻画人物性格，给人以身临其境的感觉。这类词或词组在源语中没有语义，但可以利用其拟声和语音音律来构成节奏感和美感。对于这类修辞手段，译者一般在目的语中可以找到相应的表现形式——因为追求文字的音律效果，是两门语言都具有的特征。虽然汉语与法语文字不同，虽然它们音律的表达力和穿透力在具体的表达或音律效果方面则存在着差异，但是它们的出发点和目标是一致的。译者只需把握各自的特点，遵照习惯，变换音韵，便能达到对应的效果。

7.2.1.1 移植法

即按照音律，将汉语的拟声词改成用法语来写，以保持词变音律不变的效果。总体上讲，各种民族在一些本能的、基础的音律运用上，都有相似之处。

[27]（李贵）又回说："哥儿已念到第三本《诗经》，什么'**呦呦**[1]鹿鸣，荷叶浮萍'，小的不敢撒谎。"说的满座哄然大笑起来。贾政也撑不住笑了。

——曹雪芹《红楼梦》

Puis il répliqua："'**You, you, you**[A], que vont bramer les cerfs; feuilles de lotus et canailles.' Mon intime personne ne se permettrait pas de mentir." À l'audition des deux vers ainsi dénaturés, toute la compagnie emplit la chambre d'énorme éclats de rire. Le Politique lui-même ne put se contenir.

—Traduit par Li Tche-houa et Jacqueline Alézaïs

汉语因构词需要，(1)重复了两个音节，而法译时因音节需要，(A)重复了三个音节。为了确认拟声，以及其念得不准，译者还特地添加了"deux vers dénaturés"，目的在于标明错误。拟声词的译法直接涉及行文，在此非译不可，无法回避。

7.2.1.2 换词法

汉语中某些词，尤其是蔑称的韵律具有独特的民族性，在法语中几乎找不出对应词。在此情况下，译者为求语义上的对等，而换用法语中蔑称词，虽然内容不同，但却能保持审美的效果。

[28] 但过不到半月工夫，便是旧恨添新恨，左一个“**女戏子**[1]”右一个“**女戏子**[1a]”地骂着，女戏子便又恢复了奴隶不如的生活。

——李广田《柳叶桃》

D'abord, au début, la vie fut calme. Mais au bout de deux semaines, une haine nouvelle s'ajouta à l'ancienne, l'actrice s'entendit insulter de **«bohémienne[A]»** par-ci, **«bohémienne[A1]»** par-là, et elle recommença à vivre dans l'esclavage.

— Traduit par Pan Ailian

中国旧时对演戏剧的女演员蔑称为“女戏子”，而在法语社会中不存在着这蔑视。事实上，“女戏子”与其说在传递语义，倒不如说更多地在传递蔑称的语气。译者为了保持“蔑称”，便没有照着词义译，而是借用了法语中侮辱性称呼(A)来翻译(1)。诚然，两个词义的内涵不同，但却强调出词的韵律。当然，保持韵律审美效果也是翻译的目标之一。

7.2.1.3 巧用动词

法语的动词除了具备形态准确、内容丰富(如动宾结构的“dévisager[盯着脸瞧]”，主谓结构的“pâlir[脸色苍白]”等)之外，还可以找到韵律丰富的动词。译者便可利用这些动词的韵律方面的特长，来翻译音律信息。

[29] 于是，当我立定念头不再想到这些时，夜乃如用了急剧的魔术，把一切都淋在黑色的雨里，我仿佛已听到了**雨声的丁当**[1]……我乃轻轻地移动着，慢慢地在院子里逡巡着。啊！**丁当**[2]，怎么的？梦中的雨会滴出这样**清脆的声响**[3]吗？我乃更学一个老人行路的姿势，我拄着一支想象的拐杖，以蹑蹀细步踱到了井台畔。**丁当**[4]，又一粒珍珠坠入玉盘。

——李广田《井》

Dès que j'eus pris cette résolution, comme par magie, la nuit enveloppa tout dans une pluie noire, et j'eus l'impression d'entendre **tomber des gouttes[A] de pluie**. ... Je continuai à me d placer d'un pas léger, et fis doucement le tour du jardin. Ah! **un bruit[B]**. Qu'était-ce? Dans un rêve, la pluie a-t-elle **ce bruit cristallin[C]**? J'avançai avec l'allure d'un vieillard, appuyé sur un bâton imaginaire, et arrivai silencieusement au bord du puits. **Un tintement[D]**. Encore une perle qui tombe sur un plateau de jade...

— Traduit par Pan Ailian

例句中的拟声词除了(3)不同外，其余都用了拟声词“丁当”。译者在此显然没有受到字面结构的诱惑，简单地用点什么“同义词”，而是按照法语的习惯，用不同的词予以表达。当然，法语用词没有复制拟声词，而是借用动词来形成美感。(A)借词义取其声响效果，(B)通过(C)得到升华，(C)又得到拟声词(D)的照应。这种做法的主旨就是要实现译文文本的音律美感，完成作者的托付。

再有，法语动词中还存在专门模仿动物叫声的动词，这些既似汉语又不等同于汉语，在翻译中需要掌握。其中一些比较形象的有：

动　词	法　语	汉　语
bourdonner	l'abeille	嗡嗡（蜜蜂）
tirelirer	l'alouette	啼啭（云雀）
meugler	le bœuf	哞哞（牛）
nasiller	le canard	呷呷（鸭）
miauler	le chat	喵（猫）
hennir	le cheval	鸣，嘶（马）
aboyer	le chien	吠（狗）
grogner	le cochon/l'ours	哼哼（猪，熊）
coqueliner	le coq	咕咕咕（雄鸡）
croasser	le corbeau	呱呱（乌鸦）
coucouler	le coucou	咕咕（杜鹃啼声）
coasser	la grenouille	呱呱（青蛙）
glapir	la grue	唳声（鹤）
gazouiller	l'hirondelle	呢喃，啁啾（燕子）
rugir	le lion/la panthère	吼，咆哮（狮，豹）
hurler	le loup	嗥（狼）
pépier	le moineau	喳喳（麻雀）
bêler	le mouton	咩咩（羊）
roucouler	le pigeon	咕咕（鸽子）
glousser	la poule	咯咯（母鸡）
piailler	le poussin	叽叽（小鸡）
siffler	le serpent	嗞嗞（蛇）
rauquer	le tigre	啸（虎）
chicoter	la souris	吱吱（老鼠）
craquer	la cigogne	鹭鸶叫声（无拟声）
baréter	l'éléphant	大象鸣叫（无拟声）
boubouler	le hibou	猫头鹰叫（无拟声）
jacasser	la pie	喜鹊噪叫（无拟声）
glapir	le renard	狐狸叫（无拟声）
grommeler	le sanglier	野猪嗥（无拟声）

7.2.1.4　消弭韵律

有时，当形态与语义无法统一时，译者往往需要做出弃形留意的决断。音律的体现形式落实在汉语与法语之间时，由于距离太大或其他原因，消弭韵律效果就可能是译者不得已的一种选择。

[30] 媪逋目曰："有客在，**咤咤叱叱，是何景象**(1)？"女忍笑而立，生揖之。

——蒲松龄《聊斋·婴宁》

«Ah! mon enfant! **Où sont tes manières**(A)? s'écria la vieille en lui faisant les gros yeux. N'as-tu pas vu que nous avons un invité? Tiens-toi bien, je t'en prie!» La jeune fille s'efforçait en vain de s'arrêter de pouffer. Le jeune homme leva ses mains jointes pour la saluer.

— Par un traducteur anonyme

诚然，(1)在法语中仍有可能寻找到类似的拟声词。然而译者此时或许只为求达意，干脆采用了弃形取意的做法。

7.2.1.5 小结

音律层的翻译在处理过程中，译者往往遵照一个原则，能译则译。然而当译出来的效果不能达到对等值时，译者便只好放弃努力，转而寻求达意。作者使用音律是希望追求修辞效果，译者可以接受它的影响，译者也可以忽略它的意图。当然，如果能传递对等信息时，译者通常不会为求捷径而忽略不做的。

语言形式是修辞格常常借用的载体，修辞可以利用语言外形构成的种种形式，来传递形态美的效果。就翻译而言，虽然汉语与法语在外形层面上体现的语言符号不同，但并不否定它们都存在着外形的修辞格。译者虽然不会生硬地将两种形式糅合在一起，但也会努力地用法语的外形来展示汉语的形态美。总之，体现语言的形态美有多种手段，韵律不过是其中的一种。

7.2.2 对偶

运用结构相同或相似的词、短语、从句或句子，表达两个意义相反或相对的内容，这种修辞方法就是对偶。它主要体现在结构、字数、语义（既可以是相似，也可以是相对的）方面，目的在于增强语义，造成对照鲜明的对比效果。翻译这类结构时也应该体现出对偶的节奏。对偶的体现形式既可以是语义的对偶，也可以是语言的对称。

[31] 婚姻也和生活的其他方面一样，完全脱离了常轨，纯粹靠盲目的偶然性来排列组合。他们只会从偶然性中看到荒谬的一面，不能体会到偶然性也会表现为一种奇特的命运，把完全意想不到的幸福突然赏赐给人。而且，**越是在困苦的环境**(1)，这种突如其来的**幸福就越是珍贵**(2)。他和秀芝奇特的结婚，后来在他们共同回忆时每次都会引起既**悲凉**(3)又**热烈**(4)的感情，这怕是其他任何人难以理解的。

——张贤亮《牧马人》

Dans ces années de troubles, le mariage, comme toute autre chose, s'est écarté de la voie normale. On l'a contracté au hasard. Sans doute son père et Mademoiselle Song ne verraient-ils que le côté absurde de ce genre de mariage fortuit. Ils ne comprendraient pas que le hasard peut, à certain moment, tourner d'une manière extraordinaire et offrir aux gens un bonheur tout à fait inattendu. **Le bonheur**(A) de Xu Lingjun lui avait paru **d'autant plus précieux qu'**il lui était arrivé alors qu'il vivait dans **le malheur**[B]... Maintenant, chaque fois qu'avec Xiuzhi, ils se remémoraient leur mariage exceptionnel. Les deux époux se sentaient en proie à une émotion à la fois **douce**[C] **et mélancolique**[D]. Cela, qui aurait pu le comprendre?

— Traduit par Li Meiying

正如前面介绍的那样,对偶的特点便是语义相反或语义相对。译句中(1)和(2)是一对,除语义外,结构也用了"越……越……(d'autant plus précieux que)",所以(A)和(B)的信息得到很好的传递。(3)和(4)为一对,用的结构为"既……又……(à la fois)",有了结构陪衬,(C)和(D)在翻译信息时便比较从容。结构的对偶,语义的反差便能体现出修辞效果。

7.2.3 排比

排比属于一种推进形式的修辞格,用几个结构、语气相同或相似的句子成分或句群排列在一起,表达相近或相关的内容。作者借助语言结构形成语势,不断掀起语势的波浪,句句有力,层层递进,将情感表达得酣畅淋漓,将主题阐述得完整精辟。对于类似推进式的语言形式,译者应努力地复现源语的气势,尽可能做到结构与形式对称,内容和形式、语义和语气的连贯。

[32] 大淖指的是这片水,也指水边的陆地。这里是城区和乡下的交界处。从轮船公司往南,穿过一条深巷,就是北门外东大街了。坐在大淖的水边,可以听到远远的一阵一阵朦朦胧胧的市声,但是这里的一切和街里**不一样**(1)。这里没有一家店铺。这里的颜色、声音、气味和街里**不一样**(2)。这里的人也**不一样**(3)。他们的生活,他们的风俗,他们的是非标准、伦理道德观念和街里的穿长衣念过"子曰"的人**完全不同**(4)。

——汪曾祺《大淖纪事》

Par《Danao》, on désignait cette grande mare, ainsi que la bande de terre qui l'entourait, et qui formait la ligne de démarcation entre la ville et la campagne. Vers le sud, on trouvait, au bout d'une ruelle, la grande rue de l'Est, située à l'extérieur de la porte nord de la ville. Le brouhaha du marché s'entendait, confusément, jusqu'à la mare. Mais il n'y avait là aucune boutique. Ce marché ne présentait **pas la même**[A] couleur, **ni le même**[B] bruit, **ni la même**[C] odeur que les rues de la ville. Les gens non plus n'avaient **rien de commun**[D] avec les citadins en robes longues, qui ont tout le temps les enseignements de Confucius aux lèvres. Ils possédaient leurs **propres**[D1] coutumes, leur **propre**[D2] morale et leurs **propres**[D3] critères pour distinguer le vrai du faux.

— Traduit par Li Meiying

汉语中一连用了三个排比"不一样"(1)—(3),还有一个"完全不同"(4)。汉语通过排比来突出语义效果。法译时,译者连用三个相同的"正译反译"(A)—(C)来强调效果。而对于(4)的信息,译者更是创造地运用了排比,从(D)—(D3)。四个排比同时使用,语义在结构的推波助澜的帮助下,得到很好的突出。

7.2.4 修辞性问句

修辞性问句作为修辞格，是指通过反问方式，来突出需要表达的内容。汉语称作反诘或激问。其体现形式是无疑而问、明知故问、寓答于问。这样一来，便将一些原本肯定的信息传递得更加充分、鲜明、不容置疑。当然，法语中不乏类似表达方式，译者为了语义的需要，既可以移植修辞性问句，也可以消弭或再创作这类问句。换言之，只要语义需要，译者可以主观介入文本，可以在目的语中增添或删除修辞性问句，以保证译文文本质量。

7.2.4.1 移植法

顾名思义，就是将汉语中的修辞性问句移植到法语之中去，保留原有的修辞效果。只要能在法语读者那儿也能取得相应的效果，这就不失为一种较好的办法。

[33] 他踌躇地考虑着，默默地呷着咖啡。咖啡苦中有甜，而且甜和苦是不能分开的。二者混合在一起才形成了这种特殊的、令人兴奋和引人入胜的香味。父亲和密司宋能品出咖啡的妙处，但他们**能理解生活的复杂性吗？**(1) 在那动乱的年代里……

——张贤亮《牧马人》

Indécis, il réfléchit, buvant son café à petites gorgées, silencieusement... Le café est une boisson douce-amère. La douceur et l'amertume y sont inséparables. Seul leur mélange peut donner ce goût spécial, excitant, au parfum délicieux. Son père et Mademoiselle Song, grands amateurs de café, **connaissent-ils aussi la complexité de la vie humaine** ?(A)

— Traduit par Li Meiying

寓答于问，目的就是要展现作者的意图。对于涉及段落与前后行文的修辞性问句，译者通常采用移植的方式。文本中掀起一个小波澜，可以提醒读者。译者为什么不套译作者的目的呢？

7.2.4.2 消弭法

可能是因为语言或文化的原因，有时在行文惯性的作用下，或者在语言结构的要求下，译者有时译不出原句中的修辞性问句。然而这并不意味着语义没有得到对应的表达。为此，译者可能会取消修辞性问句。

[34] "让我留下吧。"当时那位大胡子主任眼睛一亮：是啊，谁还比这个人更合适？

——郭雪波《沙狐》

«Moi, laissez-moi rester!» Le directeur de la pépinière, un grand gaillard à la grosse barbe avait tout lieu d'être satisfait: l'homme qui se proposait était celui convenait le mieux à la tâche.

— Traduit par Yan Hansheng

汉语中的修辞性问句在翻译过程中，译者因为重视语义的传递，而不是仿制结构，所以他在选择句型时，便消弭了修辞性问句。

7.2.4.3 重塑法

有时出于语义的需要，即使汉语中没有修辞性问句，译者亦可以根据需要予以添加。这样做的目的只有一个，并不是卖弄水平，而是突出语义，追求译文质量。

[35] 他不是一向注意周密而且量才器使的么？**可是到底几乎失却了这个屠维岳，而且对于此番的工潮不能预测，甚至即在昨天还没有正确地估量到工人力量的雄大**[(1)]。

——茅盾《子夜》

Ne se montrait-il pas toujours très attentif à l'emploi de son personnel en donnant à chacun un poste correspondant à ses capacités? **Comment se faisait-il qu'il ait failli perdre ce Tu Weiyue, qu'il n'ait pas su prévoir ces troubles et que, pas plus tard encore que la veille, il n'ait pas été capable d'évaluer la force véritable des ouvrières**[(A)] ?

—Par un traducteur anonyme

原句中的确没有用修辞性问句，但并不意味着作者没有强调这部分语义。译者正是看到此句话的重要性，才在此重塑了修辞性问句。

7.2.5 修辞性重复

关于重复，本书共有三处谈到：分割性重复、修辞性重复、衔接性重复。第一种重复属于翻译的技巧，是出于分割限定词的需要，此处的重复是出于修辞的需要，即出于话语色彩的需要，与翻译活动无涉。衔接性重复是语言衔接的需要，我们将在语篇章节中予以介绍。

修辞性重复也可称作修辞性反复，即通过对同一关键词或词组的不断复现，从而冲击读者的皮层意识，加深他们的印象。复现部分往往带有强烈的情感或韵律节奏。这种修辞方式存在于汉语与法语之中，这便说明两门语言间存在着相应的共性。作者通过重复的方法来强调重要信息，表达强烈感情。无论在源语中还是在目的语中，修辞性重复的作用范围都比较广，从句子成分的衔接，到句子间的相关衔接，甚至到段落间的衔接。众所周知，汉语既没有词类也没有词形的变化，无论是名词、动词还是形容词词形一样，所以音律和节奏性表现得颇为强烈。法语的词类存在着词形和音质的变化，从而造成形态与音律的细微差异。在法译时，译者虽然能够选择修辞性重复，但也不得不按需选用不同的词类，其中的异同便因此而出现了。

不管怎样，鉴于法汉两种语言均存在着类似的修辞手段或相似的语法结构，在文字迁徙过程中有可能做到形神皆备。这种修辞主要通过重复强调、突显信息的效果。

[36] 我本来不喝酒，可是酒的颜色太鲜艳了！而且像血一样地浓。像血一样的酒，我怎舍得不喝呢？我这里还有一大瓶，等着你来再喝罢。（……）倘使喝酒是**犯罪**[(1)]，我

们就再**犯罪**[2]一次罢。年青人本来容易**犯罪**[3]。

——巴金《春天里的秋天》

Comme tu le sais, je n'aime pas boire. Mais j'ai été séduite par la couleur du vin, ce vin d'un rouge éclatant, aussi épais que le sang. Comment résister à la tentation d'un vin qui ressemble du sang? J'en ai encore une bouteille, et je t'attends pour la boire. Si boire du vin constitue **une péché**[A], alors **péchons**[B] encore une fois! Les jeunes sont par nature facilement **pécheurs**[C].

— Traduit par Li Meiying

汉语中(1)、(2)、(3)连续重现,但三个词的词形都是一样。显然,汉语由于没有词形变化,所以无论被重复的关键词是名词、形容词还是动词,它的词形都没有变化。而法语则不同,它的每个词类都有独特的词形,起着不同的语法效用,即使词义相同,但在不同的位置就必须采用不同的词类。谓语就得是动词,名词只准在名词范围内使用等。所以,译者即使在处理相同语义时,仍旧用了(A)、(B)、(C)三个不同的词类。

由此看来,翻译修辞性重复时,除了移植相应的结构外,还存在着其他诸多需要关注的地方。法语就是法语,汉语的修辞手段不可能覆盖法语的特点。

7.2.5.1. 语法为主

法语与汉语不同,法语是有词形变化的语言,具有不同语法功能的词类,有着不同的词形。就被重复的关键词而言,不同的语法结构给择词带来相似与相异的效果。在此范畴内,汉语不存在选择词类的要求,而法语则存在着这种问题。在词义相同的基础上,不同的词类便会促使译者选择不同的词形。这就是法语的语法要求。

7.2.5.1.1 同义同形

同义同形的重复法,是指在词义不变的基础上,被重复的关键词在词类繁多的法语中也坚持用相同的词类与词形,让读者在视角上或韵律上产生美感。

[37] 柳若晨心凉了。对于一个快要离开人世的人,她有**选择**[1]的权力,有权力去**选择**[2]怎样离去和在谁身边离去。这里是她成长的地方,这里有她的弟弟,这里距离她心里那个人只有一百米距离。对她的选择他无可非议。

——孙力、余小惠《都市风流》

Le cœur de Liu Ruouchen se glaça. Pour une personne qui allait quitter ce monde, elle avait le droit de **choisir**[A], **choisir**[B] comment s'en aller et auprès de qui elle voulait vivre ses derniers jours. Ici elle avait grandi avec son frère; et celui à qui elle pensait si souvent, Yan Honghuan, ne se trouvait qu'à cent mètres d'ici. Son choix semblait irrévocable.

— Traduit par Yang Jun et Ying Hong

汉语中(1)是定语,(2)是二连动的第二个动词。此译句也是结构中的一种偶合,因为法语的动词不定式可以做定语。此译句中的不定式正巧扮演了两种功能:偏正结构中的定语;动宾结构中的谓语。同词同义,这在翻译重复修辞手段中是效果最佳的做法。

[38] 我嗅着一股清**香**(1),和百合花的**香**(2)差不多。

——巴金《春天里的秋天》

Une bouffée **de parfum**(A) m'envahit, **un parfum**(B) qui ressemblait à celui des lis.

— Traduit par Li Meiying

汉语中(1)和(2)都属中心词,但在法语中,(A)前却加了数量词,它虽然成为事实上的定语,但是仍旧用的名词,此处仍可算作同义同形。

7.2.5.1.2 同义异形

同义异形重复的表达方式,汉语和法语两种语言中均存在这种表达形式。就语法而言,汉语因为没有词类的变化,所以在重复时不存在形态的变化。但在法语中,由于词类本身的外形不同,在语言的转换过程中,尽管汉语字没有词类区别、词形变化,但是在转换过程中则要按照法语的要求重选词类。结果必然会造成语法理念的冲突。既然译者使用的语言是法语,那么就按照法语的要求选择词类和词形。换言之,汉语在重复关键词时,没有词形变化,但法语在移植这种修辞手段时,则会按照法语的语法要求,选用不同的词类,采用不同的词形。

[39] 她和许往前走,我在后面跟着。我的心里装满了**妒忌**(1),我**妒忌**(2)那些她不让我知道的秘密。迎面走来一些学生,一些女人。男人看见女人就做笑脸。我的心被**妒忌**(3)咬得痛,我做不出笑脸了。

——巴金《春天里的秋天》

Rong et Xu marchaient devant, et moi, derrière. Je sentais les tourments de **la jalousie**(A) me déchirer le cœur. J'étais **jaloux**(B) parce qu'elle me cachait des choses. Nous croisions des étudiants, et aussi des femmes. Les hommes montraient aux femmes un visage souriant. Mais moi, toujours dévoré par **la jalousie**(C), je ne pouvais pas sourire.

— Traduit par Li Meiying

汉语中(1)是名词作宾语,(2)是动词作谓语,(3)则是被动句中的施动者,属于名词。经过这么一分析,便不难发现,译者在翻译时,亦充分考虑了所用的词类,同是名词的(A)和(C),在译句中使用了相同的名词词形,而作为动词的(B),则选用了动词短语。

通过上述译例便得出这样的结论,原句中同义同类词在译句中通常保持着形义的一致,只有在词类不同时,才可能出现同义异形词,因为法语的词类在词形上存在着差别。

7.2.5.1.3 添补式重复

重复修辞格旨在加深关键词的分量。而有时被重复的关键词需要添补些内容以扩大其内涵,这时的重复方式仍旧存在,而且易于翻译的操作。事实上,翻译技巧性重复便是利用了"添补式重复"这种辞格的形式,来外挂被分割下来的限定成分。在翻译中,这种格式被称作重复关键词。正因为这种"添补式重复"被借用到翻译技巧中,才在两种格式——翻译技巧和修辞——中能够找到它的存在。

[40] 他的嘶哑的粗野的叫哮在**沙漠**(1)里传荡着,**沙漠**(2)却静默着,无边无际地、呼吸着死

亡的气息狰狞地静默着，显得无动于衷。人类对它来说太渺小了。

——郭雪波《沙狐》

Sa voix enrouée retentissait dans **le désert**(A), **un désert sinistre**(B) qui respirait la mort et l'indifférence, sourd à la souffrance humaine.

— Traduit par Yan Hansheng

汉语中(1)和(2)仅仅是简单的重复，但是译者在经过结构调整后，将其他内容添加到了被重复的关键词上(B)，从而形成扩大语义的重复。这便是译者使用添补式重复来处理翻译信息的一种手段。

7.2.5.1.4 主有形容词重复

主有形容词是法语的特有形式，重复它可以紧扣语义。虽然它属于语法的范畴，却对加强语义有着相当好的效果。

[41] 离开山村，他好像丢了魂儿。他把老张头丢在了那个山乡。他把秋文，广义地说，把冬冬也丢在了那边。把石片搭的房子，把五股粪叉，把背篓和大锄，草帽和煤油灯，旱烟袋和榆叶山芋小米饭……全都丢下了。

——王蒙《蝴蝶》

En quittant le village, il a eu l'impression de perdre son âme. Il y laissait le père Zhang. Et Qiuwen, Dongdong aussi, d'une certaine manière. Et **sa** chaumière de pierre, **sa** fourche à fumier, **sa** hotte, **sa** houe, **son** chapeau de paille, **sa** lampe à pétrole, **sa** longue pipe, et sa bouillie de millet aux pommes de terre.

—Traduit par Liu Hanyu

汉语的"把字句"虽然在词形上没有强调出"他的"，但前后句连起来一读，便能发现"他的"语义在此相当重。译者借助重复主有形容词，强调出人与物之间的关系及难以割舍之情，而且还弥补了汉语"空位"的内涵。

7.2.5.2 语义为主

汉语使用重复修辞格时，更多的是重复语义，而不是重复词形。然而汉语与法语一样，均属词语相当丰富的语言。对语义的重复，可以用不同的词、不同的结构。这些内容在法译时也能找到相应的变化。法语除了存在着词类的变化外，也存在语义重复的修辞形式。译者可以重新理解"被重复的语义词"，寻找关键"语义"，换用其他的"词"。换言之，词随意变，意至而形随，不可能因形而定意。有了这层理念，才可能实现"语义重复"修辞格。

7.2.5.2.1 互文重复

前面已经多次提到汉语没有词形化，在此便不再赘述。即使法语有着各种词类，但在表达语义相同的词时，大多数情况会选用同根词。因为同根既可以保证同义，而且还可以保持加深印象的效果。但是，如果前后词存在着逻辑互文关系时，重复修辞时择词便必须按照"坐标式参照词"的搭配要求进行。相互间的搭配，不仅仅是语言的要求，而且还能追求修辞的美感。

[42] **知识**[1]这东西就像雕塑家手里的**铲子**[2]，经**它**[1a]一**修**[2a]，连人的仪表、言谈、举止甚至性情都能变个模样。

——孙力、余小惠《都市风流》

Les connaissances[A] agissent comme le **ciseau**[B] de sculpteur. **Ciselé**[B1] par le **savoir**[A1], un homme peut changer ses manières, ses paroles, son comportement et même son caractère...

— Traduit par Yang Jun et Ying Hong

不言而喻，汉语本为一句话，译者为了表达方便，在此将之分割为两句。但此处需要强调的是译句中存在的两种方式的重复：一、互文性重复。译句中的(2)是一个喻体。将知识比喻成“铲子”，那么按照互文要求，在动词的搭配上则必须选用与之相适应的“铲”(B1)。由此不难看出，(B)与(B1)虽然词形不同，但却源自同一个词根。二、异根近义词的重复。译句中的(A)与(A1)属于近义词，译者希望通过词形的变化，而增强语义的冲击力。对于此类用法，后面将有介绍。

7.2.5.2.2 同词异根

此处的同类是指前后重复的两个词在语义上属于相同或相似类，由于词义的类似性而形成了前后照应，译者在运用法语处理汉语的重复修辞格时，亦会采用这类方式。这样的处理方式，可以达到相应的效果。

[43] 黄炯辉不虚伪，他与张义民截然不同。他是真爱她的，第一次他看见她，**眼神中**就闪出一种火辣辣**的光彩**[1]，**这光彩**[2]一直追踪着她，从宾馆的餐厅一直到舞台。他火辣辣的目光灼得她心里发痛，一种使人感到眩晕，感到幸福的痛感。这是她从未体验过的一种感觉。

——孙力、余小惠《都市风流》

A la différence de Zhang Yimin, Huang Jionghui n'était pas hypocrite. Il aimait Gao Jie. La première fois qu'ils s'étaient rencontrés, **ses yeux**[A] avaient brillé d'un éclat brûlant. **Ce regard**[B] la suivait partout, de la salle à manger de l'hôtel à la salle de théâtre, l'étourdissait et lui serrait le cœur, seulement c'était un mal bienheureux. Cette sensation, elle ne l'avait jamais ressentie.

— Traduit par Yang Jun et Ying Hong

汉语中(1)和(2)是同形同义的重复方式。译者在法译时，则转换了结构，从而便形成了“yeux brillent”(A)与“regard”(B)的重复。事实上，这也属于变换词类的重复，只不过所用的名词与谓语动词不是同根罢了。

7.2.5.2.3 同义异词

还有一种同类词便是语义上的同类。有时作者为了达到修辞的目的，而变换用词来表达同一语义。这样便出现用词不同而语义相同的现象。译者完全可以遵照作者的意图，按照法语的方式予以表达。变换用词不仅避免了用词的重复之累，又反映出重复之实。

[44] 于是李陵置酒贺武曰："今足下还归，**扬名于**[1]匈奴，**功显于**[2]汉室，虽古竹帛所载，丹青所画，何以过子卿！……"

——《汉书·苏武传》

Avant le départ de Su Wu, Li Ling donna un banquet à son ami: «Je vous félicite de pouvoir regagner votre patrie. Non seulement vos belles actions **sont connues**[A] de tous les Huns, mais les louanges de vos mérites **vont retenir**[B] à travers la cour des Han. Même les hauts faits écrits dans des livres historiques et représentés dans des fresques leur sont inférieurs!...»— Traducteur Anonyme

此译句有两个看点：一、同义异词。作者又想表达相同的词义，又希望避免重复用词，便通过换用词的方式实现目的；二、时态翻译。汉语中(1)和(2)没有展示出任何时态，然而前后句却明确地标明(1)是已经完成的事务，而(2)是即将实现的内容。译者在此恰到好处地把握住这层语义，通过时态予以表达。(A)、(B)的处理合情合理。

7.2.5.2.4 近义异词

无论在汉语中还是在法语中，在重复过程中经常变换不同的词来重复相同的语义，这也是重复修辞格的特色之一。然而，有时作者希望强调排比效果，而译者又因法语词汇内涵的覆盖率与汉语的有差别，只能换词。于是，他虽然也极力想保留重复的方式，但在诠释语义时又不能像汉语那样用同一个词，他得将汉语词义具体化。动词的不断变换也能够实现另一种形式的重复，在法语中反而形成"同义异词"的效果，行文亦不泛新颖之感。

[45] 彼时合家皆知，无不纳罕，都有些疑心. 那长一辈的**想他**[1]素日孝顺，平一辈的**想他**[2]素日和睦亲密，下一辈的**想他**[3]素日慈爱，以及家中仆从老小**想他**[4]素日怜贫惜贱，慈老爱幼之恩，莫不悲嚎痛哭者。

——曹雪芹《红楼梦》

À ce moment, la nouvelle était connue de toute la famille. Chacun s'en étonnait, tous en concevaient quelques soupçons. Les aînés **se rappelaient**[A] la pieuse révérence que la défunte leur avait toujours témoignée. Ses égaux en âge **évoquaient**[B] la douceur de son commerce et la chaleur de son amitié. Les plus jeunes, (...)[C] sa bienveillante sollicitude. Les domestiques eux-même, de tout rang et de tout âge, **se souvenaient**[D] avec gratitude qu'elle s'était toujours montrée secourable aux plus pauvres, compatissante aux plus humbles, bonne pour les vieillards, tendre pour les enfants, et tous, à l'envi, sanglotaient douloureusement et se lamentaient à grands cris.

—Traduit par Li Tche-houa et Jacqueline Alézaïs

汉语中一连四个"想他(她)"在句中都作谓语，按理应属同类同义词，在法译时完全可以采用同义同形词。然而，鉴于鲜明的语义以及译者的主观感受，认为那样做还不足以表达原作者对"他(她)"的怀念，所以连续变换着同义词，以增加词语的冲击力。译句中除了(C)省略外，(A)、(B)、(D)虽是同义，但却属不同的词源。

7.2.5.3　小结

在汉法翻译过程中，重复关键词属于翻译技巧时，它的功能是补充完善未能完整传递的信息。而修辞性重复则不然，作者将之作为一种修辞手段在使用，它的功能是起强调语气的作用。译者在此是需要保持原作者的意图，需要用目的语修辞性重复的手段，来实现信息的完整传递。虽然汉语与法语均存在着重复的修辞格，但是由于语言的结构不同，翻译中便会产生出许多变异。汉语作为没有词形变化的语言，在重复语义时不存在词形的变化，而在法语中词形的变化则相当丰富。当然，如果细究起来，重复的方式还有许多，汉语中如 ABAB 格式、ABBA 格式等等，法语中亦有相应的重复法，如首语重复法等。各自语言的修辞特点均源于语言的结构，如若细究起来，或许可以写就一本专著。笔者在此只不过想通过探究重复的常见现象，来解决翻译中需要采用的一些对策。换言之，译者在分析源语中的重复修辞格后，需要按照目的语的表达特点来转换其内容：词形变化是语法需要，语义重复才是翻译的目的。

7.3　思考与实践

一、思考题

1. 请阐述译文的内容美包括哪些内容？分类的依据是什么？
2. 在翻译明喻时有哪些手段？为什么要立足喻体？
3. 把握喻底的目的是什么？简单介绍它所涉及的技巧。如果可能，请举例说明。
4. 处理喻体时有哪些方法切实可行？
5. 什么叫消弭法？它在什么情况下使用？
6. 隐喻是什么？在翻译隐喻时应该注意什么？
7. 请解释什么是换喻，如何在翻译中处理这类信息？
8. 什么是译文的形式美，它有哪些体现形式？并请简略地说明。
9. 请谈谈追求音律美的宗旨。
10. 请区别修辞性重复与技巧性重复，如果可能，请举例说明。
11. 请解释以语法为主的修辞性重复与以语义为主的修辞性重复有什么不同？

二、实践题

(一) 分析下列各题，并提出自己的见解，尤其是粗体字部分。你若处理这些修辞格，将如何入手？

1. 这时水面上起了薄雾，远远地又有闪电，有雷声发动。风也起了，正是东南风，扑面吹来，非常有劲。**小火轮狂怒地冲风前进**，水声就同千军万马的呼噪一般，渐引渐近的繁华上海的两岸灯火在薄雾中闪烁。（茅盾《子夜》）

Un léger brouillard s'éleva sur l'eau; au loin, des éclairs zébraient le ciel, le tonnerre grondait, puis le vent se leva, un vent du sud-est très vif dont ils sentirent le souffle sur leur visage. Rageusement, **le petit bateau avançait dans le vent** et bataillait contre l'assaut bruyant des vagues. Il se rapprochait de plus en plus de Shanghai, la ville du luxe et de la richesse, et l'on apercevait déjà sur les deux rives des lumières qui scintillaient à travers la brume. (Traducteur anonyme)

2. 宝玉因问:"哥哥不在家?"薛姨妈叹道:"他是**没笼头的马**,天天忙不了,那里肯在家一日。"(曹雪芹《红楼梦》)

—Mon grand cousin Dragon lové n'est pas à la maison? demanda le frérot Jade.

—C'est un cheval échappé!! il n'a pas assez de toutes ses journées pour vagabonder. Comment daignerait-il rester un seul jour à la maison? (Traduit par Li Tche-houa et Jacqueline Alézaïs)

3. 你虽然只是一片小小的叶子,却为大树、为鸟儿、为情人做了你所能做的一切。但是,如果你竟是在春天,在阳光灿烂的夏天刚刚到来之际就被撕掳下来呢?你难道不流泪吗?你难道不留恋吗?虽然树上还有千千万万的树叶,虽然第二个春天会有同样的千千万万的树叶,虽然这棵大树在可以预见的将来也许永远不会衰老,然而,你这一片树叶却是永远不会再现的了。地老天荒,即使这个地球消逝了,而宇宙间的星云又重新结合成一个又一个的新的地球,你却永远不会再接受到阳光和春雨的爱抚了,你也永远不能再发出你的善良的絮语了。(王蒙《蝴蝶》)

Tu n'es qu'une toute petite feuille, mais tu as fait tout ce que tu as pu pour l'arbre qui était ton père, pour les oiseaux, pour les amoureux. Mais si tu devais être arrachée le printemps ou au début de l'été radieux, ne verserais-tu pas de larmes? Cela ne te remplirait-il pas de regret? Il y a mille feuilles sur l'arbre, l'année suivante il y en aura mille autres; on ne peut pas prévoir quand l'arbre mourra. Et même si le globe venait à disparaître, les vapeurs d'étoiles se regrouperaient pour en former un nouveau. Mais toi, qui es unique, tu ne renaîtras pas à la vie, tu ne t'abreuveras plus jamais du soleil et de la pluie du printemps. Jamais plus on n'entendra ton amical murmure. (Traduit par Liu Hanyu)

4. 四周很静。没有灯光,岸上的那座祠堂也睡了。路空空地躺在月光下。在船边,离他的头很近,一堆水莲浮在那里,有好几朵紫色的花。(巴金《月夜》)

Un calme profond régnait. Pas de lumière. Même le temple ancestral de la rive était endormi. Le petit sentier s'étendait tout droit sous les rayons de lune, absolument désert. Près de la barque, toute proche de la tête de l'instituteur, flottait une touffe de lotus ayant quelques fleurs mauves. (Traduit par Tang Zhi'an)

5. 满山满谷乳白色的**雾气**,那样的深,那样的浓,像流动的浆液,**能把人都浮起来似的**。特别是早上九、十点钟,日头露脸、云雾初散时,他坐在山腰撩棚口,头顶千柯竞翠,万木葱茏,脚下却仍是白茫茫一派雾海,只见一簇簇高大的粤松和铁杉从这团团滚滚的雾气中浮出,真

是仙山琼岛、蓬莱玉树一般，迥非人间境界了。（古华《爬满青藤的木屋》）

Les montagnes et la vallée étaient enveloppées d'une brume si profonde et si épaisse qu'**on aurait pu y flotter.** Surtout vers neuf ou dix heures, quand le brouillard se dissipait, dévoilant le soleil, il avait l'impression de se trouver **au pays des fées** : assis au seuil de la cabane, sous des arbres verdoyants et luxuriants, il avait sous les pieds une mer de brume laiteuse, d'où surgissaient de hauts sapins de toute espèce... (Traduit par Liu Hanyu)

6. 你是知道的，咱们家所有的这些管家奶奶们，那一位是好缠的？错一点儿他们就笑话打趣，偏一点儿他们就指桑说槐的报怨。**"坐山观虎斗"，"借剑杀人"，"引风吹火"，"站干岸儿"，"推倒油瓶不扶"**，都是全挂子的武艺。（曹雪芹《红楼梦》）

Vous le savez bien vous-même, que, chez nous, de toutes les commères en fonction d'intendance, il n'en est pas une seule qu'il soit facile de tenir à l'attache. À la moindre erreur, ce ne sont, de leur part, que brocards et railleries. Au moindre indice de partialité, les voilà qui marquent leur ressentiment: ... autant de malices dont elles font leur lot! (Traduit par Li Tche-houa et Jacqueline Alézaïs)

7. **钱、钱、钱**，谁也不再羞于谈赚钱。为钱而兴奋，而苦恼，而不顾一切，甚至失去人的尊严。钱从什么时候具有如此大的魔力？（孙力、余小惠《都市风流》）

　...ce n'est désormais plus un tabou d'en parler. Pour l'argent, on s'excite, on souffre, on ne recule devant rien, on perd parfois sa dignité. Depuis quand l'argent est-il devenu aussi magique? (Traduit par Yang Jun et Ying Hong)

8. 这个**"不生育"的女人**给他生了一个女儿，生第二胎的时候死掉了。他给女儿取名沙柳。从此，在这片柔软光洁的沙漠上，多了一行娇嫩的小脚印，就如幼狮跟着母狮蹒跚走过的足迹。（郭雪波《沙狐》）

Cette femme «stérile» lui donna une fille mais mourut avec le bébé lors de ses deuxièmes couches. Il nomma sa fille Sha Liu (Saule du sable). Sur ce sol tapissé de sable mou et luisant apparurent bientôt d'adorables empreintes de pas, comme celles d'un lionceau pataud et maladroit. (Traduit par Yan Hansheng)

9. 他与她结婚五年，到现在才**爱上**她，**这爱**来得太迟，又太突然……从他听到她患了癌症的刹那，他已意识到了自己感情上受了一种强烈的撞击，使他一整天心理都阴云密布，而现在，他明白了，他是爱她了。但他也明白，她是不会接受他的爱的。（孙力、余小惠《都市风流》）

Après cinq ans de mariage et de refus d'aller l'un vers l'autre, il se mettait soudain à l'aimer. Oh, amour tardif et inespéré! Dès le moment où il avait appris que Xu Lili était atteinte du cancer, ses sentiments avaient basculé; il l'aimait! Toute la journée, son cœur fut agité. Maintenant qu'il comprenait qu'il l'aimait, il savait aussi qu'elle n'accepterait pas son amour. (Traduit par Yang Jun et Ying Hong)

(二) 翻译下列句子，并注意粗体字部分。

1. 沙漠在宁静中歇息，像熟睡的巨兽。太阳在东南沙漠边上悬挂着，被一层白色的烟尘遮挡

住，**像一个焦糊的玉米面圆饼**[1]，显得黄而暗淡。（郭雪波《沙狐》）

2. “我也不知道，大概是昨天喝醉了的缘故，”虽然依旧是**银铃似的声音**，但是**银铃**快要碎了。（巴金《春天里的秋天》）

3. 沉默了半晌。只听得姨太太扫清喉咙的咳咳的声音从楼上飘下来。父女两个各自在想心事。眉卿觉得她的一百元未必有希望了，满心的阴悒；她安排得很好的佳节乐事，眼见得已**成泡影**[1]，那么，这三天假期可怎么挨过去哟！（茅盾《子夜》）

4. 没准儿，他这个不相信爱情的人，到了**头发都白了的时候**才意识到他心里也有那种可以称为爱情的东西存在，到了他已经没有权力去爱的时候，却发生了这足以使他献出全部生命的爱情。（张洁《爱是不能忘记的》）

5. 糖在她嘴里慢慢地化着，那**甜丝丝**[1]的汁液像流进了心里去似的。她又在妹儿那粉红娇嫩的脸蛋上印满了自己带着甜味的唇印。这些，都是她那威严的男人看不见、管不着的，要不真会立时打死了她。（古华《爬满青藤的木屋》）

6. 他认为**这座城市**目前仍旧离不开他，还没有合适的人选接替他。市长阎鸿唤的威望不过是**个假象**。（孙力、余小惠《都市风流》）

7. 他亲手经办了一个又一个的揪出来和定下来的事情。一夜之间，一个神气活现的领导干部便成了人人**所不齿的狗屎**……（王蒙《蝴蝶》）

8. 然而真奇怪。向来是气魄不凡，动辄大刀阔斧的吴荪甫此时却沉着脸儿沉吟了。在他的眼光中，似乎“东方大港”和“四大干路”颇有海上**三神山之概**。（茅盾《子夜》）

参考书目

1. 姚殿芳，潘兆明，1987，《实用汉语修辞》，北京：北京大学出版社。
2. 郭建中，2000，《当代美国翻译理论》，武汉：湖北教育出版社。

第三部分　语境语篇

在翻译过程中，语境与语篇互为依存，休戚与共，任何语篇都是语言与语境碰撞的产物。总体上讲，语言交际不可能脱离所依附的交际环境，而言语交际生存的环境就是语境。换言之，语篇创造了语境，也凭借着语境实现篇章的衔接。由此，我们可以说“语篇乃语境之源，语境实属语篇之基。”既然语境决定着语篇在言语交际中所起的作用，既然语境制约着语言的表达方式，既然语境影响着言语所传递的信息，那么就不可能不对语境做个全面的介绍。

第八章 语 境

语境的概念
1. 语言语境
2. 非语言语境

语境与翻译
1. 语义的补全
2. 互文意义

什么是语境？语境实指在交际过程中，言语表达时所依赖的确定语义的语言方面和非语言方面的各种主客观因素。前面章节虽然也曾提到过语境对词义的影响，也谈到过语境对句子的辐射，但是语境在交际过程中到底起着何种作用，尚未做出系统的交代。

正如前文提到过的那样，与理解关系最密切的是语境。准确的理解取决于对语境须臾不离的把握（刘宓庆，2001：173）。语境的内容包含上下文语境（口语的前言后语和书面语的上下文）、情景语境（言语行为进行的时间、地点、话题、场合以及交际参与者的身份、职业、教养和心态等）和民族文化传统语境（历史文化背景、社会规范习俗和价值观）三个部分（赵艳芳，2001：23）。

语言学家布沙尔指出：在任何一个社会里，语境与说话者既不是完全随机性的，也不是完全孤立的，任何一个人不论就任何话题、以任何方式、与任何人进行交谈，都要受到文化与社会现实的约束（罗顺江，2004：218）。总体上讲，语境与语言在交际中是不可分割的一个整体。

语言离开了语境,不过是一种符号,语言失去了语境,便失去了一半信息。权以"草船借箭"为例,从话语角度上讲,这成语中有一个客体"草船"、一个动作"借箭",至于其他信息均蕴于语境之中。如果没有看过《三国演义》,不了解诸葛亮的传说,便可能不知所云。这便是语境,这就是语言的具体环境,是激活语义的信息库。

语言符号是信息的载体,话语失去语境的支撑便失去了生命力。就翻译活动而言,由于不同的民族有着不同的社会文化,不同的语言依赖的语境也就不同。要想在甲语境下的语言转换到乙语境中,译者遇到的困难是可想而知的,因为源语文本解读存在着好坏,目的语文本的表达存在着优劣。

8.1 语境的概念

前面就曾谈过,词语有词语的语境,句子也有句子的语境。有人或许会问,为什么直到现在才开始介绍语境呢? 的确,如果可能,应该尽早地介绍语境。然而无论是词语的语境还是句子的语境,都可能失之于局部,因为它们的语境信息都不完整,不能给译者提供准确无误的信息源,容易引起误译或错译。只有语篇平台的语境才是完整的,它激活的信息才是准确的。这也是多数学者主张翻译的单位应是语篇的原因之一。就语境而言,其内容涉及二个方面:语言因素与非语言因素。

一、语言因素是指与语言有关的内容,通常称为语言语境。语言语境最大的特点便是靠语言传递的信息:比如选词和言语的互文,这些都是语言传递出的信息。总之,语言语境的影响可以显性地得到展示。譬如:

[1]"不许动!"一个蒙面人出现在面前,手里拿着攮子,旁边还站着一个帮手。结果,手表**抹(读妈)**(1)下来了,现金也被搜了腰包。爱情在暴力面前总是没有还手之力。

——王蒙《风筝飘带》

Une fois, un homme au visage dissimulé avait surgi devant deux amoureux. «Ne bougez pas!», un couteau à la main, accompagné d'un autre voyou. Il en était résulté pour les amoureux, qu'on leur avait volé leurs montres et leur argent. Devant la violence, l'amour est souvent trop faible!

— Traduit par Liu Hanyu

汉语中所用动词(1)如果用标准的普通话,则应该用"取下"、"解下",但是作者却用了"抹下",同时唯恐读者读音理解错了,还刻意地加上了注音"妈"。作者在此借用地方方言来传递一条信息,"交际者"不是北京人,它可能是四川人,因为取下这个动作在四川话中正好用此字"抹"(读"妈"音),也可能是读此音的其他地方的人。源语中承载的这些信息在翻译过程中,根本不可能再现或翻译出来。此译句中便只好采用遗忘法,或者说忽略不计法。这种不得已的权宜之计,有时也只能如此。

二、非语言因素。对言语交际者而言,它是影响交际的各种主、客观因素。它对交际的影响虽是无形的,但却是绝对不容忽视的。非语言语境存在于两个方面:影响话语交际的主观因素与客观因素。主观因素是话语使用者自身的因素:如身份、性别、思想、修养、职业、经历、性格、爱好、目的、处境等。客观因素实指外部环境的方方面面,大到社会环境、自然环境,特定社会的文化、风俗、宗教、政治等等,小到文章中的前后互文,特殊的时间、地点、场合、对象等内容。

客观因素实指社会文化语境,它不但能影响交际活动,也成为交际的信息源。交际者正是因为有相同的社会文化语境,才可能顺利地实现交际活动。主观因素是指个人可变而带有个性的东西。它透露出交际者的身份、受教育程度、讲话时的情绪以及性格。试想,交际者受到如许内容的影响,讲出来的话语中所含的信息还能少得了?

8.1.1 语言语境

语言语境具体地讲,就是它的内容主要涉及言语符号以及符号的含义。为了有利于翻译活动,我们可以从三个层面来探讨语言语境:一、词际语境,即词语间的相互修饰与搭配;二、句际语境,即前句后句的照应、上文下文的影响;三、语篇层次,即在段落与篇章的平台上完成语境对语义的影响。

8.1.1.1 词际语境

词际语境是指对各类词以及词组进行的翻译研究。词作为最小的语义单位,在不同的组合下,形成词组,再组词成句,从而完成了语义的重组再现。从语法角度上看,有的词或词组用在语句中时,可以作主语、谓语、宾语、定语、状语。语句结构亦因此而形成"主谓结构"、"动宾结构"、"偏正结构"。在语言环境允许时,它们甚至能够以省略句的方式单独出现。就翻译而言,对词际语境的研究,不仅仅指孤立的词义,而是指词与词在组合时对语义认定产生的影响。

词际语境实指词语成分之间的相互关系,即词语组合的搭配关系。对于词语成分之间的相互关系,我们权以汉语中最常见的一个形容词"大"为例,看它在词际语境作用下,在翻译中发生的变化,以及译者如何把握它的词义。

[2] 年复一年,就跟一棵**大**(1)**树**一样,它的根却越来越深地扎下去,想要拔掉这生了根的东西实在太困难了,我无能为力。

——张洁《爱是不能忘记的》

Les années se suivaient; comme un **grand**(A) **arbre** dont les racines s'enfoncent progressivement dans le sol, de plus en plus profondément, vouloir arracher des choses si solidement enracinées est vraiment trop difficile, c'était au-dessus de mes forces,...

— Traduit par Caroline Martinez Stephan

此处对(1)的诠释,法语中用了(A),既符合辞典字面词义,也符合现实语境的内涵。

[3] 南院墙离得近了,常常把阳光挡住。窗下堆着**一大堆**(1)煤块,是四轮车从皮里青矿拉

来的，当然，漆黑。我们又是冬天搬进去的，冬天日头矮。

——王蒙《临街的窗》

La fenêtre sur la façade exposée au soleil avait été percée très petite. Le mur sud de la cour, très proche de la maison, interceptait souvent les rayons de soleil. Sous la fenêtre était **un gros**(A) **tas** de charbon apporté là en charrette depuis la mine Piliqing et naturellement, ça noircissait tout. En plus, nous avons emménagé là en hiver; l'hiver, quand le soleil n'est que la tête d'un nain.

— Traduit par Jean Join

还是一个“大”，在汉语中形容体积。法语在形容体积“大”的用词便出现了不同。法语对“tas”的限定便需要用“gros”，而不是常见的“grand”。

[4] 纷纷扬扬的**大**(1)**雪**不停地降落着。天哪，连上帝也是这样地虚伪，他用一片洁白覆盖了你的鲜血和这谋杀的丑恶。

——张洁《爱是不能忘记的》

Des myriades de **flocons de**(A) neige tombent en flottant sans discontinuer. Oh ciel, même Dieu est hypocrite, il recouvre de blanc ton sang frais et l'horreur de l'assassinat.

— Traduit par Caroline Martinez Stephan

此处法语对(1)信息的处理更不同于汉语。汉语用形容词，而法语对于这种自然现象的描写和修饰，需要借助量词(A)来处理。由此不难看出，不同的中心词对限定词的要求是不同的，词与词的搭配反映出语言的表达习惯。法语中只有用量词“flocons de”才能够反映出汉语中“大雪”中的“大”。

汉语由于语言特点及一词多义的习惯，全都用了相同的词“大”。但是法语却有了相对细致的分工，对体积的限定、对自然现象的描写都有着习惯的用法，不能照套。这便是中心词对搭配的要求，这便是不同的语言即使在表达相同的语义时，因词际间的互文影响不同，而影响到翻译过程中的择词。原因很简单，法语读者虽然对自然事物的认知相同，但表达的理念有着独特的个性和习惯。这就是语言规则，译者必须予以遵守。

8.1.1.2 句际语境

句际语境在于从翻译角度上研究语句以及句群。句子作为最基本的语言单位，可以表达完整的思想。在这个层面上谈翻译，就需要分析语句的内部结构，其中包括复合句、形容词性从句，以及其他大大小小的限定性从句，随后还有句群的研究。句群语义在连贯过程中，会形成相互映衬，有可能摆脱相对狭隘的句义信息。

如果说研究词际语境是为了解决词义和语法规则，那么句际语境则是根据语义的要求，利用句际间的相互影响而认定句义信息，确定句子重心——以主语为重心强调语义，以谓语为重心强调结构——，搞好句子衔接。总体上讲，这已经不再是简单的句义认定，而是在句群相互的影响下做出的选择。正如第四章语法谓语中介绍的那样，汉语的“能”字在语境的影响作用下，暗含着相应的难易程度。如何选词并不取决于汉字“能”，而是受制于前后句的信息。

[5] 她那迷恋他，却又得不到他的心情有多么苦呀！为了看一眼他乘的那辆小车，以及从汽车的后窗里看一眼他的后脑勺，她怎样煞费苦心地计算过他上下班**可能**(1)经过那条马路的时间。

——张洁《爱是不能忘记的》

Eprise de lui comme elle l'était, combien elle a dû être tourmentée de ne jamais pouvoir l'atteindre! Pour pouvoir jeter un coup d'œil sur sa petite voiture et apercevoir un instant sa nuque à travers la vitre arrière, combien s'était-elle creusé la tête pour calculer l'heure laquelle il **emprunterait**(A) telle route à l'aller ou au retour du travail.

— Traduit par Caroline Martinez Stephan

从前后句相互映照的结果上看，作者在此的(1)“可能”仅仅想表达动作“可能性”的语义，而不是指“能力”。法语作为有时态变化的语言，它的条件式现在时便能很好地表达“可能性”(A)，译者在此借用动词的形态，解决了局部问题。从语言角度上讲，其完成的效果甚至超过了汉语。

[6] 别管我多么钦佩伟大的契诃夫，我也**不能**(1)明白，那套书就那么百看不厌，二十多年来有什么必要天天非得读它一读不可？

——张洁《爱是不能忘记的》

Même si j'admire extrêmement le célèbre Tchékhov, je **n'arrive pas à**(A) comprendre comment elle a pu lire ces livres cent fois sans se lasser, quelle absolue nécessité la poussa pendant vingt ans à les lire et les relire quotidiennement?

— Traduit par Caroline Martinez Stephan

此处的(1)也是“可能”，但是表明的是“我力有未逮”，即使通过努力，也无法完成的动作，属于表达语气程度的动词。

[7] 即使在冬天，臃肿的棉衣也**不能**(1)掩盖住他身上那些线条的优美的轮廓。

——张洁《爱是不能忘记的》

Même si l'hiver, il porte d'énormes vêtements de coton ouaté, cela **ne parvient pas à**(A) masquer les courbes élégantes de sa silhouette.

—Traduit par Caroline Martinez Stephan

汉语中对(1)的信息判断，源自于前后互文，其难易程度到底有多深，往往隐于字里行间。然而法语因其表形的特点，有着层次丰富的语法谓语。译者在阅读中获得了这层内涵，而且能够准确地用词(A)表达出来。

从语言因素上讲，语境通过句际之间互为印证，从而可能得出前两个句子中的“不能”并非简单地指“不能够”。而是经过努力的过程后而“达不到”的义。概言之，译者通过句际间提供的信息，可以更加准确地领会原作者的意图，并借助法语词义的辨析，完整地表达出汉语中的寓意。

8.1.1.3 语篇语境

语篇语境的主旨在于从翻译的角度研究语篇(亦可小到段落)。不言而喻,平台更高了,信息更丰富和完善了。作为较大语义单位的段落或最大语义单位的语篇,始终是译者依赖的主要工作平台。大量的信息在给理解带来冲击的同时,也给译者提供了前后借鉴的便利:译者因此能够更方便地吃透语义,从而更深刻地解读原文。换言之,译者可以在更大的语言范围内了解话语的相互作用和影响。在这个工作平台,就可以更完整地把握信息,把握的信息越完整,表达的方式便越自如。如果在段落的平台上,只要把握住完整的信息,便可以突破段落内的句际结构,可以借助各种连接词来组合成复合句,令译文有更丰富的表现力。如果在语篇的平台,语境与语言完美地碰撞,产生出的完整信息可以令译者纵横捭阖;译者完全可以突破段落结构,根据语义重新分段,从而形成新的段落。译者同样可以借助各种衔接方式,完成段落间、语际间的语义传递。

[8] 到了铁公祠前,朝南一望,只见对面千佛山上,梵宇僧楼,与那苍松翠柏,高下相间,红的火红,白的雪白,青的靛青,绿的碧绿,更有那一株半株的丹枫夹在里面,仿佛宋人赵千里的一幅大画,做了一架数十里长的屏风。正在叹赏不绝,忽听一声渔唱。低头看去,谁知那明湖业已澄净的同镜子一般。那千佛山的倒影映在湖里,显得明明白白。那楼台树木,格外光彩,觉得比上头的一个千佛山还要好看,还要清楚。这湖的南岸,上去便是街市,却有一层芦苇,密密遮住。现在正是着花的时候,一片白花映着带水气的斜阳,好似一条粉红绒毯,做了上下两个山的垫子,实在奇绝。

——刘鄂《老残游记》

En arrivant au temple, Lao Ts'an jeta un coup d'œil vers le sud et vit de l'autre côté du lac: sur le mont des Mille Bouddhas, des temples et monastères bouddhiques contrastent entre eux par leur silhouette, disséminés au milieu des pins gris-vert et des cyprès turquoise. L'ensemble présentait des points rouges comme le feu, blancs comme la neige, bleus comme l'indigo et verts comme l'émeraude. **Il peut voir**(A) ça et là aussi les taches vermillon des érables. On dirait que c'était la grande peinture de Tchao K'ien-li de Dynastie de Song, montée sur un écran de plusieurs dizaines de «*li*» de longueur.

Comme il n'arrêtait pas de soupirer d'admiration à ce spectacle, il entendit soudain le chant d'un pêcheur. Il baissa la tête, cherchant d'où venaient ces sons, et s'aperçut que le lac était devenu aussi clair et lisse qu'un miroir. L'image renversée du mont des Mille Bouddhas s'y réfléchissait de façon parfaitement distincte: les pavillons, les terrasses et les arbres y prenaient une splendeur extraordinaire et semblaient encore plus beaux et plus clairs que le mont d'en haut, **Si l'on aborde**(B) à la rive sud du lac, **on arrive à**(C) une rue animée; mais **pour Lao**

Ts'an(D) elle était complètement masquée par une vaste plage de roseaux compacts qui se trouvaient justement en pleine floraison . Et l'étendue des épis neigeux reflétant les rayons chargés de vapeur du soleil déclinant était comme un tapis de velours rose formant un coussin entre les deux collines, la haute et la basse-spectacle vraiment merveilleux.

—Traduit par Sheng Cheng

这段译文虽然长些，但却能从中找到语言因素在段落层次上对翻译的影响。汉语文本虽然仅仅是一个段落，但是却含有几层语义内容。译者既然在阅读过程中理解出汉语文本中的段落语境的内涵，在创作目的语文本的过程中，便会根据法语表达的要求，重新组织新的段落，有机地反映段落之间的关系，接着再按照新的法语段落语境的方式，清晰地、有层次地将信息介绍给法语读者。

对此译句，首先需要介绍的便是段落的再调整。汉语文字中总共有三个层次的描写：1. 山上的景色；2. 湖中倒影；3. 对岸介绍。译者在此做了合理的分割。将一个段落译作三个语段。其次便是出于段落和篇章的衔接考虑，在段落中增加了主语。借"人物"的视角来展示景色，其做法采用了旅游景点介绍的方式。如句中的(A)—(D)。再次便是结构的再调整。汉语有着相当强的表意功能，它可以通过大量的空位（也可称为留白）给读者去联想，但在法译时，如果影响到语义的连贯，则需要用词译出来。再有，汉语中虽然用的是逗号，但句子之间则隐含着合理的分断点。而法语则是表形的语言，法译这些内容时，译者唯一合理的做法便是将这些内容重新断句，并完整地予以再现。

8.1.1.4　小结

总之，不同层次的语境，有着不同的侧重点。词际语境着重解决词义在重组后在语句中的词义。句际语境除了解决句子自身的结构外，更多的是解决句群在逻辑思维的影响下，如何突破语句的狭隘语义，解决句际间的语义影响以及句子的重组。而语篇语境则侧重于整体翻译策略的制定。通过语篇的中心思想，把握语篇的主题，找出语篇的主旨大意，掌握语篇的思想脉络。这样，便能实现目的语语篇与源语语篇的最佳等值。虽然作为信息载体的语言形成多个平台，虽然不同的平台都受到不同语言语境的影响，但是语言语境毕竟是显性的，它的体现形式明确无误地有文字来体现。在翻译过程中，译者最不怵的便是显性的字句，因为它们极不易被忽略。

8.1.2　非语言语境

非语言因素由情景语境和文化语境构成。源语也好、目的语也罢，都有受着各自独特的非语言因素的影响。具体地讲，也受着各自语言的情景语境和文化语境的左右。源语语境与目的语语境的差距在于特定语言单位的语境区别、交际情境的语境差别和社会背景、文化背景的语境差别。

言语的转换并不难，就像翻译"图穷匕现"一样，译文字易（la carte déroulée, le stylet qui

était dissimulé apparaît)，然而要译出文字背后隐含的内涵则相当难。翻译并不仅仅是言语的转换，而且更是语义的转换。提到语义，自然就会涉及影响语义的社会文化语境。如何将异国的语义——生长于异国社会文化语境土壤中的语义——信息用本国的语言表达出来，的确不是一件易事，因为本国的语言根植的社会文化语境的土壤完全不同于原语境。信息是可以转换的，而语境是不能移植的。如何让可转换的信息在新的语境中产生出对等的语义，这绝对不是一件易事，因为语境的差别往往难以把握，会造成相当多的困难，有些甚至难以跨越。

汉语是一门意合的语言，即使一个句子，词语的不同组合，标点符号的不同标注，都可能发生演化，派生出诸多不同的词义。这给译者的理解造成极大的困难。当然，事物都是一分为二的，有不足之处，便存在有利之处。语境的优点便在于能积极地限制一词多义、一句多义的现象，从而给译者提供足够的辅助信息，以判定准确的语义。所以，译者需要充分利用语境的这种特性，以提高翻译的准确性。换言之，语境在给翻译带来困难的同时，也给译者提供了判断词义的依据。下面我们就语境以及语境与翻译活动的关系做出相应地介绍与分析。

8.1.2.1 社会文化语境

社会文化语境是指"社会心理、时代环境、思维方式、民族习俗、文化传统、历史变革"等因素对言语的影响。众所周知，汉民族的语言有着词语产生、变异和发展的独特脉络，词语内蕴含着丰富的、复杂的、自成体系的文化信息，包括历史、地理、社会、政治、经济、宗教、风俗、民情，以及思维方式、认知特点、审美习惯、命名取向等等。事实上，任何语言的社会文化语境都具有浓厚的民族色彩和鲜明的文化个性，最能体现出不同民族、不同历史文化的特点，各民族语言因此而呈现出独特的个性。法语也不例外，它在初创、发展、形成的过程中，亦深深地烙上了法兰西民族的历史、社会、文化等烙印。正是两种语言各具个性明显的根，造成了语言信息转换的困难。

在翻译过程中，理解的第一步是确认词义，而要实现这一步骤也不容易。语言的形体不过是记载信息的符号，只能表达信息的符号部分的内容，而另一部分则是无形的、根植于语言生存的社会、文化的土壤之中。对这部分信息的理解，不是靠语言，而且是靠语言生存的土壤。"图穷匕现"的语言信息不难，但如何传递它背后的历史文化信息[①]呢？对于汉语读者而言，由于他们熟知这段掌故，无须解释便知其意。但是法语读者呢？他们肯定没有汉民族的历史知识，如何能够体会到其内涵呢？

翻译之难并非难在语言上，而是难在语言蕴含的背景知识与社会文化上。总体上讲，词句都可以在转换过程中找到相应的对应内容，但是源语的社会文化语境在转换过程中，便不易在目的语的社会文化语境中再现。应该说，社会文化语境的存在，对词义的选定有着重大的影响，而且在翻译中的体现形式也是多方面的。

8.1.2.1.1 语言特征

语言产生于生产实践的过程中。由于中法两国相距万里，在语言形成时期几乎没有什么

---

① 《战国策》记载，荆轲受燕太子丹之命去刺杀秦王时，向秦王献上内藏匕首的燕国督亢地图。地图打开后，露出匕首。比喻事情发展到最后，真相才完全显露出来。(李行健，2002：1318)

交流，所以汉语与法语在语言形式上自然存在着极大的差异。汉民族使用的方块字一音一字，字可作词，也可组合起来成词或词组。法兰西民族使用的是字母组合形语言，最小单位是音与词素，最小语义单位为词。不同的形态特征，不同的构词方式，形成了不同的语言文化。换言之，在翻译过程中，语言本身由于其根植于不同的文化土壤，便存在着特性的不同。语言是可以转换的，但语言文化则是难以传递的。语言文化特性的不同，自然给信息转换造成困难。

或许有人会问，既然是语言特征，为什么不将这项内容放到语言语境中，而将之分类为社会文化语境的一项？实际上，我们只需要认真分析这两种语言语境的特点，便不难发现缘由。语言语境通过显性的表现，解决语言符号以及符号的含义。换言之，语言语境解决显性的语言问题：如词际间的搭配、句际间的影响和映衬、句群和段落内的信息互补等等。总之，语义信息源自于话语自身。也可以说，话语自身可以传递完整的语义信息，而无须借助社会文化知识。

非语言语境有个最大的特点：语义信息并非完全源自于话语，而且还有话语激活的读者头脑中的社会文化知识，并与之形成完整的信息。譬如“乐不思蜀”，仅仅是话语并不完整，何谓“思蜀”？据《汉晋春秋》记载，蜀汉后主刘禅投降司马昭后住在魏国首都洛阳，仍旧过着奢侈的生活。司马昭问他想不想念蜀国，他说：“此间乐，不思蜀”(李行健，2002：793)。这就是语义信息库，语言符号作为索引，在语义信息库内查寻到语境知识，并与之融为一体后，才形成完整的信息。此处引用的语义特征，只不过借用了汉语的音和形，并没有直接引用语义。总之，语义信息并不完全源于语言，而是话语与信息库内的知识碰撞后组合成的新语义。

[9] 凤姐道：“我那里照管得这些事！见识又浅，口角又笨，心肠又直率，**人家给个棒槌，我就认作‘针’**(1)，脸又软，搁不住人给两句好话，心里就慈悲了。”

——曹雪芹《红楼梦》

Comment pouvait-je être à même, répondit-elle, de les traiter, toutes ces affaires, avec mon peu de connaissances, la gaucherie de mon langage et la naïve franchise de mon cœur? On **me tend un rouleau pour battre le linge**? **Je le prends pour une aiguille**(A)! Et puis, j'ai l'épiderme tellement sensible que je ne puis résister aux accents de quelques bonnes paroles, et que mon cœur en devient aussitôt compatissant.

—Traduit par Li Tche-houa et Jacqueline Alézaïs

取其谐音。作者曹雪芹利用汉语“同音”(1)来表达某种双关。对于这种特有的语言形式，不同的译者有着不同的处理方式。法译《红楼梦》的译者李治华采用直译方式，从而实现了字面意义上的对应，(A)显然颇有些不妥，因为字面意义虽然相同了，但语义出现相应的缺损。或许译者的侧重点在于语句。而同样的一段话，译者的不同，侧重点便出现变化。笔者在此特别推荐英译《红楼梦》杨宪益先生的译法，可以看出二人在处理信息方面的异同。

“I'm incapable of running things,” she sighed, “I'm too ignoring, blunt and tactless, always **getting hold of the wrong end of the stick**. And I'm so soft-hearted, anyone can get round me...”

显然，杨译在于取义，对文字的处理，弃小节而取大意。而李译则重于取形，甚至不愿放弃细小的信息，以期忠实地反映原文的文化背景和文化色彩，再现原文的异域情调。

[10] 端午日，当地妇女小孩子，莫不穿了新衣，**额角上用雄黄蘸酒画了个王字**(1)。任何人家到了这天必可以吃鱼吃肉。大约上午十一点钟左右，全茶峒人就吃了午饭，把饭吃过后，在城里住家的，莫不倒锁了门，全家出城到河边看划船。

——沈从文《边城》

Le jour de la fête des Barques-Dragons, femmes et enfants mettaient des habits neufs et, avec du réalgar trempé dans du vin, **traçaient un dessin en forme de《王》sur leur front**(A). Ce jour-là, toutes les familles faisaient bonne chère. A onze heures, le déjeuner terminé, tout le monde, ayant fermé les portes à clé, allait au bord du fleuve assister à la course de bateaux.

取其外形。译句(1)中，作者直接借用汉字"王"的外形，来描写这个图形。而法译时，遍寻法语的26个字母，都找不到外形相同的字母。文字的外形缺损虽然给翻译造成了困难，但是译者准确地把握住"王"字在此毫无意义，并不等于"roi"，而是一种形状。他完全有理由将它视作图案放在译文之中。

8.1.2.1.2 风俗习惯

语言源于生活，在生活土壤中汲取养分，再反过来表现生活。从这个循环来看，语言的表达系统肯定受到生活习俗的影响和制约。既然各种语言都深深烙上民族生活习俗的烙印，那么这种烙印就是区别其他语言的标记。翻译汉民族的风俗习惯时，不可能替换，不存在消弭，而只可能进行介绍——介绍"异国的风俗"。这对目的语读者而言，从内容到形式都可能充满着异国情调。

[11] 这里人家的婚嫁极少**明媒正娶**(1)，**花轿吹鼓手**(2)是挣不着他们的钱的。媳妇，多是自己跑来的；姑娘，一般是自己找人。

——汪曾祺《大淖纪事》

A Danao, rares étaient ceux qui se mariaient **officiellement et avec solennité**(A). **Les porteurs de palanquins et les musiciens folkloriques**(B) ne pouvaient espérer s'enrichir dans la contrée. C'était, la plupart du temps, les femmes qui cherchaient leurs amants, et les jeunes filles qui choisissaient leurs époux.

— Traduit par Li Meiying

汉语中(1)的信息虽然得到传递，但(A)的所指过于笼统。"正式隆重的婚礼"在法语读者的头脑中引起的联想肯定不同于中国人。再有信息(2)，法国人结婚习惯上教堂，没有坐花轿，请吹鼓手吹吹打打迎亲之举。译者用(B)来处理，显然考虑到法语读者缺乏这方面的习俗背景，故译出了"花轿吹鼓手"的字面语义。由于"Les porteurs de palanquins et les musiciens folkloriques"在结合前后语句后，可以产生一定的联想，译者便没做进一步解释。

[12]"不，我不记得了。"我不大高兴，他竟然提起我穿**开裆裤**(1)时代的事情。

——张洁《爱是不能忘记的》

«Non, je ne me souviens pas! Je n'étais pas très contente. Comment aurais-je pu croire qu'il me parlerait d'une époque où je **portais encore des culottes fendues**①(A)?»

— Traduit par Caroline Martinez Stephan

在中国，当孩子还小的时候，父母习惯给他们穿开裆裤，以避免照顾不及时，屎尿不要脏了裤子。事实上，(1)是年龄尚小的替换词，译者为了保存异国情调，没有改译此句，而在直译(A)的基础上，加了注释。

8.1.2.1.3　宗教影响

日常生活中，宗教始终影响着人们的工作生活。中国的宗教当数佛教和道教，它们在方方面面影响着汉民族。所以，源于佛教和道教的词语很多。而西方人大多信仰耶稣基督，有着自己强大的基督文化，他们的语言中自然少不了与宗教有关的语汇。东西方的宗教信仰不同，也构成了汉语和法语语言的各自特色。然而，对于宗教方面的影响，译者往往还不好采用替换的方式，更多的采用直译。

[13] 佛眼相看

① regarder avec les yeux de bouddha

② prendre qch. en bien —Traduit par Sun Qian

[14] 烧香拜佛

① brûler de l'encens et adorer Bouddha

② couvrir qn de fleur, flatter les personnages influents —Traduit par Sun Qian

前面两个译例中，第一句都是字面意义的移植，可能会令法语读者不知所云，因为他们并不了解中国的佛教。而第二句便是根据其语义而翻译的，虽说用词出现了差异，但却保持了语义的传递。诚然，有人说第一句可行，也会有人主张用第二句。不过，这是直译与意译的探讨，是永恒的话题。

8.1.2.1.4　文学作品

各民族都有自己丰富的文化遗产，中国和法国尤甚。汉语中不少诗词描写风物景致，法国文豪的笔下亦有不少反映社会百态之作。这些内容便成为成语语料的重要来源，从中产生的语词包含着丰富的民族文化的意味，构成了汉法两个民族语言的鲜明个性。

[15] 南柯一梦

① le rêve du préfet au Rameau Nanke —Traduit par Sun Qian

② Ce n'est qu'un rêve.

中国人有脍炙人口的"南柯一梦"，源自于文学作品唐·李公佐《南柯太守传》。文中的主人公梦中享尽荣华，醒来方知一场虚幻，实指空欢喜一场。这种独特的文化语境更多的时候是空缺。

---

① culottes fendues: Pour des raisons d'hygiène, les bébés chinois portent, jusqu'à trois ou quatre ans, des culottes fendues qui leur permettent de ne pas se salir et évitent l'emploi de couches. (N. du T.)

8.1.2.1.5 修辞取向

修辞取向是制约言语形式的重要因素。鉴于文化差异造成了各民族在思维方式和修辞取向方面的不同,两个民族对同一事物可能存在着不同的看法。汉语和法语对同一事物的命名或对同一语义的表达可能存在着形态的差异,它们的修辞取向肯定也不尽一致。

[16] 美如冠玉/貌似潘安

beau comme le bouton de jade d'un bonnet / beau comme le jour; beau comme Adonis

汉民族用冠玉的美质来形容青年小伙的美貌,也有美少年潘安为标准。法兰西民族中虽然没有潘安,但有 Adonis①;虽然没有冠玉,但有"comme le jour"。这个实例最能说明两个民族的修辞取向:均以本民族的文化语境为依托,创造出内容有别、取向相似的修辞方式。

8.1.2.1.6 民间传说

汉民族与法兰西民族均有着悠久的历史,在漫长的社会生产与认知的过程中,创作出许多优美的神话故事。大量的习语掌故因此衍生出来,它们是民族智慧的结晶,是根植于民族土地上的果实。在语言的转换过程中,民间传说即使在迁徙时也不可能抹去民族文化的烙印,因为它们是民族语言的情趣和活力,它们具有生动的、形象的表现力。

[17] "林,天河西边三颗并排的星星中间,那颗黄色的大星不就是**牛郎吗**[(1)]? 啊,河那边相对着的三颗星,顶上一颗青白色的大星不就是**他的情人织女吗**[(2)]?"

——巴金《春天里的秋天》

«Lin! Regarde! La plus grande des trois étoiles qui se trouvent à l'ouest de la Voie lactée, n'est-ce pas le **Bouvier**[*(A)]? Et de l'autre côté, il y aussi trois étoiles. Celle qui est placée un peu plus haut, et qui est d'un vert pâle, n'est-ce pas la **Tisserande**[(B)], la bien-aimée du Bouvier?»

— Traduit par Li Meiying

译者对于(1)这类语境,大多数情况均采用直译的方式。宁其不顺也要硬译(A),行文不顺可以靠注释弥补。这种做法的目的是因为割舍不下饱含民族色彩的东西。下面便是译者对"牛郎"的译注。

* Le Bouvier et la Tisserande appartiennent à la mythologie chinoise. La Tisserande, petite-fille de l'empereur du ciel, tissait les nuages tout au long de l'année. S'étant éprise d'une autre étoile—le Bouvier, grave et beau, simple et travailleur—, elle épousa le jeune homme au mépris de la loi céleste. L'empereur du ciel, alors courroucé, créa la Voie lactée pour séparer les jeunes époux. Pleines de pitié, chaque année, le soir du septième jour du septième mois, les pies se rassemblent au-dessus de la Voie lactée et forment un pont pour permettre aux amoureux de se rencontrer.

① [希神,罗神]阿多尼斯,爱与美的女神 Aphrodite 所爱恋的美少年。

8.1.2.1.7 政治因素

不同的国家，有着不同的信仰。不同的政府，有着不同的价值取向。在这点上，中法两国在意识形态方面不大可能有更多的共识。这不仅仅是地域的问题，而是人生观和历史的沉淀的差异。对于这类问题，解决的办法无外乎有两种：一、绕开不译。对一些不便表达的特别的内容，干脆绕开不译。二、轻描淡写。采取避实就虚或者轻描淡写的方式译出信息，即使出现文体的减码也在所不惜。三、直译加注法。有些内容因其重要性，不仅绕不开而且还不准减码，只好采用直译添注释的方式了。

[18]“您考大学?”“现在的大学是考的吗？我又不会**交白卷**(1)。”“可惜，**张铁生**(2)的经验不好推广。”

——王蒙《风筝飘带》

— Allez-vous passer l'examen d'admission à l'université?

— Est-ce que c'est examen qui permet d'entrer à l'université maintenant? D'ailleurs, je ne sais pas rendre **des copies blanches**![A]

— Quel dommage que l'expérience de **Zhang Tiesheng**[B] ne puisse plus être popularisée!

— Traduit par Liu Hanyu

王蒙是当代作家，他一生见证了中国动荡、改革的时期，所以在他的笔下，自然反映出那个特殊年代所发生的种种事情。而法语读者由于没有这方面生活经历，甚至听都没听说过这些内容，自然无法理解其中的深意。其实，即使现代的中文读者，对那段历史都可能有恍若隔世的感觉。所以，对于(1)和(2)的信息，译者添加注释已成必然。虽然有了注释，法语读者亦可能需要付出相应的努力来了解那个时代，才可能更好地理解此话蕴含的深意。见注释：

En 1973, l'examen d'admission à l'université ayant été restauré, Zhang Tiesheng, l'un des candidats, rendit des feuilles blanches à l'examen. Au lieu de résoudre les problèmes posés, il attaqua le système des examens en le traitant de restauration de la ligne d'enseignement révisionniste. La Bande de Quatre l'admirait beaucoup. Pour finir, il fut reçu à l'Institut agricole de Chaoyang.

[19]事后他经常回忆，这一天是怎么到来的。当**“五·一六通知”**(1)刚刚下达的时候，他仍然像历次运动一样，紧张中又有点儿兴奋。他知道这样的运动既是无情的又是伟大和神圣的。但这次势头好像特别猛。大风大浪也不可怕，他只有迎着风浪上。

——王蒙《蝴蝶》

Par la suite, il devait beaucoup réfléchir à ces événements. Au début de la **«révolution culturelle»**[A], il s'était senti à la fois exalté et tendu. Il pensait que cette révolution était impitoyable, mais grande et sacrée. Néanmoins la violence du mouvement l'avait surpris. Et bien! Il n'avait pas peur des orages, il affronterait la tempête et les vagues.

—Traduit par Liu Hanyu

从文内便能看出，汉民族对“文化大革命”的各个进程较为熟悉，而法语读者在这方面肯定差很多文化背景。译者只好用(A)这个时代词来取代(1)这个具体词，虽然出现减码，但也是独特的政治因素造成的。

8.1.2.1.8 时代特点

一个时代，尤其是当代的中国，经历过许多独特的事件。在某个时代中，社会上的许多理念或说法就现在看来，并没有什么了不起的。然而，在那个特殊的时期，它则象征着一条罪状，一柄达摩克利斯剑，让人惶恐不安。

[20] 阿拉伯语就这样学起来了，这引起了周围许多人的不安。你应该安心端盘子。你应该注意影响。**你有没有海外关系**(1)，如果再**搞清队、查三怪——怪人、怪事、怪现象**(2)，就要为你设立专案。我没有砸一个盘子。我不想当科长。我知道穆罕默德、萨达特和阿拉法特。我一定欢迎你担任我的专案组长。 ——王蒙《风筝飘带》

C'est comme ça qu'elle a commencé à apprendre l'arabe. Mais ceci inquiétait beaucoup de gens: tu devrais te contenter de ton poste de serveuse; tu devrais te garder de donner une mauvaise impression aux autre; as-tu **des parents qui habitent à l'étranger**(A) ?... S'il y un **nouveau mouvement politique**(B), on établira un groupe d'enquête spécial à ton sujet... Mais je n'ai pas cassé d'assiette, et je n'ai pas l'ambition de devenir chef de la section. Je connais à peine les noms Muhammad, Sadat, Arafat. Bon, le chef du groupe d'enquête sera le bienvenu!

—Traduit par Liu Hanyu

源语文本中的(1)与译语文本中的(A)从字面含义上讲，实现了字词、甚至是句子的对等，但实际上语义却存在着明显的差异。准确地讲，这特指在中国，在那个特定的年代，“有亲戚居住国外”可能会给当事人带来极大的麻烦。而法语读者在阅读到(A)时，绝对不会产生出相应的“恐怖感”来，甚至还会奇怪作者在此的用意。“有亲戚居住国外”有什么不好呢？至于(2)的信息，也是烙有特定时代、特定社会的烙印，如果硬要译出来，则非加注释不可。为此，译者不愿过多地在这些细节上投入过多，故用(B)的方式，简而一笔带过。

8.1.2.1.9 社会特征

两个民族生活在不同的社会，不同的社会自然有着独特的结构和民情。这个极具个性的内容由于在法国社会中找不到对应的内容，译者只要判定这些内容不是重要的，往往采用淡化或者不译的方式。

[21] 明天他没有来。明天的明天他也没有来。为了寻找一匹马驹，素素迷了路。在山林里，她咴儿咴儿地叫着，她像一匹悲伤的牝马。**她像被一下子吊销了户口、粮证和购货本子**(1)……

——王蒙《风筝飘带》

Le lendemain, il ne revint pas, ni le surlendemain non plus. En quête d'un jeune cheval, Susu se sentait perdue dans la forêt. Elle l'appelait dans son cœur aussi tristement qu'une jument...

— Traduit par Liu Hanyu

作者最后一部分(1)所用的比喻实际充满着特定时代的特征，而这些内容的民族性、时代性太强，如不加解释很难让法语读者理解。如果做正式的解释，又恐喧宾夺主，因为这些信息又属于辅助内容，只不过在强调主人公的心情而已。为此，译者将之视作冗词予以删除，亦不算为过。

8.1.2.1.10 小结

通过上述实例分析，社会文化语境的差别在转换过程中给翻译活动带来很大的困难。由于它的隐蔽性，由于它的独特性，而令信息转换变得举步维艰。译者需要考虑的不仅仅是语言，而且还有语言承载的信息。而这些信息由于在目的语的社会文化语境中出现空缺而失去对应，译者为此需要做的便是如何补足与再创造这些非民族内容的信息。诚然，这样做刀工斧凿的痕迹是明确的，但也是必要的。向外国读者介绍汉民族优秀的文献当然是一项艰辛的工作，其中的精华不应该避而不译。

8.1.2.2 情景语境

情景语境分为主观与客观两种现象。客观为现场语境：实指语言现象发生的“时间、地点、场合、境况、话题、事件、目的、对象”等因素。它虽然是客观的存在，但是在翻译时却是隐形的。在源语中它的存在看得见摸得着，实实在在，但是在转换为目的语后，译文读者是否也能同样感受到它的存在？

主观现象为言伴语境，实指语言发送者的“情绪、体态、关系、语体、风格以及各种临时语境”等主观因素。交际的言语会因主观因素的变化而受到影响，语义因此也出现演化。这对翻译造成的难度是可想而知的。

8.1.2.2.1 现场语境

现场语境是指语言现象发生的时间及地点。它具有即时性、直观性等特点，交际者亦可更简练、更方便地使用语言。有了情景的帮助，对于语篇表层结构中能由情景补偿和解释的成分，交际双方完全可以将之省略或替换。因为这些信息已经明确无误地展示在现场的场景之中。这些省略或被替换的内容虽然是隐性的，但也是不能忽略的。在翻译中，鉴于目的语的现场语境中没有相应的情景帮助，隐性的信息便极可能成为无形的陷阱，译者稍有大意，便可能掉进去。对此现象，译者绝对不能贪图省事，采用与原作者相同的手段，因为在目的语中也采用省略或替换，就可能造成结构的断裂，语义的不连贯。所以，译者在翻译时，需要在更高的平台上补足省略的部分。

[22] 浓黑的发，细长的眉，亮的大眼，动人的嘴，笑。“我爱你，”动人的嘴张开，银铃似的声音响着。大眼睛照彻了我的整个身体。

——巴金《春天里的秋天》

J' étais constamment enchanté par(A) ses cheveux noirs, par ses grands yeux brillants sous les sourcils minces et bien arques, par sa bouche mignonne et son sourire plein de charme. «Je t'aime!» La bouche mignonne s'ouvrait, la cloche d'argent sonnait, les grands yeux me perçaient tout entier.

—Traduit par Li Meiying

现场的两位情侣相互吸引着。由于特定的情景，汉语完全淡化了文中的"自我"，即(A)的信息，直接通过潜在的逻辑衔接表达出"我"眼前的局部，而忘记了现场环境，因为这些部位深深地吸引住了"我"。对于这些信息的处理，由于两种语言的表意风格不同，法语则需要准确地将隐去的内容表达出来。

[23] 周围的世界消灭了，我们睁起眼睛在做梦。我偎着她，她偎着我。青春，热情，明月夜，深切的爱，一对青年男女，另一个少年，三角的恋爱，不体谅的父亲，金钱，荣誉，事业牺牲，背约，埃及的商业，热带的长岁月。

——巴金《春天里的秋天》

Appuyés l'un contre l'autre, nous rêvions les yeux grands ouverts, le monde n'existait plus autour de nous. **Ce qui apparaissait sur l'écran**(A), **c'était tour à tour**(A1) la jeunesse, l'enthousiasme, le clair de lune, un amour profond, deux amoureux, un troisième. Puis, un père brutal, des problèmes d'argent, de réputation, de carrière, un sacrifice, la trahison d'une promesse, une entreprise commerciale en Egypte, un long séjour sous les tropiques.

—Traduit par Li Meiying

一对情侣，亲昵地依偎在一起看电影。汉语中前后文交代得非常清楚，加之译句的描写完全借助了情景语境，故而完全省略了现场语境。而在法译时，译者如不及时地用(A)和(A1)补足了缺失的现场语境："电影银屏上展示着……"，就可能令法语读者不知所云。

8.1.2.2.2 言伴语境

言伴语境是指交际行为隐含的相关信息，如交际者的身份、地位、受教育程度等内容，以及语体、风格、情绪、体态、关系、媒介等。尽管这些带有主观因素的信息是相对稳定的，但却是相当隐蔽的，在翻译过程中间并不是不易把握，而是经常让人忽略。

[24] 周瑞家的因问智能儿："你是什么时候来的？你**师父那秃歪刺**(1)往那里去了？"

——曹雪芹《红楼梦》

La mère Zhou demanda alors à la petite novice: «A quelle heure es-tu venue? Et ta **chipie chauve de maîtresse de culte**(A), où est-elle passée ?»

—Traduit par Li Tche-houa et Jacqueline Alézaïs

交际人使用(1)这种口吻透着"她与智能儿的师父之间的关系以及当时的心情"，这句话的表达力在翻译时如若不予以表达，很可能有悖作者意图，同时也失去了言伴语境的内涵。

[25] "笑嘛？这是老实话。**这小子**(1)好吹。都说我成了万元户，狗屁！摊煎饼能赚了那么多？腰都累折了，一分钱一分钱地攒，又全让这小子折腾百货给赔进去。"

——孙力、余小惠《都市风流》

«De quoi riez-vous? C'est la vérité, **cet âne**(A) aime se vanter. On dirait que j'ai fait fortune, mais c'est du vent! Peut-on devenir riche en vendant des crêpes? On s'est éreinté à économiser sou par sou. Mais lui, il a perdu tous à cause de ses commerces des marchandises.» — Traduit par Yang Jun et Ying Hong

这句话取自父亲评论儿子时的语言。父亲在称谓中使用(1)透着"父亲"的不满,虽非蔑称,但也表达着"恨其不争气"的意味,译者在翻译时充分考虑到这点,故用(A)来替代,虽然字面意义不对称,但颇为得体。

8.1.2.3　小结

根据前面的分析,文本信息转换的成功与否,除了语言内容之外,还取决于源语非语言语境因素对语言的影响是否对等地体现在目的语的语境之中。诚然,对等程度越高,效果越好。但是要做到对等又谈何容易。因为汉语语境与法语语境的差异之大,不仅仅局限于语言形态、社会文化,甚至连语言的思维方式都存在着不同。应该说,在差距如此巨大的空间搭建"交际的桥梁"的确不是易事。具体地讲,这要求译者在翻译活动中,尽可能多地考虑目的语读者的能力:比如读者们是否具备理解源语语码信息的必要语境。如果没有,译者就需要采取多种技巧,对内容做出相应的调整。正如前面介绍的那样,通过增删和注释的方式,来传递源语信息。无论怎么说,语境是理解必不可少的因素,亦是译者必须借助的信息,哪怕它也给翻译活动带来困难。

再有,在翻译中还需考虑情景语境中语场、语式、语旨对译文策略的影响。既然译者将关注点放到语篇的功能上,就必须考虑语篇的情景取向。夸张地讲,在处理一些特殊的语篇的时候,可以打破原作的束缚。遵照目的语读者的需要,译者不可避免地、不由自主地会主观介入文本,在总体不悖原著的前提下,采用创新性翻译策略。比如一些实用性的语篇,如旅游、广告、报纸杂志、影视字幕等。总之,译者应充分考虑语篇的情景语境,必要时可大胆地,甚至夸张地体现它的存在。

8.2　语境与翻译

在翻译活动中,如何最大限度地理解源语文本是译者的首要任务,而语境则是实现这一目标不可忽视的因素,因为语境存在于所有形式的语际交流活动中。纽马克曾这样形容语境的重要性:"语境在所有翻译中都是最重要的因素,其重要性大于任何法规、任何理论、任何基本词义。"

就翻译活动而言,第一步骤是理解。然而理解语言现象往往取决于语境,因为语境的诠释范围涉及方方面面:语言语境就包括语音层、词语层、语法层、语义层、语用层、修辞层、逻辑层、语篇层等;非语言语境又涉及广义的社会文化语境与情景语境。换言之,理解语言现象,首先需要理解影响语义的语境。

对语境的理解不仅直接影响到对源语文本的解读,也关系到翻译的成败。译者应当充分考虑原文的特定语境因素,并从这些特定的语境因素中探索出各个语码,并以此为依据,利用源语的语境解决与作者有效的交际。在掌握原文信息之后,译者再借目的语语境为依托,完成与目的语读者的有效交际。

[26] 事情很清楚：巧云不会撇下她这个老实可怜的残废爹。谁要愿意，只能上这家来当一个**倒插门的养老女婿**[1]。谁愿意呢？

——汪曾祺《大淖纪事》

Il était évident que Beau Nuage n'accepterait pas de quitter son pauvre père, honnête et infirme. Le seul moyen de résoudre le problème eût été que Huang Haijiao **adopte un gendre**[A]. Mais qui voudrait venir chez lui ?

— Traduit par Li Meiying

汉语中(1)"倒插门的养老女婿"透着中国的习俗与观念，这种理念在法语中不易找到相对应的内容。虽然译者以此信息为基础，巧妙地运用了法语词"adopter"(收养，adopter qn pour fils 收某人为螟蛉之子)一词，但是"adopte un gendre"可以传递原作的语义，但却无法传递汉民族中的观念。法语语境可以再现语义，不能再现文化。解决这种办法的手段比较简单，要么做注释，要么消弭这层文化理念。

[27] 她又知道祖父的脾气，一见城中相熟粮子上人物，不管是马夫火夫，总会把过节时应有的颂祝说出。这边说，"副爷，你过节吃饱喝饱！"那一个便也将说，"划船的，**你吃饱喝饱！**[1]"

——沈从文《边城》

Elle voyait avec précision les gens et les lieux, et devinait les conversations... Le vieux batelier, d'humeur joviale, ne manquait pas de présenter ses vœux à tous ceux de la garnison qu'il connaissait, palefreniers, cuisiniers. L'un disait à l'autre: «**Mes meilleurs vœux, mon vieux!**[A]» et l'autre lui répondait la même chose.

—Traduit par Wu Ming etc.

汉民族在问候用语上与法兰西民族有异，汉民族习惯用生活中常见的事体来问候对方。其中典型的莫过于"吃饭没有？""上街啦？""买菜吗？""下班啦？"等等，法语的问候语比较固定，例如"bonjour"，"salut"，"Comment allez-vous?"等。译者在此只需达到问候的目的即可，并不在乎二者之间的用词或用语是否对称。汉语中的"吃饱喝饱！"就等于法语中的(A)" mes meilleurs vœux, mon vieux!"。

正如前面所讲，翻译的目的在于达意，就无须困囿于语言的束缚。既然语义往往与语境分不开，那么译者选定语义时，便需要符合目的语的语境。事实上，翻译语义就是要把源语语码在原文语言语境、情景语境及社会文化语境中承载的意义和信息改由目的语语码来承载。译者努力的目标就是要使目的语语码承载的信息等同于源语语码信息(彭利元，2003/2)。前面例句之所以出现话语的不对等，那是因为受到语境的影响所致。由此看来，语境对翻译的影响是不可忽略的，需要认真探讨。

8.2.1　语义的补全

不同的语言产生于不同的民族,此语境中的信息在彼语境的信息库中并不一定能够找到或者并不一定对等。这是"信息库"的差异。原作者在本民族的语境上传递着他的意图,而译者虽然在与作者相同的语境中解读原信息,但是却要用目的语的语境传递作者的意图。语言的难度自不必说,语境的差异带来的变化更是隐性的,难以把握或展示的。

换言之,翻译的过程对译者——理解源语语码之人——而言,首先得熟悉源语的语境,否则外语水平再高也可能出现理解的偏差,而任何偏差都会导致译者偏离原作者——使用源语语码之人——的真正意图。实际上,语境影响不仅仅包括语言语境、情景语境和社会文化语境等诸多因素,而且还包括许多不好译或不可译性的因素。在语言的转换过程中,肯定会出现语境的缺损。既然译者与原作者的服务对象不同,依托的文化背景不同,译者为什么要生硬地追求"相同"呢?译者需要完成的翻译过程大致分为三个阶段:源语文本—译者—目的语读者。

不言而喻,语境因素把握不足,会导致原语义真正意义的走失,或者根本无法体现原语义的真正意义。而语境因素把握过分,便会无中生有、超出原作者的本意。可以说深不得浅不得、重不得轻不得,译者便是在这种限制下,解读并诠释着原文语境。其过程基本为:源语文本—删减—补全—译语文本。既然"语境信息库"不同,便需删去目的语"语境信息库"中没有或不能表达的信息,接着用补全的方式再创作,写出译语文本。换言之,便是在目的语"语境信息库"中寻找新的信息来填充或替换缺损的内容,这就是补全的方式。通常上讲,这种方式有两种:一是语义补全,主要用于语言的语法差别所造成的语言缺项;二是注释性补全,具体方式便是用夹注、脚注和尾注。

8.2.1.1　添补语义

添补语义是指补全在解读原文过程中、源语语境中暗含的语义。这部分内容因源语语境的作用,读者极易感受到。为此,作者本着行文精练的原则将其略去不计,但在读入语读者中,这部分信息的缺损便可能造成阅读的障碍,译者因此不得不明确地写出这部分隐去未现的内容。这部分缺损的内容可以是语言信息,也可能是文化信息。

[28] 白的花,红的花,但是我的花圃里没有百合花。

——巴金《春天里的秋天》

Les fleurs, blanches et rouges, **rivalisaient de beauté**(A) dans mon jardin où pourtant, il n'y avait pas de lis.

— Traduit par Li Meiying

这属于语法缺损造成的补全。"白的花,红的花"是映入"交际者"眼中的客观画面,而潜藏着"鲜花争艳"的事实。当然,巴金笔下的主人公更希望收到"情侣"送来的百合花。译者有责任将言外寓意明确地表达出来。这种加词属于再现语境。

[29] 宝玉因知他**本姓花**(1),又曾见旧人诗句上有"花气袭人"之句,遂回明贾母,更名

袭人。

——曹雪芹《红楼梦》

Lorsqu'il apprit qu'elle avait pour nom d'origine le caractère **Hua**[A], **«fleur»**[A1], il lui souvient d'avoir lu naguère un vers d'auteur ancien, évoquant l'assaut, par brusques bouffées, des parfumes de fleurs. Il fit aussitôt part à sa grand-mère de l'idée qui lui venait, de modifier l'appellation de sa camériste. L'aïeule y consentant, au nom de Perle de Pollen, fut substitut celui de Bouffée de Parfum.

—Traduit par Li Tche-houa et Jacqueline Alézaïs

本例句便属于语义缺损带来的添补。翻译中如果采用音译，这个词无论有什么内涵都失去了，音仅仅是个符号。法语读者绝对不会在"Hua"这个声中感悟到什么，更不用说由此引出的下文介绍。译者对此只好先用音译(A)再用(A1)来补全这音译造成的缺损语义，否则整段话的语义就根本无法衔接了。

8.2.1.2 注释语义

语境信息内的文化内涵肯定无法移植到目的语中，因为目的语读者头脑中没有汉民族的文化沉淀。即使译文的语言结构与词语都使用得正确无误，但是由于文化的缺损，处理不好，译文轻则便会淡如白水，寡淡无味，重则浓浑厚浊，模糊不清。既然源语的语境在目的语中出现缺损，而且又无法添补，于是为了完成信息的等值传递，译者只好采用注释的方式，解释和说明那些缺损的信息。

[30] 为了等到昭雪的那一天，为了你将重新为这个社会工作，为了爱你的那些个人们，你都应该活着啊！我从不相信你是什么**三反分子**[1]，你是被杀害的、最优秀者中间的一个。

——张洁《爱是不能忘记的》

Pour attendre le jour de ta réhabilitation, pour que tu puisses de nouveau travailler pour cette société, pour ceux qui t'aiment, il fallait que tu vives! Je n'ai jamais cru que tu aies été un partisan des **«trois antis**[A]**»** *, tu as été l'un des plus remarquables de ceux qui ont été assassinés. —Traduit par Caroline Martinez Stephan

特定的年代，总能有特定的事件的发生。别说(1)这些极为特别的东西对法语读者难以理解，即使今天对中国读者来说，也需要具备相应的知识。有鉴于此，译者除了用注释方式弥补(A)语义外，别无他途。下面就是译者的注释：

* trois antis: anti-parti communiste, anti-socialisme, anti-pensée de Mao Zedong

8.2.2 互文意义

就理解而言，话语与语境的关系是相互作用的关系。就语言因素而言，话语的前后信息可以相互映衬、互为作用。词际间存在着中心词对限定词的要求与配合问题,句际间存在着衔接与语义连贯,段落可以处理句群关系等。就非语言因素而言,话语通过与社会文化语境的碰撞而激活语义。换言之,社会文化语境成为话语的信息源。语言信息只有与取自信息库(社会文化语境)内的信息组合在一起时,才可能形成完整的语义。如完璧归赵,其字面词义好译(rendre au royaume de Zhao la fameuse pierre précieuse qui lui appartient),但是就如前面章节介绍的那样,它引用的历史信息则较难传递。这些外部信息对话语的作用不可小视,在翻译中的体现更甚。的确,就外部信息对翻译的影响而言,语言因素往往来自于两个方面:篇内信息、篇外信息。

8.2.2.1 篇内因素

篇内因素是指前文信息,这些信息既可能是语言的也可能是非语言的因素。它与需要处理的信息前后映照,一、可以保证理解正确;二、可以表达合理。译者可以根据词句的搭配而理解源语文本,再按照目的语的语法选择结构和搭配。有了篇内互文信息的帮助,译者便能更多更好地进行表达。事实上,篇内因素分为两部分:语义的互文与语言的互文。

8.2.2.1.1 语义的互文

前后语义的所指,可以限定词义的选用。因为汉语字经常一词多义,译者只有通过前后互文的提示,而获得更为准确的信息,以利于准确地选择用词。

[31] 但是,他一下车,就有一种像是从降落伞落到地面的感觉,他的脚又踏着实地了。他爱(1)这里的一切,连同她的瑕疵,就像他爱自己的生活,包括过去的痛苦一样。

——张贤亮《牧马人》

Xu Lingjun, en descendant du car, à l'impression de tomber du ciel, en parachute. Il se réjouit d'avoir enfin les deux pieds sur terre. Il **est attaché**(A) **à** tout ce qui existe ici, aux bonnes choses comme aux mauvaises, tout comme il aime la vie, malgré ses expériences amères.

—Traduit par Li Meiying

汉语中的"爱"包含着诸多词义,不仅仅指情侣之间的爱。通过上下文的对照限定,理解为(A)是符合逻辑的。"牵挂"某个地方,对某处的"魂牵梦萦",这些描写在某些汉语作者笔下可以用"爱"来表达。译者把握住了作者的意图,这种处理方式便是考虑到语言前后互为补充的因素。

[32] 她站在门前不走了。我也不走。我**看**(1)**她,她看**(2)地。

——巴金《春天里的秋天》

Elle s'arrêta devant la porte, j'en fis autant. Je **la dévorais des yeux**(A), mais elle **gardait toujours la tête baissée**(B).

— Traduit par Li Meiying

第一个"看"实意为"用眼睛吞噬她",第二个"看"则是她保持着"眼睛冲着地"。后者实际更符合法语的表达习惯。这便是语言的互文影响,带来了(B)的新意翻译。

8.2.2.1.2 语言的互文

的确，前后文可以限定语义的信息，从而有利于择词。然而，前后互文也能从言语上相互照应。相同的词义的词，在不同的环境中可以借助词语的变化，而形成替换、指代、省略。其结果之妙，甚至达到修辞的效果。

[33] "要是你以后再气我，我就要像你哥哥那样。"她扁起她的小嘴巴说。她也会**扁嘴**(1)？我从她**扁嘴**(2)想到哥哥**扁嘴**……

——巴金《春天里的秋天》

Si tu me mets encore en colère, je ferai comme ton frère, me lança-t-elle en pinçant sa mignonne petite bouche. Elle aussi **savait pincer la bouche**(A) ! **Cette expression**(B) me rappela **mon frère**(C).

—Traduit par Li Meiying

汉语中(1)至(3)都是"扁嘴"，而法译时由于有了前后之间的照应，而分别采用了三种方式：(A)保留了原意；(B)出现了具体替代；(C)更是把握了语义，用整体代替了局部。

[34] 文章写得也比较美，和她很熟悉的一位作家喜欢开这样的玩笑："光看你的作品，**人家**(1)就会爱上你的！"母亲便会接着说："要是**他**(2)知道他爱的竟是一个满脸皱纹、满头白发的老太婆，他准会吓跑了。"

——张洁《爱是不能忘记的》

Elle écrivait plutôt bien; un écrivain de ses amis proches aimait lui dire en plaisantant: **Celui**(A) **qui lit tes œuvres**, va tomber amoureux de toi! Ma mère lui répondait alors: Si **celui-là**(B) savait que celle qu'il aime est une vieille bonne femme aux cheveux tout blancs, au visage tout ridé, il partirait en courant!

— Traduit par Caroline Martinez Stephan

通过前后提示，译者便有着一个相当丰富的词语库，即使出现相同的语义，也可以通过互文形式，寻找到新的"非原义"词语。

8.2.2.2 篇外因素

篇外因素是指篇章外的内容，即语境中所指的社会文化语境中的信息。它虽然没有出现在篇章之内，但却隐于读者头脑中的语义信息库内。一旦受到话语的激活，这些信息便会自然地浮现在汉语读者的头脑中。然而目的语读者却没有相应的信息库，这就给翻译带来困难，如何处理目的语信息库内没有的篇外因素呢？

[35] "你喊什么？让人家直看你。""有人一听跳舞就觉得下流，因为他们自己是**猪八戒**(1)。""你的话愈来愈尖刻了。从前你不是这样的。""是秋风把我的话削尖了的。我们找不到避风的地方。"

——王蒙《风筝飘带》

— Pourquoi parles-tu si fort? Tout le monde te regarde.

— Il y a des gens qui pensent à des choses immorales dès qu'ils entendent le mot «danser». Mais ce sont tous **des hypocrites**[A].

— Tu deviens de plus en plus dure. Tu n'était pas comme ça avant.

— C'est le vent d'automne qui me rend méchante. Nous ne pouvons même pas trouver un abri!

— Traduit par Liu Hanyu

原句中的(1)源自于《西游记》,这位家喻户晓的人物,因丑陋、贪婪而成为这两方面的代言词。译者在此处则选定了改写,译出了互文的喻义(A),而丢弃了互文的出处。这或许便是不得已而求其次吧!

[36] 风浪是意料中事;所谓**"道高一尺,魔高一丈!**[1]**"**他,吴荪甫,以及他的同志孙吉人他们,都是企业界身经百战的宿将,难道就怕了什么?

——茅盾《子夜》

Les tempêtes étaient donc prévues; le proverbe dit: **"si votre vertu s'élève d'un pied, le diable élèvera sa tentation de dix pieds!**[A]**"** Lui, Wu Sunfu, et ses associés, Sun Jiren et les autres, étaient tous des guerriers trempés dans des centaines de batailles; il n'y avait donc pas de raison d'avoir peur?

— Par un traducteur anonyme

俗语的词义将近固化,作者引用它的目的便是希望能更好地表达语义。但是这些借用的俗语对读者来说,并非能引起相应的联想。译者对(1)信息的处理,采用的直译(A)。表面上看,虽然也按照篇外的互文方式处理了,但效果显然不如源语好。因为信息库内的内容不对等。

8.2.2.3 小结

互文意义实际营造出了言语的环境。就篇内结构而言,前后句、上下文均可以影响词义的认定。就篇外影响而言,可称作是相映成辉。然而极可能的是,目的语读者无法领会篇外的互文意义,这便要求译者对翻译策略做出恰当的取舍:直译?意译?当然,无论采取何种方式,均不能忘记翻译的追求:信息的忠实、完整。

8.3 思考与实践

一、思考题

1. 语境由哪些内容构成?
2. 语境对翻译的影响是什么?
3. 语言因素与非语言因素之间有什么不同?
4. 在社会文化语境中,除了书中罗列的内容外,还能找到其他也能够影响译文的现象吗?如果有,请举实例说明。

5. 情景语境对翻译的影响主要体现在什么方面？
6. 在翻译时，如何处理语境与话语之间的关系？
7. 互文是翻译中必然要关注的因素吗？为什么？
8. 在互文意义中，请解释何为篇内因素，何为篇外因素？

二、实践题

(一) 请翻译下列句子，注意粗体字部分。

1. 这要不是大悲剧就是**大笑话**。别管它多么美，多么动人，我可不愿意重复它！（张洁《爱是不能忘记的》）
2. 锡匠里出了这样一个一表人才，真是**鸡窝里飞出了金凤凰**。老锡匠心里明白：唱"小开口"的时候，那些挤过来的姑娘媳妇，其实都是来看这位十一郎的。老锡经常告诫十一子，不要和此地的姑娘媳妇**拉拉扯扯**，尤其不要和东头的姑娘媳妇**有什么勾搭**："她们和我们不是一样的人！"（汪曾祺《大淖纪事》）
3. 我独自一人，走在我们唯一一次曾经一同走过的那条柏油小路上，听着我一个人的脚步声在沉寂的夜色里响着、响着……我每每在这小路上徘徊、流连，哪一次也没有像现在这样使我肝肠寸断。（张洁《爱是不能忘记的》）

(二) 请认真审读下列译句，注意粗体字部分，并请点评优劣。

1. 翌日就是有名的"五卅纪念节"，离旧历端阳只有两天。上海的居民例如冯云卿这般人，固然忙着张罗款项过节，忙着**仙人跳和钻狗洞**的勾当，却是另外有许多人忙着完全不同的事：五卅纪念示威运动！（茅盾《子夜》）

   Le lendemain était le jour de l'anniversaire du Massacre du 30 Mai qui avait fait tant de bruit; on était à deux jours exactement de la Fête des barques-dragons. Les habitants de Shanghai tels que Feng Yunqing et ses semblables étaient préoccupés de trouver de l'argent pour faire face à leurs échéances le jour de la fête; tous les moyens leur étaient bons; pièges tendus par de jolies femmes, infiltrations par **"la petite porte du chien"**... Cependant, il y en avait aussi beaucoup d'autres qui s'affairaient de façon bien différente; il s'agissait d'organiser la manifestation pour l'anniversaire du 30 Mai. (Par un traducteur anonyme)
2. 事后他经常回忆，这一天是怎么到来的。当"五·一六通知"刚刚下达的时候，他仍然像历次运动一样，紧张中又有点儿兴奋。他知道这样的运动既是无情的又是伟大和神圣的。但这次势头好像特别猛。大风大浪也不可怕，他只有迎着风浪上。（王蒙《蝴蝶》）

   Par la suite, il devait beaucoup réfléchir à ces événements. Au début de la «révolution culturelle», il s'était senti à la fois exalté et tendu. Il pensait que cette révolution était impitoyable, mais grande et sacrée. Néanmoins la violence du mouvement l'avait surpris. Et bien! Il n'avait pas peur des orages, il affronterait la tempête et les vagues. (Traduit par Liu Hanyu)

3. 凤姐和贾蓉等也遥遥的闻得，便都装作没听见.宝玉在车上见这般醉闹，倒也有趣，因问凤姐道："姐姐，你听他说'**爬灰的爬灰**'，什么是'爬灰'？"凤姐听了，连忙立眉嗔目断喝道："少胡说！那是醉汉嘴里混吣，你是什么样的人，不说没听见，还倒细问！等我回去回了太太，仔细捶你不捶你！"（曹雪芹《红楼梦》）

Grande Sœur Phénix et le petit monsieur Hibiscus qui, de loin, l'avaient écouté, feignirent de n'avoir rien entendu. Mais le frérot Jade, assis dans la niche de la voiture, n'avait pas laissé de tendre l'oreille.

«Grande Sœur, demanda-t-il Grande Sœur Phénix, l'as-tu entendu parler de **ceux qui rampent dans la cendre**? Qu'est-ce que cela veut dire?»

Elle le rabroua, d'un cri, avec vivacité. «Assez de questions idiotes! Ajouta-t-elle. Ce ne sont que vomissures d'ivrogne! De quelle espèce es-tu donc? Au lieu de te défendre d'avoir rien entendu, tu vas jusqu'à demander des explications! attends un peu que je le dise à ta mère, et nous verrons si on ne te cogne pas dessus!»(Traduit par Li Tche-houa et Jacqueline Alézaïs)

4. "您骗我。""没有啊！""您说您没有工作。""是的，三个月以前，我才从北大荒'**困退**'回来。但是，下个月我就上班了。"（王蒙《风筝飘带》）

—Vous m'avez raconté des histoires!

— Moi?

— Vous m'avez dit que vous n'avez pas de travail.

— C'est vrai. Je suis revenu du Désert du Nord il y a trois mois, en raison de **difficultés familiales**. Je n'ai pas de travail, mais j'aurai un emploi le mois prochain. (Traduit par Liu Hanyu)

5. "我早就劝他不要跟那个**老龟**作对。他不听我的话，整天嚷着要**打土豪劣绅**。现在完了。捉去不杀头也不会活着回家来。说是通匪，罪名多大！"根生嫂嫂带哭带骂地说。（巴金《月夜》）

—Je lui ai dit cent fois de ne pas affronter **cette vieille tortue, mais il fait la sourde oreille, et répète tout le temps: «A bas les despotes locaux et les mauvais hobereaux!!» Maintenant, tout est fini. Il ne reviendra pas vivant. Se mettre avec les bandits, quel crime! La femme maudissait, sanglotait, pleurait... (Traduit par Tang Zhi'an)**

6. 第二天，林先生的铺子里新换过一番布置。将近一星期不曾露脸的**东洋货**又都摆在最惹眼的地位了。林先生又摹仿上海大商店的办法，写了许多"大廉价照码九折"的红绿纸条，贴在玻璃窗上。（茅盾《林家铺子》）

Le lendemain, Monsieur Lin fit réinstaller et exposer aux places les plus en vue de son magasin des marchandises japonaises qu'il avait fait mettre de côté depuis plus d'une semaine. A l'instar des grands établissements commerciaux de Shanghai, Monsieur Lin fit coller sur ses vitrines des banderoles de papier rouges et vertes **annonçant** une grande baisse de prix：10% de réduction sur le prix marqué.

参考书目

1. Peter Newmark，1982，*Approches to Translation*，Pergamon Press.
2. 刘宓庆，2001，《翻译教学：实务与理论》，北京：中国对外翻译出版公司。
3. 彭利元，2003，语境与翻译新探，《外语教学》第二期。
4. 李行健，2004，《现代汉语规范词典》，北京：外语教学与研究出版社。
5. 赵艳芳，2001，《认知语言学概论》，上海：上海外语教育出版社。

第九章 语 篇

就语义单位而言，词是最小的单位，句子是基础单位，而语篇呢？“语篇指不完全受句子语法约束的在一定语境下表示完整的自然语言。”(胡壮麟，1994： 1)语篇单位在话语交际中大于段落、句群、句子、词组、词、词素。事实，语言是以语篇为代表的、语言使用的实际存在的形式。语篇表现在书面上的形式，就是文本(彭宣维，2000：225)。语篇是由完整的话语(即文本)组成的，从一个孤立的感叹词到一首诗、一篇散文、一段对话、一篇讲演或一本书都可以组成语篇(Eugene A. Nida，1998：268)。

从翻译学角度上讲，以词组或句子为翻译单位的翻译模式虽然也可以包容相应的信息，但却失于局部、尤其局部语境之片面，不能满足“信息等值”的需要，而只有语篇能包容最大的交际信息。在翻译活动中信息越全面，获得的“坐标”便越准确，“参照体”便越清晰。

苏联语言学派的翻译理论家巴尔胡达罗夫 (1985：145)就曾提出：翻译是把一种语言的

话语变换成为另外一种语言的话语的过程。翻译的对象并不是语言体系,而是语篇。奈达(2001: 78—79)对此也持相同的观点,他认为译者应借助尽可能大的单位进行翻译,语言单位愈大,译文愈自然。总体上讲,确立翻译单位主要取决它的能力:它是否有利于句子和句际间的分析和转换,是否有利于目的语话语的构建。语篇正好能够满足这些条件,尤其在跨文化、跨语言的翻译中,其产生与理解是以双方共有的内涵为基础的,或假设共有或估量彼此共有的内涵为基础的。

就汉语与法语之间的转换而言,首先需要理解汉语的语义。汉语作为表意的语言,没有词形变化,衔接和结构缺乏明显的语法标志,行文偏重意合。与法语相比较,汉语句界、词界模糊,可以刻意地重新组合词句而派生出新的、甚至相反的语义。换言之,某汉语句在单独运用时,如果没有互文信息,便可以分析出两个或者更多的语义。要将这类句子翻译成法语,就需要从段落或篇章内获得更多的信息,先求对语义的整体把握,然后才能进行语义分析,对语言层次进行梳理,弄清内在的逻辑关系。

即使是汉语,也存在着句群的搭配组合,前后信息在通过衔接和相互限定后,语义亦因此而逐渐清晰。而这些条件仅能在语篇的平台上,才能具备。这也就是为什么翻译的工作平台应该是语篇。

[1] 宝玉忙抢上来参见,水溶连忙从轿内伸出手来挽住。见宝玉戴着束发银冠,勒着双龙出海抹额,穿着白蟒箭袖,围着攒珠银带,面若春花,目如点漆。水溶笑道:"名不虚传,**果然如'宝'似'玉'**。(1)"因问:"衔的那宝贝在那里?"

——曹雪芹《红楼梦》

Le frérot Jade s'étant précipitamment avancé et agenouillé pour battre du front le sol, le prince tendit la main hors de son palanquin afin de l'obliger se relever, et le considéra: une touffe de mèche retenue par une calotte d'argent, le front ceint d'un bandeau figurant un couple de dragons émergés des flots, il portait une robe à décor de dragons, à manches d'archer, serrée ā la taille par une ceinture d'argent incrustée de perles. Son visage était comparable aux fleurs du printemps; ses yeux avaient le brillant d'une touche de laque,

«Ce n'est pas en vain que se répand votre réputation, lui dit le prince. Vous avez en effet tout l'éclat d'**un magique joyau de jade!**(A) Mais où se trouve celui que vous receliez dans votre bouche, en venant au monde?»

— Traduit par Li Tche-houa et Jacqueline Alézaïs

众所周知,翻译《红楼梦》并非易事,仅就人名就因文化语境而带来相当多的不便。此处仅以"宝玉"为例:如果用音译译作"Bao Yu",它便成为语言符号,不具备任何语义。从语篇句度上讲,失去了"宝玉"的文化内涵,则无从译出(1)句来,或者即使强行用(A)来译,法语读者也不可能从"Bao Yu"的音译中读到"Jade"的词义。而汉语中又可将宝玉拆开来读,以强调其英俊。而所有这些,在法译时表达都显得无助,译者在完整领会整个篇章后,明确知道它在整个篇章中并非是个符号,而带有强烈的文化、语言信息。所以,他制定的翻译策略便是在法译本《红楼梦》中,对人名采用意译。

翻译工作的平台由词语、句子层次提高到段落、语篇更广阔的语言结构，译者因此而感受到语篇完整反映信息的特点。简单地讲，翻译的过程就是在语言迁徙过程中，译者在目的语文本中尽可能保持源语文本的各种信息。语篇虽然是翻译活动的最终决策级层，但是它与词语和句子一样，作为语言交际的单位，不可能不受语境的影响。语境作为语篇的基础，能够影响目的语文本的语篇结构和体裁。下面，我们不妨探讨一下语境与语篇的关系。

9.1 语篇与语境

语篇是一个语义完整的语义单位。它可以是一部作品、一篇文章，或者是一首诗、一句广告词等。说到底，保持信息的完整性是它的特性，只有信息的完整才可能与语境的完整相融合，从而传递出完整信息而不是局部的内容。尤其需要指出的是，语篇是译者在翻译活动中最大的语义整体和总合。

语境的功能与作用我们已经在前面做过介绍，其中也包括语境语篇。语境作为客观的抽象的存在，影响着所有层面的语言交际。当然，语篇即使作为翻译的语义单位，其语义的承载形式仍旧是语言符号。事实上，任何语言符号都承载着两层内容：语言与非语言的内容。语言符号只有在独特的情景语境和文化语境的作用下，才能系统地表达出交际者的话语信息。换言之，在翻译过程中，除了要考虑源语和目的语两种语言体系外，还要考虑到制约语言转换的非语言因素。

换言之，语篇的生成和解读都离不开语境。我们在介绍语境时，谈到过语言因素的语篇语境对目的语文本语篇构成的影响。现在，我们拟通过非语言因素的种种现象，介绍情景语境与社会文化语境与语篇的影响。奠定这层语境基础，我们便可通过实例来讲解语篇与语境之间的关系。为此，有必要通过图表的形式，清晰展现出语境的层次，以便更准确地确认它与语篇的关系。

语境结构表

第一层次	第二层次	第三层次
语言语境	词际语境、句际语境、语篇语境	词、词组前后句、上下文语篇、段落
非语言语境	认知言伴语境、社会文化语境	百科知识、虚拟世界知识思维方式、民族习惯，时代环境、社会心理
情景语境	伴随语境、现场语境	语体、风格、情绪、体态、关系、媒介时间、地点、场合、境况、话题、事件、目的、对象

语篇翻译是语篇语言学在翻译实践中的运用。它的做法就是把语篇当作翻译的基本单位，也就是说它不把翻译对等的概念建立在词语、句子层面上，而是建立在语篇和交际层面上。词语和语法组成的语言符号不再是表达语义的唯一依据。

9.1.1 语篇与文化语境

鉴于译文语篇制作的过程必须依赖原文的语篇，译者所以需要充分地、全面地了解原文语篇的文化语境特征，方能准确理解和把握原文语篇中潜藏的语义，并有意识地将原文语篇以及其文化语境加以对照比较，以确定更合适的翻译策略。假设我们在语篇基础上将源语文本与目的语文本进行对比，我们就能发现译者完全在原文语篇的平台上获取信息。

语篇体裁是一个高度抽象的概念，是指交际过程中有目的、有步骤的结构。这一结构由下一层语域中的语境配置体现，而语域又进一步由具体使用中的语言，即语篇来体现（尚媛媛，2002：7）。对译者来说，语篇不仅是语言现象，还是交际功能单位。语篇可以被看作置于一定环境的一个整体，并不乏社会文化背景部分。以此为据，译者的篇章分析应该以非语言因素为起点，要开始鉴别语篇，须先解决非语言因素部分对翻译策略和宏观结构带来的潜在的影响。随后再处理篇章的微观结构：由大到小地了解衔接和连贯情况。

在功能语言学中，文化语境中的文化不再仅指与民族渊源有关的习俗、信仰、生活方式等，如人们常说的所谓中国文化、美国文化、印度文化等等，而是将文化定义为一种语境和一种系统，即一种通过语言来实现的意义潜势系统。这一系统处于不同的语言活动和不同的制度背景之中，同时又表现出多样的潜在可能性（尚媛媛，2002：7）。在此，我们按语言分析要求，节选部分胡锦涛主席 2006 年新年贺词①，并以此为例，通过文化语境来了解语篇体裁。

［2］　我们将坚持以科学发展观统领经济社会发展全局，着力加快改革开放，着力增强自主创新能力，着力推进经济结构调整和经济增长方式转变，着力提高经济增长的质量和效益，努力推动经济社会又快又好发展，使全体人民共享改革发展的成果。我们将坚持**“一国两制”**、**“港人治港”**、**“澳人治澳”**、高度自治的方针，支持香港、澳门特别行政区政府和行政长官依法施政，扩大内地同香港、澳门的交流合作，坚定地维护香港、澳门长期繁荣稳定。我们将坚持**“和平统一、一国两制”**的基本方针，坚持一个中国原则决不动摇，争取和平统一的努力决不放弃，贯彻寄希望于台湾人民的方针决不改变，反对**“台独”**分裂活动决不妥协，积极促进两岸的交流合作，维护台海和平稳定，推进中国和平统一大业。

Nous persisterons dans le concept de développement scientifique en le prenant comme idée directrice pour gérer la situation d'ensemble du développement socio-économique. Nous axerons nos efforts sur l'accélération de la réforme et de l'ouverture vers l'extérieur, sur l'accroissement de la capacité d'innovation indépendante, sur la progression de la restructuration économique et du mode de croissance économique, sur l'amélioration de la qualité et de la rentabilité de la croissance économique, tout en assurant le développement rapide et régulier de

---

① 摘自人民网 http://www.people.com.cn/GB/paper464/16540/1457905.html。

l'économie et de la société, de sorte que tout le peuple puisse jouir des acquis de la réforme et du développement. Nous nous en tiendrons aux principes d'**«un pays, deux systèmes»**, de **«l'administration des affaires de Hong Kong par les habitants de Hong Kong»** et de **«l'administration des affaires de Macao par les habitants de Macao»** à un haut degré d'autonomie. Nous soutiendrons les gouvernements et chefs de l'exécutif des Régions administratives spéciales de Hong Kong et de Macao dans leur exercice du pouvoir conformément à la loi, élargirons les échanges et la coopération entre Hong Kong et Macao d'une part et l'intérieur du pays de l'autre. Nous sauvegarderons fermement la prospérité et la stabilité durables de ces deux régions. Nous resterons infailliblement adhérés aux principes fondamentaux de **«la réunification pacifique, d'un pays deux systèmes»** et de l'unicité de la Chine sans nous abstenir de déployer des efforts pour la réunification pacifique de la patrie. Notre principe consistant à placer l'espoir dans la population taiwanaise demeurera inchangé. Nous poursuivrons la lutte contre l' **«indépendance de Taiwan»** et toute activité scissionniste sans la moindre intransigeance. Nous promouvrons activement les échanges et la coopération entre les deux rives du Détroit de Taiwan, sauvegarderons la paix et la stabilité de la région du Détroit, afin de faire avancer la grande cause de la réunification pacifique de la patrie. ①

既然翻译的第一步便是完整、透彻地理解原文,那么翻译如果以句子为语义单位,便易失之偏颇,因为胡主席的贺词中包含社会、环境、政治、文化、信仰、时代性等内容。而这些内容如果以词语和句子为语义的分析单位,根本满足不了完整语义理解的需求。而语篇作为一种复杂的、全方位的结构,它在包容句子、词语和语法语言现象的同时,还隐含了社会文化环境的附加信息。现在我们以语境内容作为坐标,来探讨"贺词"中文化语境与语篇体裁的相互影响。

在贺词中,如"一国两制"、"港人治港"、"澳人治澳"之类的词,由于内容饱浸着汉文化以及汉民族的时代性、地域性特征,自然就存在着对词语的选择。众所周知,用法语搞创作最杰出者莫过于法国人,但是他们永远不可能遇到"一国两制"的问题,所以他们不会也不可能刻意为中国人创造出相应的词语。对于这类含有中国特色的词语,还得请中国学者来翻译,因为他们对这些内容的体会自然要深刻得多。正因为如此,中国译协对外传播翻译委员会专门组织专家与议,研讨出一些汉语特色词的统一译法,并定期向外公布,以确保对外宣传的口径。

[3] 当前,国际形势继续深刻变化。和平、发展、合作成为时代的潮流。世界经济保持增长势头,科技进步日新月异,各国的相互依存和合作日益加深,人类社会发展面临着新的机遇。同时,影响和平与发展的不稳定不确定因素增多,局部战争和冲突时起时伏,南北差距进一步拉大,恐怖主义、跨国犯罪、环境污染、严重传染性疾病等全球性

① 法语译文皆摘自中华人民共和国驻毛里求斯共和国大使馆网页 http://www.ambchine.mu/fra/xwdt/t236548.htm。

问题突出，人类社会发展也面临着严峻挑战。

De profonds changements s'opèrent actuellement dans la situation internationale, et nous vivons dans une époque marquée par la paix, le développement et la coopération. L'économie mondiale préserve toujours son élan de croissance; les sciences et technologies progressent d'année en année; et l'interdépendance et la coordination inter-étatiques s'approfondissent de jour en jour. Le développement de la société humaine se trouve confrontée à de nouvelles opportunités. Pourtant, les facteurs instables et incertains affectant la paix et le développement se sont multipliés. Des guerres et conflits locaux éclatent de temps à autre. L'écart qui se creuse entre le Sud et le Nord s'est encore élargi. Des problèmes saillants comme le terrorisme, le crime transfrontalier, la pollution environnementale et des maladies infectieuses graves se font sentir sur le plan planétaire, plaçant le développement de la société humaine devant de sérieux défis.

文章准确无误地表达出时代信息：2006年之初，世界和中国人民所面临的国际形势、所遇到的挑战。这些内容随着时代进程、事态的发展，有些内容在未来要么淡出，要么更加深刻地印入大家的脑海中。换言之，这段信息带有显著的时代文化语境和言伴语境。

通过上述实例可以看出，文化语境对目的语文本的影响存在于方方面面：思维方式、遣词造句、形势分析等。然而除了上述影响外，还影响到目的语语篇的宏观结构和体裁。“贺词”不是政治性演说，无须带着强烈的煽动性；也不是就职演说、国情咨文；更不是法律文书，需要准确刻板。新年致辞的文风体裁主要体现在沟通、交流、问候和祝福。有鉴于此，译者在决定翻译策略时，才会采用亲切友好的笔调、娓娓动听的声韵。当然，这些都是情景语境的范畴。

为了向法语读者介绍中国的文化、中国的发展，一些文献所描述的内容自然极具中国特色，它们无论是理念还是用词均与法语读者有相当的距离。虽然这些内容同样源自哲学、人类学、社会学、心理学、历史学、民俗学，但其特定的时代性、民族性、地域性自然超出了法语读者的背景知识，给理解带来相应的困难。究其原因，这不仅仅是汉法两种语言的差异，更多的是时代距离，这就要求译者在翻译这类文献时，就文本内容而言，需要查阅大量的背景资料；就特色词汇处理而言，查询中国译协对外传播翻译委员会公布的正式翻译法。总之，对于具有文化特色的典型信息，翻译时必须摒弃主观臆测，务必仔细认真，理解话语之间的关联，从而避免翻译失误。

9.1.2 语篇与情景语境

语篇之所以不失为一个比较理想的翻译单位，并非传统概念上的语言因素，而是它拥有一个较大的舞台：语言情景。值得注意的是篇章分析不是将语言现象隔离开来进行深层研究，而是追寻其“关系网”，从深处挖掘情景语境与语篇关系的相互作用。

正如前面提到过的那样，非语言因素对语篇的影响存在于两个层面：社会文化语境、情景语境。而情景语境又分为言伴语境和现场语境。其内容涉及语体、风格、情绪、体态、关系、媒介、时间、地点、场合、境况、话题、事件、目的、对象。这些主、客观因素在语言分析中显然不能忽略。

[4] 2006 年的新年钟声即将敲响。在这辞旧迎新的美好时刻,我很高兴通过中国国际广播电台、中央人民广播电台和中央电视台,向全国各族人民,向香港特别行政区同胞和澳门特别行政区同胞,向台湾同胞和海外侨胞,向世界各国的朋友们,致以新年的祝贺!

在过去的一年里,中国各族人民同心同德、开拓进取,全面推进社会主义经济建设、政治建设、文化建设、和谐社会建设,国民经济呈现增长较快、效益较好、价格平稳、活力增强的态势,各项社会事业不断发展,人民生活继续改善。中国积极发展同世界各国的友好合作关系,推动有关重大国际及地区问题的解决,为维护世界和平、促进共同发展发挥了建设性作用。

La cloche du Nouvel An 2006 va sonner. A cette heureuse occasion pour saluer le départ de l'année qui va passer et accueillir la nouvelle, je me réjouis d'adresser, à travers la Radio Chine internationale, la Radio nationale de Chine et la Télévision centrale de Chine, mes meilleurs vœux au peuple chinois multiethnique, à nos concitoyens des Régions administratives spéciales de Hong Kong et de Macao, à nos compatriotes de Taiwan, aux Chinois d'outre-mer ainsi qu'à tous nos amis des divers pays du monde.

Durant l'année écoulée, le peuple chinois multiethnique, uni du même cœur et du même esprit, a travaillé d'arrache-pied pour explorer de nouvelles voies dans sa marche en avant et faire progresser la construction économique socialiste, politique, culturelle et de société harmonieuse dans tous les domaines. Une situation encourageante s'est affirmée dans l'économie nationale, caractérisée par la croissance rapide, la rentabilité appréciable, la stabilité des prix et le renforcement du dynamisme. Les diverses œuvres sociales n'ont cessé de progresser et les conditions de vie de la population ont continué de s'améliorer. La Chine a développé activement les relations de coopération amicale avec les divers pays du monde, œuvré au règlement des problèmes concernés régionaux et internationaux d'importance majeure et joué un rôle constructif dans la sauvegarde de la paix mondiale et la promotion du développement commun.

[5] 中国人民爱好和平,向往美好生活,真诚愿意做维护世界和平、推动全球经济平衡有序发展的坚定力量。中国人民殷切希望同世界各国人民一道,加强团结,密切合作,携手建设一个持久和平、共同繁荣的和谐世界。

……

最后,我从北京祝大家在新的一年里幸福安康!

Le peuple chinois est épris de paix et aspire à une meilleure vie. Il s'apprête sincèrement à agir en tant qu'une force déterminée pour la sauvegarde de la paix mondiale et la promotion du développement équilibré et ordonné de l'économie planétaire. Le peuple chinois aspire ardemment à travailler ensemble avec les autres peuples du monde pour renforcer la solidarité, coopérer étroitement avec eux et construire la main dans la main un monde harmonieux de paix durable et de prospérité commune.

...

Pour terminer, je forme à Beijing des vœux de bonheur et de santé pour vous tous en ce début de la nouvelle année.

仅从这两个译例的内容上看，便已经明确地表现了情景语境已经存在的信息。1. 对象：世界所有的华人；2. 场合：录播厅；3. 目的：新春祝福；4. 话题内容：中国的发展、外交政策、中国的国策以及对未来的期望；5. 时间：2006年元旦；6. 交际双方关系：中华人民共和国主席与公民及世界其他地区的华人；7. 宣传手段：广播电视媒体等等。这些信息明确无误地出现在正文中，自然就会限定行文风格，表达讲话人的情绪：问候、关切与祝福。

语篇作为传达作者情感、经历、思想的语言单位，成为译者必须认真研究的载体。诚然，情景语境的特点便是它的即时性、直观性等特点，这就为交际者使用语言提供了极大的方便。在情境的帮助下，译者完全可以省略或替换语篇表层结构中能由情景补偿和解释的成分或内容，隐去语篇连贯的中间环节。就如译例中的文字那样，由于有了情景，即使法语读者也不难理解语义。至于其他体裁的文本，虽然也可能存在理解的难点，但也可以借助情景的帮助，哪怕文章中的内容仍旧具有中国特色。

[6] "**哼**(1)，要再来次'文化大革命'，**他妈的**(2)每家都够挨抄的。"陈宝柱的思维往往是由别人牵动的。万家福笑笑："**你小子**(3)还盼'文化大革命'呢！……'文化大革命'在中国不会再搞了，至少这几代不会让悲剧重演。而且，现在改革改的虽然是经济体制，可在思想体制上也在挖掉封建主义的残余，这样就从根上消灭了'文化大革命'再次发生的隐患。"今天**张义兰坐在旁边**(4)，万家福越发选择一些书面语言，以区别自己与陈宝柱档次的不同。

——孙力、余小惠《都市风流》

—**Merde**(A), si on leur faisait une autre bonne «révolution culturelle», tous les appartements de ces familles seraient réquisitionnés! lâcha Chen Baozhu.

— **Sale type**(B), t'en redemandes, toi, de la «révolution culturelle»? ricana Wan Jiafu.

...

— Ta «révolution culturelle» ne se reproduira plus jamais en Chine! Les nouvelles générations ne laisseront plus jamais pareille tragédie se renouveler. En plus, la réforme en cours, quoiqu'elle ne touche pour le moment que le système économique, aide aussi sur le plan idéologique à déraciner les derniers vestiges du féodalisme. Aussi le risque d'une autre «révolution culturelle» est-il vraiment nul.

Parce que **Zhang Yilan se tenait tout près de lui**(C), Wan Jiafu choissait exprès des mots savants afin de montrer qu'il n'était pas du même acabit que Chen Baozhu.

—Traduit par Yang Jun et Ying Hong

例句中的(1)(2),作者通过话语的语体色彩(语级,粗话)展示了“陈宝国”(主人公)的文化素质,译者显然抓住了相应的信息,并用(A)来表达。而“万家福”(另一主人公)对不同的对象则采用了不同的语言风格。对“陈宝国”则用了(3)的骂称,而由于当着一个心仪的姑娘,他又刻意地采用了“书面语言”。译者亦用(C)亦明确地表达出现象语境的场合,并用相应的“书面用语”翻译了该段文字。

情景语境是文化语境现实化的表现,是在具体的语言交际事件中支配语义选择的因素。所以,它不仅包括现场语境中的成分,如谈论的话题,发生的事件,参与者,交际媒介和渠道等,也包括由社会文化背景决定的行为准则、道德观念等(张德禄,刘汝山,2003:8)。所以,它不仅影响语篇翻译的策略,而且还影响语篇的宏观构建。在语篇的解读中,我们对情景取向了解得越多、越全面,对语篇内容的预测会越准确。在翻译各类语篇体裁的源语文本时,译者均应注意赋有文化语境意义潜势的结构特性在原文语篇和译文语篇之间的异同。语际的转换中,译者只有注意到话语的情景取向、文化背景,才能恰到好处地考虑语篇的语言形式。

应该指出的是源语中的情景因素与目的语中的情景因素会因语言环境的改变而改变。除了考虑语篇的语言形式外,还应该比较汉法两门语言的非语言因素,从而确定更合适的翻译策略。

9.2　语篇衔接与连贯

“语篇翻译”这一术语是针对翻译实践提出的。它借助语篇语言学为理论指导,以语篇为翻译的基本单位,在源语文化和语篇上对原著进行分析,在理解和融会贯通后,用目的语文化和语篇进行合成。就语篇翻译的语言形式而言,仅仅把握词语和句子层面的视点是远远不够的,语篇翻译还要考虑衔接与连贯问题。

众所周知,语篇翻译借鉴了语篇语言学的研究成果,实现站在巨人肩上来组织自己某些方面的学科构建。换句话讲,语篇语言学为翻译研究提供了一个崭新的视角。语篇语言学者认为,语篇作为一种“交际活动”,必须具有七项标准:衔接性、连贯性、意向性、可接受性、语境性、信息性和互文性,在这七项标准中,衔接和连贯最为重要,因为这是实现其他标准的基本手段。(张美芳、黄国文,2002)

衔接被公认为是语篇的表层特征。就目前现状而言,语篇翻译的衔接只能落实在语法词语层次上。就语篇内部的衔接而言,主要有语法衔接和词语衔接两种表现形式。语法衔接包括照应、省略、替代、连接等,词语衔接包括词语重复、同义、反义、上下义、整体与部分等几种关系形式衔接。总体上讲,这是一种点与点的对应关系,表现为语篇中的某个成分与另一成分之间的解释、强调和补充关系。

语篇外部衔接实指语义的连贯,它主要指读者在理解过程中产生语义的语言连贯性。诚然，语篇“连贯”涉及非语言因素，需要通过逻辑、文化认知来实现语义的连接。交际双方的认知结构以及他们生存的客观世界都是语言交际中不可或缺的因素。换言之，读者在阅读一个文本时，认知结构及客观世界提供的信息远比语言信息更重要。事实上，阅读过程就是一个不断补充缺省信息的合成信息的过程。合成信息活动进行得越广泛，阅读过程就会越顺利，语篇的意义就会越清楚和连贯。

[7] 漆黑的天，明亮的星的河，白的星，绿的星，静的街市，清冷的路灯，稀少的行人。

——巴金《春天里的秋天》

Sur un ciel d'un noir d'encre, des étoiles **se détachaient**(A), blanches, rouges et vertes. Silencieuse, la rue **s'étirait**(B) sous la lumière froide des réverbères. Les passants **s'y faisaient**(C) **rares.**

— Traduit par Li Meiying

对于这类词组的排列，是典型的汉语衔接模式。汉语注重线性的流动、转折，追求流动的韵律、节奏，不滞于形，以意驭形，削冗去繁，简明对称，确有独特之处。这种先后顺序形成的隐性衔接，既有语法的、也有语义的内容。而将这些内容翻译成法语的过程，也是意合转向形合的过程。首选需要处理的是将汉语中隐含的信息补充出来，接着再实现衔接。译句中的(A)(B)补充了语义的缺损，而(C)则是加强了前后之间的衔接。

9.2.1 语篇衔接

韩礼德和哈桑(1976：4)指出：衔接是一个语义概念，指语篇语言成分之间的语义联系。当一个成分依赖另一个成分得以解释时便产生衔接。衔接关系不是结构形式，而是一种潜能，是运用照应、省略、替代、连接和词语衔接等手段，将结构上互不相关、但语义上互相依赖的各个成分联成一体。

语法衔接是语篇特征重要的表现形式，语篇翻译对此给予高度重视。因为在翻译活动中，显性的表现形式是传递信息的重要手段。诚然，汉、法两种语言表达的形态有异，意合和形合之所以有差别，是因为它们分别有着各自的衔接方式与衔接系统。在翻译中，为了照顾法语语篇的可接受性，不仅要摒弃汉语的显性或隐性的衔接方式，而且一定要遵循法语的衔接特点，重建语篇的衔接。一般来讲，语法衔接的结构由两种方式构成：一、语法手段，如照应、替代、省略和连接；二、词语手段，如复现关系、同现关系。

这种方式主要目的是加强语言结构上的有机衔接。具体地讲，语法手段和词语重现手段可以整合语篇的语法结构。这对译者而言，自然属于可以充分利用的一种语言方式。

既然汉民族与法兰西民族在意识形态、言语的表达习惯上都存在不同，汉语和法语在语篇衔接上也就有着异同，在表达运用上自然有着各自的特点。译者要在关注源语衔接手段的同时，还要按照目的语的表达习惯做出相应的调整。

[8] 不管有多少粗野和贫穷，火车在**前进**(1)，汽车在**前进**(1a)，**车轮的旋转**(2)使他和别的乘客们时时到达新的地点，车轮的旋转是通向他们的目的地的。正是在旅途中，时间的推移

意味着空间的推移，时间的行进成为有形的，成为催赶人的一股可以触摸的力量。

——王蒙《蝴蝶》

Malgré le manque de culture et la pauvreté, les cars et les trains **fonctionnent**(A). **Le mouvement**(B) des roues ne cesse de mener Zhang et les autres voyageurs en de nouveaux endroits. Il les emporte vers leurs buts. En voyage, l'écoulement du temps est aussi un déplacement dans l'espace. Il se concrétise en une force matérielle qui pousse l'homme en avent.

— Traduit par Liu Hanyu

汉语中，对于(1)与(1a)的信息，汉语用近义词(2)予以浮现，从而实现了前后句的衔接。在法译时，法语也可以使用类似表达方式。译者首先用(A)合译了原句中的两个谓语(1)(1a)，并用近义词(B)予以重复。译者用这种处理方式，轻松地完成了形意的衔接。

9.2.1.1 语法手段

按照语法要求来连接前后句，是衔接的重要手段之一。由于它遵循语言规律，表达的逻辑性较强，对黏合结构起着相当的作用。总体上讲，语法手段包含多种方式，具体地讲可分为替代、省略、照应。

[9] 过去的生活是多么值得怀念啊！明月夜，风雨夕，春天的花园，秋天的郊外，那时候世界好像是我们两人的。那时候世界上只有花，只有光，只有爱，只有温暖。现在呢，**一切**(1)都成了惨痛的回忆了。

——巴金《春天里的秋天》

Que je regrette le passé! Au clair de lune, par des nuits de pluie. Au printemps dans les jardins, en automne à la campagne. Le monde alors semblait nous appartenir, à nous deux... Il n'y avait que les fleurs, la lumière, l'amour, la douce chaleur. Alors que maintenant, **tout**(A) est noyé dans la souffrance.

— Traduit par Li Meiying

这个译句便体现了语法衔接的两种手段：一、省略。省略了"主人公们漫步在这个或那个地方，这种或那种自然气候下"，话语只反映了映入眼帘的场景；二、替代。"一切都成了惨痛的回忆"中的(1)，实是替代了前面多个内容，如"明月夜等"，法语中用(A)也颇为妥当。下面，我们就语法手段的衔接做个阐述。

9.2.1.1.1 替代

在汉语和法语的运用中，均可采用替换法来实现连接上下文、避免重复的目的。就衔接而言，替代指的是用一个替代词去取代语篇中的某一个成分，被替代的部分可以是词或词组，也可以是一个结构(主谓结构或动宾结构)，它出现在前后文中。从语言特性上讲，汉语习惯重复名词，因为汉语用词简明精练故不显冗赘。法语习惯使用代词，也能达到同样的效果。需要说明的是，法语是一种有词形变化的语言，所以代词运用的方式又呈多样化。再者，由于语言的特点不同，替代的重心也可能出现偏差。就翻译中的替代而言，除了正常的结构转换之外，法译有时会出现重心的偏差。如汉语解决甲点的替代，而法语则换为乙点。当然，即使重择替代的重心不同，但都为了表达相应的结构衔接。

[10] **陶**(1)饮素豪，从不见其沉醉。**有友曾生**(2)，量亦无对。适过**马**(3)，**马**(3a)使(**之**(2b))与**陶**(1c)相较饮。二人纵饮甚欢，相得恨晚。

——蒲松龄《聊斋·黄英》

Tao(A) aimait boire, mais il n'avait jamais été un ivrogne. Un jour, **un ami nommé Zeng**(B), **un autre buveur formidable**, rendit visite **Ma**(C). **Celui-ci**(C1) **le**(B1) présenta **à son beau-frère**(A1) et encouragea les deux hommes à faire un concours. Tous deux sympathisèrent et regrettèrent de n'avoir pas pu se rencontrer plus tôt.

—Traduit par Chen Puqing

汉语中的三个人(1)(2)(3)在重复时，除了(2b)略去之外，均重复了名词。而汉语中，则采用了替换方式。分别用(A1)(B1)(C1)予以置换。而其词形则各不相同，(C1)用的是复合指示代词，(B1)采用的是直接宾语代词，(A1)则用的称谓词进行置换。由此可以看出法语中衔接性重复的多样性。这也说明一个特点，汉语在重复时倾向于重述词语，而法语则习惯于代词的置换。

[11] 这里的姑娘媳妇也都能挑。**她们**(1)挑得不比男人少，走得不比男人慢。挑鲜货是她们的专业。大概是觉得这种水淋淋的东西对女人更相宜，男人们是不屑于去挑的。

——汪曾祺《大淖纪事》

Quant aux porteuses, femmes et jeunes filles, **elles**(A) portaient les mêmes poids que les hommes, et avec la même rapidité. Mais elles se contentaient de déplacer les marchandises fraîches, que les hommes ne daignaient pas toucher, à cause, sans doute, de leur humidité.

— Traduit par Li Meiying

代词式替代。使用各种代词回避重复，这是法译中最常用的一种手段。因为法语的代词词形相当丰富，指代关系特别明确，不仅能明确无误地指明指代物，而且还表达出它在句中的作用。应该承认，多数情况，汉语与法语的代词使用都有共性，但也有各自的特性。如(1)与(A)的对应。

[12] 风言风语。**好心的**(1)**，恶意的和居心叵测的**(2)。张思远大发雷霆。难道我管得了一个城市的几十万人，却管不了你一个吗？

——王蒙《蝴蝶》

Des rumeurs s'étaient mises à circuler, **les uns bien intentionnées**(A), **les autres malveillantes**(B). Alors, on est responsable de l'administration d'une grande ville, et on n'est pas capable de se faire obéir de sa femme?

—Traduit par Liu Hanyu

形容词式替代。这种替代方式来自于形容词名词化。既然前面出现了范畴词，或者说前置词。后面的内容又因需要添加限定成分而不能简单地运用代词，于是便出现了形容词名词化的手段。如本例句中的前置词是“风言风语(des rumeurs)”，后面的(1)即为“好心的风言风语”。而法语中亦有相应的处理方式，如(A)和(B)，所以可以移植结构。

[13] **我的前途充满了光明**(1)，至少有一百个人对我说过**这样的话**(1a)，但从来没有一个人说得使我想流泪的。

——巴金《春天里的秋天》

Ceux(A) qui avaient affirmé que j'étais promis à un brillant avenir se comptaient par centaine, mais aucun d'entre **eux**(B) ne m'avait encore jusqu'à ce jour donné envie de pleurer.

— Traduit par Li Meiying

替代重心的偏移。汉语中的结构衔接体现在(1)和(1a)上。而在法译时，(1)和(1a)的内容被合并为一个结构。而衔接的重心放到了"人"上，译者借用代词(B)替代了(A)以及它所含的信息。

通过实例，不难发现替代便是通过替代成分来展示它与替代对象之间的同义关系。语篇中的结构便因此紧密地连接起来。从衔接上讲，使用替代成分隐含着强迫读者在上下文中去寻找被替代的语言成分的意思，从而间接增加了语篇的衔接功能。替代在结构中不仅发挥着承前启后的作用，而且在语义上也形成了前后呼应。

9.2.1.1.2 省略

从衔接角度上讲，省略是指一些词或结构的内涵因为在上下文中已经有所交代，而无须再赘述的手段。由于它符合语言使用的经济原则，故而在语言实践中并不鲜见。不可忽略的便是"省略结构和省略成分之间的预设关系"可以令语篇前后衔接更加清晰，结构更加紧凑。在翻译中，虽然也存在着移植的方式，但有时也会因语言特点的不同，采用省略手段也会不同。有时在遇到汉语中修辞性重复时，译者如果认为没必要采用相应的渲染方式，便可改换衔接手段，将之用省略手段改译。

[14] 明亮的天，明亮的树，明亮的房屋，明亮的街道。

——巴金《春天里的秋天》

Le ciel était splendide, et splendides aussi les arbres, les maisons, les avenues.

—Traduit par Li Meiying

为了实现简洁使用语言的目的，结构的各个层面上都可能省略。比如本译例，除了第一句话主谓结构齐全外，后面的句子因使用相同的动词，加之结构完全相同，所以便在后面省略了谓语动词。从效果上看，省略不但使表达变得简洁明了，而且突出了新信息。事实上，就原句而言，是修辞性重复，作者希望通过不断的复现"明亮的"，来达到渲染的目的。译者在处理此信息时，考虑到语言的特点及自身的理解，变换了不同的手段。

[15] 他常常**抱怨**(1)，**抱怨**(1a)生活，**抱怨**(1b)命运，**抱怨**(1c)一切他以为是不合理的事，但都没有用。他自己却终于**跟着**(2)生活，**跟着**(2a)命运，**跟着**(2b)一切不合理的事走了。啊，可怜的人，可怜的好人！

——巴金《春天里的秋天》

Que de fois **s'était-il plaint**(A) pourtant! Il **s'était plaint**(A1) de sa vie, (...(A2)) de sa destinée, enfin (...[A3]) de tout ce qui lui paraissait injuste. Sans que cela ne change rien... Et puis, finalement, j'était laissé **emporter**[B] par le courant de la vie, (...[B1]) par la destinée, (...[B3]) par tout cela même qu'il jugeait injuste. Ah! malheureux, malheureux garçon!

— Traduit par Li Meiying

改变修辞方式。汉语中对(1)和(2)信息的表达,所使用的手段是修辞性重复,通过不断地重复中心信息而强调宾语的存在。在法译时,译者因视点不同,而采用省略方式。本译句中(1)与(1a)之间的关系是重复性衔接,译者用了(A)和(A1);而与(1b)和(1c)之间的关系,则被译者看作衔接性省略,所以译文中便没有随后的信息,(A2)和(A3)已经被略去不计了。对于信息(2)与(2a)、(2b)之间的关系,也是按照省略方式来处理的。

9.2.1.1.3 连接

连接,亦指逻辑连接,即运用连接成分来体现语篇不同成分之间的逻辑关系。汉语中有"但是","尽管"等等,法语中有"parce que","comme"等不胜枚举。不同的连接词,代表着与主句(谓语)不同的关系,如转折、让步、条件、因果、时间等八大种类。在语言的运用中,无论在汉语中还是在法语中均按其语义选则相应的连接词,以表明主从句之间的关系。当然,汉语更多地通过潜在的连接方式来连接,时常不直接体现在形式上(这部分已经在句子翻译部分有过解释)。而法语则不同,它必须要将句际间的连接关系明确表示出来。这自然就对译者提出了要求:在用法语处理汉语信息时,不能似汉语那样带有跳跃思维。而需要用准确的法语形态来表达。再有,法语代词的妙用亦是连接的一种极好手段,它像做木活儿的榫头一般,深深地揳入第二个部件之中,将二者紧紧地连接在一起。

[16] 阎鸿唤十分激动,群众无声的抗议在他眼中比巨大的声浪更让他难忍。**这些人的脸虽然是陌生的**[1],但他熟悉他们的生活,了解他们的品格,因为他就来自他们之中。

——孙力、余小惠《都市风流》

Yan Honghuan était très ému. La protestation muette était plus dérangeante qu'une manifestation bruyante. **Bien que**[A] ces visages lui fussent inconnus, leur vie et leur caractère simple mais noble lui étaient familiers, car il était des leurs.

—Traduit par Yang Jun et Ying Hong

显性连接的移植。正如前面已经介绍过的那样,汉语与法语在连接上相似性很多,有时可以直接移植。在语篇衔接的翻译中,更不可忽略明确反映在形态中的连接词。

[17] 他再把他的事业来忖量。险恶的浪头一个一个打来,不自今日始,他都安然过去,而且扬帆迈进,乃有今天那样空前的宏大规模。

——茅盾《子夜》

Il passa en revue toute l'histoire de ses entreprises. Il n'avait pas été épargné par les tempêtes les plus dangereuses qui avaient éclaté les unes après les autres; le danger ne datait donc pas d'aujourd'hui et il avait toujours réussi **en**[A] sortir sain et sauf, il avait toujours pu, ensuite, hisser à nouveau les grandes voiles **si bien qu**(B) 'il en était arrivé aujourd'hui cette entreprise de grande envergure.

— Par un traducteur anonyme

隐性与榫式衔接。如果说(B)是通过语义分析出来的连接、需要补足说明的话,那么(A)则是法语特有的"榫头",一个简单的代词"en"则将前后结构有机地衔接在一起。

从以上译句可以看出,连接是一个语义概念,是体现连接的一种具体形式。韩礼德曾经对语篇中连接成分的特征及衔接功能作过阐述:"人们可以了解句子之间的语义联系,甚至可以经前句从轮回上预见后续句的语义。"

9.2.1.1.4 照应

照应是指将语篇中某个成分用作另一成分的参照点,这样便能确定该成分在语言内部的联系作用。根据语用功能的解释,照应分内指和外指。内指表示有关成分的"参照点"在于语篇内,照应通过参照点来说明语言的内部联系。外指表示有关成分的参照点不在文本之内,而是在于情景语境或文化语境当中(这部分内容请见互文部分)。内指根据参照点和相关成分出现的前后顺序,又可分为前指和后指。前指就是用一个成分在前句中作为参照点,成为后句(或后句某个成分)的关联体,反之亦然。后指就是用一个成分在后句中作为参照点,成为前句(或前句某个成分)的关联体。

[18] **并且吴荪甫这一回自始就主意不定**(1),也早已被屠维岳**看在眼里**(1a)。像吴荪甫那样刚愎狠辣的人,**一旦碰到了他拿不定主意,就很难伺候**(2);**这**(2a)又是屠维岳看得非常明白的!

——茅盾《子夜》

D'autant plus que Wu Sunfu, dans cette affaire, avait été indécis dès le commencement(A), Tu **l'**(A1) avait tout de suite remarqué. **Quand l'indécision s'empare d'un homme fier et à "poigne de fer" comme Wu, il est difficile de le servir**(B), car il **l'**(B1) avait aussi parfaitement compris.

— Par un traducteur anonyme

从语篇的顺序上看,(1a)照应的(1)位于前句;(2a)作为(2)的照应词,没有放在前句,后词对前词的照应,显然是前指。法译时,译者亦作了相应的处理,如(A)与(A1),(B)与(B1)。当然翻译而言,译者考虑应该是全面的,他不仅恰当地处理了主位与主题的关系(比如(2a)处理为宾语(B1),而不是前置到主位的位置上),同时亦照顾其他衔接方式:"连接"。他根据逻辑,而加入了连接词"car"。

[19] 凤姐儿才向秦氏说道:"你好生养着罢,我再来看你。合该你这病要好,所以前日就有人荐了这个好大夫来,再也是不怕的了。"秦氏笑道:"任凭神仙也罢,治得病治不得命。婶子,我知道我这病不过是挨日子。"

——曹雪芹《红楼梦》

—Soigne-toi bien! Je reviendrai te voir. **Il**(A) est certain quetu **dois guérir de ce**

mal puisque s'est produite, avant-hier, la rencontre d'un si bon médecin(A1). Tu n'as désormais plus rien à redouter.

— Fût-il un immortel, et capable de me guérir de ma maladie, répondit, en s'efforçant de rire, la Jeune Dame Qin, qu'il ne pourrait rien contre ma destinée. Je **le**(B) sais bien, **Dame Tante, cette maladie-là, on ne peut tout au plus qu'en retarder l'issue**(B1).

—Traduit par Li Tche-houa et Jacqueline Alézaïs

汉语作为意合语言,其衔接方式在此通过隐含的方式来展现。正如前面所讲的那样,法语作为表形的语言,法译时需要将这些隐含的内容补充完整。这么一看,便不难发现,这个译句中竟然存在着两个后指句:(A)与(A1),(B)与(B1)。它们的照应方式明确,前后位置分明,属于法语中典型的照应式衔接句子。

这个译例也说明另一个问题,翻译中言语的表达信息为重,形式得尊重目的语的习惯。语言交际者(或读者)正是通过照应成分与照应对象之间的参照关系来建立衔接关系的,这样使整个语篇紧密地衔接在一起,从而助于语篇的理解。事实上,照应的方式在句子阶段已经有过介绍,分别称为句内指代与句外指代。

我们在此研究衔接,并不是为了研究语言学,而是研究翻译中如何借鉴语言学知识,以解决翻译中的问题,从而最终实现翻译学科的建立。所以在翻译中讨论照应,就是需要在理解中考虑汉语的照应,在表达时尊重法语的照应习惯,

9.2.1.2 词语手段

在翻译的衔接中,词语手段就是指译者借用词语的重复性、相似性、同类性的特性,来实现语句的前后衔接。换言之,就是用同词、相似词或同类词进行重复,照应语义、实现衔接。事实上,无论在汉语中还是法语中,词语重复都是不可忽略的一种手段。总体上讲,翻译中可分为三个种类的重复:解释性重复、修辞性重复、衔接性重复。解释性重复,我们已经在限定词部分予以介绍。它的功能便是借助重复关键词,来解释较长的限定词。修辞性重复,正如修辞部分介绍的那样,其功能是通过重复起到加强或突出语气的作用。而作为衔接手段的重复,则属于语篇的范畴,也通过名词重复或代词、近义词的替换来实现衔接。从而使文本的逻辑性更强,衔接更加紧密。

9.2.1.2.1 代词与名词

有时,为了结构与语义的连接,译者还常常借助名词与代词的重复方式。当然,名词的重复无须赘言,而译者在使用代词重复时,则需要注意法语的语法要求。因为法语的代词即使内容相同,但是由于语法功能不同,会出现形态有异的现象。

[20] **"在海上看星,多么好**(1)**,"**她说过**这句话**(1a)。我想起**这句话**(1b),我看天,天上没有云。蔚蓝的天,光辉的太阳,黄白色的水。

——巴金《春天里的秋天》

«Quelle merveilleuse chose, en mer, que de contempler les étoiles(A). » Je me rappelai

ce que(A1) m'avait dit Rong, et levai les yeux vers le ciel qui était d'un bleu très pur. Le soleil étincelant faisait briller l'eau d'un jaune pâle.

— Traduit par Li Meiying

泛指代词式重复衔接。如果说(1)与(1a)的关系是替代的话,那么(1a)与(1b)的关系则是语义复现。就如在"替代"部分介绍的那样,译者用句子(A)合译了"替代关系"的(1)和(1a),而用(A1)来重复(A)的信息,以此实现语义的衔接。如果没有较高的平台,便不可能理解这些词句之间的衔接,亦可能失于字面的表达。

[21] 因为两人每个黄昏必谈祖父以及这一家有关系的事情,后来便说到了老船夫死前的一切,翠翠因此明白了祖父活时所不提到的**许多事**(1)。**二老的唱歌**(1a)**,顺顺大儿子的死**(1b)**,顺顺父子对于祖父的冷淡**(1c)**,中寨人用碾坊作陪嫁妆奁诱惑傩送二老**(1d)**,二老既记忆着哥哥的死亡**(1e)**,**且因得不到翠翠理会,又被家中逼着接受那座碾坊,意思还在渡船**,因此赌气下行**(1f)**,祖父的死因,又如何与翠翠有关**(1g)……凡是翠翠**不明白的事**(2),如今可**全明白了**(2a)。翠翠把**事**(2b)弄明白后,哭了一个夜晚。

——沈从文《边城》

C'était toujours des souvenirs se rapportant au défunt batelier et à sa famille qu'ils évoquaient, quotidiennement, tous deux. Un jour, Yang fit savoir à la jeune fille **ce qui s'était passé**(A) avant la mort du vieillard, **comment Nuosong avait chanté pour elle**(A1), **comment Tianbo était mort**(A2), **pourquoi Shunshun et son fils cadet**(A3), après la mort de Tianbo, avaient manifesté de la froideur au batelier, **comment le capitaine Wang avait essayé de réduire Nuosong**(A4) avec son moulin à eau, enfin, **comment le jeune homme**(A5), toujours attaché au bac, était parti en boudant ceux qui voulaient le forcer à accepter le moulin... **toutes choses**(B) qu'Emeraude avait ignorées du vivant de son grand-père... Alors, elle pleura toute une nuit pour **cela**(B1).

—Traduit par Wu Ming etc.

代词之间的重复。汉语中(1)的信息量很大,作者便通过替代的方式用(A)前置词,将具体所指内容随后引出。这种结构有助于阅读节奏,译者在法译时自然选择了顺译。而对于(2)的信息,汉语中的手段是重复指代,虽然减益法删去了(2b)的内容,但(B1)也是对(B)的一种重复连接,其间的结构也变得清晰明了。再有,二者在句子中语法功能不同,虽然是重复,词形的使用也是不同。

9.2.1.2.2 语义同类词

这种方式是指借助语义同类的词来实现衔接。译者借助近义词,或语义同类词来与前面词语或结构形成呼应。这种重现方式也能够体现在翻译中,或许在转换时用词存在稍许的差异:比如汉语中的用词与法语不一致;对于汉语段落中只有隐性信息的词句,在采用增益或其他修辞手段进行翻译的同时,如何保持语义同类词的重复?总之,方式可以变,但追求衔接效果的目的不变。

［22］**那些女人有没有灵魂的事**(1)，我从来没有想过**(此事)**(2)，而且以后也不会去想的。我觉得好笑就笑。

——巴金《春天里的秋天》

Que les prostituées eussent une âme ou non(A)，voilà bien une **question**(B) à laquelle je n'avais jamais réfléchi，et je n'avais pas l'intention d'y réfléchir jamais. Je riais simplement parce qu'elles étaient ridicules.

—Traduit par Li Meiying

汉语中某些词存在着逻辑的、语义的相互依赖的关系，经常是缺一不可。而这些词在翻译时，需要把握它们之间的互动关系，利用法语具有显性变化的特征，用两个或多个同义异形词予以表达，可以达到惟妙惟肖的效果。汉语句中的(1)和(2)(虽然在原句中已经被省略，但其语义信息的确存在)，在译句中译作(A)和(B)，这种使用方式便是语义同类的巧用佐证。

［23］窗外安静了一会儿，他们改用**维语**(1)小声计议，他们没想到我这个操着关内口音的汉人也懂**维语**(2)。

——王蒙《临街的窗》

Dehors，ce fut le calme un moment；puis ils se mirent à adopter le **ouïgour**(A) pour délibérer à voix basse，sans imaginer que ce Han qui parlait avec un accent de l'intérieur，comprenait aussi **cette langue**(B).

—Traduit par Jean Join

汉语句中的(1)和(2)是同词重复，而译者在翻译时则采用了语义同类词的方式来实现衔接。这种方式的好处之一，便是语言的多样化，令人阅读起来不致淡而无味。

［24］翠翠一天比一天大了，无意中提到什么时会红脸了。时间在成长她，似乎正催促她，使她在另外一件事情上负点儿责。她欢喜看扑粉满脸的新嫁娘，欢喜说到关于新嫁娘的故事，欢喜把野花戴到头上去，还欢喜听人**唱歌**(1)。茶峒人的**歌声**(2)，缠绵处她已领略得出。她有时仿佛孤独了一点，爱坐在岩石上去，向天空一片云一颗星凝眸。

——沈从文《边城》

Emeraude grandissait de jour en jour... Et elle rougissait souvent à propos d'un rien.. Elle aimait voir les nouvelles mariées au visage poudré et écouter des histoires à leur sujet. Elle aimait mettre des fleurs sauvages dans ses cheveux. Enfin，elle aimait écouter **chanter**(A)... **Les chansons**(B) du Chatong，tendres，mélodieuses et pathétiques，lui allaient droit au cœur. Parfois，seule，assise sur un rocher，elle regardait fixement une étoile ou un nuage...

—Traduit par Wu Ming etc.

汉语句中的动词(1)和名词(2)法译时，则需要在词形上有明确的体现。(A)必须是动词词形，(B)应选名词词形。二者的前后重复，可以连接上语义。

表示复现的词语既可以是词形完全一致的词，也可以是基本一致的词(单复数变化)，甚至可以是同源不同形的词。韩礼德在讨论词语衔接时曾有这样的描述：重复即某一个或某几个词项在同一个语篇或语段中两次或多次出现，也包括同义词的使用，条件是指代对象不变(Halliday & Hasan，1976：318—319)。

9.2.1.2.3 相似性

相似性也是重复的手段之一，它用同义词、近义词，用语义相反、相对之类的词进行重复，并借此实现语义的衔接。这些相似、相反的语义往往造成对应或映衬的效果，句际、词际的衔接便随此而生。然而在翻译中还有一点不可忽略，即法语的词形。与代词一样，法语动词、名词和形容词都是可变词，也有着各自特有的词形。语义的重复并不意味着词形也要照搬，词形得按照法语的要求使用。

[25] 淡黄色的太阳光偶然露一下脸，就又赶快躲过了。成群的蜻蜓在树梢飞舞，有时竟**扑到**(1)绿色的铁纱窗上，那**(声音)**(2)就惊动了爬在那里的苍蝇，嗡的一声，都飞起来，没有去路似的在窗前飞绕了一会儿，仍复爬在那铁纱上，伸出两只后脚，慢慢地搓着，好像心事很重。

——茅盾《子夜》

Le soleil, pâle, n'apparaissait que par instants pour s'éclipser aussitôt. Des régiments de libellules voltigeaient autour des branches d'arbre et venaient même parfois **se cogner**(A) contre la fenêtre grillagée de vert; les mouches qui s'étaient posés s'envolaient alors dans **un bruissement d'ailes**(B) mais, comme si elles n'avaient pas trouvé la sortie, elles venaient nouveau se poser sur le grillage après un vol désordonné, puis se frottaient les pattes de derrière, comme absorbées par de lourdes préoccupations.

—Par un traducteur anonyme

汉语句中(1)是动词，中心语义是动作。然而仔细分析时，便可得出结论：不是动作“扑到”惊动了“苍蝇”，而是动作发出的声音(2)。正是基于这种认识，译句中动作(A)惊动了“les mouches”，虽然汉语中隐去了(2)，但作为实际存在，法译时有必要予以复现，用这种相似性的词语来衔接语义，形成上下句的一体。从效果上看，名词(B)重复了动词(A)的声音效果。

[26] 那时候我当然还没有一点地理知识。但又不知是从什么人听说过：黄河是从西天边一座深山中流来，黄荡荡如来自天上，一直泻入东边的大海，而中间呢，中间就恰好从外祖家的屋后流过。**这**(1)是天地间一大奇迹，这奇迹，常常使我用心思索。

——李广田《回声》

A cet âge, je n'avais encore aucune notion de géographie. Je ne sais qui m'avait dit que le fleuve Jaune provenait d'une haute montagne située au bord du ciel de l'ouest, ses gros bouillonnements jaunes semblant tomber du ciel pour aller se jeter droit dans la mer, l'est. Et au milieu? Le milieu passait juste derrière la maison de mes grands-parents. **Cette histoire du fleuve Jaune**(A) était pour moi le plus grand mystère qui puisse exister entre le ciel et la terre, elle me laissait souvent rêver.

— Traduit par Pan Ailian

原句中(1)确如译者理解的那样,是对前面整个"传说"的指代。指代词既可以将指代部分具体化,也可以将之概念化,即用范畴词来指代相似的内容。在实际运用中,译者用(A)代替了前面所讲的整个故事,其信息准确性超过了(1)。

[27] 十年浩劫后的中国,人们由**绝对崇拜**(1),到**谁也不相信**(1a);由意志**高度统一**(2),到捏不起个儿的**散沙一盘**(2a)……中国人经历了已经成为历史的**空前迷信**(3)和一场历史上**空前的思想解放**(3a),绝对权威不会再出现。但一个民族失去热情、失去集体感,一个国家失去集中、失去整体的神圣感,绝不能认为是件好事情。

——孙力、余小惠《都市风流》

Après dix ans de «révolution culturelle», **la vénération de quelqu'un**(A) avait été remplacée par **un scepticisme totale**(A1). Au lieu d'une volonté **unique**(B), on demeurait **désuni**(B1) comme des grains de sable. Les Chinois ayant connus successivement **un culte de la personnalité sans pareille**(C) et **une libéralisation de l'esprit sans pareille**(C1), l'autorité avait de la peine à refaire surface, ce n'était donc pas une bonne chose qu'une nation perde son unité et son enthousiasme et l'Etat, sa détermination et sa dignité.

—Traduit par Yang Jun et Ying Hong

例句中出现语义相反的词,(1)为一组,译者用(A)和(A1)传递了语义。而对(2)和(3)这两组的翻译,则充分利用了法语的外形审美观念,(B)和(B1)词根相似,(C)和(C1)则用了两个"sans pareille",形成音律和外形之美。这种衔接的方式虽然语义相反,但形成相互映衬,令语义更加紧凑与流畅。

相似性复现显然从语义角度出发,它利用语义的相似、相对甚至相反的语义相互映衬,通过前后呼应来实现篇章衔接。

9.2.1.2.4 合并

合并,作为词语重现的一种手段,是指需要复现某个关键词,尽管这个关键词的限定词——通常是形容词——不一致。这时出于结构简洁与修辞的需要,可以采用"合并"的方式。合并就是将语句中的同词合并简化,通过形容词名词化的方式,使该形容词具备"形容词+名词"的词义。从而实现简化衔接性复现的效果。

9.2.1.2.4.1 主有代词

主有代词式的合并方式,即指:主有形容词+名词=主有代词。这种合并方式,不仅仅是简化用词,更重要的是表达了前后的衔接。

[28] 这张脸上没有一点特征,它可以是任何人**的脸**(1),**你的**(2),**我的**(3),**他的**(4),但它并不是,它只是我的哥哥的脸。

——巴金《春天里的秋天》

C'était un visage ordinaire, il aurait pu être **le visage de n'importe qui**[A], **le tien**[B], **le mien**[C], **le sien**[D]. Mais je le reconnus: c'était le visage de mon frère.

— Traduit par Li Meiying

汉语中由于有了(1)的信息,随后的都省略了中心词"脸"。在法译句中,由于出现了(A)的信息,后面便可以用主有代词来合并"主有形容词+名词"。既然这种处理方式汉语和法语中都有,所以只需要把握好使用方式即可。

[29] **有好心人告诉他,这是因为他的服装老式,人才显得老的**[1],他觉得**(这)**[1a]有**道理**[2]。现在是改革开放时期,领导干部的形象也要改一改,要善于接受新事物。

——孙力、余小惠《都市风流》

Des amis lui avaient dit que c'était ses vêtements démodés qui le vieillissaient[A]. Il avait fait **sien**[B] **ce raisonnement**[A1], se confortant en se disant qu'à l'époque où la réforme battait son plein, un cadre dirigeant devait savoir adopter les nouvelles idées.

— Traduit par Yang Jun et Ying Hong

如果说(1)与(1a)之间的关系是照应式衔接,译者处理的方式也没有变。而对信息(2),译者则诠释为"他接受了这种说法",所以用了合并法,此时的(B)="son raisonnement"。

9.2.1.2.4.2 主有形容词+动名词

正如词组部分介绍的那样,法语动名词既有主谓结构也有动宾结构的含义。该名词如果有了主有形容词,那么该词组不构成动宾结构,便组合成主谓结构。在翻译中,合并法正好可以利用这种特殊的方式,达到简洁与衔接的效果。

[30] 但是大门已经锁上了,而钥匙并不在这个院子里。这样的深夜去**找钥匙**[1]开大门,"政治上"与技术上几乎都是不能允许的。

——王蒙《临街的窗》

Mais le portail était verrouillé, et la clé ne se trouvait pas dans cette cour. «Politiquement», mais aussi techniquement, on ne pouvait guère se permettre d'aller **à sa recherche**[A].

— Traduit par Jean Join

汉语中"找钥匙",在前后信息完整时,可以形成"找它"这种动宾结构。合并译法在此使用可以达到事半功倍的效果,将(1)的信息用"主有形容词+动名词"(A)这种结构予以合并,其效果简明扼要,恰到好处。

9.2.1.2.4.3 品质形容

显然,法语存在着形容词名词化的用法,只要它存在着前指,后面的形容词便可以相应地跟上,简明地组成新词。

[31] 但过不到半月工夫,便是**旧恨**[1]添**新恨**[2],左一个"女戏子"右一个"女戏子"地骂着,

女戏子便又恢复了奴隶不如的生活。

——李广田《柳叶桃》

D'abord, au début, la vie fut calme. Mais au bout de deux semaines, une **haine nouvelle**[B] s'ajouta à **l'ancienne**[A], l'actrice s'entendit insulter de «bohémienne» par-ci, «bohémienne» par-là, et elle recommença à vivre dans l'esclavage.

— Traduit par Pan Ailian

译例中词序排列不一,汉语中"旧恨"在前,法译时则予以后置。但这并不重要,重要的是合并译法在法语中得到合理体现。前面只要出现了中心词"新恨"中的"恨",译者在随后便可以用形容词(A)来合并翻译偏正结构(1)的信息。

9.2.1.2.5 复现与翻译

汉语与法语结构不同。二者虽然都有借助词语复现的方式实现结构的衔接,但是在运用的过程中,汉语中的复现衔接形式,在翻译时并非必然体现在法语中。翻译的宗旨是忠实、完整地传递信息,而不是移植结构。所以译者有权对汉语中的衔接做出调整,用符合法语表达习惯的方式来处理汉语中某些个性特别的衔接方式。这种"表达习惯"既指结构,也指择词,甚至还指语义。

[32] 但是最近这四年,高伯年似乎变了,**变得**[1]连女儿都取笑他赶时髦。

——孙力、余小惠《都市风流》

Cependant, Gao Bonian semblait avoir changé depuis ces quatre dernières années, **même**[A] sa fille se moquait de lui en disant qu'il était un fanatique de la mode.

— Traduit par Yang Jun et Ying Hong

汉语通过重复的方式(1)来实现衔接。而法译时,译者则通过加强语气的方式(A)来实现语义转换。方式虽然不同,但效果基本一致,称得上对等。

[33] 吾妻之美我者,私我也;妾之美我者,畏我也;客之美我者,欲有求于我也。

——《战国策·齐策》

Si ma femme m'apprécie pour la beauté, c'est qu'elle est partiale à mon égard; si ma concubine me fait l'éloge, c'est qu'elle a peur de moi; si mon invité m'adresse des louanges, c'est qu'il veut obtenir de moi une faveur.

仔细分析汉语句,便能发现前后之间衔接紧凑,并用同一个词"美"来实现语义的衔接。而在法译时,译者除了选用相应的结构外,还选用了不同的词来表现动词"美"。所以此译句有两个亮点:一、词义更加准确。因为汉语的词语通常包容度比较大,一个词可能兼有好些词义,而在法语时,译者则根据上下文仅取用了更为具体的语义。译者因此有了择词的空间。2. 形式更加生动。使用不同的词,表达同一含义,这本身就是修辞的一种方式。文本亦因此变得更耐读,更富有感染力。

9.2.1.2.6 小结

衔接性复现,无论在汉语中还是在法语中,均属于语篇重要的显性衔接方式。此时复现的形式侧重点在于衔接，而不是修辞。文本的优劣，除了遣词造句外，有机的衔接亦相当重要。它不仅仅是翻译技巧，而且是粘合剂。华丽优美的词藻与句型经它的黏合，便能有机地结成一体，浑然天成地搭建出翻译的建筑物。其功能有如混凝土中的钢筋，在它的作用下，不仅确保了混凝土的形状，更重要的是使之有了抗拉抗压的能力。

9.2.2　语篇连贯

什么是连贯：连贯是指一种可以被感知的并直接或间接依附于话语各组成成分的整体性特征，其整体性要么体现在语言形式上，要么隐含在语用环境或者交际者的大脑中（陈治安，杜世洪，2002 (1)：166—170）。无论是语言形式的连接、语用形式的相关还是情景认知的关联，这三大要素的主旨均在于要求语篇必须具备载体和意义的完整性。

对翻译理论来讲，目的语语篇亦存在着相同的要求。语言虽然各异，但对连贯的要求并没有变。我们可以就语篇连贯的一些基本特征进行一些探讨，以利于更好地说明连贯对翻译活动的影响。

一个连贯的语篇必须具有衔接成分，同时必须符合语义、语用和认知原则。句子与句子之间在概念上必须有联系，句与句的排列必须符合逻辑。（黄国文，1988：129）。判断语篇的标准不在于有没有衔接词，而在于是否有意义上的联系。

9.2.2.1　连贯方式

连贯实际上就是从语篇的语言结构、非语言因素和情景认知的三个层面来讨论连贯的机制和特征。但作为一个语篇，这三个层面上的连贯往往是一个有机的整体，既有线性过程又有整体把握。所谓线性过程是指交际者在理解语篇时的过程：先从语言结构着手，再去追寻非语言因素，随后是情景认知的影响。整体把握是指交际者因语言结构内出现空位时，便需通过社会文化语境和情景语境的推导，以获知语篇言外之意的隐性连贯。下面我们就这三个层面逐一介绍。

9.2.2.1.1　语言形式

有学者把控制语篇连贯的因素分为内部因素和外部因素，许多学者已经接受了这一观点。内部因素就是衔接和主位推进因素等，把语言以外的各种因素——交际双方共同具有的知识——称为外部因素。翻译主要是意义的翻译，但意义的载体是形式，所以形式的变化总会引起意义的变化。在翻译中讲求形式的一致，实际上也是力求意义的一致（张德禄，刘汝山，2003：236）。连贯揭示语篇在意义方面的流畅和贯通，因此不能忽略语篇衔接在形式上对语义理解的帮助。可以说语篇的衔接是连贯的形式体现。

当然，连贯在语篇衔接语言形式上的体现已经包括了语篇衔接形式，如照应、替代、省略、连接与词语重现。对于后一种语篇衔接形式，前面已经有过详细阐述，在此就不再赘述。然而，除上述形式外，语篇连贯还依赖语言的上下文、前后语句的出现，因为这些有助于解决信息的模棱两可。

[34] 下了车来,我看见一个半西式建筑的庙宇。正有**两个穿绿绸旗袍的时髦女郎**[1]从里面走出来,我看见她们的脸,那两张涂着黑白红三种颜色的脸。后面跟着三个穿西装的学生。

——巴金《春天里的秋天》

Comme nous descendions de l'autobus, je fus frappé par une pagode à l'architecture semi-chinoise, semi-ocidentale. **Deux prostituées affublées de robes de soie**[A] en sortaient. J'aperçus leurs figures, des figures barbouillées de noir, de blanc, et de rouge. Trois étudiants vêtus à l'occidentale, marchaient sur leurs talons.

如果仅根据字面意义将(1)译作(A)显然显得牵强,"时髦女郎"还存在着另一种解释,即将自己打扮得新奇、追求时尚的"女孩儿"。何来"妓女"之意?然而,如果我们再将后面的句子附上的时候,便能理解为何译者会选择(A)了。试看下例:

[35] 我走到小圆桌前面,他们的争"**车**[1]"问题已经解决了。"你真睡还是假睡?我和你说话,你都不应?"她责备似地看我一眼。

——巴金《春天里的秋天》

Je m'approchai de la petite table ronde. Leur discussion au sujet du «**Cavalier**[1] /**car**» avait déjà pris fin.

— Étais-tu endormi ou faisais-tu semblant de l'être? Je t'ai appelé, mais tu ne m'as pas répondu! Elle me jeta un regard où perçait un léger reproche.

— Traduit par Li Meiying

此译句可以解答语义连贯是如何完成的。从语篇连贯方面来理解。如果掐头去尾地将这段对话交给读者,而不给任何语言、语用和情景的交代,读者很难领会到这段对话的实际意义。说不定还会造成误解,汉语中"争'车'"(是指争用交通工具"车",还是争象棋子的"车")。如果理解错了,译文能对吗?然而,如果有了上下文,语言信息便能排除这层误解。

9.2.2.1.2 语用形式

语用形式便是研究语言形式与非语言语境的相互影响,以及这个影响带来的语义转变。众所周知,语篇意义的连贯性通过语言形式来体现,但语言形式只体现显性意义和提示预设意义。有些交际者的共有知识、共有文化背景和现在情景语境等引起的隐性语义不能在形式上得到表现。这便是语言形式上的空位,有如山水画中的留白,近看毫无意义,远看则如点睛之笔,给读者带来无尽联想。因这些空缺而产生联想的因子便是听话者共有的知识、共有的文化背景和现有情景语境等。

比如,当读者开始阅读一个文本时,其客观世界知识比语言知识更重要。我们的大脑充满着对客观世界的认知,而理解的过程便是将阅读中新纳入的信息放在一个已存在的认知体系当中去。读者运用推导的方式来理解语义。

心理语言学家认为,推导方式指语篇中未明确提及,但被语篇理解者在理解过程中所激活的信息。虽然语境内容是客观存在,但却是隐性的,需要受话者在接受信息过程中,演绎推导客观信息对语义的影响。

前面的译例还没有提供语言语境信息，所以尚无法断定“车”的真实词义。这里，我们将此句的下文陈列出来，就言语与文化语境之间出现的碰撞进行实例分析。

[36]（“你真睡还是假睡？我和你说话，你都不应？”她责备似地看我一眼。）脸上没有阴云。眼睛在笑。她的棋占着优势。许手里捏着一个“马”，许久放不下去，看他那沉吟苦思的样子，我几乎要笑出声来。

——巴金《春天里的秋天》

(—*Etais-tu endormi ou faisais-tu semblant de l'être? Je t'ai appelé, mais tu ne m'as pas répondu! Elle me jeta un regard où perçait un léger reproche.*) Mais ses yeux riaient, et il n'y avait aucune ombre sur son visage. Visiblement, c'était elle qui gagnait.

Xu tenait un «**cheval**(A)» entre ses doigts. II hésitait le poser sur **l'échiquier**(B). Devant son air tendu par l'effort de la réflexion, je ne pus m'empêcher d'éclater de rire.

—Traduit par Li Meiying

这个译句比较典型，语义的连贯解决了理解可能出现的歧义。但是篇章中出现的词“车”“马”在一旦进入汉语读者眼中，便自然激活了他们的文化语境，立即便会得出这个场景：他们在下“中国象棋”。再有，(B)的出现，更加佐证了译者的判断。这样，语义的连贯在中国读者那里得到了完整地体现。

作者选用此译句，还想说明另一个问题：译者在再现语义连贯时，除了借用(B)与(A)之间的互文表达出“下棋”的语义来之外，还遇到了文化语境的困难。既然两种语言的非语言因素存在着差异，译者便不可能靠目的语的语言形式来激活法语读者的文化预设，因为后者大多没有中国象棋的概念。好在译者借用了国际象棋中的棋子（马）“cavalier”，权作弥补，然而后面的“cheval”则太多汉语气息。

事实上，这便是两种语言在语言转换过程中带来的内容缺省。既然存在着语义的缺省，译者就必须做出取舍。尤其在翻译到文化、民族色彩别强的内容时，只好做出忍痛的舍弃，明知不可为而为之。

9.2.2.1.3 情景认知

情景认知实指是研究语言形式激活的情景与语篇连贯的关系。用交际双方的心理状态去揭示连贯的方法就是认知心理法。语体、语场、语式、语旨构成了情景认知的要素，它们融合在一起便组成语篇连贯的另一构成。总体上讲，语篇的内容并非始终完整地、清晰无误地体现在话语形式上，其中许多语义寓于情景认知之中。话语形式只是体现了交际者的语言取向，而他们的情景取向则在话语中被省略了。

在语篇语义的构建中，情景与话语互为补充。在语篇的解读过程中，对情景取向了解越多、越全面，对语篇内容的预测会越准确。在语际的迁徙过程中，译者除了考虑语篇的话语形式外，绝对不能放弃话语的情景取向。需要指出的是，源语中的情景因素与目的语中的情景因素会因语言环境的改变而改变。因此，在处理译文时，不能简单地将源语中的情景因素移植到目的语中。

翻译注重语用形式，目的便在于借助语用推理方面的理论。因为话语形式只是参与交际的一个因素，确定语义还需要非语言因素以及情景认知：如交际的时间、地点、话题、说话方式、交际者特点等。因此，对话语连贯的研究，不能局限在语言单位的结构序列上，而应从语言之外去认识。

[37] 但是，接到发票，低头一看，陈奂生便像给火钳烫着了手。他认识那几个字，却不肯相信。"多少？"他忍不住问，浑身燥热起来。**"五元。""一夜天**(1)？"他冒汗了。"是一夜五元。"陈奂生的心，忐忑忐忑大跳。"我的天！"他想："我还怕**困掉一顶帽子，谁知竟要两顶**(2)！"

——高晓声《陈奂生上城》

En déchirant la note, sa main tremble et il se met à frissonner. Il ne peut pas en croire ses yeux. Involontairement, il pousse un cri : «Combien?»

—**Cinq yuans**① !

— Pour une nuit(A) ? Des gouttes de sueur perlent sur son front...

— Oui, une nuit.

— Oh! Mon Dieu! Cette nuit, d'un coup, **me fait perdre deux chapeaux**(B) ! Pense-t-il.

— Traduit par TangZhi'an

① Unité de la monnaie chinoise. Un yuan=10 mao ou 100 fens.

如果不了解讲话人(陈奂生)特定的贫穷身份，便不能理解"五元"一夜的床位费给他带来的震撼，便不能理解他的手为什么会颤抖！由此可见，情景取向对语义的理解亦有着不可忽略的补充作用。再有，按照(2)的词意，如果没有语义的推导，根本无法理解(2)的准确语义。应该讲，在阅读过程中，实际有个推导过程：即"他梦寐以求地想买一顶帽子，然而二元五毛钱令他却步。然而，一夜旅店住宿竟令他花去了可买两顶帽子的钱，焉能不心痛？"他之所以会有这样的对话，这一切均反映出他的身份。这便是情景认知带给读者的信息。

情景认知由于其即时性、直观性等特点，为交际者使用语言提供了极大的方便。但是在翻译过程中，这种方便又可能成为障碍。因为目的语的读者很可能不具备相应的情景认知。那些因情景补偿和解释的内容由于已经省略掉或替换掉，目的语的语篇连贯便可能存在问题，译者亦因此需设法进行相应的弥补。比如对货币单位"元"的理解，译者便做了注释。

[38] 意外地响起了银铃似的声音。**一对少女的大眼睛在看我**(1)。**瓜子形的脸，红红的嘴唇上露出好奇的笑容**(2)。但一瞬间**这张脸**(3)又调皮地埋下去了。我看见一头浓黑的短发。

——巴金《春天里的秋天》

Une voix cristalline alors me répondit. **Levant la tête, je fus aussitôt charmé**(A) par **deux grands yeux noirs brûlant dans un visage ovale**(A1). Je remarquai également

sourire curieux et lumineux[(B)]. Cependant, en un éclair, **le visage espiègle**[(C)], s'enfonçant dans un pupitre, disparut de ma vue, ne me laissant plus voir que ses courts cheveux noirs.

— Traduit par Li Meiying

交际的时间、地点、场合、心情，这些情景认知的东西极大地帮助了汉语行文的精简。汉语句中的(1)，译者因为需要交代所处地场合与心情，而用(A)和(A1)来表达，对于(2)的信息，甚至增加了主谓结构。译者通过变换视角的方式来处理信息，主动地观察到笑容。而对(3)的信息，又采用了变换主语的方式而将“面容”放在主位(C)，以突出“面容与短发”的中心位置。

总之，源语中情景认知是隐性的，寓于读者的思维之中。它既是话语的基础，也是话语的支柱。然而，信息的转换仅仅是话语的转换。话语好似被放到一个全新的背景认知中，失去原有依赖基础与支柱。在此情况下，如果需要忠实地完成信息的传递，译者就必须弥补相应的缺损。

9.2.2.2 连贯与翻译

正如前面分析的那样，由于目的语读者在客观认知世界、言语交际情景方面的不同，便不可能像源语读者那样产生作者期望的效果。译者亦不可能将所有信息完整传递过去。这便涉及意义的取舍。而在对语篇意义的取合上，有时很难兼顾语篇的微观意义。我们需要清楚语篇整体的宏观意义和语篇具体的微观意义之间的区别。在翻译的过程中，我们需要以保留语篇的整体意义为主要目标，同时兼顾语篇的微观意义(张德禄，刘汝山，2003:237)。

篇章既然凭借语境实现篇章连贯，那么就需要研究语境在实现语篇连贯性中的影响。深入分析与评价源语语境与目的语语境之间的异同，找出它们表达意义的共性，树立宏观为重的宗旨，重新建构篇章连贯的诸因素，为目的语读者创造出新的文化环境。

“连贯原则规定目的语语篇必须充分连贯，以便在读者具备背景知识和情境知识的前提下，让预期中的读者理解目的语语篇。”(Schaffner，1998:236)

毋庸置疑，翻译活动是跨文化交际中重建概念关系基础的过程。在实施语篇转换期间，译者首先要做的是理解使用中的话语。理解关键不是语言，而是语言表述中隐含于目的语语篇中的文化语境或语用用意。

不言而喻，文化语境寓于社会、文化、认知、心理等因素之中，然而这些因素并非显形地体现于源语语篇中，而是隐性的。事实上，文化语境在话语形式的作用下，激活了交际者的心理体验。因此，与语言层面的转换相比较而言，文化语境的转换具有更广泛的内涵，构成也更为复杂。这种概念用于翻译之中，便意味着文化语境的转换与语用翻译事实上是相同的。以此为据，这就要求译者在向目的语转换时重建新的语境，即目的语的文化环境中重建认知概念。译者在表达时必须理顺通过语言形式体现的、由文化冲突导致的语用差异。概言之，很好地调节并消解类似的冲突，有助于互文语境中的篇章连贯。求意弃形，或许是翻译中常常借用的一种手段。

[39] **风和风打架**[(1)]。**水和水冲突**[(2)]。**人和人矛盾**[(3)]。**自己也跟自己过不去**[(4)]。这个充满矛盾的世界和人生！月亮缺了，还会复圆。你果真能断定，这复圆了的月亮，**便是**

当初那缺了、窄了、暗淡了的月亮吗(5)？**蚕蛾僵了，又出现了许许多多赶忙吃桑叶的蚕宝宝**(6)，你当然知道，这蚕已经不是那蚕。江河流水，一个浪头跟着一个浪头，后浪和前浪，它们之间的区别，它们之间的联结，又在哪里呢？

——王蒙《蝴蝶》

Il y a des orages dans la nature(A) **et des combats entre les hommes. La vie est tellement pleine de contradiction**(B)！La lune décroît puis croît à nouveau. Comment penser que la pleine lune de ce soir est **la même que**(C) ce pâle croissant d'il y a deux semaines? **Des papillons dépérissent, et une multitude de petits vers à soie s'affairent à dévorer les feuilles de mûrier**(D). Vous savez naturellement que ceux-ci ne sont pas ceux-là. Les fleuves coulent, en vagues successives, mais quelle différence et quelle relation existe-t-il entre elles?

— Traduit par Liu Hanyu

如果从词与词、句与句的对应来看这段译文，很难谈得上对等。然而从段落上看，便能看出译者的视角。显然，译者在这段话的处理上，反映了语篇连贯中的两种形式：为求意合做了弃舍语言表层的对等：将前四个独立的句子(1)—(4)完全抖散，按照语义重新组合。其中(A)包含了前两个语句语义(1)和(2)，而(3)和(4)则用(B)来处理。而对于(5)的处理，更是用了简单含糊的词(C)，笼统地反映了词义，而远不如原著那般形象。然而，译者把握住了语篇翻译的重要的理念：翻译是意义的翻译，而不是词形式的移植。

再有，就是对(6)的处理。实际上，作者的原旨意并不是想表现蚕蛾，而是借蚕蛾的生死轮回来表达岁月的沧桑。这便涉及语言与非语言因素的结合，也存在着对语义的推导要求。译者显然感到了这些，好在这些深层次的内容能够在目的语读者那儿找到共鸣，故没做改动，用(D)直接译了出来。

9.2.3 连贯的二元性

连贯的二元性是指衔接的显性与隐性。显性衔接是衔接形式体现在语篇的表层结构上；它是显性的，看得见摸得着。隐性衔接是语篇的衔接没有形式的体现，它虽然是“隐性”的，但却时刻能够感受到它的存在。

9.2.3.1 显性衔接

显性衔接通过语篇的语言形式交代连贯语义。当连贯通过语言形式来体现连接时，话语成分之间的意义联系基本上都有关系标记语。换言之，当话语连贯建立在显性结构成分上时，这种情况的连贯具有显性特征。

[40] 君子必贵其言，贵其言则尊其身，尊其身则重其道，重其道所以立其教。

——《中论·贵言》

L'homme de bien veille à ses paroles, ce qui lui vaut une grande estime. Lorsqu'il est tenu en grande estime, la Voie qu'il suit est hautement prisée. Avec une telle approbation, les paroles de l'homme de bien suscitent le respect et font effet.

—Maximes chinoises

实例中存在着语气递进过程:君子——言——身——道——效。由表及里,层层深入,语义的连贯非常清晰地体现在形式上。这便是连贯的显现连接。而在法译时,不乏连接词的运用,如"ce qui","lorsque","avec"等。

[41] 如果不是二十五年前习武骑马跌伤了腿,又不幸而渐渐成为半身不遂的毛病,更不幸而接着又赋悼亡,那么现在吴老太爷也许不至于整天捧着《太上感应篇》罢?

——茅盾《子夜》

S'il n'avait as fait une chute lors d'un exercice de cavalerie, il y a vingt-cinq ans, si cette chute n'avait pas entraîné une paralysie immobilisant tout un côté de corps, et si la mort de sa femme n'était pas survenue par la suite pour l'attrister, peut-être Vieux Seigneur Wu ne resterait-il pas aujourd'hui plongé des journées entières dans ce livre?

— Par un traducteur anonyme

显性的连接词,复现式的"si"以及时态的变化,从而极大地促进了主从两句的黏合。显性的特点便在于形,有形便不易有失。译者处理起来,自会方便好些。

9.2.3.2 隐性衔接

隐性衔接实指隐去了语篇的连贯。交际者希望在话语中尽量简洁,借助读者文化语境和情景认知来传递最大信息量,希望读者通过话语去领会隐含的信息。换言之,话语连贯的意义可能没有通过语言形式体现出来。这些隐性的内容自然成为译者的障碍,译者得在目的语的文化语境和情景认知的基础上,用添加连接词等手段再衔接。

[42] 小溪宽约二十丈,河床为大片石头作成。静静的水即或深到一篙不能落底,却依然**清澈透明,河中游鱼来去皆可以计数**(1)。小溪既为川湘来往孔道,水常有涨落,限于财力不能搭桥,就安排了一只方头渡船。这渡船一次连人带马,约可以载二十位搭客过河,人数多时则反复来去。

——沈从文《边城》

La rivière de vingt pieds de large est encaissée dans un lit de grosses pierres. Et même quand ses eaux silencieuses atteignent une profondeur de plus d'une perche, **elle demeure limpide et transparente si bien qu'on peut y compter les poissions**(A)... Ici se trouvent reliées les deux provinces. Toutefois, les moyens financiers manquant pour y jeter un pont, un bac faisait alors passer les voyageurs, lequel pouvait prendre vingt passagers à la fois, chevaux compris. Quand les passagers étaient trop nombreux, il fallait effectuer plusieurs parcours successifs.

—Traduit par Wu Ming etc.

事实上,这种处理方式在介绍句子层次的翻译中,已经有过介绍。作者对汉语词“清澈透明”并没有用增强语义的限定词,但后文(1)中“河中游鱼皆可计数”则是明显的辅助信息。显然是“清澈之极,才可数鱼”。这便是译者把握的信息,用(A)来连接,自然顺理成章。

就翻译而言,隐性衔接自然会带来相应的麻烦,因为在交际过程中,作者只会表达出直接的信息,而这些信息能够激活源语读者的联想。对译者而言,理解阶段虽然也具备与源语读者一样的认知共识,但是在信息处理过程时并非易事,因为他需要在不同的文化语境和情景认知中,向完全不具备这些背景的读者传递作者的信息。这种认知的不对等,成为信息处理的最大障碍之一。对此,通常的方式便是补偿背景信息,随后再分析语篇中的衔接方式,以断定译文是否连贯。

[43] 我这样说也不能够止住心痛。我依旧想问:“她仍旧爱不爱我?”

粉红的衫子,黑的短裙(1)**,俯首的姿态**(2)。

我爱她,我爱她甚至一切,我不能够失去她。

——巴金《春天里的秋天》

Je me disais cela sans cependant parvenir à me tranquilliser. Et je m'interrogeais dans mon cœur: «M'aime-t-elle encore?»

Elle portait(A) un chemisier rose, et une courte jupe noire; **elle avait**(B) la tête baissée...

Ah! comme je l'aimais! Je l'aimais plus que tout! Je ne pourrais plus vivre sans elle.

—Traduit par Li Meiying

虽然(1)和(2)在语言上没有体现隐性的东西,但对汉语读者而言,很容易形成语义链。“‘她的穿着,她的娇姿’都映入眼帘,荡人心魄”。但是对法语读者而言,这无法引起相应的联想,所以译者必须补全缺损的信息:(A)和(B)。

由此看来,从形式上讲,在源语中隐去的信息在目的语中或许不能隐去。对于显性衔接,由于语义通过语言、语言结构明确地标示出来,译者因此较有把握。至于隐性的连贯,它的信息没有语言标志,而是隐于读者的认知范畴之内,这就给译者提出更高要求:不仅需要把握作者意图,而且还要求读者在新的文化语境中予以重现。

9.3 小结

语言在翻译过程中,如果被视作一个总系统,那么语篇则是处理语言信息的最高平台。语篇翻译是从源语语篇理解到目的语语篇再现的整体翻译过程。语篇是交际的基本单位。语篇有着语言衔接性和规律性,语义的完整性、统一性。翻译是语言交际的一种形式,自然会在语篇的转换过程中,寻求整体意义的对应。一个成功的源语语篇能够为源语读者所接受、所理解,那么一个成功的目的语语篇同样也应该在目的语读者中获得对等的待遇。诚然,语篇所存在的文化语境在语言迁徙过程中丢失了,从而降低了该语篇在另一种文化背景下的可接受程度。在跨文化交际活动过程中,由于语篇所处的文化环境的改变,源语语篇对原文读者来说所具有的连贯性，在译文语篇中很可能就会不存在。为了使目的语语篇对于目的语读者来说同样可以接受，同样具有连贯性，那么在翻译中，译者就有必要添补相应的知识，即源语语篇作者与读者的共有知识。因此，连贯对等成为评价译文优劣的评判标准之一。也就是说，译文读者在阅读过程中通过补充出来的缺省知识的帮助，能取得与原文读者在阅读原文时的大致相似的效果。

总体上讲，翻译活动只有在语篇的层次上进行，译者才能从整体上认识理解原文语篇的内容，形成整体概念。随后，再在同等层次上用目的语的语言予以表达，最终完成译文肯定能实现最佳的“等值”。

9.4 思考与实践

一、思考题

1. 为什么翻译的单位是语篇？
2. 文化语境对语篇的影响以及应对的办法？
3. 情景语境对翻译的影响是什么？
4. 语篇衔接存在着几种手段？研究它们给翻译带来什么启迪？
5. 在语法手段的衔接中，翻译中应该注意些什么？
6. 在词语手段的衔接中，翻译中应该注意些什么？
7. 语篇的连贯与语篇衔接之间存在着什么区别？
8. 语义连贯的形式是什么？在翻译中如何体现语义的连贯？
9. 请解释连贯的显性衔接与隐性衔接之间的差别，以及在翻译中需要注意些什么。

二、实践题

鉴赏下列短文，并注意语篇衔接与连贯。

1. 冷子兴笑道：“亏你是进士出身，原来**不通**！古人有云：‘**百足之虫，死而不僵**。’如今虽说不及先年那样兴盛，较之平常仕宦之家，**到底气象不同**。如今生齿日繁，事务日盛，主仆上下，**安富尊荣者尽多，运筹谋画者无一**，其日用排场费用，又不能将就省俭，**如今外面的架子虽未甚倒，内囊却也尽上来了。**这还是小事，更有一件大事：谁知这样**钟鸣鼎食之家，翰墨诗书之族**，如今的儿孙，竟一代不如一代了！”雨村听说，也纳罕道：“这样诗礼之家，岂有不善教育之理？别门不知，只说这宁、荣二宅，是**最教子有方的**。”（曹雪芹《红楼梦》）

—Il vous sied bien, répondit le Florissant, d'avoir débuté dans la vie avec le titre de clerc présenté! Le fait est que vous manquez de pénétration! Le vieil adage dit avec raison: «un insecte à cent pattes bouge encore, même crevé». Bien que ces deux familles soient aujourd'hui moins prospères qu'autrefois, comparées à celles du commun des mandarins, elles s'en distinguent encore, fondamentalement, par une tout autre physionomie. Mais à présent, augmente de jour en jour le nombre de bouches à nourrir et des affaires à régler. Du premier jusqu'au dernier, maître et serviteurs jouissent quiètement de l'opulence et de la gloriole, sans que personne s'occupe des dispositions à prendre ni des plans à élaborer. Nul ne sait se résigner à réduire les dépenses de la vie quotidienne, à modérer le faste d'apparat. Vue du dehors, la charpente ne semble guère menacer de s'abattre, mais, à l'intérieur, le trésor ancestral commence à s'épuiser. Ce n'est d'ailleurs là qu'un moindre mal. Il y a pire! Qui se douterait que des familles, où l'on frappe encore des cloches de cérémonie pour accompagner des repas servis au moyen d'antiques chaudrons de bronze tripodes, puissent, à présent, produire et élever des enfants de plus en plus dégénérés ?

— Dans des familles où le *Livre de vers et les Mémoires rituels* sont en honneur, protesta Village sous la Pluie tout étonné, pourrait-on mal savoir éduquer les enfants? D'aucune manière je ne saurais rien dire, mais, dans les deux maisons ducales de la Paix et de la Gloire, sont usitées les meilleures méthodes d'éducation. Ainsi, comment pourraient-elles s'être à tel point ravalées? (Traduit par Li Tche-houa et Jacqueline Alézaïs)

2. 她那双又干又涩的眼睛显得没有一点水分,好像已经把眼泪哭干了。我很想安慰她,或是做点什么使她高兴的事。她却对我说:"去吧!"我当时不知为什么生出了一种恐怖的感觉,我觉得我那亲爱的母亲似乎有一半已经随着什么离我而去了。我不由得叫了一声:"妈妈!"我的心情一定被我那敏感的妈妈一览无余地看透了。她温和地对我说:"别怕,去吧!让我自己呆一会儿。"(张洁《爱是不能忘记的》)

Ses yeux, à la fois secs et pleins d'amertume, semblaient complètement vides d'eau, comme si elle **les** avait taris de toutes leurs larmes. J'aurais bien voulu la consoler, ou faire quelque chose pour qu'elle soit heureuse mais elle me dit: «Va-t-en!»

Je ne sais pourquoi j'éprouvai de l'effroi ce moment, j'eus l'impression que cette mère que j'aimais tant m'avait déjà à moitié quittée et s'en allait davantage. Sans m'en rendre vraiment compte, je criai: «Maman!»

Mes sentiments avaient déjà totalement été perçus par ma mère si sensible. Elle me dit avec douceur: «N'aie pas peur, mais laisse-moi seule un instant.» (Traduit par Caroline Martinez Stephan)

3. 深夜,常常有喝醉了的男人高声唱着**歌**从窗下走过。**他们的歌声**压抑而又舒缓,像一个波浪又一个波浪一样地涌起又落下,包含着深重永久的希望、焦渴、失却、离弃而又总不能甘心永远地沉默垂头下去的顽强与痛苦。他们的嘶哑的、呼喊式的**歌声**,常常使我落泪。还有比落泪更沉重的战栗。(王蒙《临街的窗》)

En pleine nuit, très souvent, des hommes ivres poussaient à tue-tête **des chants** qui nous parvenaient par la fenêtre. **Leurs voix** oppressées et lentes, telles des vagues qui une à une s'élancent et retombent, portaient leurs forts et éternels espoirs, leurs soifs ardentes, leurs découragements, mais aussi leur volont de se libérer de ce poids qui pèse sur leur tête jamais, et la souffrance de n'y point parvenir. **Leurs voix** cassées criardes, souvent m'ont tiré des larmes. Plus que des pleurs même, elles provoquaient en moi, un frisson intérieur. (Traduit par Jean Join)

4. 他从来不会打听什么，上一趟街，回来只会说**"今天街上人多"或"人少"、"猪行里有猪"、"青菜贱得卖不掉"……之类的话**[1]。他的经历又和村上大多数人一样，既不特别，又是令人一目了然的，讲起来无非是**"小时候娘常打我的屁股，爹倒不凶"、"也算上了四年学，早忘光了"、"三九年大旱，断了河底，大家捉鱼吃"、"四九年改朝换代，共产党打败了国民党"、"成亲以后，养了一个儿子，一个小女"**[2]……（高晓声《陈奂生上城》）

A son retour de ville, il ne sait que dire des choses banales comme **«beaucoup ou moins de monde dans les rues», «des cochons vendre au marché», «la surabondance des légumes»** [A]... Et il n'a rien raconté d'intéressant sur son passé, un passé très ordinaire que tout le monde connaît: **«Ma mère me fessait souvent quand j'étais petit, mon père était moins sévére», «J'ai oubli tout ce que j'ai appris à l'école», «Pendant la grande sécheresse de 1939, on prenait les poissons la main dans la rivière sèche», «Après la victoire du Parti communiste sur le Guomindang, il y a eu un changement de pouvoir en 1949», «Nous avons un garçon et une fille»**[B]... (Traduit par Tang Zhi'an)

参考书目

1. 张德禄，刘汝山，2003，《语篇连贯与衔接理论的发展及应用》，上海：上海外语教育出版社。
2. 林玉霞，2001，语境中的横组合和纵聚合关系与翻译，《外语教学》第二期。
3. 胡壮麟，1994，《英语语篇的衔接与连贯》，上海：上海外语教育出版社。
4. 巴尔胡达罗夫，1985，《语言与翻译》，蔡毅译，北京：外语教学与研究出版社。
5. 尚媛媛，2002，语境层次理论与翻译研究，《外语与外语教学》，2002 年第 7 期。
6. 黄国文，1988，《语篇分析概要》，长沙：湖南教育出版社。
7. 彭宣维，2000，《英汉语篇对比研究》，上海：上海外语教育出版社。
8. Eugene A. Nida, 1998, *Langage Culture and Translation*, Hohehot, Inner Monglia University Press.
9. Halliday, M. A. K. & R. Hasan, 1976, *Cohesion in English*, London: Longman.
10. Schaffner, 1998, C. Action (theory of "translatorial action"). Mona Baker. *Encyclopedia of Translalion*.
11. *Studies*[C]. London/New York: Routledge.

参考答案

第一章 实践题

(一) 利用工具书或资料,将下列句子译成法语,尤其注意粗体字词。

1. **宣德年间**,宫中尚促织之戏,岁征民间。(蒲松龄《聊斋·促织》)
   Sous le règne de l'empereur Xuande, de la dynastie des Ming, les combats de grillons étaient fort en vogue à la Cour. Le gouvernement, chaque année, contraignait le peuple à lui offrir ces insectes.
2. 一日,有**金陵客**寓其家……(蒲松龄《聊斋·黄英》)
   Un jour, un ami venu de Jinling (Nanjing actuel) sejournait chez lui.
3. 童时赴**郡试**,值春节。(蒲松龄《聊斋·偷桃》)
   Alors que j'étais encore un enfant, aux approches de la Fête du Printemps, je passai l'examen préfectoral.
4. 马子才,顺天人,世好菊。(蒲松龄《聊斋·黄英》)
   Ma Zicai, résident de Shuntian (Beijing actuel), grandissait dans une famille dont les membres étaient amateurs de chrysanthèmes.

(二) 先将下列古汉语译作现代汉语,再译作法语,并请用汉语解释粗体词。

于公者,少任侠,喜拳勇,力能持高壶,作旋风舞。**崇祯间**,**殿试**在都,仆疫不起,患之。会市上有善卜者,能决人生死,将代问之。即至,未言。卜者曰:"君莫欲问仆病乎?"公骇应之。(蒲松龄《聊斋·妖术》)

于公,自少为人侠义,善拳技,双手能高举一对盛水巨坛,作旋风舞。崇祯年间,入都殿试。仆人感染时疫,于甚为担忧。听说市上有卜卦人,能决人生死,准备代仆人问一下。到了那里,尚未开口,卜卦人说:"你莫非是问仆人的病吗?"于大惊。

Le Seigneur Yu était généreux depuis sa plus tendre jeunesse. Il se passionnait pour les arts de combat et était de force à brandir à bout de bras un lourd trépied tout en exécutant «la danse de tourbillons.» Sous le règne de l'empereur Chongzhen des Mings, il se rendit à la capitale pour participer aux examens impériaux. Il se trouva que son domestique tomba malade, ce qui le rendit fort soucieux. Au marché proche de son domicile, un devin prédisait l'avenir. Seigneur Yu alla le trouver dans l'espoir d'en savoir davantage quant à son domestique. Il arriva chez le devin qui d'emblée lui déclara, sans qu'il n'eut le temps d'expliquer le but de sa visite: «Vous êtes venu pour la maladie de votre domestique!»

Seigneur Yu acquies ça, étonné.

第二章 实践题

(一) 请根据前后信息提示,选择最佳答案。

1. 他又嘱托茶房好好照应我。我心里暗笑他的**迂**[1];他们只认得钱,托他们直是白托!而且我这样大年纪的人,难道还不能料理自己么?唉,我现在想想,那时真是**太聪明**[2]了!(朱自清《背影》)

Et il dit au garçon de prendre soin de moi. Je me moquai en moi-même de __________: les garçons d'hôtel étant tous cupides il était vain de vouloir leur demander le moindre service gratuit... Et puis, à mon âge, est-ce que je n'étais pas capable de m'occuper de moi? ... Aujourd'hui, en me remémorant la scène, je me reproche __________ d'alors. (Par un traducteur anonyme)

信息(1)的选项:

A. son innocence　　B. sa naïveté *　　C. son inexpérience

信息(2)的选项:

A. ma intelligence　　B. mon jugement　　C. ma suffisance *

对于(1)的信息,汉语中"迂"在此实指"不谙世事",含有"天真"看待社会之意,而非指"迂腐"。A之所以弃用,是因为这里所指的是"没有社会经验",而不天真到淳朴的地步。C可以排除的原因,并因为所指的经验是指对某个行当不熟悉,而并非汉语中的没有社会经验。B合理之处,便在于译者较好地把握了"迂"的深层词义。

对于信息(2),汉语中的"太聪明"在此的范畴并非是"笨与聪明"之间的词义,而是指责自己"自以为是",表现出某种形式的"自负,自满"。所以A的弃用是必然的。至于B,显得太过生硬,而且用在此不符合前后语义。C之所以成立,是因为译者不仅满足了"指责"的互文意,因为这类动词的宾语通常都涉及贬义。再有,这也恰到好处地表明词义中的感情层次。

2. 而如果我们仅仅是遵从法律和道义来承担彼此的责任和义务,那又是多么悲哀啊!那么,有没有比法律和道义更牢固、更坚实的东西把我们**联系**在一起呢?(张洁《爱是不能忘记的》)

Mais si c'est seulement pour obéir à la loi et à la morale que nous assumons les taches et les obligations conjugales, comme c'est triste! Pourtant y a-t-il quelque chose de plus solide, de plus inébranlable que la loi pour établir le lien qui nous __________. (Traduit par Caroline Martinez Stephan)

A. réunit *　　B. lie　　C. permet d'avoir la relation

这儿的"联系"实指"将我们拴在一起"的意思。B不宜的原因之一便是与前面的宾语词义重复了(不至于用"lier le lien"这类的结构吧!),C因为太过关注"relation"而强改结构。剩下的A也就成为唯一的选择了。

3. 朋友许在我的旁边,他很关心地帮忙我**翻译**电报。他的手微微颤动着。(巴金《春天里的秋天》)

A côté de moi, mon ami Xu m'aidait à **déchiffrer** le télégramme. Il avait l'air soucieux, et ses mains tremblaient légèrement. (Traduit par Li Meiying)

A. déchiffrer * B. traduire C. interpréter

汉语"翻译"的词义实际较为广泛,并不是狭隘地将一国语言译作另一国语言,而此处所指的翻译,是将电报的明码数字演绎出来。所以B和C虽然有翻译的词义,但却是指语言的转换,一指笔译一指口译,这两项在这里都不合适,仅有A是正确选择。

4. 这些日子,家中光景很是惨淡,一半为了丧事,一半为了父亲赋闲。丧事完毕,父亲要到南京**谋事**,我也要回北京念书,我们便同行。(朱自清《背影》)

Notre famille tomba dès lors dans une gêne extrême, à cause d'une part, de l'enterrement de ma grand-mère, d'autre part, du chômage de mon père. Les funérailles terminées, celui-ci décida de se rendre à Nanjing, espérant ________. Comme je devais retourner à Beijing pour reprendre mes études, nous voilà partis ensemble!

A. conspirer B. y trouver un travail *

C. s'occuper des affaires D. discuter des affaires

汉语中的"谋事"如果没有前后文,可以有多种解释。然而此段落的信息已经相当充分,前面有了"赋闲",此处自然是为了"找工作"。B在此属于唯一的选择。

5. 其实高伯年在四年前,对**养生和仪表**都是从不上心的。(孙力、余小惠《都市风流》)Quatre ans auparavant, Gao Bonian n'était pas aussi soucieux ________. (Traduit par Yang Jun et Ying Hong)

A. de sa nourriture et de son habit B. de sa santé ni de son apparence *

C. de sa nourriture de son apparence D. de sa santé ni de son comportement

选词首先需要确定语义,"养生"和"仪表"实际语义是什么?毋庸置疑,养生应指"健康",仪表应指"外表"。无论用选择法,还是排除法,都非B莫属。

6. 星期天,柳若晨站在窗前远远望着街上穿梭般往来的人群,人们手提菜篮,购物袋,在为过一个星期天而忙碌。他忽然感到一阵孤寂。他没有这种忙碌,**没有**那种乐在其中的福分。(孙力、余小惠《都市风流》)

Debout devant la fenêtre, Liu Ruochen regardait la foule dans la rue. Des paniers ou des sacs à la main, on s'affairait. C'était un dimanche. Il se sentit soudain très seul. Il ________ ce genre d'occupations, ni cette joie familiale. (Traduit par Yang Jun et Ying Hong)

A. n'ont pas la chance de B. ne trouvent pas

C. n'y a pas D. ne connaissait pas *

此处仅仅用作宾语,似乎显得失去了动态,如果再加上一个现在分词"mouvant"作定语,整个场面便显得生动起来。

(二) 请审读下列译句,并请说出译句中限定词的功能及变化。(略)

(三) 请翻译下列词组,并请说明四字词之间的关系。

1. 没事找事(动宾结构;并列关系)
chercher noise; s'attirer des ennuis
2. 开诚布公(动宾结构;主从关系)
laisser voir ses pensées et ses sentiments; parler à cœur ouvert
3. 货真价实(主谓结构;并列关系)
Les marchandises sont bonnes et leur prix raisonnable.
4. 富国强兵(偏正结构;并列关系)
faire d'un pays riche et de son armée puissante; enrichir le pays et fortifier son armée
5. 冲锋陷阵(动宾结构;并列关系)
se lancer à l'assaut; foncer le premier sur l'ennemi

第三章 实践题

(一) 请根据下面例句,解释译者对粗体字部分的处理:用什么方式,有何优劣,并请提出你的看法。(略)

(二) 请解释下列句子中粗体字的处理方式。

1. 总之,他们会想出种种庸俗无聊的玩意儿来糟蹋**你**[1]。于是,你只好屈从于这种意识的压力,草草地结婚了事。把那不堪忍受的婚姻和爱情分离着的镣铐套到自己的脖子上去,来日又会为这不能摆脱的镣铐而受苦终身。(张洁《爱是不能忘记的》)

En somme, ils inventeront des choses vulgaires et ennuyeuses qui viendront déranger le **célibataire**[A]. Alors il n'aura qu'à se soumettre à la pression de ces idées: il se mariera à la hâte. Sur son cœur, pèsera le joug de cet insupportable mariage sans amour; il ne pourra se débarrasser de ses chaînes et il en souffrira toute sa vie. (Traduit par Caroline Martinez Stephan)

从上下文来看,(1)所指是文中的第一人称"我",而"我"又面临着择偶嫁人的问题。这便是背景。正是因为有了这个背景,译者确认这个"你"绝不是确指,而是泛指那些"待系红绳"的未嫁人。所以,他没简单地用"vous"来跟进,而是准确地诠释了词义,选用了(A)。

2. 天刚黑,他正坐在小板凳上看**《解放军文艺》**[1],就听见外面一群孩子喊:"**'老右'**[2]的老婆来了!**'老右'**的老婆来了!"接着,门哐啷一声,"郭蹁子"又像下午那样闯了进来。(张贤亮《牧马人》)

...A l'heure du crépuscule, alors que, assis sur un banc, Xu Lingjun lisait **une revue littéraire**[A], on entendit un grand tapage où dominaient des cris d'enfants, et des exclamations: «Cest **la femme de Xu**[B]!» «Regardez! **La femme de Xu**[B] est là» un instant après, la porte, poussée du dehors, s'ouvrit avec bruit. Et «Langue bien pendue» entra en coup de vent, aussi agité que dans l'après-midi. (Traduit par Li Meiying)

原句中的(1)之所以译作(A),译者肯定认为《解放军文艺》这本杂志名并不重要,重要的是它是文学杂志,这倒并没涉及政治问题。但是(2)译作(B)则显然并非出于政治原因。当前,"右派"不存在着对法语读者的讳言,但要原意译出时,必然要作注释,而注释太多会冲淡阅读节奏。再有,此处主要是指"许灵均娶亲"。所以,译者干脆重写了原意。这种减码的办法,也淡化了文本中的政治色彩,或许更适合法语读者的习惯。

(三)请根据下面汉语语句引述现有的译法。

1. 户籍管理制度
   système d'état civil; système de contrôle domiciliaire; système d'enregistrement
2. 保持稳定、透明的政策环境
   assurer la stabilité et la transparence des mesures politiques
3. 积极争取多边、双边赠款
   faire appel à des dons multilatéraux et bilatéraux; rechercher les dons multilatéraux et bilatéraux
4. 创建廉洁高效的行政环境
   promouvoir l'intégrité et l'efficacité des administrations dans l'exercice de leurs fonctions
5. 减少政府行政审批事项,简化办事程度
   simplifier les formalités administratives en réduisant le nombre d'approbations nécessaire[①]

第四章 实践题

(一)请将下列句子译作法语,并注意主语的处理。

1. 欲胜人者,必先自胜;欲论人者,必先自论;欲知人者,必先自知。(《吕氏春秋·先己》)
   Avant de surpasser les autres, il faut se surpasser soi-même; avant de critiquer les autres, il faut se critiquer soi-même; avant d'émettre un jugement sur autre, il faut se juger soi-même. —Maximes chinoises

   汉语淡化了主语,而法语亦用相应的结构予以表达。实际,法语亦可能用"ceux qui"之类的结构。
2. 于是在无事可为的寂寞的微闷而外,又添上了人事无常的悲哀,以及热痒痒地渴想新奇刺激的焦灼。(茅盾《子夜》)
   Ainsi, à leur ennui d'oisifs s'ajoutait la mélancolie que provoquent les vicissitudes de la

① 摘自《法语学习》2005/1

vie, et ils avaient une impérieuse envie de quelque excitation extraordinaire.

显然，从语境的逻辑关系来看，虽然意合的汉语没有用主语，但此时因语法需要，而必须补足隐去的主语。

3. 窗外依然是稠浓的半雨半雾，白茫茫一片，似乎繁华的工业的上海已经消失了，就只剩这餐室的危楼一角。（茅盾《子夜》）

Au-dehors, l'épaisse atmosphère, faite de pluie et de brouillard, semblait noyer toute la grande et magnifique ville industrielle de Shanghai dans une vapeur blanchâtre; on ne voyait plus que ce coin de salle à manger.

法语中用"on dirait, on eut l'impression, sembler"之类的词来表达"推测，好像"的概念，与汉语有点相似。再有，此处汉语处理为两个句子，而汉语则用合二为一的方式予以处理，可见译者重新处理了"谓语和主语"。

4. **她们的汽车**(1)已经开得很慢，而且**前面又有许多汽车，五颜六色的**(2)，停在柳树荫下。而且也有红嘴唇，细眉毛，赤裸着白臂的女人，靠在男子肩旁，从汽车里走出来。这里依旧是上海呀！（茅盾《子夜》）

La voiture(A) avait ralenti. Elle remarqua qu'il y avait **beaucoup de voitures de toutes les couleurs**(B) qui s'arrêtaient sous l'ombrage des saules. Puis elle vit sortir de ces voitures des femmes aux bras nus et blancs, aux lèvres rouges et aux sourcils peints, qui prenaient le bras de leur compagnon. Elles étaient donc toujours dans Shanghai! (Par un traducteur anonyme)

这句话比较典型，(1)是主题与主语的重合，译者按照常规予以处理。而(2)则另择了主语，将车上的乘客"她"用作主语，以加强上文的衔接。

5. 他就是共产党的化身，革命的化身，新潮流的化身，凯歌、胜利、突然拥有的巨大的——简直是无限的威信和权力的化身。他的每一句话都被倾听、被详细地记录、被学习讨论、深刻领会、贯彻执行，而且立即得到了效果，成功。（王蒙《蝴蝶》）

C'était lui qui incarnait le Parti, la révolution, le nouveau courant, l'hymne triomphal, la victoire, le prestige et le pouvoir immense—illimité—qui venait de surgir. Chacune de ses paroles était soigneusement écoutée, recueillie, étudié. **Ses ordres**, immédiatement mis à exécution, produisaient immédiatement leur effet, et c'était la réussite. (Traduit par Liu Hanyu)

谓语造成的主语演变，因为"执行"只可能是"命令"，而前面用"命令"又不妥，权衡下来，自己只好添加主语。

(二) 请审读下列译句，注意谓语的处理，并予以分析。

1. 他是被那些没用的走狗们所蒙蔽，所欺骗，而且被那些跋扈的工人所威胁了！虽则目前已有解决此次工潮的把握——而且这解决还是于他有利，但不得不额外支出一笔秘密费，这在他还是严重的失败！（茅盾《子夜》）

Il faut dire qu'il avait été trompé par ses chiens couchants et qu'il s'était aussi laissé menacer par ces ouvrières indisciplinées!

谓语的再认定，此时完全根据表意的要求，而重新增添了新的主谓结构。

2. 林佩珊正坐在钢琴前弹奏，那音调是异常悲凉。电灯的黄光落到她那个穿了深蓝色绸旗袍的颀长身体上，也显得阴惨沉闷。吴荪甫皱着眉头，正想说话，忽然听得少奶奶叹一口气。他回过脸去，眉头皱得更紧些，却看见少奶奶眼圈上有点红，并且滴下了两粒眼泪。（茅盾《子夜》）

Lin Peishan était au piano, jouant un air infiniment triste; la lumière jaunâtre de la lampe électrique tombait sur son corps élancé que revêtait une robe de soie bleu foncé. Tout cela aussi était bien triste. Les sourcils froncés, il allait parler quand sa femme poussa un grand soupir et il se détourna, fronçant encore plus les sourcils. Il avait pourtant eu le temps de voir que les yeux de sa femme étaient rouges et que deux larmes en étaient tombées.

1. 汉语中的谓语是不带性数、时态变化的。而法语中则不同，它需要根据时间与语气，在动词上有所体现。此处“坐在”虽然换用了“était au piano”，但还需体现出当时延续的动态；2. “那音调是异常悲凉”属汉语中的“是字句”，此时则换了动词，不是“那音调是异常悲凉”，而是弹得“异常悲凉”；3. “看见少奶奶……”中的“看见”一词的谓语选译，足见译者在此的苦心，用的结构是“有时间看见……”；由此，可以看出译者驾驭法语的能力；4. 前指与衔接。汉语中省略了主体，而法语必须补足完善“cela”。

3. 他颓然坐倒在沙地上。望了望那只死狐和它的不断哀鸣的小崽，又望了望手中往下垂落的猎枪。（郭雪波《沙狐》）

Il se laissa choir par terre, abattu. Son regard erra du fusil qu'il tenait dans ses mains au renardeau gémissant maintenant auprès de sa mère. (Traduit par Yan Hansheng)

汉语中的两个“望着”，则改用了法语中比较有特色的表达动词“errer de... à”。

4. 沙坨子里静悄悄的，出现了那种被称为“黄色宁静”的稀有天气。空气纹丝不动，好像所有的风都吹尽了，终止了。（郭雪波《沙狐》）

Les dunes de sable étaient silencieuses, phénomène rare qu'on appelait communément le «silence jaune». l'air était immobile, le vent semblait avoir épuisé toute sa force, il était comme suspendu dans le vide, en attente. (Traduit par Yan Hansheng)

用一个同位语的方式，便代替了谓语“出现了”，确见译者对原意的把握。再有就是“风都吹尽了”，此处通过拟人化，演绎出新的“主谓”结构。

5. 当他走近了大客厅前面的时候，听得汽车的喇叭呜呜地狂叫，一辆汽车直开到大客厅石阶前，车子还没停好，杜竹斋已经从车厢里跳出来了。他从来没有这样性急，这样紧张！（茅盾《子夜》）

Quand il arriva devant le grand salon, il entendit le klaxon furieux d'une automobile qui s'arrêta devant le perron. La voiture n'était pas arrêtée que Du Zhuzhai en sortait d'un bond. Wu ne l'avait jamais vu aussi pressé ni aussi tendu.

汉语无时态变化，通常靠词汇“已经、经常、早已”之类的词来表达过去，而法语则用时态加以体现。故而在选择谓语时,还得考虑时态的选用。

6. 竹门外**横满**(1)了大雨冲来的垃圾。一个闪电**照得**(2)这一带的草棚雪亮,闪电光下**看见**(3)大雨中有些人**急急忙忙地走**(4)。可是闪电过后那黑暗更加难受。(茅盾《子夜》)

Derrière la porte de bambou, l'eau de pluie s'écoulant en torrent **charriait**(A) toutes sortes d'ordures. Un éclair **rendit** tout le quartier **aussi clair que le jour**(B) et **fit apparaître**(C) des gens qui **se hâtaient**(D), puis ce fut à nouveau l'obscurité, plus complète que jamais, plus insupportable encore.

此译句的谓语选用了几种技巧:1. 重置了谓语。译者根据自己的诠释,没有移植"横满"(1)作谓语,而且重新选择了"冲来的"(A)这个定语作谓语。这么一变,还真实现了等值转换;2. 将(2)、(3)诠释为(B)和(C),词义准确;3. 也是本章节突出讲的:特色动词(D)完整地翻译了汉语中副词+动词的词义。

7. 我一个人转过屏风到床前去。绿绸的薄被,蓝花的被单,绣花的枕头套,上面还绣了四个字是:长毋相忘。(巴金《春天里的秋天》)

Seul, je passai derrière le paravent et arrivai près de son lit. **Celui-ci se composait** d'une mince couverture de soie verte, d'un drap aux fleurs bleues, et d'un oreiller dont la tale brodée de fleurs, comportait les caractères «Ne m'oublie pas». (Traduit par Li Meiying)

(三) 请翻译下例句子,注意前后句之间的关系,可用缩句为词或译句成词的方式。

1. 他出现了,群众出了意外的一怔。人群停住了。这"夜壶"好大胆呀!(茅盾《子夜》)

Cette arrivée inattendue paralyse brusquement la foule. Ce "pot de chambre" ne manquait pas d'audace.

译句成词。译者通过主谓结构的重新组合,实现了结构的转换。

2. 我不去追她。我望着她的苗条的背影,和她的微微飘动的短发,我想起她这几天来的言语和举动。**我**(1)起了疑心,我生了恐惧。(巴金《春天里的秋天》)

Je ne me hâtai pas de la rejoindre. J'observais de loin sa taille élancée, et ses cheveux légèrement ondulés en réfléchissant aux bizarreries que j'avais observés ces derniers temps dans son comportement. Et **un soupçon**(A), naissant dans mon cœur, me fit frissonner. (Traduit par Li Meiying)

汉语句中主语"我"(1)虽然是第一个小句的主语,但整个小句又是第二个分句的主语,所以用了译句成词的方式来处理第一分句。

3. 许好几天没有来。想去找他,我又怕听他的新道学理论。(巴金《春天里的秋天》)

Xu n'était pas venu me voir depuis plusieurs jours. L'idée qu'il m'agacerait encore avec sa morale conventionnelle m'empêchait d'aller le chercher. (Traduit par Li Meiying)

第五章 实践题

(一) 请翻译下列句子,注意粗体字部分,可以使用主从法。

1. "昨晚我哭了,我不知道为了什么缘故。**看见沙发上的泪痕和枕头帕上的泪痕**,我才记起来

我曾经和你吵过架,不,是向你哭诉了许多事情。(巴金《春天里的秋天》)

Oh! je me souviens. Je pleure hier soir sans savoir pourquoi. **En voyant des traces de larmes** sur le fauteuil et la taie de mon oreiller, je me suis rappelée que je me suis disputée avec toi, ou plutôt que je t'ai fait une fiévreuse confession. (Traduit par Li Meiying)

2. 我记望着那束百合花,她答应送给我的,**它们插在没有水的花瓶里。我害怕我回来时它们已经枯萎**。(巴金《春天里的秋天》)

J'étais obsédé par le bouquet de lis qu'elle m'avait promis. **Comme** ils se trouvaient dans un vase sans eau, je craignais qu'ils ne fussent fanés au retour. (Traduit par Li Meiying)

(二) 请翻译下列句子,注意粗体字部分,并在法语译句中补足连接词。

1. 她们到一个近河边的树荫下,也占定了一张小桌子喝汽水。这里很清静,她们又是面对着那小河;此时毒太阳当空,河水耀着金光,一条游船也没有。四小姐(惠芳)也不像刚才那样心神不定。她就有点不明白,**喝汽水,调笑**,何必特地找到这乡下来呢? 这里一点也没有比众不同的风景! 但是她也承认这乡下地方经那些红男绿女一点缀,就好像特别有股味儿。(茅盾《子夜》)

Elles allèrent s'asseoir à une petite table sous les arbres au bord de la rivière et commandèrent de la limonade. C'était un endroit très tranquille; sur la rivière, on ne voyait pas même un canot mais seulement le miroitement doré du soleil sur l'eau. Huifang se sentait maintenant plus à l'aise. Mais elle n'arrivait pas à comprendre pourquoi, **si**[(A)] c'était seulement pour boire de la limonade, rire et s'amuser, il fallait venir si loin de la ville. Le paysage ici n'avait même rien d'extraordinaire! Elle admettait tout de même que cet endroit champêtre émaillé des couleurs vives des vêtements de tous ces hommes et femmes avait un aspect particulier. (Par un traducteur anonyme)

2. 她家祖辈都住在绿毛坑,一栋爬满青藤的木屋里。木屋是用一根根枞木筒子筑起来的,**斧头砍不进,野猪拱不动**。(古华《爬满青藤的木屋》)

Comme ses ancêtres, elle habitait une maisonnette de troncs de sapins, couverte de lierre, très solide, **au point que** ni la hache ni le sanglier ne pouvait l'ébranler. (Traduit par Liu Hanyu)

3. 热闹的街市,堆满了红绿色的水果铺,写着大的"冰"字的咖啡店,穿著白色制服的英国水兵,在路上踱方步的华人警察,许多文法古怪的华文招牌。——**这些一齐冲进我的眼睛,我没有时间把它们连接起来**。(巴金《春天里的秋天》)

Rues animées, magasins de fruits concombres, cafés avec le mot «Glace» écrit en gros caractère, marins anglais aux uniformes blancs, policiers chinois faisant les cent pas, enseignes calligraphiées avec des expressions bizarres ... **Tout cela** affluait si rapidement devant mes yeux, que je n'avais pas le temps d'enchaîner les images. (Traduit par Li Meiying)

4. **他不愿巧云在后娘的眼皮底下委委屈屈地生活**,因此决心不再续娶。他就又当爹又当妈,

和女儿巧云在一起过了十几年。(汪曾祺《大淖纪事》)

De peur que Beau Nuages ne fût maltraitée par une marâtre, il prit la résolution de ne jamais se remarier. Plus de dix ans s'écoulèrent pendant lesquels il tint à la fois les rôles de père et de mère. (Traduit par Li Meiying)

5. 海不辞水,故能成其大;山不辞土石,故能成其高。(管子·形势解》)

Si la mer peut s'élargir, c'est **qu**'elle ne rejette pas les eaux qui viennent jusqu'à elle; si la montagne peut prendre de la hauteur, c'est qu'elle ne rejette ni la terre ni les pierres.

6. 秘书从他手中抢去了所有的本来也不多的东西。明亮的电梯间,烫发的女服务员向他问好。他又回到了一个凡是知道他的职务的人都向他微笑的**地方**(A)。(王蒙《蝴蝶》)

Le secrétaire s'est emparé des ses quelques bagages. Dans l'ascenseur brillamment éclairé, le liftière aux cheveux permanentés lui dit bonjour. Le voilà de retour dans un endroit **où**(A) tous ceux qui connaissent sa fonction vont lui sourire. (Traduit par Liu Hanyu)

(三)请翻译下列句子,注意粗体字部分,争取在法语中也省略连接词。

1. 我们走上石阶,进了花园。守门的马来人睁起两只又小又灰的眼睛望着她,**一面把手放在他的红格子布围裙上揩来揩去**。他的脸色黑中透黄,围着嘴生了一圈小胡子。(巴金《春天里的秋天》)

Nous montâmes les marches et entrâmes dans le pare. Le Malais la fixa de ses petits yeux ronds **en se frottant** les mains avec le coin de son tablier de toile aux carreaux rouges. Il avait un teint noir un pets jaunâtre, et sa bouche se perdait dans sa barbe. (Traduit par Li Meiying)

2. 其实,把他们这一辈子接触过的时间累计起来计算,也不会超过二十四小时。而这二十四小时,大约比有些人一生享受到的东西还深,还多。(张洁《爱是不能忘记的》)

En fait, en faisant le calcul des moments où ils étaient entrés en contact dans leur vie, cela ne dépassait pas vingt-quatre heures. Mais ces vingt-quatre heures avaient été peut-être plus profondes et d'une durée beaucoup plus longue que ce dont certaines personnes profitent toute leur vie. (Traduit par Caroline Martinez Stephan)

(四)请翻译下例句子,注意粗体字部分,争取采用合并译法。

1. **读着我哥哥的遗书时**,我忘了瑢。看见瑢,我又忘了哥哥。(巴金《春天里的秋天》)

La lecture du document m'avait fait oublier Rong; mais dès qu'elle fut là, j'oubliai mon frère.

2. **窗户大开着。阳光带笑地爬进来。**花在窗外对蝴蝶微笑。蜜蜂和苍蝇在房里飞舞。我的心跟着文字在颤动。(巴金《春天里的秋天》)

Le soleil rampait furtivement dans ma chambre par la fenêtre ouverte. Au dehors, les fleurs souriaient aux papillons; à l'intérieur, voltigeaient les abeilles et les mouches. Mon cœur vibrait au rythme de ma plume.（Traduit par Li Meiying）

3. 他霍地从烟榻上爬起来，在屋子里踱了几步，拿起那张电报，到光线好些的长窗边再仔细看，**愈看愈生气了**，他觉得至少非要办一下那个“玩忽公务”的电报局长不可。（茅盾《子夜》）

Il se leva d'un bond，fit quelques pas dans la chambre et alla relire la dépêche à la lumière，près de la fenêtre. **Son irritation s'accrut**：un chef de bureau qui “néglige ainsi les affaires publiques” méritait vraiment une punition!（比较状语合并）

4. 许提议游南普陀，瑢稍微迟疑，也就答应了。我没有话说。**去可以，不去也可以。**（巴金《春天里的秋天》）

Xu proposa de faire une promenade au temple de Putuo de sud. Rong accepta après avoir un peu hésité. Moi，je ne disais rien：**faire une promenade ou non** m'était tout à fait indifférent.（Traduit par Li Meiying）

第六章　实践题

（一）请依据参考译文的信息，将下例小段汉语重新译成法语，并以分解式的方式详细记录自己译文形成的过程。（略）

（二）通过审读三种译文，点评各种语言的特点，以及译者的翻译技巧。（略）

（三）点评园地（略）

第七章　实践题

（一）分析下列各题，并提出自己的见解，尤其是粗体字部分。你若处理这些修辞格，你将如何入手？（略）

（二）翻译下列句子，并注意粗体字部分。

1. 沙漠在宁静中歇息，像熟睡的巨兽。太阳在东南沙漠边上悬挂着，被一层白色的烟尘遮挡住，**像一个焦糊的玉米面圆饼**(1)，显得黄而暗淡。（郭雪波《沙狐》）

Le désert faisait halte dans le calme tel un fauve assoupi. Le soleil était accroché vers le sud-est，auréolé d'une pâle brume. Avec sa couleur d'un jaune terni，il faisait penser à une galette de maïs trop cuite.

2. “我也不知道，大概是昨天喝醉了的缘故，”虽然依旧是**银铃似的声音**，但是**银铃**快要碎了。（巴金《春天里的秋天》）

—Je n'en sais rien. Probablement parce que j'étais ivre hier，répondit-elle d'une voix cristalline，pareille au tintement **d'une cloche** d'argent. Mais il me sembla que **cette cloche** allait se briser.（Traduit par Li Meiying）

3. 沉默了半晌。只听得姨太太扫清喉咙的咳咳的声音从楼上飘下来。父女两个各自在想心事。眉卿觉得她的一百元未必有希望了，满心的阴悒；她安排得很好的佳节乐事，眼见得已**成泡影**(1)，那么，这三天假期可怎么挨过去哟！（茅盾《子夜》）

   Il y eut un moment de silence, puis on entendit la concubine toussoter pour s'éclaircir la voix; elle descendait allégrement du premier étage pendant que le père et la fille ruminaient chacun leurs soucis. Meiqing sentait bien que l'espoir d'avoir ses cent yuans était perdu, aussi voyait-elle tout en noir. Le joyeux programme qu'elle s'était proposé pour passer une bonne fête s'évanouissait maintenant **comme bulle de savon qui crève**(A) ! Comment allait-elle passer ces trois jours de congéé? (Par un traducteur anonyme)

4. 没准儿，他这个不相信爱情的人，到了**头发都白了的时候**才意识到他心里也有那种可以称为爱情的东西存在，到了他已经没有权力去爱的时候，却发生了这足以使他献出全部生命的爱情。（张洁《爱是不能忘记的》）

   Probablement, cet homme, qui ne faisait pas confiance à l'amour, arrivé à **l'âge des cheveux blancs**, réalisa alors que ce genre de choses, que l'on peut considérer comme de l'amour, existait dans son cœur; arrivé à l'âge où il n'avait plus le droit d'aimer, cet amour, qui méritait le sacrifice de toute une vie, survint pourtant.（Traduit par Caroline Martinez Stephan）

5. 糖在她嘴里慢慢地化着，那**甜丝丝**(1)的汁液像流进了心里去似的。她又在妹儿那粉红娇嫩的脸蛋上印满了自己带着甜味的唇印。这些，都是她那威严的男人看不见、管不着的，要不真会立时打死了她。（古华《爬满青藤的木屋》）

   Petit à petit le bonbon fondait dans sa bouche, le jus **sucré**(1) paraissait filtrer dans son cœur. Avec émotion, elle imprimait ses lèvres sur les joues roses de sa fille... Tout cela, son mari puissant et cruel ne pouvait ni le voir, ni le découvrir. Sinon, il l'aurait battu jusqu'à la mort.（Traduit par Liu Hanyu）

6. 他认为**这座城市**目前仍旧离不开他，还没有合适的人选接替他。市长阎鸿唤的威望**不过是个假象**。（孙力、余小惠《都市风流》）

   Il croyait que **la municipalité** ne pouvait se passer de lui pour le moment et qu'il n'y aurait pas de candidat compétent qui put lui succéder. Le prestige de Yan Honghuan **n'était bâti que sur du sable.**（Traduit par Yang Jun et Ying Hong）

7. 他亲手经办了一个又一个的揪出来和定下来的事情。一夜之间，一个神气活现的领导干部便成了人人**所不齿的狗屎**……（王蒙《蝴蝶》）

   Lui-même, il avait condamné beaucoup de gens. Du jour au lendemain, un cadre dirigeant plein de fierté de lui-même se trouvait l'objet **du mérpis universel**, et traité comme une ordure.（Traduit par Liu Hanya）

8. 然而真奇怪。向来是气魄不凡，动辄大刀阔斧的吴荪甫此时却沉着脸儿沉吟了。在他的眼光中，似乎"东方大港"和"四大干路"颇有海上**三神山之概**。（茅盾《子夜》）

Chose extraordinaire, Wu Sunfu, qui voyait habituellement les choses en grand et prenait des décisions promptes et énergiques, se renferma dans une profonde méditation. A son avis, «le grand port de l'Orient» et «les quatre grandes lignes de chemin de fer» étaient plus ou moins chimériques. (Par un traducteur anonyme)

第八章　实践题

(一) 请翻译下列句子,注意粗体字部分。

1. 这要不是大悲剧就是**大笑话**。别管它多么美,多么动人,我可不愿意重复它!(张洁《爱是不能忘记的》)

   Si ce n'est pas **une grande tragédie, alors c'est une grosse** plaisanterie. Mais que ce soit beau, émouvant, je n'ai vraiment pas l'intention d'en faire autant! (Traduit par Caroline Martinez Stephan)

2. 锡匠里出了这样一个一表人才,真是**鸡窝里飞出了金凤凰**。老锡匠心里明白:唱"小开口"的时候,那些挤过来的姑娘媳妇,其实都是来看这位十一郎的。老锡经常告诫十一子,不要和此地的姑娘媳妇**拉拉扯扯**,尤其不要和东头的姑娘媳妇**有什么勾搭**:"她们和我们不是一样的人!"(汪曾祺《大淖纪事》)

   Un beau garçon parmi les ferblantiers, c'était un phénix au milieu des canards. Le vieux savait que les femme venaient moins pour suivre les spectacles que pour admirer la beauté de son jeune apprenti. A celui-ci, il prodiguait des conseils de discrétion. Il l'avait averti de ne jamais fréquenter les femmes, surtout les femmes du village de l'est. «Nous ne sommes pas de leur genre», disait-il. (Traduit par Li Meiying)

3. 我独自一人,走在我们唯一一次曾经一同走过的那条柏油小路上,听着我一个人的脚步声在沉寂的夜色里响着、响着……我每每在这小路上徘徊、流连,哪一次也没有像现在这样使我**肝肠寸断**。(张洁《爱是不能忘记的》)

   Seule, je marchai sur cette petite route goudronnée où une seule fois nous étions passés ensemble, j'entendis mes pas résonner dans le silence de la nuit... Chaque fois que j'avais flâné sur ce chemin, aucune de ces précédentes fois, je ne m'étais sentie **aussi triste** que maintenant. (Traduit par Caroline Martinez Stephan)

(二) 请认真审读下列译句,注意粗体字部分,并请点评优劣。(略)

第九章　实践题

鉴赏下列短文,并注意语篇衔接与连贯。(略)